THE ROLLING STONES
RIP THIS JOINT

rock buch

Dieses Buch ist Mares und Baby Nico gewidmet.

Dies ist ein Rockbuch
Besuchen Sie uns im Internet
www.rockbuch.de

rock buch

© 2003 Rockbuch Verlag Buhmann & Haeseler GmbH
Feierabendgrund 15, D-36381 Schlüchtern
Alle Rechte der deutschsprachigen Ausgabe weltweit bei Rockbuch Verlag.

ISBN 3-927638-11-0

Titel der Originalausgabe
Steve Appleford – The Rolling Stones. It's Only Rock 'N' Roll.
The Stories Behind Every Song
First published bei Carlton Books, 1997, revised 2002
Text and design copyright © Carlton Books Limited 2002

Alle Rechte vorbehalten. Das Werk einschließlich
aller seiner Teile ist urheberlich geschützt.
Das gilt insbesondere für Vervielfältigungen,
Mikroverfilmungen und die Einspeicherung
in elektronischen Systemen.

Konzept: Lorraine Dickey, Lucian Randall
Lektorat: Terry Burrows
Art Direction: Zoë Maggs
Grafik: Mary Ryan
Bildrecherche: Rachel Leach
Herstellung: Sarah Schuman
Übertragung ins Deutsche: Martin Baltes,
Rainer Höltschl: Seiten 1-107 / 146-215
Karin Miedler, Ursula Pesch: Seiten
108-145 / 216-272
Deutsches Lektorat: Angela Sülzen

Zusätzlicher Text für die überarbeitete Auflage: Chris Welch

Dank

Ein besonderer Dank gebührt folgenden Personen, die bereit waren, sich für dieses Buch interviewen zu lassen: Marty Balin, Jim Barber, Rodney Bingenheimer, Hal Blaine, Ollie Brown, Lindsey Buckingham, George Chkiantz, Jim Dickinson, Marianne Faithfull, Mick Farren, Mick Fleetwood, Charlie Goodan, Dave Jerden, Andy Johns, Bobby Keys, Wayne Kramer, Harvey Kubernick, Tammi Lynn, Ray Manzarek, John Mayall, Roger McGuinn, Christine McVie, Jim Price, Mike Simpson (von den Dust Brothers) und Bobby Womack.

Für ihre Unterstützung und Begeisterung möchte ich außerdem danken: Scott Becker, Bill Bentley, Chuck Crisafulli, Saul Davis, Rebecca Esmerian und Jim Baltutis für die Nutzung ihres einmaligen Archivs, Billy Groak & Leslie Rice, Linda Hasert, Jack Lancaster, John Mastro, Judy Miller, Chris Morris, Robert Pettersen von Shattered Music, Craig Rosen (aus vielen Gründen, vor allem aber für die Nutzung seiner Interviews mit Glyn Johns, Chris Kimsey und Andrew Loog Oldham) und Rob Seidenberg.

Ohne die übermenschliche Geduld und Ausdauer der Redakteure von Carlton Books Lucian Randall, Julian Flanders, Terry Burrows und Lorraine Dickey wäre dieses Buch nie zustande gekommen. Dass aus den neunzehn Nervenzusammenbrüchen vor den Deadlines, den vagen E-Mails, Faxen, Übersee-Telefonaten etc. ein Buch werden konnte, ist alleine ihnen zu verdanken.

THE ROLLING STONES
RIP THIS JOINT

DIE STORY ZU JEDEM SONG

Steve Appleford

Aus dem Englischen
von Karin Miedler, Ursula Pesch,
Martin Baltes, Rainer Höltschl

Inhalt

6 **Vorwort**

8 **Einleitung**

12 **Zeittafel**

1960s

16 **The Rolling Stones**

22 **The Rolling Stones No. 2**

28 **Out Of Our Heads**

34 **Aftermath**

44 **Between The Buttons**

54 **Their Satanic Majesties Request**

68 **Beggars Banquet**

82 **Let It Bleed**

1970s

96 **Sticky Fingers**

108 **Exile On Main Street**

126 **Goats Head Soup**

136 **It's Only Rock 'N' Roll**

146 **Black And Blue**

154 **Some Girls**

Inhalt

1980s

166 **Emotional Rescue**
174 **Tattoo You**
188 **Undercover**
202 **Dirty Work**
216 **Steel Wheels**

1990s

228 **Voodoo Lounge**
240 **Bridges To Babylon**
250 Heiße Scheiben
Die Singles, EPs, B-Sides und andere Raritäten

2000s

258 Not Fade Away
Die Rolling Stones im Jahr 2002

266 You Got Me Rocking
Diskographie

272 **Index / Songtitel**

Vorwort

Die Rolling Stones bei der Bewertung von Neuerscheinungen in der Fernsehshow *Juke Box Jury*

Die Rolling Stones behaupteten nie, sie seien größer als Jesus. Das hatten sie gar nicht nötig, und zwar nicht weil sie irgendeinen Pakt mit einem überschätzten Herrn der Finsternis geschlossen hätten. Wozu sich an Satan oder den Messias wenden, wenn einen die Massen sowieso als "größte Rock-and-Roll-Band der Welt" feiern? Eine lange und wilde Reise liegt hinter ihnen, von den Anfängen als bluesbesessene Teenager über die Zeiten als Soho-Bohemiens und dekadente Jetsetter bis zu ihrer heutigen Rolle als Ältestenrat der Rockmusik. Tod und Verzweiflung säumten ihren Weg, und auch heute ist nicht alles eitel Sonnenschein.

Als ich Mick Jagger das letzte Mal live erlebte, wirkte er sehr aufgedreht. Wie ein Insekt tanzte er durch die gleißenden Lichter auf der Bühne des Los Angeles Memorial Coliseum. Von dort, wo ich saß – ganz hinten in der letzten Reihe – erinnerte die gigantische *Steel Wheels*-Tour von 1989 an einen gut ausgeleuchteten Flohzirkus. Selbst die riesigen Leinwände an den Bühnenseiten waren nur weit entfernte, tanzende Farbflecken. So groß waren die Stones also geworden. Vielleicht zu groß. Aber an der Musik war auch an diesem Abend nichts auszusetzen. Der Sound war voller, frischer und mitreißender als das meiste, was ich bei Auftritten in kleineren Sälen wie dem Hollywood Palladium erlebt habe. Dort hatte mein Freund Billy Groak die Stones 1972 gesehen, was mich noch immer mit Neid und Ehrfurcht erfüllt. Aber selbst im Coliseum kamen die Stones immer noch gut rüber.

Schon heute haben die Rolling Stones der Rock-and-Roll-Fangemeinde ein riesiges Erbe vermacht. In den Jahren ihres größten Ruhmes, den Sechzigern und Siebzigern, war ihre Musik auf ihre eigene Weise ebenso innovativ wie die von Velvet Underground mit ihren Balladen über Heroin und Drag Queens. Auch Jagger und Richards haben im Verlauf ihrer langen gemeinsamen Kompositionstätigkeit viele anstößige Themen bearbeitet und dabei Metaphern für ihre eigene Geschichte gefunden, für ihre eigenen Erfahrungen mit Sexualität und Befreiung, Ruhm und Verzweiflung, aus denen solche Songs wie die lustvolle Anklage '(I Can't Get No) Satisfaction' oder die Outlaw-Hymne 'Before They Make Me Run' ihre Kraft schöpfen. Die wilde Rockmischung der Stones entstand aus einer Leidenschaft für den Blues und seiner Verbundenheit mit den Extremen des

Vorwort

menschlichen Gefühlslebens. Ihre eigenen Erfahrungen damit brachten sie zwar weiter, waren aber nicht immer angenehm.

Keith Richards eröffnete der Popmusik ganz neue Möglichkeiten, indem er den Sound von Chuck Berry mit dem von Muddy Waters mischte und zu seinem eigenen dynamischen Markenzeichen machte, einem rhythmischen, an Riffs orientierten Rock. Jagger gelang es nie ganz, das schwermütige Timbre der alten Bluesgrößen oder die gefühlvolle Transzendenz eines Sam Cooke oder King Solomon Burke zu imitieren. Aber das brauchte er auch gar nicht. Sicherlich gibt es Momente atemberaubender Authentizität in der Stones-Version von Mississippi Fred McDowell's 'You Gotta Move' oder anderen von ihnen eingespielten Klassikern. Aber als die Stones verkündeten: "It's the singer, not the song", hatte Jagger seine Kunst und seine Botschaft bereits auf ein Niveau befördert, das die Ängste der neuen Generation widerspiegelte. Sein kraftvolles Geheul hatte mehr mit der vor uns liegenden Dunkelheit zu tun als mit der enttäuschten Liebe alter Bluesbarden.

Dieses Buch will nicht die (dritte oder vierte?) definitive Story der Stones erzählen. Wer danach sucht, kann sich an Stanley Booths *The Rolling Stones. Der Tanz mit dem Teufel* oder Bill Wymans *Stone Alone* halten. Dieses Buch sollte man eher als eine Ansammlung von einzelnen Momenten, von kleinen Skizzen betrachten, die versuchen, die ekstatischen und erschreckenden Entstehungsgeschichten der Rolling Stones-Hits, die Pannen und Katastrophen widerzugeben. In diesem Buch geht es um die Musik, die schließlich der einzige Grund ist, sich überhaupt mit den Stones zu beschäftigen.

Diese Geschichte zu erzählen, wird dadurch erschwert, dass die Aufnahmen der Band für den amerikanischen Markt neu zusammengestellt wurden und die amerikanischen Fans auf den gleichnamigen Alben teilweise bis heute andere Stücke als in Europa vorfinden. Den Beatles ging es zu Beginn ihrer Karriere nicht anders, aber im digitalen Zeitalter mit Neuausgaben auf CD erschienen all ihre Stücke in der ursprünglichen, britischen Version, so, wie es sich die Band immer gewünscht hatte. Den Stones wurde dieses Glück nicht zuteil. Ihre ersten Aufnahmen mit Decca und London befinden sich noch in Händen ihres ehemaligen Managers Allen Klein und liegen deswegen nicht in einer einheitlichen Edition vor.

In den 80er Jahren verlor Jagger vorübergehend den Glauben an die Stones. Als er sich mit einer Solokarriere an die damals aktuellen flüchtigen Popmoden heranwagte, wären die Stones beinahe auseinandergebrochen. Keith Richards nannte das Jaggers "Peter-Pan-Komplex".

Mit Beginn der Neunziger fand Jagger zu alter Form zurück und führte die wieder erstarkten Stones gemeinsam mit Richards bis zum Millenium und darüber hinaus. 1997 beendete die Band die Aufnahmen zu *Bridges to Babylon*, ihrem 21. Studioalbum, und tourte anschließend fast zwei Jahre um die Welt. Der Ratschlag, ältere Männer sollten lieber die Finger von Rock and Roll lassen, wurde von Mick, Keith, Charlie und Ronnie ganz offensichtlich nicht beherzigt.

Nur Bassist Bill Wyman stellte sich selbst die Frage, wann er aufhören sollte, zog 1993 die Konsequenz und beendete seine Karriere bei den Stones. Bis heute ist ihm allerdings keiner gefolgt. John Mayall, der alte britische Bluesmusiker, sagte mir während eines Interviews, das ich bei meinen Recherchen zu diesem Buch mit ihm führte: "Musikmachen ist eine Kunst ... man wird immer reifer und im Lauf der Jahre lernt man mehr und mehr." Keith Richards sagte in einem Interview mit dem *Rolling Stone*-Magazin: "Wir sind die einzige Band, die schon so lange im Geschäft ist. Wenn wir am Ende sind, wird die Welt immerhin wissen, was alles möglich ist."

Dieses Buch umfasst die Geschichte der Rolling Stones bis zum gegenwärtigen Augenblick. Es war nicht leicht, die Arbeit der Stones aus fast vier Jahrzehnten genau unter die Lupe zu nehmen, Hunderte von alten Artikeln zu lesen und neue Interviews mit engen Vertrauten und Zeitgenossen der Band zu führen. Als ich anfing, die Geschichte zusammenzustellen, befanden sich die Stones gerade am anderen Ende der Stadt, in Hollywood, um mit den Produzenten Don Was, den Dust Brothers und Babyface ihr neues Album einzuspielen. Für mich war das ein beruhigendes Gefühl: Wenn sich meine Schreibphasen bis in die frühen Morgenstunden ausdehnten, wusste ich, dass Keith Richards nicht weit entfernt wahrscheinlich gerade dabei war, seine Gitarre zu stimmen.

> **" Wenn wir am Ende sind, wird die Welt immerhin wissen, was alles möglich ist "**
>
> Keith Richards

Steve Appleford
Los Angeles

Einleitung

Zu jung für den Blues? Die Stones posieren für ein frühes Werbefoto.

ie Themse ist nicht der Mississippi. Und doch: Auf das London der Nachkriegszeit wirkte der Blues wie eine prophetische Botschaft aus einer anderen Welt – mit Baumwollpflückern, schwarzgebranntem Fusel und enttäuschter Liebe. Blues war ein Sound, der seine Energie aus tragischen Geschichten und emotionaler Stärke gewann. Und er wurde von Menschen wie Muddy Waters gespielt, der zu seiner allerersten Plattenaufnahme im Juli 1942 barfuß, mit einer geliehenen Gitarre auftauchte und mit heftiger sexueller Anspannung in der Stimme davon sang, wie unbefriedigt er sei. "I woke up this mornin', found my little baby gone."

Der Blues erzählte die Geschichte des schwarzen Amerika. Das Amerika der großen Sängerin Bessie Smith, der gefeierten "Kaiserin des Blues", die nach einem Autounfall verblutete, weil man sich weigerte, sie in einem weißen Krankenhaus aufzunehmen. Ein Land, in dem Waters (der eigentlich McKinley Morganfield hieß) bereits mit zehn Jahren für 75 Cents pro Tag auf dem Feld arbeitete. Wo sogar ein Bluesgigant wie der ehrwürdige Son House, der Lehrer von Leuten wie Robert Johnson, unter der Fuchtel eines gleichgültigen weißen Bosses und Großgrundbesitzers stand.

In den frühen 60er Jahren stieß diese intensive Musik voller Freude und Schmerz auf eine unerwartete Resonanz bei britischen Jugendlichen und verband sich mit den Interessen von Brian Jones, Mick Jagger und Keith Richards, die zwar kaum ahnten, was Waters erlebt hatte, aber verstanden, dass der Mississippi-Folk-Blues von Wirklichkeit und Leidenschaft erzählte.

Der junge Mick hatte diese Klänge zuerst als Zwölfjähriger auf eigentlich für schwarze Hörer produzierten Platten, den Race Records gehört, die mit der Post direkt aus Amerika kamen. 1960 war Jagger dann gerade im Zug unterwegs zum Unterricht an der London School of Economics, als er mit einem wertvollen Stoß Vinylplatten von Chuck Berry, Little Walter, Muddy Waters und Mississippi Fred McDowell unterm Arm auf Keith Richards traf. Die beiden Jungs aus der Mittelschicht waren 1943 in Dartford zur Welt gekommen und hatten sich als Kinder an der Wentworth County Primary School kennengelernt, bevor sie sich mit elf Jahren aus den Augen verloren. Jetzt starrte der junge Mr Richards gierig auf die Platten unter Micks Arm: "Hey, du stehst auf Chuck Berry, was?"

Schallplatten waren damals noch immer ein seltener Luxus, und so lud Keith Mick ein, mal bei ihm vorbei zu sehen. Gemeinsam diskutierten sie jeden gelungenen Groove, jeden Song, in dem es um Liebe, Hass, Verzweiflung oder Glück ging. Durch diese Drei-Minuten-Telegramme wurde für Richards die Schwarzweißwelt von Londons Vorstädten in die Farbenpracht des Technicolor getaucht. Keith war zu der Zeit ein Außenseiter an der Kunsthochschule, der, statt zum Unterricht zu gehen, lieber wie besessen Gitarre übte, während Mick bereits an den Wochenenden zum Spaß Buddy-Holly-Melodien sang und bald mit Richards im Haus eines Freundes Rock- und Blues-Songs nachspielte.

Mick und Keith träumten davon, ganz neue Sounds zu erfinden. Gemeinsam zogen sie oft durch die ortsansässigen Clubs, um dort Live-Musik zu hören. 1962 sahen sie Alexis Korners Blues Incorporated im Londoner Marquee Club und entdeckten dabei einen jungen blonden Gitarristen, der sich wie ein Verrückter über seine Slide Guitar beugte und 'Dust My Broom' fast wie der große Elmore James

Einleitung

spielte. Nur dass dieser Typ – der sich Elmo Lewis nannte – nicht aus dem Mississippi-Delta stammte, sondern für seinen kurzen ruhmreichen Moment als Blues-Musiker bloß das vornehme Cheltenham verlassen hatte. Sein wirklicher Name war Brian Jones, und er erzählte Jagger und Richards von seinen Plänen, eine eigene Blues-Band zu formen, sobald er den Sprung nach London geschafft habe.

Jones war wie besessen von der Idee, die Rollin' Stones zu gründen, deren Namen er einem Song von Muddy Waters entnahm. Und schon bald hatte er Jagger, Richards, den Bassisten Bill Wyman (eigentlich Perks), den Schlagzeuger Charlie Watts (einen weiteren Blues Incorporated-Veteranen) und den Pianisten Ian Stewart dafür gewonnen. Es war die Band von Brian Jones. Mick war damals bloß der Sänger, Keith nur ein weiterer Gitarrist. Aber sie alle verband eine tiefe Liebe für den vom Mississippi und aus Chicago kommenden Rock und Blues, für Leute wie Jimmy Reed, T-Bone Walker, Big Bill Broonzy, Bo Diddley, John Lee Hooker und viele andere amerikanische Künstler, die in ihrem eigenen Land weitgehend unbekannt waren.

Die Rollin' Stones fanden sich schnell an der Spitze einer neuen Bewegung junger britischer Blues-Musiker, die den Gospel populär machen wollten – und zwar im Stil des Chess Records-Labels, Heimstatt vieler Blues- und Rockgrößen. Das Kopieren alter Blues-Standards, die sie wie eine heilige Schrift behandelten, war für die ehrfürchtigen Stones fast eine religiöse Erfahrung, und sie dachten nicht wirklich daran, eigenes Material zu schreiben, wie es die Beatles von Anfang an getan hatten. Alles andere wäre ein SAKRILEG gewesen, oder hätte zumindest eine Leistung erfordert, die weit über die Möglichkeiten der Band hinausging. Was konnten diese Londoner Chorknaben schon bieten, das die alten Meister des Blues nicht bereits besser gesagt hatten?

Jaggers Stimme war noch nicht das unverwechselbare erregte Knurren der kommenden Jahre und wirkte inmitten der Ernsthaftigkeit, mit der die Band spielte, manchmal ein wenig verloren. Ebenso waren Jones und Richards nicht gerade Virtuosen ihres Instruments, zumindest nicht in dem Sinn, wie überdrehte Graffiti-Künstler Eric Clapton zum Gott erklärten. Das Duo bildete zusammen vielmehr einen kompakten rhythmischen Schwerlaster mit einer seltenen Meisterschaft auf der Rhythmusgitarre, die sich zu jenem reifen Stones-Sound entwickelte, der später in 'Brown Sugar' und *Exile On Main Street* zu hören war.

Bald traten die Stones auf den Londoner Bühnen zusammen mit einer ganzen Menge neuer Künstler auf, die sich alle auf den Blues beriefen und nun ihre eigene musikalische Stimme suchten. Aus Newcastle kamen die Animals, aus Birmingham Spencer Davis und Stevie Winwood. Jede neue Band, die Erfolg haben wollte, musste nach London gehen. "Für die meisten war das etwas Neues, denn zehn Jahre lang hatten die Leute nichts anderes als New-Orleans-Jazz gehört, den man damals 'traditionellen Jazz' nannte", erinnert sich John Mayall, der 1963 aus seiner Heimatstadt Manchester nach London kam, nachdem er seinen Job in der Grafikabteilung einer Werbeagentur aufgegeben hatte. "Diese Art von Jazz war bis dahin die dominierende Musik in allen Clubs. Wirklich alles was die Leute hörten, hatte die gleiche Besetzung: Trompete, Posaune, Klarinette plus Rhythmusgruppe – bis dieser unverbrauchte Chicago-Sound auftauchte. Er richtete sich an die junge Generation und hatte sein Publikum in den Cafés und Folk-Clubs. Diese Musiker entwickelten es einfach einen Schritt weiter. Sie waren stark beeinflusst von Muddy Waters' Arbeit mit Little Walter, mit Verstärkern und all dem Zeug – sie standen jetzt buchstäblich unter Strom. Und in den selben Folk-Clubs gewannen sie auch immer mehr Publikum."

Im Zentrum dieser Entwicklung stand Alexis Korner, dessen Blues Incorporated der Ausgangspunkt für die Karriere vieler junger Blues-Musiker wurde. Er sorgte auch dafür, dass Bands wie die Stones und die Yardbirds gemeinsam mit amerikanischen Blues-Musikern gebucht wurden. Auch wenn Korner selbst kein außergewöhnlicher Gitarrist war – sein großer Enthusiasmus für die Mitspieler wurde für viele zur Inspiration. Mayall erzählt, wie Korner ihn immer wieder aufmunterte, ihn persönlich Klubbesitzern und Musikern in London vorstellte und damit die entscheidende Starthilfe für Mayalls Karriere als Bandleader der Bluesbreakers gab.

"Alexis war der Motor dieser Bewegung", meint Mick Farren, Musiker und Schriftsteller, der sich später mit den Deviants einen Namen machen sollte. "Er konnte einen wirklich für etwas begeistern. Er war

Alexis Korner, der Schutzheilige der Londoner Blues-Szene

Einleitung

ein echt netter Typ. Wenn möglich, lieh er dir Geld und hörte sich deine Probleme an. Er war für alle von uns so etwas wie der gute Onkel, der Rabbi. Alexis war ein außergewöhnlicher Mensch."

Unter den jungen Blues-Bands, die mit gastierenden amerikanischen Blues-Musikern durch die englische Provinz zogen, war auch Chicken Sand mit der Sängerin und Pianistin Christine McVie (geborene Perfect), später Mitglied von Fleetwood Mac. "All die Originale aus den USA wie B.B. King und Freddie Guy kamen hierher und die weißen englischen Gruppen begleiteten sie auf ihren Tourneen durch die Pubs", erinnert sich McVie voller Nostalgie. "Der amerikanische Blues wurde damals zum festen Bestandteil der englischen Subkultur. Die Menschen waren geradezu auf der Jagd nach diesen obskuren 45-Singles. Es war wunderbar."

In den Londoner Clubs wurden die traditionellen Jazz-Bands schnell von den immer beliebteren britischen Blues-Bands verdrängt. "Brian war begeistert, als er sah, wie sich die letzte Jazz-Band auflöste und wir die Clubs übernahmen", erklärte Richards gegenüber Stanley Booth in *The Rolling Stones. Der Tanz mit dem Teufel.* "Das war für ihn der glücklichste, stolzeste Augenblick."

In diesen ersten Jahren war Brian Jones die Triebfeder der Rollin'. Stones. Der Blues war jetzt sein Leben. Er war vom College geflogen, wechselte ständig seine Jobs und hatte bereits mindestens einen Sohn gezeugt. Mick und Keith lebten noch immer zu Hause und waren noch weit von ihrem späteren hedonistischen Leben als Glimmer Twins entfernt. "Von Erfolg war nie die Rede", erzählte Richards 1975 der Zeitschrift *Creem*. "Wir träumten nicht einmal davon. Wir hätten nie daran gedacht, dass sich ganz London, geschweige denn die ganze Welt für unser Zeug interessieren würde. So dachten wir einfach nicht. Wir wollten einfach einmal pro Woche für Leute spielen, die Lust hatten zu tanzen!"

An der Quelle: Ron Wood hängt an den Lippen von Blues-Gott Muddy Waters.

Die Ironie ihres Erfolges blieb den Stones nicht verborgen. Innerhalb weniger Jahre kletterten ihre Versionen amerikanischer R&B-Songs an die Spitze der Charts, während die schwarzen Erfinder dieser Musik oft nicht einmal in die amerikanischen Popsender kommen konnten. "Bevor wir es machten, hätte man das ganze Zeug schon zehn Mal besser hören können, fünf Jahre vor uns oder den Beatles", so Keith zum *Spin*-Magazin 1985. "Es war alles bereits da."

Trotzdem, die Art, mit der die Stones jene R&B-Experimente spielten, wurde immer authentischer. "Es wirkte einfach echt, weil sie selbst dabei echt wirkten", sagt Bobby Womack, Co-Autor von 'It's All Over Now', mit dem die Stones 1964 erstmals den Sprung an die Spitze der britischen Charts schafften. "Manchmal kann man gar nicht anders, du bist einfach du selbst, egal was du tust. Und so haben sie der Sache ihre englische Farbe gegeben und damit weißen Hörern auf der ganzen Welt erst gezeigt, was es heißt, mit dem Herzen, mit der ganzen Seele zu singen. Erst dadurch wurde so ziemlich allen klar, was schwarze Musik wirklich ist. Zur Erinnerung: B.B. King, Tina Turner und viele andere Künstler hatten sich jahrelang darum bemüht. Die Rolling Stones sagten: Du musst diese Musik einfach fühlen. Vergiss die Politik. Bei Musik geht's um was anderes. Und genau das hat die Musik wachsen lassen."

Die frühen Rollin' Stones waren entschiedene Anhänger dieses schwermütigen, bluesgesättigten Sounds. Nummern von Eddie Cochran gehörten nie zu ihrem Repertoire. Anfang der 60er Jahre verschwanden die melodramatischen Popballaden von Bobby, Ricky, Billy oder Cliff, die unter ihren perfekt zurechtbetonierten Frisuren aus gewaltigen Fettwellen, Löckchen und Entenschwänzen von Teenagerträumen und zuckersüßen Feen sangen. Das war nicht gerade das Image, das der junge Mr Jagger für sich anstrebte. Und so lautet ein berühmt gewordener Ausspruch jener Zeit "Hoffentlich glauben sie nicht, wir sind eine Rock and Roll Band".

Aber Rock and Roll war immer Teil der Stones-Mischung, wofür schon Richards garantierte, der die kurzen Riffs und die ironische, minimalistische Poesie von Chuck Berry mindestens genauso liebte wie den schweren Blues von Muddy Waters. Das hieß, dass der arme Brian gelegentlich Rock-Elemente von Chuck Berry über sich ergehen lassen musste, ohne zu ahnen, dass die Bedeutung der Stones weniger in ihrer Hingabe an den Blues als in der Neubelebung des Rock and Roll liegen würde.

Einleitung

Im März 1963 zogen die Stones die Aufmerksamkeit von Andrew Loog Oldham auf sich, einem aufgeweckten Agenten und früheren PR-Mann der Beatles – ein großer Pluspunkt in der Popindustrie. Er schaffte es, als Manager engagiert zu werden, und die Stones eine Woche später für die Aufnahme ihrer ersten Single, Chuck Berrys 'Come On', ins Studio zu bekommen. Oldhams Einfluss auf die Stones war enorm. Zuerst brachte er Jones dazu, den Pianisten Ian Stewart, der von Anfang an bei der Band gewesen war, zu feuern, weil er ihm einfach zu spießig aussah. Das übrige Quintett steckte er – nach dem Vorbild der Beatles – in gut aufeinander abgestimmte karierte Anzüge mit schwarzen Samtkrägen, wobei er aber, um sie in die Schlagzeilen zu bringen, sehr schnell alles, was ihren Ruf als "böse Jungs" festigte, in den Vordergrund schob. Entscheidend aber war seine Forderung, Jagger und Richards müssten ab jetzt eigenes Material schreiben – ein Karriereschritt, der ein längerfristiges Überleben erst ermöglichte.

Auch wenn Oldham die Rolling Stones zu einer kommerziell möglichst erfolgreichen Popgruppe machen wollte – die Band selbst legte ihre Liebe für den amerikanischen R&B niemals ab. Auf ihrer ersten Tournee durch die Vereinigten Staaten suchten sie sofort das berühmte Harlem Apollo auf, wo unter ihren aufmerksamen Augen Joe Tex, Wilson Picket und James Brown zeigten, was gerade angesagt war.

"Wir wollten erst eine Blues-Band sein, aber das haben wir dann gelassen, weil es komplette Zeitverschwendung war", erklärte Jagger gegenüber *Creem* 1978. "Keith bestand immer noch darauf, dass wir eine BLUES-Band seien. Mir war es schließlich scheißegal, wie sie es nennen wollten. Am Anfang nahmen wir das wirklich sehr genau. Wir wollten jedenfalls keine ROCK-Band sein. Und weil wir R&B nicht richtig drauf hatten, machten wir eben etwas anderes, MUSSTEN wir es eben auf unsere Art machen."

Der Sound der Stones hatte sich bereits verändert, als ihnen Lennon und McCartney 'I Wanna Be Your Man' anboten. In den Händen der Stones war der Song primitiver, heißer als die später von den Fab Four eingespielte aufpolierte Version. Dieses Lied war der große Durchbruch in den Charts, aber die größten Erfolge der Band kamen erst, als sie den Purismus, der die Anfänge anderer Musiker behinderte, ablegte und eine neue, dunklere Stimme suchte. Der nüchterne Boogie-Woogie-Absolutismus eines Ian Stewart hätte in der Welt von 'Let It Bleed' und 'Wild Horses' nichts zu suchen gehabt.

"Die Rolling Stones haben den Blues als Ausgangsbasis verwendet und ihn dann in eine modernere Klangdimension weiterentwickelt", bemerkt Wayne Kramer von der Gruppe MC5. "Am Anfang benutzten sie die Klänge, die man aus elektrischen Gitarren eben herausbekommt, und dann fanden sie wirklich das Kraftzentrum dieses Sounds und jene Töne, die man erhält, wenn man den Verstärker ein wenig zu weit aufdreht. Einige der so entstandenen Songs waren brillante, meisterhafte Produktionen."

Für ihre Anhänger und Musikerkollegen war jede neue Stones-Single, jede neue Sammlung von Stücken, so etwas wie ein Telegramm an die Welt. In den 60er Jahren bastelten die Stones vor allem an ihrer eigenen Geschichte, indem sie mit immer größerem Erfolg über Liebe, Hass, Treue, Dekadenz, Sucht oder Ruhm sangen und spielten. Bei den MC5 kamen diese Botschaften mit unüberbietbarer Klarheit an: Während einer Tour im Sommer 1969 waren die MC5 auf einer abgelegenen Schnellstraße unterwegs, als ein Radio-DJ verkündete, er habe die neue Stones-Single mit dem Titel 'Honky Tonk Women'. "Wir drehten die Musik voll auf. Sie haute uns einfach um", erinnert sich Kramer. "'Mann, die Stones haben's wieder geschafft! Mann, sie haben's wieder geschafft! Hör dir das nur an, Mann!!! Sie sind so verdammt gut!!!' Es war, als ob man im Lotto gewonnen hätte: Der Beat, der Klang der Gitarre, das Solo, das ganze Ding war brillant."

In den 70er Jahren nannten die Stones sich selbst "Die größte Rock-and-Roll-Band der Welt". Neue Namen wie Led Zeppelin überholten sie bereits bei den Verkaufszahlen, aber die Geschichte und der Einfluss der Stones konnten durch nichts in den Schatten gestellt werden. Selbst so bedeutende Anwärter auf den Thron wie The Who, Led Zeppelin oder The Clash kamen und gingen. Mehr als drei Jahrzehnte später gibt es die Stones noch immer. Auf diesem Weg fand Brian Jones den Tod, wurde Bill Wyman ein gesetzter Pensionist und Restaurantbesitzer, gab Mick Taylor den besten und schlechtesten Job der Rockmusik auf, ließ sich ein gelangweilter Mick Jagger einen Diamanten in einen Zahn einsetzen, während Keith Richards fortwährend auf der endlosen Suche nach dem perfekten Riff war.

> "Von Erfolg war nie die Rede. Wir wollten einfach einmal pro Woche für Leute spielen, die Lust hatten zu tanzen"
>
> Keith Richards

Zeittafel

1936
24. OKTOBER: Geburt von Bill Wyman als William Perks in Penge, Kent.

1941
2. JUNI: Geburt von Charlie Watts als Charles Robert Watts in Wembley, Middlesex.

1942
28. FEBRUAR: Geburt von Brian Jones als Lewis Brian Hopkins-Jones in Cheltenham, Gloucestershire.

1943
18. DEZEMBER: Geburt von Keith Richards in Dartford, Kent.

1944
26. JULI: Geburt von Mick Jagger als Michael Philip Jagger in Dartford, Kent.

1947
1. JUNI: Geburt von Ron Wood in Hillingdon, Middlesex.

1948
17. JANUAR: Geburt von Mick Taylor in Welwyn Garden City, Hertfordshire.

1960
OKTOBER: Mick Jagger und Keith Richards, die sich als Kinder kannten, treffen sich zufällig im Zug von Dartford nach London. Mick trägt einen Stapel Blues-Alben unterm Arm, darunter welche von Chuck Berry und Muddy Waters. Die beiden werden Freunde.

1962
APRIL: Mick und Keith sehen Alexis Korners Blues Incorporated im Ealing Marquee Club in London. Sie treffen den Slide-Gitarristen Elmo Lewis (alias Brian Jones).

MAI: Brian ist auf der Suche nach Musikern für seine Band. Pianist Ian Stewart meldet sich als erster und wird genommen. Währenddessen singt Mick bei Blues Incorporated.

JUNI: Mick verlässt Blues Incorporated. Keith und er spielen nun in Brians Band.

12. JULI: Brian nennt die Band The Rollin' Stones – nach dem Song 'Rollin' Stone Blues' von Muddy Waters. Die Stones haben ihren ersten Auftritt mit Bassist Dick Taylor und Schlagzeuger Mike Avery im Marquee – Bill Wyman und Charlie Watts stoßen erst später dazu.

SEPTEMBER: Dick Taylor verlässt die Stones, um sich auf sein Universitätsstudium zu konzentrieren.

27. OKTOBER: Erste Demo-Aufnahmen in den Curly Clayton Studios, London: 'You Can't Judge A Book By The Cover' von Bo Diddleys, 'Soon Forgotten' von Muddy Waters und 'Close Together' von Jimmy Reed. Schlagzeuger ist Tony Chapman.

DEZEMBER: Bill Wyman wird Bassist der Stones.

1963
JANUAR: Die Band ändert ihren Namen in The Rolling Stones.

9. JANUAR: Tony Chapman wird gefeuert. An seine Stelle tritt Charlie Watts.

14. JANUAR: Erster Auftritt von Mick, Keith, Brian, Charlie, Bill und Ian im Flamingo in Soho.

2.-28. FEBRUAR: Glyn Johns macht in den IBC Studios in London Aufnahmen mit den Stones. IBC verkauft sie später an Eric Easton. Der Weg zu einem Plattenvertrag ist damit frei.

28. APRIL: Andrew Oldham, der 19-jährige frühere PR-Mitarbeiter des Beatles-Managers Brian Epstein und spätere Stones-Manager, hört die Rolling Stones zum ersten Mal in Richmond.

3. MAI: Die Stones unterzeichnen einen exklusiven Management-Vertrag mit Oldham und Eric Easton. Kurz darauf verschafft Oldham der Band einen Plattenvertrag mit Decca Records.

7. JUNI: Decca bringt die erste Stones-Single 'Come On'/'I Wanna Be Loved' heraus: Platz 21 der britischen Charts.

7. JULI: Die Stones haben ihren ersten Fernsehauftritt mit 'Come On' in der Sendung *Thank Your Lucky Stars* auf ATV.

SEPTEMBER: Oldham bringt John Lennon und Paul McCartney mit zur Probe der Stones nach Soho. Dort schreiben Lennon und McCartney den Song 'I Wanna Be Your Man' und schenken ihn den Stones.

29. SEPTEMBER: Die Stones machen ihre erste große Tournee zusammen mit Bo Diddley und The Everly Brothers.

1. NOVEMBER: Die zweite Single der Stones, 'I Wanna Be Your Man'/'Stoned', kommt auf Platz 9 der britischen Charts.

1964
6. JANUAR: Erste Tournee als Hauptakt zusammen mit den Ronettes.

10. JANUAR: Veröffentlichung der ersten EP mit 'Bye-Bye Johnny', 'Money', 'You Better Move On' und 'Poison Ivy'. Sie erreicht Platz 15 in den britischen Charts.

21. FEBRUAR: Die dritte Single 'Not Fade Away'/'Little By Little' erscheint und kommt auf Platz 3 der englischen Charts.

6. MÄRZ: Mit 'Not Fade Away'/'I Wanna Be Your Man' kommen die Stones zum ersten Mal in die US-Charts – auf Platz 48.

17. APRIL: Das Debüt-Album *The Rolling Stones* bleibt in England 11 Wochen lang auf Platz 1 der Charts. Ein Konzert im Cubi-Club, Rochdale, wird abgebrochen, weil das Publikum randaliert.

MAI: Als erstes Stones-Album in den USA wird *England's Newest Hitmakers – The Rolling Stones* veröffentlicht und erreicht Platz 11 der US-Album-Charts.

1. JUNI: Über 500 Fans warten am Kennedy Airport auf die Stones, die in Amerika zum ersten Mal auf Tournee gehen. Die Menge fällt über die Band her.

11. JUNI: Eine Pressekonferenz vor den Chess Studios in Chicago wird durch die Polizei abgebrochen, als Fans die Band umzingeln und den Verkehr lahm legen.

26. JUNI: Veröffentlichung der ersten Nummer-1-Single der Stones 'It's All Over Now'/'Good Times, Bad Times' in England. Die Auftritte der Band lösen Massenhysterien aus. Im Longleat House fallen 200 Mädchen in Ohnmacht.

14. AUGUST: Decca bringt die EP *Five-By-Five* mit 'If You Need Me', 'Empty Heart', '2120 South Michigan Avenue', 'Confessin' The Blues' und 'Around And Around' in England heraus. Sie kommt auf Platz 7.

26. SEPTEMBER: 'Time Is On My Side' mit 'Congratulations' als B-Seite wird in den USA veröffentlicht: Platz 80 der Charts.

24. OKTOBER: Das zweite US-Albums der Stones, *12 X 5*, wird veröffentlicht und erreicht Platz 3 der US-Album-Charts.

13. NOVEMBER: 300.000 Vorbestellungen liegen für die fünfte Stones-Single 'Little Red Rooster'/'Off The Hook' in England vor. Sie startet durch auf Platz 1.

1965
15. JANUAR: Das zweite Album *The Rolling Stones No. 2* erscheint in England und kommt sofort auf Platz 1 der Charts.

22. JANUAR: Charlie Watts' illustriertes Kinderbuch über das Leben des Saxophonisten Charlie Parker erscheint.

13. FEBRUAR: *The Rolling Stones, Now!*, das dritte US-Album der Band, kommt heraus und erreicht Platz 5 der Album-Charts.

26. FEBRUAR: Die sechste Stones-Single 'The Last Time'/'Play With Fire' erscheint in England, kommt sofort auf Platz 1 in den englischen und wenig später auf Platz 9 in den amerikanischen Charts.

18. MÄRZ: Auf der Rückreise von einer Tournee nach London verbietet man den Rolling Stones, die Toiletten einer Tankstelle in West Ham zu benutzen. Bill Wyman, Brian Jones und Mick Jagger erleichtern sich an einer nahegelegenen Mauer und werden bald darauf wegen öffentlichen Urinierens festgenommen.

10.-13. MAI: Dritte Nordamerika-Tournee der Stones. Sie verbringen fünf Tage in den Chess Studios in Chicago, wo sie in 17 Stunden vier Songs aufnehmen. Anschließend fliegen sie nach Los Angeles, um in den RCA Studios in Hollywood weitere Songs, darunter '(I Can't Get No) Satisfaction', aufzunehmen.

27. MAI: '(I Can't Get No) Satisfaction' kommt mit 'The Under Assistant West Coast Promotion Man' als B-Seite heraus und wird die Nummer 1 in den Charts.

11. JUNI: Die dritte EP *Got Live If You Want It* erreicht Platz 7 in den britischen und Platz 6 in den US-Charts.

30. JULI: *Out Of Our Heads*, das vierte Stones-Album, kommt in Amerika heraus. Drei Wochen später ist es auf Nummer 1. Das gleiche Album, allerdings mit anderen Songs, wird am 24. August in England veröffentlicht: Platz 2 in den Charts.

4. AUGUST: Andrew Loog Oldham gründet seine eigene Plattenfirma namens Immediate Records.

20. AUGUST: Die siebte Single '(I Can't Get No) Satisfaction' mit 'The Spider And The Fly' als B-Seite kommt in England heraus und ist drei Wochen lang Nummer 1 der Charts. Decca veröffentlicht außerdem *The Rolling Stones Songbook*, gespielt vom Andrew Oldham Orchestra und Keith Richards.

24. AUGUST: Die Stones treffen zum ersten Mal mit dem Geschäftsmann Allen Klein zusammen.

Zeittafel

28. AUGUST: Allen Klein und Andrew Oldham managen nun die Stones. Die Band unterzeichnet einen Fünf-Jahres-Vertrags mit Decca. Am Tag darauf unterzeichnen sie einen Plattenvertrag mit London Records in den USA.

11.-15. SEPTEMBER: Tournee in Deutschland und Österreich. In Düsseldorf und Hamburg randalieren Fans. In Berlin beschädigen Fans 50 Sitzreihen und prügeln sich nach dem Konzert mit 400 Polizisten.

25. SEPTEMBER: 'Get Off of My Cloud'/'I'm Free', die achte US-Single der Stones, kommt heraus und ist zwei Wochen lang auf Platz 1 der Charts. Einen Monat später wird 'Get Off Of My Cloud'/'The Singer Not The Song' als achte Single in England veröffentlicht und bleibt drei Wochen lang auf Platz 1. Übermütige Fans randalieren u.a. während eines Auftritts in Dublin, wo 30 Teenager auf die Bühne stürmen. Mick Jagger wird zu Boden geworfen, Brian Jones hat mit drei Jugendlichen zu kämpfen und Bill Wyman wird gegen ein Klavier gedrückt. Keith Richards flüchtet.

3. OKTOBER: Handgemenge im Publikum bei einem Auftritt in Manchester. Keith Richards wird von einem Gegenstand getroffen und ist fünf Minuten lang bewusstlos.

27. OKTOBER: Die Stones beginnen eine weitere Nordamerika-Tournee.

19. NOVEMBER: Chris Farlowes Maxi 'Farlowe In The Midnight Hour' erscheint bei Immediate Records und ist gleichzeitig die erste Veröffentlichung der von Mick Jagger, Keith Richards und Andrew Oldham gegründeten Firma We Three Producers.

4. DEZEMBER: Das fünfte US-Album *December's Children* kommt auf Platz 2.

5. DEZEMBER: In der Los Angeles Sports Arena spielen die Stones vor 14.000 Fans.

18. DEZEMBER: Die neunte US-Single 'As Tears Go By'/'Gotta Get Away' kommt auf Platz 6 der Charts.

1966

4. FEBRUAR: Veröffentlichung der neunten Single '19th Nervous Breakdown'/'As Tears Go By' in England: Platz 1 der Charts. Am 12. Februar erscheint '19th Nervous Breakdown'/'Sad Day' – die zehnte US-Single der Stones: ebenfalls auf Platz 1.

2. APRIL: *Big Hits (High Tide And Green Grass)* ist die sechste LP in den USA und das Best-Of-Album der Stones: Es erreicht Platz 2 der Charts. Im November wird es in England veröffentlicht, wo es auf Platz 4 der Charts kommt.

APRIL 15: Das vierte Album *Aftermath* erscheint in England und ist sieben Wochen lang auf Platz 1 der Charts. In Amerika wird das Album im Mai mit anderen Songs veröffentlicht und kommt auf Platz 1 in den Charts.

7. MAI: Die elfte Single 'Paint It Black'/'Stupid Girl' wird in den USA veröffentlicht und erreicht Platz 1 der Charts.
13. Mai: 'Paint It Black'/'Long Long While' kommt als zehnte Single in England heraus: ebenfalls Platz 1.

2. JULI: Die zwölfte US-Single 'Mother's Little Helper'/'Lady Jane' erscheint. 'Mother's Little Helper' erreicht Platz 8 und 'Lady Jane' Platz 24 der Charts.

23. SEPTEMBER: 'Have You Seen Your Mother, Baby, Standing In The Shadow?'/'Who's Driving Your Plane' ist die elfte Single in England und die 13te in den USA. Platz 5 in den Charts beider Länder.

1967

13.-14. JANUAR: 'Let's Spend The Night Together'/'Ruby Tuesday' ist die zwölfte Single in England und die 14te in den USA. 'Let's Spend The Night Together' kommt auf Platz 2 in England, 'Ruby Tuesday' auf Platz 1 in den amerikanischen Charts.

20. JANUAR: *Between The Buttons*, das sechste Stones-Album, erscheint in England: Platz 3 in den Album-Charts. Ein paar Wochen später kommt es als neuntes Album in den USA heraus: Platz 2.

12. FEBRUAR: Festnahme Mick Jaggers, seiner Freundin Marianne Faithfull und Keith Richards bei einer Razzia auf den Redlands, Richards' Landsitz in West Sussex. Die Polizei beschlagnahmt verdächtige Substanzen, u.a. Aufputschpillen, die Jagger legal in Italien erstanden hat. Faithfull ist nackt und muss sich mit einem Bettvorleger bedecken. Kunsthändler Robert Fraser wird ebenfalls verhaftet.

MÄRZ: Mick, Marianne, Keith, Brian Jones und Anita Palenberg machen Ferien in Tangier. Jones hat einen Asthmaanfall und kommt ins Krankenhaus. Beginn der Beziehung zwischen Keith und Anita. Als er aus dem Krankenhaus zurück ins Hotel kommt, sind seine Freundin und Kumpels aus der Band bereits zurück in London.

10. MAI: Mick Jagger, Keith Richards und Robert Fraser kommen wegen Drogenmissbrauchs vor Gericht. Gegen Kaution kommen sie frei, Verhandlungen werden auf Juni festgesetzt. Brian Jones und ein Freund werden in Brians Haus in South Kensington wegen illegalen Drogenbesitzes verhaftet. Brian wird gegen Kaution freigelassen.

27.-29. JUNI: Mick Jagger wird wegen illegalen Drogenbesitzes (vier Amphetamintabletten) schuldig gesprochen, Richards, weil er in seinem Haus in West Sussex das Rauchen von Marihuana zuließ und Robert Fraser wegen Heroinbesitzes. Alle drei kommen ins Gefängnis. Jagger bekommt drei Monate, Richards ein Jahr und Fraser sechs Monate. Jagger wird drei Tage lang eingesperrt, Richards zwei Tage, bevor sie gegen Kaution und auf Berufung frei kommen. Fraser sitzt vier trostlose Monate.

7. JULI: *Flowers*, das zehnte Album der Stones, wird veröffentlicht und erreicht Platz 2 in den Charts. Das Best-Of-Album erscheint nur in Amerika.

31. JULI: Micks und Keiths Anklagen wegen Drogenmissbrauchs werden von einem Berufungsgericht aufgehoben.

18. AUGUST: 'We Love You'/'Dandelion' erscheint als 13te Single in Amerika und als 15te in England. 'We Love You' ist ein Dank an die Fans für ihre Unterstützung während des Drogenprozesses der Stones.

29. SEPTEMBER: Manager und Produzent Andrew Oldham wird gefeuert. Einziger Repräsentant der Stones ist nun Allen Klein.

30. OKTOBER: Brian Jones leugnet vor Gericht den Besitz von Marihuana, Kokain und Amphetamin, wird jedoch schuldig gesprochen und zu neun Monaten Haft verurteilt. Er verbringt eine Nacht in Wormwood Scrubs, bevor er bis zum Berufungsverfahren gegen Kaution frei kommt.

2. DEZEMBER: 'In Another Land'/'The Lantern' wird in Amerika als 16te Single der Stones veröffentlicht. 'In Another Land' ist die erste und letzte Bill-Wyman-Komposition auf einer Stones-LP.

3. DEZEMBER: Brian Jones' Verurteilung wird ausgesetzt, nachdem Psychiater ihn als 'sehr verängstigten jungen Mann' mit Selbstmordgefährdung bezeichnen. Er bekommt drei Jahre Bewährung.

8.-9. DEZEMBER: Veröffentlichung von *Their Satanic Majesties Request*, das in England auf Platz 3 und in Amerika auf Platz 2 der Charts kommt.

23. DEZEMBER: Die Single 'She's A Rainbow'/'2000 Light Years From Home' kommt in Amerika heraus.

1968

15. MÄRZ: Jimmy Miller wird der Produzent des bald darauf erscheinenden Albums *Beggars Banquet*. Auch *Goats Head Soup* von 1973 wird von ihm produziert.

11. MAI: Mick Jagger kündigt an, dass er den Soundtrack für den Film *Performance* von Nicholas Roeg und Donald Cammell schreiben und neben Anita Pallenberg auch als Schauspieler fungieren wird.

21. MAI: Brian Jones wird wegen Marihuana-Besitzes erneut festgenommen.

24. MAI: 'Jumping Jack Flash'/'Child Of The Moon' erscheint in England und Amerika und kommt in beiden Ländern auf Platz 1 der Charts.

5. JUNI: Jean-Luc Godard filmt die Proben der Stones zu 'Sympathy For The Devil' für seinen Film *One Plus One*. Godards Beleuchter lösen auf dem Dach der Olympic Studios ein Feuer aus.

26. JULI: Ein dreimonatiger Streit zwischen den Stones und ihrer Plattenfirma über das Coverdesign von *Beggars Banquet* verzögert die Veröffentlichung. Die Plattenfirma weigert sich, eine mit Graffitti besprühte Toilettenwand auf dem Cover abzubilden. Schließlich geben die Stones nach.

31. AUGUST: 'Street Fighting Man'/'No Expectations' erscheint in Amerika und erreicht Platz 48 in den Charts. Die Single wird in England erst am 20. Juni 1970 veröffentlicht.

26. SEPTEMBER: Ein Londoner Gericht verurteilt Brian Jones wegen Marihuanabesitzes zu einer Geldstrafe.

6.-7. DEZEMBER: *Beggars Banquet* erscheint schließlich in England (Platz 3 der Charts) und Amerika (Platz 2).

12. DEZEMBER: Die Stones drehen mit John Lennon, Yoko Ono, Eric Clapton, The Who, Taj Mahal, Jethro Tull und Marianne Faithfull die Fernsehaufzeichnung *The Rolling Stones' Rock And Roll Circus* in Wembley. Jagger ist mit dem Stones-Auftritt unzufrieden – das ganze Projekt wird abgeblasen.

1969

28. MAI: Mick Jagger und Marianne Faithfull werden bei Mick zu Hause in Cheyne Walk, Chelsea, wegen Drogenmissbrauchs festgenommen. Gegen Kaution kommen sie frei.

7. JUNI: Keith Richards hat einen Autounfall in der Nähe seines Hauses in Sussex. Anita, im siebten Monat schwanger, bricht sich das Schlüsselbein.

8. JUNI: Die Stones feuern Brian Jones. Vier Tage darauf tritt Mick Taylor, 20, an seine Stelle.

3. JULI: Brian Jones, 25, ertrinkt im Pool seines Hauses in Hartfield, Sussex.

4.-5. JULI: 'Honky Tonk Woman'/'You Can't Always Get What You Want' erscheint. Platz 1 der Charts in England und USA.

5. JULI: Kostenloses Konzert für Brian Jones im Londoner Hyde Park.

13. JULI: Mick Jagger macht Filmaufnahmen für *Ned Kelly* in Australien.

12.-13. SEPTEMBER: Die Stones veröffentlichen das Best-Of-Album *Through The Past Darkly (Big Hits Volume 2)* in England (Platz 1) und Amerika (Platz 2).

5.-6. DEZEMBER: *Let It Bleed* erscheint in Amerika (Platz 2) und England (Platz 1).

6. DEZEMBER: Das kostenlose Konzert am Altamont Speedway in der Nähe von Livermore in Kalifornien wird für die Stones zum Alptraum. Mick Jagger bekommt hinter der Bühne von einem Fan einen Hieb ins Gesicht und Marty Balin von

Zeittafel

Jefferson Airplane wird von den Hell's Angels, der Security Crew, bewusstlos geschlagen. Während die Stones 'Under My Thumb' spielen, wird der 18-jährige Meredith Hunter zusammengeschlagen und von den Angels niedergestochen. Der Film *Gimme Shelter* dokumentiert dieses Konzert und erscheint im Dezember 1970.

18. DEZEMBER: Mick wird des Haschischbesitzes schuldig gesprochen und bekommt eine Geldstrafe. Marianne wird freigesprochen.

1970

20. JULI: Stones-Manager Allen Klein wird entlassen, obwohl er die Rechte an den frühen Aufnahmen hat. Zwei Tage darauf läuft der Vertrag mit Decca aus.

1. AUGUST: Der Film *Performance* mit Mick Jagger, James Fox, Anita Pallenberg, Michele Breton erscheint bei Warner Bros. Jagger singt darin 'Memo From Turner'.

15. AUGUST: Gründung der Plattenfirma Rolling Stones Records, Vertriebskooperation mit Atlantic Records.

6. SEPTEMBER: Das Live-Album *Get Yer Ya-Ya's Out* der Amerika-Tournee 1969 erscheint. Platz 1 in England, Platz 5 in den USA.

1971

30. MÄRZ: Die Stones machen eine England-Abschiedsparty, bevor sie nach Frankreich fliehen, um dem englischen Steuersystem zu entkommen.

16. APRIL: Die Maxi-Single 'Brown Sugar'/'Bitch'/'Let It Rock' erscheint in England und kommt auf Platz 1 der Single-Charts, genauso wie die amerikanische Version mit 'Bitch' als B-Seite.

23. APRIL: Veröffentlichung des Albums *Sticky Fingers* in England und den USA. Es bleibt vier Wochen lang Nummer 1 in den US-Charts. Das Cover mit einem echten Reißverschluss auf einer prall gefüllten Jeans entwirft Andy Warhol.

12. MAI: Mick Jagger heiratet Bianca Rose Perez Moreno de Macias in St. Tropez.

12. JUNI: 'Wild Horses'/'Sway' erscheint in den USA und kommt auf Platz 18.

18. OKTOBER: Rolling Stones Records veröffentlicht das Album *Brian Jones Presents The Pipes Of Pan In Joujouka*, das 1968 von Jones und dem Produzenten George Chkiantz in Marokko aufgenommen wurde.

1972

14. APRIL: 'Tumbling Dice'/'Sweet Black Angel' erscheint. Platz 5 in den englischen und Platz 10 in den amerikanischen Charts.

26. MAI: *Exile On Main Street*, das erste Doppelalbum der Stones erscheint und kommt in beiden Ländern auf Platz 1.

15. JULI: 'Happy'/'All Down The Line' erscheint in Amerika, Platz 14 der Charts.

1973

20. AUGUST: Veröffentlichung von 'Angie'/'Silver Train'. Platz 2 in England, Platz 1 in Amerika.

31. AUGUST: *Goats Head Soup* erscheint und kommt in beiden Ländern auf Platz 1.

15. OKTOBER: 1971 verurteilt ein französisches Gericht Keith Richards zu einer Geldstrafe und einem Jahr Bewährung wegen der Veranstaltung von Drogenparties in Nellcote. Zwei Jahre langes Einreiseverbot nach Frankreich.

15. DEZEMBER: 'Doo Doo Doo Doo Doo (Heartbreaker)'/'Dancing with Mr D' erscheint in den USA und erreicht Platz 10.

1974

26. JULI: 'It's Only Rock 'N' Roll'/'Through The Lonely Nights' erscheint. Platz 10 in England, Platz 18 in den USA.

18. OKTOBER: Das erste Album der sogenannten Glimmer Twins (Jagger und Richards) *It's Only Rock 'N' Roll* erscheint. Platz 4 in England, Platz 1 in den USA.

25. OKTOBER: 'Ain't Too Proud To Beg'/'Dance Little Sister' erscheint in Amerika. Platz 15 der Charts.

12. DEZEMBER: Mick Taylor verlässt überraschend die Stones und tut sich mit dem ehemaligen Cream-Bassisten Jack Bruce und dem Produzenten Andy Johns zusammen, um an einem Projekt zu arbeiten, das nie vollendet wird. Anstatt ihn sofort zu ersetzen, lassen die Stones während der Aufnahmen zu *Black And Blue* in München zahlreiche Gitarristen "vorspielen".

1975

14. APRIL: Ankündigung, dass der Gitarrist Ron Wood von Faces auf der US-Sommertournee bei den Stones spielen wird. Wood besteht darauf, bei den Faces zu bleiben.

6. JUNI: *Metamorphosis*, ein Sammelalbum mit unveröffentlichten Aufnahmen wird zum großen Ärger der Stones von Allen Klein verkauft. Platz 8 der US-Charts und Platz 27 in England.

4. JULI: Bei einem Konzert in Memphis verbietet die Polizei den Stones 'Star Star' ('Starfucker') zu spielen. Als Jagger den Song trotzdem singt, sieht die Polizei wegen möglicher Randale von einer Verhaftung ab.

1976

28. FEBRUAR: Ron Wood spielt ab jetzt fix bei den Stones.

20. APRIL : Veröffentlichung des Albums *Black And Blue* (Platz 2 in England, Platz 1 in den USA). 'Fool To Cry'/'Crazy Mama' erscheint in England (Platz 4) und mit 'Hot Stuff' als B-Seite in Amerika (Platz 9).

1977

16. FEBRUAR: Plattenvertrag und Vertriebskooperation mit EMI, außer in Nordamerika. April: neuer Vertrag mit Atlantic Records für die nordamerikanischen Vertriebsrechte.

24. FEBRUAR: Ankunft Keiths und Anitas am Flughafen in Toronto, Kanada. Verhaftung Anitas – man findet Marihuana und Heroin in ihrem Gepäck. Gegen eine Kaution kommt sie frei.

27. FEBRUAR: Razzia der kanadischen Polizei in Keiths und Anitas Zimmer im Harbour Castle Hotel. Verhaftung wegen Heroinbesitzes – es droht eine lebenslange Haftstrafe.

14. MÄRZ: Anita wird von einem kanadischen Gericht wegen Drogenimports zu einer Geldstrafe verurteilt. Das Gericht behält ihren Reisepass ein und beginnt die Abschiebeverhandlungen. Einige Wochen später dürfen Keith und Anita Kanada velassen. Keith beginnt eine Drogenentziehungskur in New York.

16. SEPTEMBER: Das Doppelalbum *Love You Live* erscheint und kommt auf Platz 18 der englischen und Platz 5 der US-Charts. Andy Warhol entwirft das Cover.

1978

14. MAI: Bianca reicht die Scheidung von Mick Jagger ein. Jagger lebt schon mit Model Jerry Hall aus Texas zusammen.

19. MAI: 'Miss You'/'Girl With The Faraway Eyes' erscheint. Platz 2 in England, Platz 1 in Amerika.

9. JUNI: *Some Girls* erscheint. Platz 2 in England, Platz 1 in den USA.

28. AUGUST: 'Beast Of Burden'/'When The Whip Comes Down' erscheint in Amerika und kommt auf Nummer 7 der Charts.

15. SEPTEMBER: 'Respectable'/'When The Whip Comes Down' erscheint in England und kommt auf Platz 22 der Charts.

3. OKTOBER: Jesse Jackson startet eine Kampagne gegen die Rolling Stones, weil sie in 'Some Girls' schwarze Frauen als sexuell unersättlich beschreiben. Einige schwarze Radiostationen weigern sich, den Song zu spielen. Mick beteuert, der Song sei eine Parodie auf Stereotypen: "Fuck 'em, wenn sie keinen Witz verstehen können".

23. OKTOBER: Keith bekennt sich in Toronto des Heroinbesitzes schuldig. Anklage wegen Heroinverkaufs und -besitzes. Richards bekommt ein Jahr Bewährung, wird angewiesen, seine Entziehungskur in New York fortzusetzen und ein Benefizkonzert zu geben.

29. NOVEMBER: 'Shattered'/'Everything Is Turning To Gold' erscheint und kommt auf Platz 27 der amerikanischen Charts.

12. DEZEMBER: Keith Richards bringt eine Coverversion von Chuck Berrys 'Run Rudolph Run' als Weihnachts-Solo-Single bei Rolling Stones Records heraus.

16. DEZEMBER: Mick Jagger tritt mit Peter Tosh in der Fernsehsendung *Saturday Night Live* in New York auf.

1979

20. JULI: In Keith und Anitas Haus in South Salem, Westchester County, erschießt sich ein 17-jähriger Junge nach einem gemeinsamen Fernsehabend in Anitas Bett. Anita wird zwölf Stunden lang verhört. Sie sagt aus, der Junge hätte davon gesprochen, russisches Roulette zu spielen. November: Ende der Beziehung zwischen Keith und Anita.

1980

20. JUNI: 'Emotional Rescue'/'Down In The Hole' erscheint und kommt auf Platz 8 in England und Platz 3 in den USA.

23. JUNI: Das Album *Emotional Rescue* erscheint. Platz 1 in beiden Ländern.

19. SEPTEMBER: 'She's So Cold'/'Send It To Me' kommt auf Platz 27 in England und Platz 21 in Amerika.

1981

4. MÄRZ: *Sucking In The Seventies*, eine Anthologie, erscheint in Amerika und erreicht Platz 17 in den Charts. Das Album erscheint am 13. April in England.

17. AUGUST: 'Start Me Up'/'No Use In Crying' kommt auf Platz 4 der englischen Charts.

31. AUGUST: Das Album *Tattoo You* erscheint in England und den USA und kommt in beiden Ländern auf Platz 1.

1. SEPTEMBER: Ankündigung der Stones, dass ihre nächste Amerika-Tournee von Jovan-Parfum gesponsert wird.

20. NOVEMBER: Die Single 'Waiting On A Friend'/ 'Little T & A' erscheint in Amerika.

1982

11. JANUAR: Die Single 'Hang Fire'/'Neighbors' erscheint in Amerika.

1. JUNI: Das Live-Album *Still Life American Concert 1981* erscheint und kommt in England auf Platz 2 in den Charts. Die Single 'Going To A-Go-Go'/'Beast Of Burden' erreicht Platz 19 in England und Platz 20 in den USA.

1. SEPTEMBER : 'Time Is On My Side'/'Twenty Flight Rock' erscheint in Amerika.

1983

25. JULI: Die Stones unterzeichnen mit CBS Records einen Vertrag für vier Alben. Die Band erhält 6 Millionen Dollar pro Album – das lukrativste Geschäft in der Geschichte der Plattenindustrie.

Zeittafel

31. SEPTEMBER: 'Undercover Of The Night'/'All The Way Down' kommt auf Platz 8 in England und Platz 9 in den USA.

7. NOVEMBER: Das Album *Undercover* erscheint. Platz 1 in England, 4 in USA.

10. NOVEMBER: BBC weigert sich wegen zu drastischen Gewaltszenen, das Werbevideo für 'Undercover' bei *Top Of The Pops* zu senden. Auch die britische Independent Broadcasting Authority verbietet dessen Sendung. Mick Jagger beteuert, der Film, gedreht von Julien Temple, stelle die alltägliche Gewalt und Unterdrückung in Argentinien dar. Die Stones überarbeiten den Film, um ihn sendefähig zu machen.

18. DEZEMBER: Keith heiratet an seinem 40sten Geburtstag das Model Patti Hansen in Cabo San Lucas.

1984

1. JANUAR: Alexis Korner stirbt im Alter von 55 Jahren.

23. JANUAR: 'She Was Hot'/'I Think I'm Going Mad' erscheint und kommt auf Platz 40 in England und Platz 44 in den USA.

24. FEBRUAR: Bill Wyman lernt die 13-jährige Mandy Smith – seine spätere Frau – in einem Nachtclub in London kennen und beginnt eine Affäre mit ihr. Die Beziehung löst einen Presseskandal aus.

1985

4. FEBRUAR: Mick Jaggers Solo-Single 'Just Another Night'/'Turn The Girl Loose' erscheint. Platz 27 in England, 10 in USA.

4. MÄRZ: Jaggers erstes Solo-Album *She's The Boss* erscheint, erreicht Platz 6 in England und Platz 8 in Amerika.

19. APRIL: Jaggers Solo-Single 'Lucky In Love' erscheint in den USA (Platz 38).

13. JULI: Die Stones entscheiden sich, kein *Live Aid* Benefiz-Konzert zu spielen. Stattdessen tritt Jagger mit Tina Turner auf. Keith Richards und Ron Wood begleiten einen indisponierten Bob Dylan. Ein Video wird gezeigt, auf dem Jagger und David Bowie 'Dancing In The Street' singen.

23. AUGUST: Jagger und Bowies Aufnahme von 'Dancing In The Street' erscheint. Platz 1 in England, Platz 7 in den USA.

12. DEZEMBER: Ian Stewart, der Tour-Manager und ehemalige Pianist der Stones stirbt im Alter von 47 Jahren an einem Herzinfarkt. Zwei Monate danach gibt die Band vor geladenen Gästen im Londoner 100 Club ein Konzert zu seinen Ehren.

1986

23. JANUAR: Keith Richards präsentiert Chuck Berry bei der ersten Preisverleihung der *Rock And Roll Hall Of Fame*.

3. MÄRZ: 'Harlem Shuffle'/'Had It With You', Platz 7 in England, 5 in den USA.

24. MÄRZ: 'Dirty Work' erscheint, kommt auf Platz 3 in England und auf Platz 4 in den USA. Öffentliche Fehde der Glimmer Twins als Mick sich weigert, mit den Stones auf Tournee zu gehen, um sich auf seine Solokarriere zu konzentrieren.

19. MAI: 'One Hit (To The Body)'/'Fight' erscheint in England und Amerika.

21. JULI: Jaggers Solo-Single 'Ruthless People'/'I'm Raining' aus dem Filmsoundtrack *Ruthless People* erscheint in den USA und erreicht Platz 51 der Charts.

16. OKTOBER: Auf den beiden Konzerten zum 60sten Geburtstag von Chuck Berry im Fox Theater, St. Louis, spielt Keith mit Chuck Berrys Band. Außerdem treten Eric Clapton, Etta James und Linda Rondstadt auf. Regisseur Taylor Hackford macht Mitschnitte der Konzerte, aus denen der Film *Hail! Hail! Rock 'N' Roll* entstehen wird.

1 DEZEMBER: Das Charlie Watts Orchestra bringt *Live At The Fullham Town Hall* heraus.

1987

31. AUGUST: Mick Jaggers 'Let's Work'/'Catch As Catch Can' erscheint und kommt auf Platz 39 in England und Platz 35 in den USA.

14. SEPTEMBER: *Primitive Cool*, Jaggers zweites Solo-Album erscheint. Platz 18 in England, jedoch nur Platz 41 in den USA.

9. NOVEMBER: Jaggers Solo-Single 'Throw Away'/'Peace Of The Wicked' erscheint.

1988

20. JANUAR: Mick Jagger präsentiert die Beatles bei ihrer Aufnahme in die *Rock 'N' Roll Hall Of Fame*.

17. SEPTEMBER: Mick startet seine Solo-Tournee durch Australien.

23. SEPTEMBER: Keith Richards bringt seine Solo-Single 'Take It So Hard'/'I Could Have Stood You Up' heraus.

4. OKTOBER: Keiths erstes Solo-Album *Talk Is Cheap* erscheint und kommt auf Platz 24 in den USA.

24. NOVEMBER: Keith und seine Band, die X-Pensive Winos, spielen in Atlanta und starten ihre erste Tournee.

1989

18. JANUAR: Die Stones werden in die *Rock 'N' Roll Hall Of Fame* aufgenommen. Mick Taylor ist anwesend, Bill und Charlie jedoch nicht.

15. MÄRZ: Die Stones unterzeichnen einen Vertrag mit Concert Productions International für 55 Konzerte in Amerika und Kanada. Der kanadische Veranstalter sagt den Stones zwischen 65 und 70 Millionen Dollar Gage zu.

24. APRIL: Keith Richards Solo-Single 'Make No Mistake' erscheint.

17. MAI: Wyman eröffnet Restaurant und Nachtclub *Sticky Fingers* in London.

2. JUNI: Bill Wyman, 52, kündigt seine Hochzeit mit Mandy Smith, 19, an.

17. AUGUST: 'Mixed Emotions'/'Fancyman' erscheint und kommt in England auf Platz 33, in den USA auf Platz 5.

29. AUGUST: Das Stones Album *Steel Wheels* erscheint in den USA und kommt auf Platz 1. 11. September: Veröffentlichung in England, Platz 2 der Charts.

31. AUGUST: Beginn der *Steel-Wheels*-Tournee in Amerika.

20. NOVEMBER: 'Rock And A Hard Place'/'Cook Cook Blues' erscheint in England.

1990

JANUAR: 'Almost Hear You Sigh'/'Break The Spell' erscheint in Amerika.

16. JUNI: 'Almost Hear You Sigh'/'Wish I'd Never Met You' erscheint in England.

26. JULI: 'Terrifying'/'Rock And A Hard Place' kommt heraus.

24. OKTOBER: Bill Wymans Autobiographie *Stone Alone* wird veröffentlicht, in der die Karriere der Stones bis 1969 detailgenau nachgezeichnet ist.

21. NOVEMBER: Mick Jagger und Jerry Hall heiraten in Bali, Indonesien.

22. NOVEMBER: Bills und Mandys Scheidung.

1991

4. MÄRZ: Die Stones Single 'Highwire'/'Sex Drive' erscheint in Amerika.

21. MÄRZ: Protest bei der Veröffentlichung der Single 'Highwire' in England, weil sie den Golfkrieg kritisiert. Die erste Zeile wird von BBC für *Top Of The Pops* gestrichen.

2. APRIL: Das Live-Album *Flashpoint*, mit zwei neuen Studioaufnahmen 'Highwire' und 'Sex Drive', erscheint in Amerika. Sechs Tage darauf erscheint es in England.

19. NOVEMBER: Unterzeichnung eines Vertrags mit Virgin Records über drei Alben und die Vertriebsrechte an allen älteren Aufnahmen von Rolling Stones Records.

26. NOVEMBER: *Keith Richards & The Expensive Winos Live At The Hollywood Paladium, December 15, 1988* erscheint bei Virgin Records.

1992

16. JANUAR: Premiere des Sciencefiction-films *Freejack* mit Mick Jagger und Emilio Estevez.

19. MAI: *A Tribute To Charlie Parker, With Strings* wird vom Charlie-Watts-Quintet herausgebracht.

20. OKTOBER: Keiths Album *Main Offender* erscheint.

1993

6. JANUAR: Bill Wyman verlässt offiziell die Rolling Stones.

8. FEBRUAR: *Wandering Spirit*, Mick Jaggers drittes Solo-Album, kommt heraus.

1994

Das Album *Voodoo Lounge* erscheint.

1995

Das Live-Album *Stripped* mit einer Coverversion von Bob Dylans 'Like A Rolling Stone' und Aufnahmen von Club- und Theaterauftritten sowie Proben in Amsterdam, Paris, Tokyo und Lissabon erscheint.

The Rolling Stones' Rock And Roll Circus von 1968 erscheint endlich als Video und Platte und bekommt sehr gute Kritiken.

1996

22. OKTOBER: *Shared Vision II: The Songs Of The Rolling Stones* erscheint – eine Sammlung von Stones-Songs, gecovert von Johnny Cash, Rod Stewart, Joe Cocker, The Pogues, Tom Jones, den Feelies u. a.

1997

20. FEBRUAR: Mick und Keith arbeiten in Barbados an einem neuen Album.

23. SEPTEMBER: Die Rolling Stones starten ihre Welttournee vor 70.000 Zuschauern in Soldier Field, Chicago. Die Amerika-Tour dauert bis zum 26. April 1998.

29. SEPTEMBER: *Bridges To Babylon* erscheint – das 21ste Studio-Album der Stones. Die Produzenten sind u.a. Don Was und die Dust Brothers.

1998

7. JUNI: Die Stones sagen ihre England-Tournee aus Protest gegen die neuen englischen Steuergesetze ab.

13. JUNI: Die Europa-Tour startet auf dem Zeppelinfeld in Nürnberg.

11. AUGUST: Zum ersten Mal, seitdem die Sowjetunion ihnen vor 30 Jahren einen Auftritt versagt hatte, spielen die Stones in Moskau.

6. DEZEMBER: Das Live-Album *No Security* mit Songs von der *Bridges-To-Babylon*-Tournee erscheint.

1999

4. JUNI: Die Stones spielen wieder in England.

12. JUNI: Offizielle Trennung von Mick Jagger und Jerry Hall.

Kapitel 1

1964 the rolling stones

Die Stones treffen in Amerika ein und finden Nonsens, Bewunderer und neue Inspiration.

Route 66
(TROUP)

I Just Want To Make Love To You
(DIXON)

Honest I Do
(REED)

I Need You Baby
(McDANIELS)

Now I've Got A Witness (Like Uncle Phil And Uncle Gene)
(PHELGE)

Little By Little
(PHELGE/SPECTOR)

I'm a King Bee
(MOORE)

Carol
(BERRY)

Tell Me (You're Coming Back)

Can I Get A Witness
(HOLLAND/DOZIER/HOLLAND)

You Can Make It If You Try
(JARRETT)

Walking The Dog
(THOMAS)

ie jungen Rollin' Stones konnten einem schon leid tun, so sehr bemühten sie sich, alles richtig zu machen. Ihre Liebe zum Blues war echt, ihre Begeisterung für den Sound des schwarzen Amerika grenzenlos, wofür vor allem der Fanatismus des jungen Brian Jones verantwortlich war – sie begegneten den Bluesgrößen aus Chicago und den Südstaaten voller Unschuld und Ehrfurcht. Und doch: Für das Großbritannien des Jahres 1964, ein Land, das gerade auf einer Welle der Begeisterung für die fröhlichen, strahlend-sauberen Beatles schwamm, schienen diese Jungs aus London gar nichts Gutes zu verheißen.

Aber was waren sie wirklich? Diebe, die die Seele des amerikanischen R&B stahlen, nur wenig besser als Pat Boone, wenn er seine zuckersüßen Fassungen von Little Richard- oder Fats-Domino-Liedern vor sich hin schnulzte, um damit die in schwarze und weiße Musik aufgeteilten Pop-Charts sauber und rein zu halten. Der Unterschied bestand natürlich darin, dass die Stones die Musik, die sie da machten, wenigstens verstanden und sich, so weit sie nur konnten, mit diesen verrückten Klängen vertraut machten.

Die Stones waren nicht darauf aus, den Blues glatt zu bügeln. In ihren Händen behielt er seine Kraft, einen Klang, wie ihn die wohlerzogene Mittelschicht Englands nicht kannte. Sie wollten die jungen Propheten des R&B sein, die die frohe Botschaft der leidenschaftlichen Musik von Muddy Waters, Elmore Jones und Howlin' Wolf verbreiteten. Ihre Mission sahen sie nicht im Pop. Zumindest noch nicht, auch wenn Manager Andrew Loog Oldham schon andere Pläne hatte: Er wollte seine Fab Five als Gegenspieler der Beatles verkaufen, als ein Quintett von Bad Boys, die die Gesellschaft und deren Töchter durcheinander bringen würden. Ihr übler Ruf spiegelte sich bald in einer von Oldham geschickt lancierten Frage: "Würden Sie Ihre Tochter einen Rolling Stone heiraten lassen?" Die Antwort darauf war ziemlich klar, wenn man die Männer-Sprüche hörte in Songs wie Slim Harpos 'I'm a King Bee' – "I can make honey, baby, let me come inside" – oder Enthüllungen, nach denen Brian bereits zwei Kinder von zwei verschiedenen Freundinnen hatte.

Vielleicht wollten die Rolling Stones wirklich nur Blues und Rock and Roll spielen, aber Oldham hatte die Anfänge der Beatlemania in Amerika einige Monate zuvor aufmerksam verfolgt. Die USA standen vor einer britischen Invasion, und er wollte, dass die Stones dabei eine wichtige Rolle spielten.

Das Debütalbum der Rolling Stones, das eigentlich nur den Namen der Band trägt, ist daher in Amerika eher durch seinen Untertitel, *England's Newest Hitmakers*, bekannt – ein klarer Hinweis, auf welchen Zug Jagger und seine Kumpane aufsprangen. Und doch zeigt ein Blick auf die Tracklist des Albums, dass hier nicht eine Gruppe von Rowdys am Werk ist, die vom nächsten großen Pop-Trend profitieren wollen, sondern eine Band, die noch immer unter dem Bann des geliebten R&B und einer an Chuck Berry orientierten Rockmusik steht.

"Dass wir Popstars werden könnten, schien völlig unmöglich", erzählte Keith Richards der Journalistin Lisa Robinson 1989. "In unseren Augen gab es nichts, was uns mit den Beatles verband – wir spielten Blues, sie schrieben Pop-Songs und trugen Anzüge. Wir waren zu hip für Pop-Stars, das war irgendwie die einzige Würde, die wir hatten."

Ihre erste Single, die im Sommer 1963 herauskam, war Ausdruck ihrer gemeinsamen Interessen, Fassungen von Chuck Berrys 'Come On' und Willie Dixons 'I Want To Be Loved'. Es wurde ein bescheidener Erfolg und kletterte auf Nummer 21 der britischen Single-Charts. Die Arbeitsweise der Stones bestand in diesen frühen Tagen darin, gute R&B-Songs aufzuspüren, die in England praktisch unbekannt waren und sich in den USA unerklärlicherweise nicht durchgesetzt hatten. Dieses Rezept brachte das Album *The Rolling Stones* in Großbritannien für elf Wochen an die Spitze der Charts und in den USA immerhin auf Rang 11. Zwei Monate später schafften die Stones mit 'It's All Over Now', einer Coverversion eines Liedes der Valentinos, zum ersten Mal den Sprung an die Spitze der Charts. Co-Autor Bobby Womack war darüber nicht begeistert. Er und seine Brüder bildeten als die Valentinos eine amerikanische R&B-Band, die sich bemühte, auch das lukrative weiße Publikum für sich zu gewinnen, und ausgerechnet mit 'It's All Over Now' einen bescheidenen Erfolg erzielte. Der Soul-Musiker Sam Cooke, der die Valentinos für sein Sar Records Label unter Vertrag hatte, wies Womack darauf hin, dass die Stones eine Version des Songs veröffentlichen würden und meinte, das sei vielleicht gar nicht so schlecht.

"Ich war stinksauer", sagt Womack heute. "Das war der erste von mir geschriebene Song, der eine

> **"Dass wir Popstars werden könnten, schien völlig unmöglich."**
>
> Keith Richards

the rolling stones

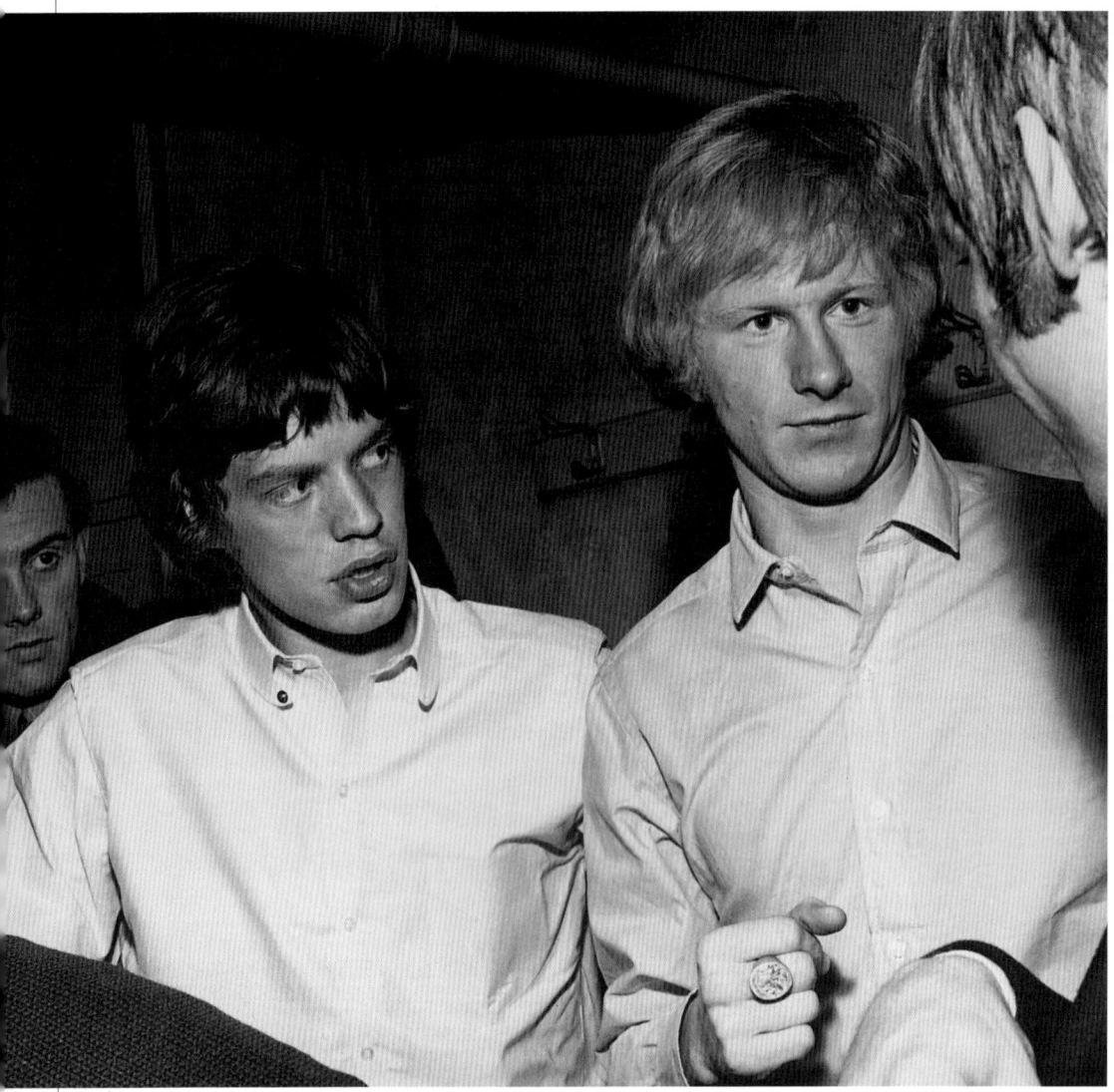

Mick Jagger mit Andrew Loog Oldham, dem Manager und Produzenten der Band, der auch für deren schlechten Ruf sorgte.

spielte, abgehärtete Truppe, gerade zurück von ihrer ersten größeren Tournee durch Großbritannien mit den Everly Brothers, Bo Diddley und den Ronnettes. Aber Jagger war, verglichen mit dem Feuer und der Angst von Muddy Waters, noch ein kleiner Junge, der Willie Dixons 'I Just Want To Make Love To You' eher jugendlichrührselig sang. Seine Stimme war bei den ersten Sessions oft dünn, unsicher und auch den Blues hatte er noch nicht ganz verinnerlicht. Die Stones verwässerten zwar den Blues von Jimmy Reeds 'Honest I Do', aber ihr Spiel hatte auch etwas merkwürdig Gefährliches. Das Album wurde auf einem simplen Zweispurgerät von Multitalent Oldham produziert, der damals noch überhaupt keine Erfahrung im Studio hatte. Er dachte, E-Gitarren würden direkt in die Wandsteckdose gesteckt, und war – zum Glück für die Band – der Ansicht, die Endabmischung der Bänder sei eine langweilige Unannehmlichkeit, die man einem untergeordneten Tontechniker überlassen sollte. Oldham hielt sich weitgehend zurück und ließ, um so den Sound der Stones zu dokumentieren, einiges zu: die scheppernden Gitarren, das euphorische Stöhnen der Mundharmonika oder das ausgelassene Keyboardspiel des eigentlich verbannten Ian Stewart. Dadurch entstand ein Album von roher, ungebändigter Kraft, das den klassischen R&B auf die Ebene jener kratzbürstigen Rockmusik katapultierte, zu deren Inbegriff die Stones bald werden sollten. Oldhams wichtigster Beitrag war, dass er beharrlich darauf drängte, die Stones müssten endlich ihr eigenes Material schreiben. Er war zu Recht davon überzeugt, dass die Gruppe keine große Zukunft haben würden, wenn sie weiter darauf angewiesen wäre, obskure R&B-Perlen auszugraben und zu covern. Jagger und Richards wussten, dass man es schaffen konnte. Sie hatten es im letzten September mit eigenen Augen gesehen, als Lennon und McCartney in ihrem Probenraum in Soho vorbeikamen. Die Beatles

große Platte wurde und für mich und meine Brüder wirklich viel bedeutete. Verstehst du – du kommst aus dem Ghetto, bringst endlich eine Platte raus und weißt, dass sie was taugt. Ich wusste, dass ihre Aufnahme Erfolg haben würde – und unsere damit passé war."

Aber letztlich habe Cooke Recht behalten, meint Womack, der seit vielen Jahren mit den Stones befreundet ist und auch auf manchen ihrer Aufnahmen mitgespielt hat. "Die Platte schlug sofort ein und hat uns lange Zeit über Wasser gehalten. Als ich den ersten Scheck sah, war ich geschockt. Die Summe war gigantisch." Der Erfolg des Liedes gab Womacks Karriere enormen Auftrieb, und bis heute kassiert er satte Tantiemen. "Als wir uns kennen lernten, sagte ich zu den Stones: 'Ich bin schon die ganze Zeit hinter euch her, Jungs, damit ihr noch einen Song von mir aufnehmt.'"

Die Aufnahmen für The Rolling Stones begannen Ende Januar 1964 in den Regent Sound Studios in London. Die Stones waren inzwischen eine eingearbeiteten an dem noch unfertigen Song 'I Wanna Be Your Man'. Jagger und Richards wurden Zeugen, wie das dynamische Duo das Lied fertig stellte – und es dann den Stones anbot. Innerhalb eines Monats wurde das aufgemotzte 'I Wanna Be Your Man' zur ersten Top-Ten-Single der Rolling Stones.

"Wir dachten, es klingt ziemlich kommerziell, aber genau danach suchten wir ja, und so spielten wir es ungefähr im Stil von Elmore James", erzählte Jagger 1968 dem Rolling Stone. "Ich hab es schon ewig nicht mehr gehört, aber es muss ziemlich irre sein, weil wir eigentlich keinen Produzenten hatten ... aber es wurde ein Hit – und auf der Bühne klang es phantastisch."

Eines Tages steckte Oldham Jagger und Richards in ein Zimmer und meinte, sie sollten nicht wieder herauskommen, bis sie zumindest einen Song geschrieben hätten. Damit war der Anfang gemacht. Bei drei Liedern stand dann auf dem Album *The Rolling Stone* als Komponist entweder der mysteriöse Nanker Phelge – ein Pseudonym für Kompositionen der ganzen Band – oder Jagger und Richards. Das war die Geburtsstunde der Glimmer Twins.

now i've got a witness (like uncle phil and uncle gene)

otown auf Abwegen. Diese unbeschwerte instrumentale Improvisation war der erste eigene Song, der unter dem Pseudonym Nanker Phelge auf einem Rolling-Stones-Album erschien. Die Nummer wiegt sich in einem sanften Blues-Rhythmus, der sich während einer Session herausbildete, als die Stones Marvin Gayes Hit 'Can I Get a Witness' coverten. 'Now I've Got A Witness' übernimmt daraus das zentrale Keyboard-Riff und ersetzt die Klaviermelodie einer religiösen Erweckungsversammlung durch ein Orgel-Crescendo. Eine melancholische Mundharmonika durchschneidet Charlie Watts gleichmäßigen Beat, bevor der Song schließlich mit einem emotionsgeladenen Gitarrensolo von Keith Feuer fängt.

Nichts Tiefschürfendes, einfach lustvoll gespielt. Die im Titel erwähnten Onkel Phil und Gene beziehen sich auf Produzent Phil Spector und den Pop-Sänger Gene Pitney, die bei den Aufnahmen für dieses Album auftauchten. Spector war ein verrücktes Studio-Genie, dessen "Sound-Wand" eine ergiebige musikalische Ausgangsbasis für die Pop-Epen der Sechziger wurde, wie sie etwa die Crystals und die Ronnettes schufen. Sein Studiozauber eröffnete dem Pop einige neue Möglichkeiten, die allerdings für den Blues und Rock der Stones keine große Bedeutung hatten. Spectors Anwesenheit in den Regent Sound Studios war nicht mehr als eine freundliche Ermunterung – und ein Vorwand, um ein aufmerksames Auge auf seine Frau zu haben, die attraktive Sängerin Ronnie Spector, die die Stones gerade auf ihrer Tournee durch England kennen gelernt hatte. Pitney arbeitete oft mit Spector zusammen und schrieb weinerliche, episch lange Stücke, die vor allem durch ihre überaus melodramatischen Arrangements in Erinnerung blieben. Pitney hatte bereits mit eigenen Songs Erfolg, etwa mit 'Hello Mary Lou', das er für Ricky Nelson schrieb, und im Januar 1964 landete er einen weiteren Hit – mit der Jagger/Richards-Komposition 'That Girl Belongs To Yesterday', dem ersten eigenen Stück der Glimmer Twins, das es in die US-Charts schaffte.

Am bemerkenswertesten bei 'Now I've Got A Witness' ist vielleicht, dass man einen klaren Eindruck von den musikalischen Fähigkeiten der einzelnen Stones in ihrer Frühzeit bekommt. Vor allem dokumentiert die Aufnahme einen ersten Höhepunkt im Schaffen ihrer legendären Rhythmusgruppe. "Bill und Charlie wurden da zu einer Einheit", bemerkt Bobby Womack, der die Stones später oft auf der Bühne und im Studio bei der Arbeit beobachtete. "Bill machte aus Charlie einen verdammt guten Drummer – und der aus Bill einen verdammt guten Bassisten."

> " **Bill und Charlie wurden da zu einer Einheit. Bill machte aus Charlie einen verdammt guten Drummer - und der aus Bill einen verdammt guten Bassisten** "
>
> Bobby Womack, Komponist von 'It's All Over Now'

the rolling stones

little by little

as Thema der unglücklichen Liebe ist so zeitlos wie der Blues selbst. Es hat so gewaltige Künstler wie Willie Dixon, Muddy Waters oder B.B. King zu Freudengeschrei und Wutgeheul getrieben und dabei eine bewegende Musik entstehen lassen, die traurig und zugleich merkwürdig euphorisch ist. Auch den Stones gelang es mit dem Thema enttäuschte Liebe zum ersten Mal, eigenen authentischen Blues zu spielen.

'Little By Little' kombiniert den Schmerz eines jungen Mannes mit einem frenetischen Blues-Rock-Rhythmus – eine Vorahnung, wie auch das schemenhafte Album-Cover mit fünf grimmig dreinblickenden Jünglingen, die sich feierlich darauf vorbereiten, etwas unaussprechlich Schlimmes anzustellen.

'Little By Little', als dessen Autoren Nanker Phelge und Phil Spector genannt werden, erschien zuerst als Rückseite ihrer Hit-Single 'Not Fade Away' (von Buddy Holly), die auch auf der amerikanischen Version des Albums zu finden war. Spector rasselt mit den Maracas und Jagger porträtiert einen Mann, der seiner Frau nachschleicht und ihr zu einem Rendezvous mit einem Unbekannten folgt – voller Angst vor einer bitteren Enttäuschung.

Zwischen den immer wieder aufblitzenden Mundharmonika-Passagen singt Jagger hier mehr über innere Qualen, während die Texte der auf dem Album versammelten Blues-Originale eher zweideutig sind. Er klingt fast wie ein Teenager, dem man das Herz gebrochen hat – Jagger ist zum Zeitpunkt der Aufnahme, am 4. Februar 1964, gerade mal 20 Jahre alt. Und doch findet er in seiner Stimme zu neuem Ausdruck, zu einer schneidenden Schärfe, die zu einem entscheidenden Element des klassischen Stones-Sounds werden sollte und den Rhythm and Blues der Schwarzen in etwas ganz Eigenes verwandelte. "Niemand klingt wie Mick", meint Bobby Womack. "Du kannst sagen, du kennst Künstler, die besser sind, aber auch wenn ich es versuchte, ich könnte nie so singen wie er. Er ist anders als alle anderen, wie auch Ray Charles. Er hat seinen ganz eigenen Stil."

Phil Spector war häufig Gast bei den frühen Stones-Aufnahmen in Los Angeles.

tell me (you're coming back)

as war schon eine ganz andere Musik als die, mit der die Stones angefangen hatten. 'Tell Me (You're Coming Back To Me)' war ein früher Hinweis darauf, dass das neue Team Jagger/Richards durchaus Lieder schreiben konnte, die ihre Gegenwart einfingen. Es war nur ein erster Schritt für die Glimmer Twins, doch die zwar unspektakuläre, aber angenehme Popmelodie des Songs untergrub bereits ansatzweise die Dominanz von Brian Jones.

Keith klimpert auf seiner 12-saitigen Gitarre und singt in das selbe Mikrofon Harmonien, während Jagger mit seinem flehenden Bittgesang gar nicht mehr aufhören kann.

"Es ist ein richtiger POP-Song, ganz anders als all die Blues-Songs und Motown-Coverversionen, die damals alle gemacht haben", erklärte Mick Jagger 1995 gegenüber der Zeitschrift *Rolling Stone*.

Weitere neue Kompositionen jener Zeit waren u.a. 'As Tears Go By' und 'That Girl Belongs To Yesterday'. Sie hatten wenig gemein mit dem Blues oder dem glasklaren Rock, den die Stones später entwickelten, aber diese frühen Balladen waren eine wichtige Grundlage für ihren melodischen Pop Mitte der 60er Jahre.

"Wir schrieben Balladen, frag mich bloß nicht warum", sagte Jagger dazu. "Wir wollten nicht ewig Blues spielen, wir wollten, dass die Leute auf andere aufmerksam würden, die wunderbar Blues spielten. Aber wir selbst wollten da nicht weiter machen", erklärte Jagger später. "Man könnte sagen, wir machten Blues interessant, aber eigentlich ist das unglaublich blöd. Ich meine, warum sollte sich jemand anhören, wie wir 'I'm A King Bee' spielen, wenn man sich das auch von Slim Harpo anhören kann?"

Kapitel 2

1965 rolling stones no. 2

Der junge Mick Jagger hebt ab und bei den jungen Mädchen brennen die Sicherungen durch.

Everybody Needs Somebody To Love
(RUSSELL/BURKE/WEXLER)

Down Home Girl
(LEIBER/BUTLER)

You Can't Catch Me
(BERRY)

Time Is On My Side
(MEADE/NORMAN)

What A Shame

Grown Up Wrong

Down The Road Apiece
(RAYE)

Under The Boardwalk
(RESNICK/YOUNG)

I Can't Be Satisfied
(WATERS)

Pain In My Heart
(REDDING/WALDEN)

Off The Hook

Suzie Q
(BROADWATER/LEWIS/HAWKINS)

etzt gings richtig los. Die Strategie von Andrew Oldham, die Stones als gefährliche Randalierer zu verkaufen, war vielleicht doch genial. Es machte die Mädchen verrückt und brachte das Album *The Rolling Stones* völlig unerwartet für elf Wochen an die Spitze der britischen Charts. Bis dahin waren ihre Auftritte in Großbritannien undramatisch verlaufen – eine Handvoll traurig-sehnsuchtsvoller Backfische war das Höchste der Gefühle. Aber jetzt gab es bei ihrem Konzert in Aberdeen 4.000 Fans mit gefälschten Karten, die die Absperrungen niedertrampelten, um noch reingelassen zu werden. Und bald würden Hallen in ganz Europa förmlich in Flammen aufgehen von den Gefühlswallungen der Teens, die zum Sound von Blues und Soul ausflippten und mit Stühlen und zerlegten Kronleuchtern um sich warfen, von Mädchen, die in Zwangsjacken abgeführt wurden, oder Jungs, die Brian und Keith anspuckten und jungen Frauen die Kleider vom Leib rissen. Und dazu überall eine hoffnungslos verwirrte, hilflose Polizei.

Das war für die Stones das Erbe von 1964. Und der Erfinder dieses großen Rock-and-Roll-Schwindels war der junge Andrew – der für die frühen Rolling Stones genau die gleiche Rolle spielte wie Malcolm McLaren 1976 für die Sex Pistols. Beide waren Impresarios, denen es nicht darum ging, etwas Neues zu schaffen, sondern die einfach Kohle machen wollten, indem sie ihren Schützlingen das schlimmstmögliche Image verpassten und jede Gelegenheit nutzten, alarmierende Schlagzeilen zu produzieren. Oldham sah sich selbst gern als Produzent in der etwas bombastischen Art von Phil Spector und erschien im Studio oft in ganz schwarzer Montur. Er schrieb für die Alben sogar die Cover-Texte, in einer kryptischen Hipster-Sprache, die an den Roman *A Clockwork Orange* von Anthony Burgess erinnert: "Here are your new groovies so please a-bound to the sound". "Er war eine Art Beatnik", erinnert sich Mick Farren, Schriftsteller und Leadsänger der Deviants, "nur einige Jahre zu spät."

So ging der ganze Wirbel weiter. Die Stones gingen auf eine dreiwöchige Tournee durch die USA, und die nächsten drei Jahre waren von nun an fast ohne Pause mit Reisen und Konzerten ausgefüllt – ein Lebensstil, der dem labilen Brian Jones arg zusetzte.

In den Vereinigten Staaten war die Aufregung um die Stones nicht ganz so groß. Vielleicht hatten sie den Sprung einfach zu früh gewagt, anders als die Beatles, die sich erst, nachdem sie mit 'I Want To Hold Your Hand' eine Nummer 1 in Amerika gelandet hatten, am Kennedy Airport von Tausenden schreiender Fans und Ed Sullivan empfangen ließen. Trotz Andrews dunkler Pläne war die Karriere der Stones nie so bis ins Letzte vorausgeplant worden. Während die Beatles in einem Rock-and-Roll-Märchen lebten, liest sich die Biografie der Rolling Stones nicht ganz so glatt. Warum hätten die Stones auch länger warten sollen? Immerhin hatten die 500 Fans, die zu ihrer Begrüßung aufmarschiert waren, die Botschaft verstanden: Das waren "ENGLAND'S NEWEST HITMAKERS"!

Die erste Rolling-Stones-Tour durch die Staaten – zusammen mit Bobby Vee, den Chiffons, Bobby Goldsboro und Bobby Comstock – verlief sowohl an der Ost- wie an der Westküste sehr erfolgreich. In New York oder Los Angeles traten sie wie Pop-Könige auf. Aber auf ihrer Reise durch das weite Land hatte es die Band schon viel schwerer. Die Stones litten unter geringen Besucherzahlen und bekamen die für den Mittleren Westen typische Gleichgültigkeit zu spüren. Noch bevor die Tournee offiziell begann, wurden dort die Bandmitglieder selbst, ihre Musik und die Art, wie sie sich kleideten, zur Zielscheibe des Spotts. Wenige Tage vor ihrem ersten Gig im nahegelegenen San Bernardino gastierte die Band in Los Angeles bei einer Aufzeichnung zu Dean Martins *Hollywood Palace Show*. Hier im amerikanischen Fernsehen konnte man sie beobachten, wie sie Willie Dixons vibrierendes 'I Just Want To Make Love To You' spielten: Brian unter seiner eindrucksvollen blonden Helmfrisur, Keith, der sich nervös durch seine Riffs zupfte, Bill mit dem Bass wie eine Schrotflinte unterm Arm, Mick, wie er klatschte und mit dem Absatz den Rhythmus mitklopfte, und Charlie, der wirkte, als ob ihn das auf seinem Drummerschemel alles nichts anginge, und der sich noch am wohlsten zu fühlen schien. Aber Dino mochte weder ihre Haare noch ihre Musik. Und mit dem Blues wusste er überhaupt nichts anzufangen – "Jetzt etwas für die Jugend ..."

Dino war ein Original der alten Schule, ein ewig witzelnder, Schmachtfetzen trällernder Scherzbold mit gut geöltem Haar, immer eine brennende Zigarette in

> " Wir waren Blues-Puristen, die kommerzielle Sachen sehr gern hatten, aber nie auf der Bühne machten, weil wir so schrecklich puristisch waren und ganz bewusst nur Blues spielten "
>
> Mick Jagger

einer und ein Whiskyglas in der anderen Hand. Er war ein Produkt der Weltkriegsgeneration, deren kulturelle Vormachtstellung durch Typen wie die Beatles und die Stones aufs äußerste gefährdet war. Selbst Elvis hatte da seine Bedenken.

"Es gibt Menschen, die glauben, einige dieser neuen Gruppen hätten lange Haare", raunte Dean Martin und rollte die Augen. "Naaaaaaaah, das ist eine optische Täuschung, sie haben einfache eine niedrige Stirn und hohe Augenbrauen." Ihre Eltern, so Dino, hätten angesichts der Stones und ihrer Musik schon mal an Selbstmord gedacht.

Eine Beleidigung? Ja, aber als die Show zehn Tage später im ganzen Land ausgestrahlt wurde, spielte das schon keine Rolle mehr. Die Stones waren in den Chess Studios in Chicago eingetroffen, im "Heiligen Gral" des amerikanischen Blues und Rock and Roll, am Schauplatz der unsterblichen Plattenaufnahmen von Muddy Waters, Chuck Berry, Little Walter und Bo Diddley. Hier spielte die Band 'It's All Over Now', 'Confessin' The Blues' und '2120 Michigan Avenue' ein – inspiriert von den alten Meistern Chuck und Muddy, die bei den Stones-Sessions vorbeikamen, um diese jungen weißen R&B-Fanatiker selbst zu erleben.

Die frühen 60er Jahre waren für Chess magere Jahre, und die Rolling Stones brachten ihre Musik nun wieder zurück ins Rampenlicht. Jahrelang behauptete Richards, dass die Stones bei ihrer Ankunft in den Chess Studios Zeuge wurden, wie Muddy Waters gerade die Decke anstrich – was Wyman allerdings bestritt. Jedenfalls aber trugen Bands wie die Stones und später die Yardbirds oder die Animals wesentlich dazu bei, dass diese Musik für eine neue Generation lebendig blieb.

Aber bald schon konnte man bei all diesen Gruppen erkennen, dass die Attraktivität des POP so unwiderstehlich war wie der allerneueste Triumph der Beatles in den Charts. Die Stones konnten ihren Wurzeln treu bleiben, solange sie ihre Platten in den heiligen Hallen von Chess aufnahmen, aber eine Veränderung bahnte sich unausweichlich an. Jagger erklärte das gegenüber dem *Rolling Stone* 1995 so: "Wir waren Blues-Puristen, die kommerzielle Sachen sehr gern hatten, aber nie auf der Bühne machten, weil wir so schrecklich puristisch waren und ganz bewusst nur Blues spielten."

> **" Es stand ganz unter dem Einfluss des Soul, der damals gerade angesagt war – Otis Redding und Solomon Burke "**
>
> Mick Jagger über 'The Rolling Stones No. 2'

Als die Stones nach Großbritannien zurückkamen, sahen sie, dass sich die Hysterie hier während ihrer Abwesenheit noch verstärkt hatte. Ein Konzert in Belfast wurde nach nur 12 Minuten abgebrochen, weil die Polizei beim Anblick schreiender Jungs und in Ohnmacht fallender Mädchen immer unruhiger wurde. In Paris inhaftierte man mehr als 150 Fans, als es im Olympia zu Ausschreitungen kam. Das war genau die schlechte Presse, die sich Andrew gewünscht hatte. Jetzt wurden die Stones aus Hotels geworfen und in den besten Restaurants erst gar nicht bedient. Oldhams Traum war Wirklichkeit geworden.

Was war an all dem dran? Die Behörden mussten nur einen Blick auf die Cover der Stones-Alben werfen, um ihre schlimmsten Befürchtungen bestätigt zu sehen. Wie schon bei ihrem Debüt zeigte die Plattenhülle von *The Rolling Stones No. 2* – mit Fotos von David Bailey – die Band als eine Gang junger Rowdys, die gerade was ausbrüteten. Und die Musik, die während der zweiten Tournee der Band durch die USA Ende 1964, kurz nach Charlies Heirat mit Shirley Ann Shepherd, aufgenommen worden war, hörte sich dunkel und grollend an. Während das erste Album seine raue Schärfe dem kahlen Rahmen der Regent Sound Studios verdankte, fand *The Rolling Stones No. 2* seine neue Schlagkraft in den Studios von Chess und RCA in Hollywood, wo auch Elvis Presley aufnahm. "Es stand ganz unter dem Einfluss des Soul, der damals gerade angesagt war – Otis Redding und Solomon Burke", sagte Jagger später über diese Platte.

Das neue Album wurde sofort ein Erfolg, stieg in den britischen Charts als Nummer 1 ein und machte die Rolling Stones mit einem Schlag zu den Gegenspielern der Beatles beim Kampf um die Krone des Pop. Als musikalisches Dokument jedoch war *The Rolling Stones No. 2* eigentlich weniger beeindruckend. Alle drei Originalkompositionen der Band waren nicht besonders bemerkenswert und wurden vor allem durch die neue Version von 'Time Is on My Side' in den Schatten gestellt. Obwohl sich die Stones weitgehend an das Original von Irma Thomas hielten, machten sie daraus etwas ganz Eigenes mit Jaggers gefühlvoller Interpretation und der Gitarre von Richards, die man bis dahin noch nie so dynamisch gehört hatte. Ebenfalls auf dem Album fand sich der etwas verunglückte Versuch von Jagger, die melancholische Liebesgeschichte 'Under The Boardwalk' neu zu erzählen.

Trotz der unausgegorenen Mischung aus Hits und Rohrkrepierern – die Stones fanden langsam ihren Stil und legten so die Grundlage für eine große Zukunft.

rolling stones no. 2

what a shame

as erstmals im Dezember 1964 als B-Seite der von Jagger/Richards verfassten Single 'Heart Of Stone' erschienene 'What A Shame' beweist, dass die Stones inzwischen genug Selbstvertrauen besaßen, um auch eigene Blues-Stücke zu schreiben. Jaggers Röhre klingt tiefer und gleitet über die heißen Druckwellen der Mundharmonika und die feurigen Klavierriffs von Ian Stewart, während Wyman und Watts das Ganze rhythmisch zusammenhalten. Die Nummer schließt mit einer längeren Instrumentalimprovisation – die Rolling Stones beherrschen nun eine Form, die sie kannten, seit sie als Jugendliche die amerikanischen Importplatten der Chess-Studios gehört hatten.

Diese Selbstsicherheit ist nicht überall auf *The Rolling Stones No. 2* zu spüren, aber 'What A Shame' zeigt, dass die Stones jetzt zumindest eine Grundformel für ihren Blues besaßen – nichts Besonderes und nichts, was Brian Jones als den einzigen richtigen Weg anerkannt hätte. Jagger und Richards hatten – mit Unterstützung ihres Managers – die Aufgabe übernommen, eigenes Material für die Band zu schreiben. Dass die Stones die Autorenschaft für ihre Songs unter dem mysteriösen Pseudonym "Nanker Phelge" unter der ganzen Band aufteilten, gehörte bald der Vergangenheit an. Aber die Vorstellungen, in welche Richtung sich die Band entwickeln sollte, wurden 1965 immer noch vom Fanatismus des "Elmo Lewis" mitbestimmt.

"Als ich zu den Rolling Stones stieß, wurden sie von Brian Jones geleitet", schrieb Bill Wyman in seiner Autobiografie *Stone Alone*. "Für all die Millionen, die die Stones für Mick Jaggers Band halten, ist es vielleicht ein Schock zu hören, dass Mick 1963 nichts weiter als ihr Sänger war. Wer die Band leitete, und zwar in jeder Hinsicht, darüber gab es nicht den leisesten Zweifel. Brian hatte das Sagen, zum Teil weil er die Musiker zusammengestellt hatte, aber vor allem, weil das Wichtigste in dieser Phase die Musik war, und Brian wusste über das, was wir damals spielten, mit Abstand am besten Bescheid."

Jones konnte dem sich immer deutlicher abzeichnenden Talent von Jagger und Richards als Songwriter nichts entgegenhalten, aber er blieb wichtig für den Sound der Stones, bis er durch seine Drogenabhängigkeit, den sich verschlimmernden Gesundheitszustand und seine Paranoia an Einfluss verlor. Als er auf der Tournee in Chicago aus körperlicher Erschöpfung zusammenbrach, war das ein Hinweis, dass Brian Jones mit dem von ihm ins Leben gerufenen Geschöpf nicht mehr Schritt halten konnte.

Mick Jagger (Mitte) fand langsam zu seiner Stimme, die ein zentrales Element des klassischen Stones-Sounds werden sollte.

25

rolling stones no. 2

grown up wrong

ie Stones waren jetzt dauernd auf Achse. Während ihrer zweiten Amerika-Tournee gab die Band am 25. Oktober 1964 ihr Debüt in der berühmten *Ed Sullivan Show*. In Sullivans Studiopublikum kam es unter schreienden jungen Männern und Frauen zu einem Tumult, der das Nervenkostüm des Gastgebers ganz schön zerzauste. "Eins versichere ich Ihnen: Die kommen mir nie mehr in meine Show", erklärte er vor versammelter Presse. "Sie waren mir von meinen Scouts in England empfohlen worden. Ich war schockiert, als ich sie sah."

Rock and Roll wurde, wie im Fernsehen zu beobachten, langsam gefährlich. Und doch waren die Stones natürlich ein Jahr später wieder in Sullivans Show. Sullivan hatte diese Art von Hysterie schon zweimal vorher erlebt: zuerst mit Elvis Presley, dessen aufreizende Hüftbewegungen aus den Fernsehbildern rausgeschnitten werden mussten. Aber Sullivan hatte Presley noch während der Sendung umarmt und ihn einen "tollen jungen Mann" genannt. Ganz ähnlich, also ohne größeren Ärger, war auch der Auftritt der Beatles abgegangen.

Merkwürdig, dass Sullivans Angst vor den furchteinflößenden Stones einer ziemlich zurückhaltenden Interpretation von 'Time Is On My Side' entsprang. Mick brachte den Song als klassisches Liebeslied und schlug mit dem Fuß dezent den Takt dazu. Jagger wusste noch gar nicht – noch hatte er James Brown nicht live erlebt – wie man das Publikum vernascht.

Außerdem besaß Jaggers Gesang bei *The Rolling Stones No. 2* noch nicht seine volle Kraft. Er singt in 'Grown Up Wrong' zwar mit der nötigen Leidenschaft, aber seiner Stimme fehlt noch das Gewicht seiner Blues- und Soul-Vorbilder. Selbst mit der feinfühligen Begleitung von Jones' Slide-Gitarre klingt Jagger 1965 einfach nicht wie jemand, der einem wertvolle Ratschläge in Sachen Liebe und Gefühle geben kann. Das schaffte er erst 1968 mit den tief bewegenden Blues- und Country-Aufnahmen von *Beggars Banquet*.

In Amerika erschien 'Grown Up Wrong' auf *12 x 5*, dem zweiten in den USA veröffentlichten Album, einer typischen Variante der britischen Platte. Das Material aus *The Rolling Stones No. 2* verteilte man in den Staaten im Großen und Ganzen auf *12 x 5* und *The Rolling Stones, Now*, die beide mit verschiedenen Singles und EP-Titeln aufgefüllt wurden. Den Beatles widerfuhr zwar mit ihren frühen Alben ein ähnliches Schicksal, mit der Neuveröffentlichung auf CD wurden die Diskrepanzen aber schließlich beseitigt. Die frühen Aufnahmen der Stones, an denen Allen Kleins ABKCO Records die Rechte besitzt, werden jedoch noch immer chaotisch auf mehrere Platten verstreut zum Kauf angeboten.

> " Eins versichere ich Ihnen: Die kommen mir nie mehr in meine Show ... Ich war schockiert, als ich sie sah "
>
> Ed Sullivan

off the hook

Die Riffs von Chuck Berry (Bild gegenüber) waren das große Vorbild für Keith Richards.

iese bezaubernd einfache Pop-Perle war die erste Jagger/Richards-Komposition, die einen Eindruck davon vermittelte, welches Gespür die beiden für den reinen Pop-Rock besaßen, der 1967 mit so großer Wirkung in *Between The Buttons* zum Vorschein kam. Aufgenommen in den Londoner Regent-Sound-Studios am 2. September 1964, erschien 'Off The Hook' bereits zwei Monate später als B-Seite der Single 'Little Red Rooster', die schnell an die Spitze der britischen Charts stürmte.

Der Song beginnt mit einer federnden, an Chuck Berry erinnernden Gitarrenmelodie, bevor Jagger davon singt, wie er spät in der Nacht versucht, seine Freundin anzurufen, deren Telefon jedoch ständig besetzt ist. Er ist bereit, jede Erklärung zu akzeptieren – sie schläft, sie ist krank, ihr Telefon ist wegen einer nicht bezahlten Rechnung abgestellt – außer der einen, die er nicht erwähnt: dass sie jemand anderen gefunden hat. Sein Tonfall ist eher irritiert als besorgt, aber weit von dem bitteren Ärger entfernt, mit dem sich Jagger in den Rolling-Stones-Songs der folgenden drei Jahrzehnte über die Frauen beschweren wird.

rolling stones no. 2

Kapitel 3

1965 out of our heads

Zu Hause in Amerika: Die Stones machen während ihrer endlosen Rock-and-Roll-Tour eine kleine Kreuzfahrt.

She Said Yeah
(JACKSON/CHRISTY)

Mercy, Mercy
(COVAY/MILLER)

Hitch Hike
(GAYE/STEVENSON/PAUL)

That's How Strong My Love Is
(JAMISON)

Good Times
(COOKE)

Gotta Get Away

Talkin' 'Bout You
(BERRY)

Cry To Me
(RUSSELL)

Oh Baby (We Got A Good Thing Goin')
(OZEN)

Heart Of Stone

The Under Assistant West Coast Promotion Man
(PHELGE)

I'm Free

28

out of our heads

Keith Richards hatte einen Traum, und der Traum war gut. Noch eine Nacht auf Tour in den Staaten im Mai 1965, als Keith in einem Motel in Florida durch ein Dröhnen in seinem Schädel aus dem Schlaf gerissen wurde. Ein wütendes Grollen rollte in seinem Kopf hin und her: "Can't get no satisfaction, can't get no satisfaction". Keith griff sich sofort seine neue Gibson Fuzzbox und nahm es auf, bevor er wieder einschlief. Was war das? Nicht einmal Keith wusste es, und als die Stones noch in der selben Woche in den Chess- und RCA-Studios zweimal '(I Can't Get No) Satisfaction' probten, meinte er, der Song sei nicht zu machen, zumindest nicht als Single. Zu einfach, mit einem Riff, das stark an 'Dancing In The Street' von Martha and the Vandellas erinnerte. Andrew Oldham überzeugte ihn bald eines Besseren, 'Satisfaction' kam noch im gleichen Monat als Single raus und wurde zum ersten Nummer-1-Hit der Stones in Amerika. Von nun an war alles anders – es war für die Rolling Stones der erste entscheidende Augenblick ihrer Karriere.

'Satisfaction' war Musik, die auch auf einem kleinen Transistorradio, jener Lo-Fi-Verbindung zwischen Pop-Kultur und Jugend, richtig abging. Es war der Sound von überschäumendem Testosteron, Jagger beschwor die heilende Kraft der Sexualität, Richards raue Gitarre ein einziger Schlag in die Magengrube. Niemand zuvor hatte so einen Sound, auch nicht Muddy Waters, Chuck Berry oder Bo Diddley. 'Satisfaction' war, was alle Eltern bei ihren Kindern fürchteten: SEX.

"Als die Band den Blues wirklich in sich aufgenommen hatte, war ich einfach begeistert", erzählt Ray Manzarek, der aus Chicago stammende Keyboarder der Doors. Bis dahin hatte er die britischen Blues-Bands zwar ganz nett gefunden, aber an die Originale schienen sie nicht ranzukommen. "Als ich 'Satisfaction' zum ersten Mal im Radio hörte, konnte ich es nicht glauben. Der Text war klasse, er richtete sich an alle jungen Amerikaner. Dieser Typ singt für UNS."

Der Song war wie die meisten in einem dicht gedrängten Programm von Aufnahmesessions entstanden, eingeschoben zwischen verschiedene Konzertauftritte: Vier Nummern wurden innerhalb von 17 Stunden bei Chess in Chicago eingespielt, drei weitere unmittelbar darauf in zwei Tagen bei RCA in Hollywood. Das Ergebnis war *Out Of Our Heads*, das wie die 'Satisfaction'-Single im Juli zuerst in den USA rauskam. Die Platte, die im September in Großbritannien veröffentlicht wurde, hatte gegenüber dieser Originalversion des Albums andere und weniger Songs.

"Weil wir eben gerade da waren." So erklärte Andrew Oldham 1994 gegenüber dem Journalisten Craig Rosen die Entscheidung der Band, das Album zuerst in Amerika rauszubringen. "Wenn du schon mal eine Platte wie 'Satisfaction' machst, dann willst du sie auch sofort rausbringen. Wir hatten nicht vor, so schnell wieder nach England zurückzukehren, und um in England etwas zu veröffentlichen, muss man eben auch dort sein. So etwas macht man einfach nicht. Das hätte die Leute hier brüskiert."

Die Rolling Stones waren jetzt nur mehr selten zu Hause, außer wenn sie in England gerade auf ihrer endlosen Welttournee einen Zwischenstopp einlegten. Es gab diese gelegentlichen Stippvisiten, die gerade lang genug waren, um eine neue Bude zu finden, sich einen Sportwagen zu kaufen oder einen Pelzmantel anzuprobieren. Dann ging die Tour wieder weiter. Sie genossen ihren zunehmenden Erfolg, auch wenn es zwischendurch immer wieder zu unangenehmen Vorfällen kam. So wurde Jagger eines Abends bei den Proben im dänischen Odense fast durch einen Elektroschock getötet. Bei ihrer Ankunft am Flughafen von Sydney sorgten wenig später 3.000 Australier für einen Tumult, und 40 Fans stürmten in Brisbane die Bühne, wo sie den Stones die Kleider vom Leib rissen. Zurück in England, schlug sich ein Mädchen ein paar Zähne aus, als sie während der Show vom obersten Rang herunterstürzte.

Dann kamen die Rolling Stones am Ende ihrer Tour durch Großbritannien zum ersten Mal mit dem Gesetz in Konflikt, ein früher Vorgeschmack auf das, was noch kommen sollte. Am 18. März 1965 kehrten die Stones gerade mal wieder nach London zurück. Als Ian Stewart mit seinem Auto an einer Tankstelle in East London anhielt, hinderte ein unverschämter Mechaniker namens Charles Kelly, der die Stones später als "langhaarige Monster" bezeichnete, Wyman daran, die Toilette zu benutzen. Darauf verschafften sich Wyman, Jones und Jagger an einer Wand gleich nebenan Erleichterung, warfen ihm ein paar Schimpfwörter an den Kopf und rauschten ab. Die Presse berichtete groß darüber, die Stones

> "Als ich 'Satisfaction' zum ersten Mal hörte, konnte ich es nicht glauben. Der Text war klasse, er richtete sich an alle jungen Amerikaner"
>
> Ray Manzarek von den Doors

wurden wegen beleidigenden Verhaltens und öffentlichen Urinierens angeklagt und im Juli zu je 5 Pfund Geldstrafe verurteilt. Der Richter gab ihnen folgende Worte mit auf den Weg: "Nur weil Sie in Ihrem Beruf eine solche Position errungen haben, haben Sie nicht das Recht, so zu handeln. Sie werden schuldig gesprochen, sich nicht wie junge Gentlemen verhalten zu haben."

Die Reisen durch die USA waren aus ganz anderen Gründen nicht immer leicht. Während die Stones in den größeren Städten gefeiert wurden, kamen in ländlichen Gegenden weniger Zuschauer in die Konzerte. Das war auch ein Grund dafür, warum Oldham die Stones immer wieder mal in die Chess-Studios schickte – um so die Stimmung der Band zu verbessern. "Mit den Tourneen wollten wir viele Fans an allen möglichen Orten gewinnen. Wir verkauften ja keine Einheitsware und wir waren nicht so erfolgreich wie früher", sagte Oldham. "Aber weil die Jungs so brav mitmachten, sagte ich 'Ich habe ein Geschenk für euch: Wir fahren zu Chess!' Das ist, als ob man dem Papst sagen würde, du kannst in den Vatikan fahren. Das war sehr gut für sie, kam meinen kommerziellen Zielen aber nicht gerade entgegen. Das ging alles etwas zu sehr in Richtung Blues, während ich sie ermunterte, eine andere Art von Liedern zu schreiben."

Schließlich waren nur drei Aufnahmen aus den Chess-Studios auf dem Album *Out Of Our Heads* zu finden – 'That's How Strong My Love Is', 'Have Mercy' und 'The Under Assistant West Coast Promotion Man'. Die Mehrheit der Songs aber wurde bei RCA aufgenommen, wo die Stones Anregungen des Tontechnikers Dave Hassinger aufschnappten, der Sound und Nuancen einfangen konnte, die ihnen bisher entgangen waren. Bei nur wenigen dieser frühen Sessions kamen knackige, strahlende Nummern raus wie etwa bei den Beatles und ihrem Edelproduzenten George Martin, dessen Aufnahmen noch heute so sauber klingen, dass man sich damit sogar von dem neuesten klebrigen Zeug von Bryan Adams erholen kann. Die Stones waren nach wie vor auf der Suche nach dem echten Blues. "Wir machen unsere Platten einzig und allein deshalb in den USA, weil wir hier am besten arbeiten können", sagte Jagger damals. "Hier können wir von 6 Uhr am Morgen ohne Teepause durchgehend aufnehmen."

Out Of Our Heads war in Amerika drei Wochen lang das meistverkaufte Album, in England kam es nicht über Platz 2 hinaus. Im Rückblick muss man feststellen, dass die britische Version von *Out Of Our Heads* eindeutig schwächer war als das amerikanische Original, auf dem sich auch die Songs 'Play With Fire' und '(I Can't Get No) Satisfaction' befanden. Weil beide Nummern in England bereits als Singles veröffentlicht worden waren, ließ man sie beim Album weg. Die Hörer in Großbritannien mussten deshalb auf zentrale Tracks von *Out Of Our Heads* verzichten. "Man bringt Singles nicht auf einem Album raus", meinte Oldham zur Veröffentlichungspolitik der Stones in Großbritannien. "Nur zur Erinnerung: Wir hatten den Krieg gewonnen und doch verloren. Nur wenige Leute hatten viel Geld. Also musste man ihnen das Geld aus der Tasche ziehen."

Die Stones waren auch in anderen Bereichen aktiv. Charlie Watts veröffentlichte *Ode To A Flying Bird*, ein illustriertes Kinderbuch über das Leben von Charlie Parker, das er 1961 geschrieben hatte. Oldham brachte bei Decca ein lächerliches Album unter dem Namen *The Rolling Stones Songbook* raus, mit dem "Andrew Oldham Orchestra" und einem Gastauftritt von Keith Richards. Der Stones-Agent gründete außerdem die Plattenfirma Immediate, auf die die Band bald nicht mehr gut zu sprechen war. Und die Rolling Stones spielten und machten Aufnahmen – fast pausenlos.

"Wir reden von einer Zeit, in der alle Musiker total abhängig von ihren Plattenfirmen waren, bei denen die Aufnahmen in Studio A oder B mit einem Produzenten des Hauses gemacht wurden", sagte Oldham. "Und wir ernteten plötzlich den Lohn für ein vollkommen unabhängiges Leben. Dave Clark war der Einzige, der sonst noch unabhängig war. Das war das erste Album, bei dem wir erlebten, was es heißt, sein Leben selbst zu bestimmen."

> "Wir ernteten plötzlich den Lohn für ein vollkommen unabhängiges Leben. Das war das erste Album, bei dem wir erlebten, was es heißt, sein Leben selbst zu bestimmen"
>
> Andrew Loog Oldham, Manager und Produzent von 'Out Of Our Heads'

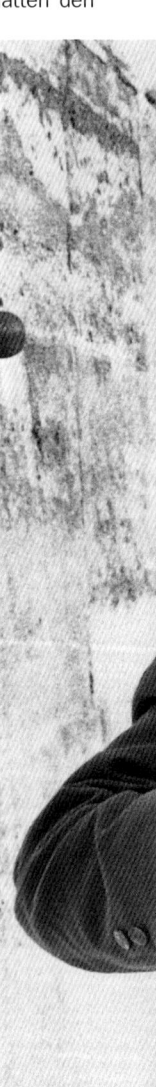

gotta get away

Ein Liebeslied ganz nach Mick Jaggers Vorstellungen, oder um genau zu sein, ein Lied über das Scheitern einer Liebesbeziehung. 'Gotta Get Away' lieferte einen frühen Eindruck davon, wie sehr die Glimmer Twins Beziehungen als endlose bittere Konfrontation erlebten. Das nicht gerade feinfühlige Verhalten gegenüber Frauen wurde zu einem wiederkehrenden Motiv ihrer Arbeit – auf *Some Girls* aus dem Jahr 1978 führte Jagger sogar verschiedene Frauentypen in einer Art Liste - wie Artikel in einem Supermarkt. Es gab einige beeindruckende Ausnahmen – wie zum Beispiel das ergreifende 'I Got The Blues' im Jahr 1971 – wofür wahrscheinlich Jaggers Trennung von Marianne Faithfull verantwortlich war. Aber 'Gotta Get Away' etablierte ein wiederkehrendes Stones-Motiv: Jagger behält in einer Beziehung immer die Oberhand.

In 'Gotta Get Away' beendet der Sänger eine Affäre mit einem namenlosen Mädchen – "Wenn ich dran denke, dass ich all deine Lügen geglaubt habe." Jaggers Ausdrucksweise ist beruhigend und spöttisch zugleich, während die Band einen unbekümmerten Folk-Pop-Rhythmus spielt, eine Mischung aus antreibenden akustischen und elektrischen Gitarren. Charlie Watts, der kurz zuvor geheiratet hat, hält einen gleichmäßigen Beat, wie seither immer in den mehr als 30 Jahren seiner Ehe. 'Gotta Get Away' ist das erste zweiminütige Auflodern einer unreflektierten Männlichkeit – dem später noch viele folgen sollten.

Die frühen Stones wurden als "Anti-Beatles" vermarktet, als Bad Boys, die einen Anschlag auf die Gesellschaft darstellten.

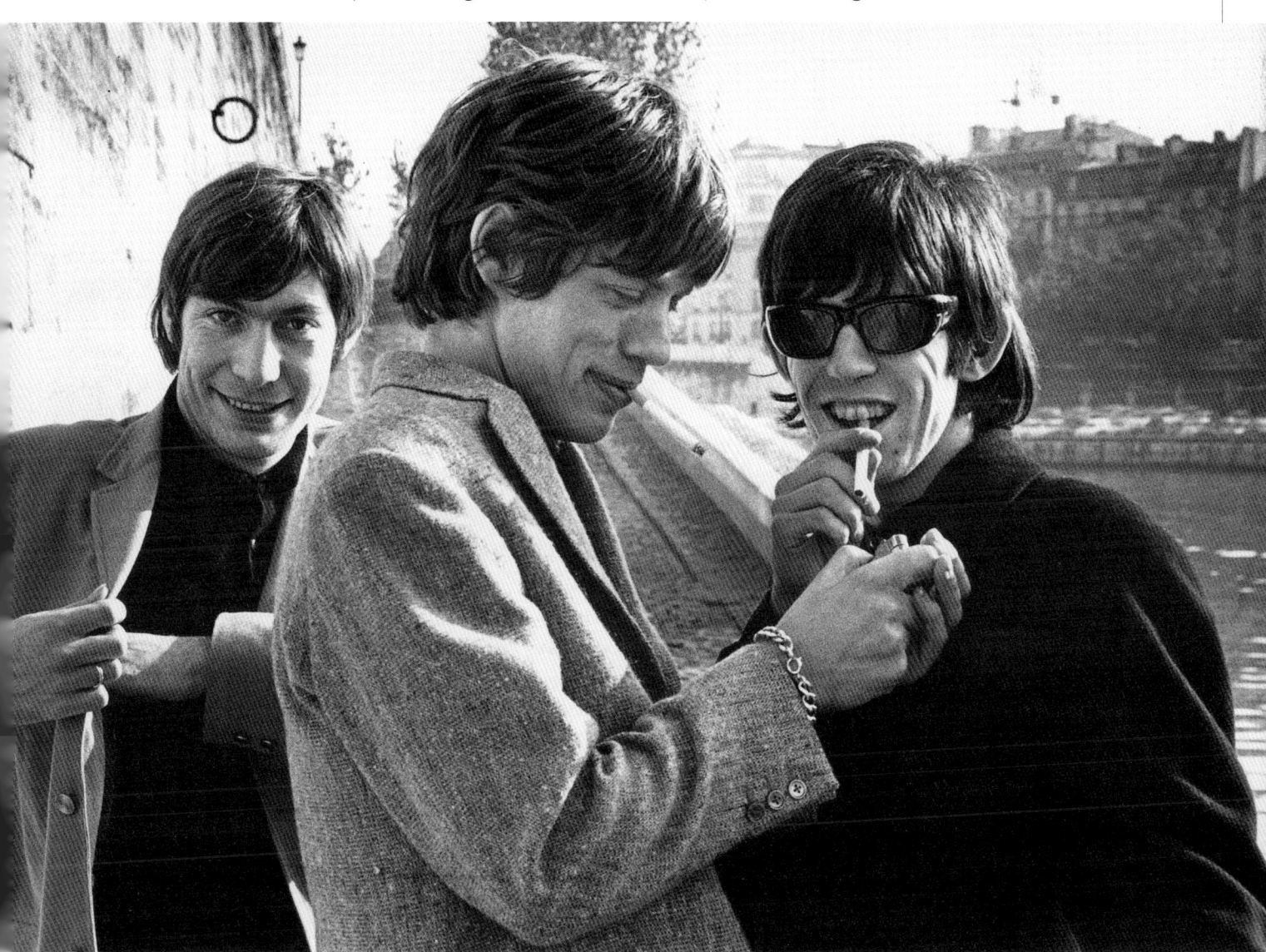

out of our heads

heart of stone

Dieses in den RCA-Studios in Hollywood aufgenommene, etwas schwerfällige Anti-Liebeslied ist zum Teil alter Blues, zum Teil ein an Elvis erinnernder sentimentaler Song über unerwiderte Liebe, ein Torch-Song – nur dass Jagger jedes Gefühl zurückweist. Die Liebe ist für ihn ein Spiel, bei dem der gewinnt, der nicht das geringste Zeichen von Verletzlichkeit zeigt. Die Botschaft von 'Heart Of Stone' lässt einen fast erstarren, wenn Jagger bekennt "So viele Mädchen hab ich gekannt, so viele hab ich zum Weinen gebracht." Was der Sänger hier so beiläufig enthüllt, ist schon erstaunlich. Er will die Frauen nicht verstehen, sondern nur erobern. Der Song wurde in den USA erst 1966 in einer Zusammenstellung der *Big Hits (High Tide And Green Grass)* veröffentlicht. Aber selbst dann konnten die Sprüche der Stones über fehlgeschlagene Liebesbeziehungen ihre weiblichen Fans nicht abschrecken.

the under assistant west coast promotion man

Die Rolling Stones waren für London Records, den amerikanischen Arm der Decca, schon ein ganz besonderer Fall. Jagger und seine Kumpel waren eindeutig mehr als nur eine weitere Truppe der "britischen Invasion", die gerade in war und mit der man Geld machen konnte. Die Stones hatten anderes zu bieten. Fest verwurzelt in der großen Bluestradition, reichten ihr Sound und ihre Ziele weit über das hinaus, was im Pop der 60er Jahre üblich war. Sie waren für Decca und London Records außerdem die letzte große Hoffnung: Die Stones sollten zumindest einigermaßen an den überwältigenden Erfolg der Beatles herankommen, die damals, wie John Lennon später in einem berühmten Ausspruch scherzhaft bemerkte, "größer als Jesus" waren – zumindest in den Augen einer jungen, Platten kaufenden Öffentlichkeit. Immerhin hatten die Beatles bei Decca keinen Plattenvertrag bekommen, eine Entscheidung, die den Ruf der A&R-Abteilung, die für Richtung und Umfang der Produktion verantwortlich war, merklich verschlechterte. Jetzt hatten sie die Stones unter Vertrag und das Label fühlte sich verpflichtet, ihre besten Leute mit ihnen arbeiten zu lassen.

> "Ja, aber vom Blues hatte er überhaupt keine Ahnung"
>
> Mick Jagger über Andrew Loog Oldham

In den USA war daher, sobald die Stones an der Westküste aufkreuzten, immer der Promotion-Manager George Sherlock mit dabei. Zuerst ging das der Band ziemlich auf die Nerven – auf eine Anstandsdame hatte nun wirklich niemand Lust, schon gar nicht jetzt, wo alle möglichen wunderbaren Ausschweifungen vor ihnen lagen. Und doch war die Anwesenheit von Sherlock ein Beleg, wie wichtig die Rolling Stones für ihre Plattenfirma geworden waren. "Es gab da einen wundervollen, sehr humorvollen Typen namens George Sherlock, und der war, glaube ich, der für London Records arbeitende 'West Coast Promotion Man'", erinnerte sich Andrew Oldham. "In England verließen diese Leute niemals ihr Büro, und wir sahen niemals eine Platte. In Amerika hatten wir nun beides, und das beeindruckte schon ein wenig. Ein Betreuer, der tatsächlich mit uns tourte."

Die Antwort der Band war 'The Under Assistant West Coast Promotion Man', eine beißende Satire über ihre Erlebnisse mit dem armen Mr Sherlock. Das letzte unter dem Pseudonym Nanker Phelge veröffentlichte Lied war ein fröhlicher Blues mit einer geklimperten Gitarrenmelodie, die sich mit heißen Mundharmonika-Elementen vermischte. Und Jagger macht sich über einen aufgeblasenen Typen von der Plattenfirma lustig: "Sie lachen über mein Toupet, sie demütigen mich ... Ich bin ein Talent, wie es jede Rock-and-Roll-Band braucht."

out of our heads

'The Under Assistant West Coast Promotion Man' wurde zuerst in den USA als B-Seite der 'Satisfaction'-Single rausgebracht. Aufgenommen wurde es bei Chess in Chicago mit Oldham als Produzenten. "Ja, aber vom Blues hatte er überhaupt keine Ahnung", sagte Jagger 1968 über Oldham. "Der Typ, der das Ding wirklich auf die Reihe kriegte, war Ron Malo, der Tontechniker von Chess. Er war bei allen Sessions dabei."

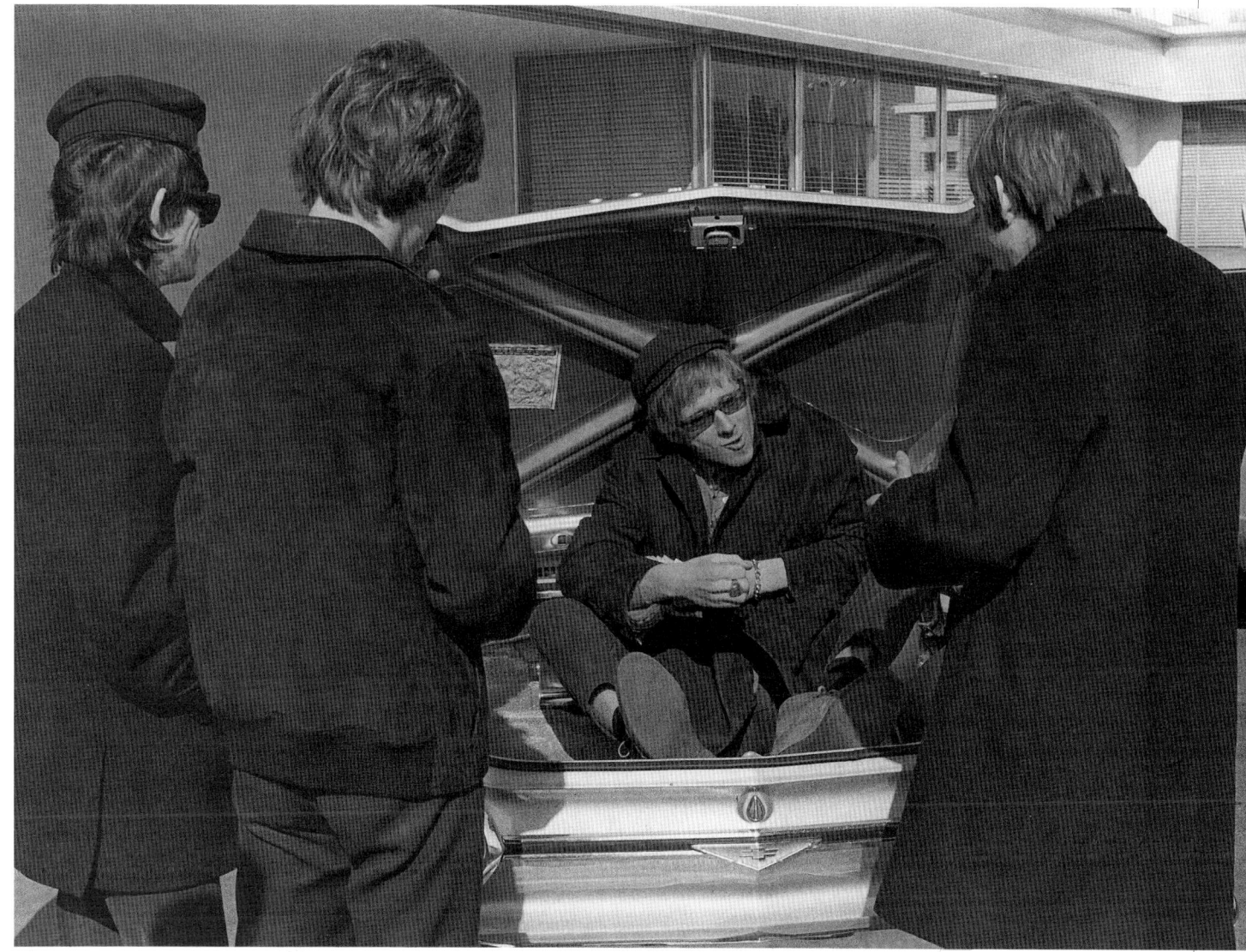

i'm free

Das ist verdammt ernst gemeint. Es ist, als ob Jagger und seine Jungs sich gerade erst über ihre einzigartige Position in der Gesellschaft bewusst geworden wären. Langsam wurde klar, dass das Leben der Stones nur mehr wenig mit dem der Arbeiterklasse oder der Mittelschicht in Großbritannien zu tun hatte. Sie gehörten jetzt zu einer neuen Art von königlicher Familie, in der jede Laune, auch wenn sie noch so albern war, ernsthaft diskutiert wurde. Sie wurden von jungen Mädchen genauso verehrt und gefeiert wie von den Buchhaltern bei Decca, in jenen unschuldigen Tagen vor den Drogenrazzien, den Ehescheidungen, vor Verfall und Tod, und bevor sie zu heimatlosen Steuerflüchtlingen wurden. Aber noch lieferte die Band fröhlich den schimmernden Blues-Pop-Hintergrund für Jagger, der prahlte, er nehme sich die Freiheit, auch "ein Lied zu singen, das nicht gerade im Trend liegt". Er habe das Recht, alles zu tun und sich zu nehmen, was er will, auch die Wärme und die Zärtlichkeiten der Frau, die gerade Objekt seiner Begierde ist. Nicht um sich wohl zu fühlen, sondern um sich emotional aufzubauen. Was für ihn dasselbe ist.

Andrew Loog Oldham (Mitte) forderte Jagger und Richards auf, eigenes Material zu schreiben.

Kapitel 4

1966 aftermath

Mother's Little Helper
Stupid Girl
Lady Jane
Under My Thumb
Doncha Bother Me
Goin' Home
Flight 505
High And Dry
Out Of Time
It's Not Easy
I Am Waiting
Take It Or Leave It
Think
What To Do

Brian Jones hatte zwar seine führende Position bei den Stones verloren, dafür schlüpfte er in die neue Rolle eines außergewöhnlichen Multi-Instrumentalisten.

1966: Die Rolling Stones neu und besser. Oder zumindest: anders. Das waren nicht mehr jugendliche Blues-epigonen, die ihren schwarzen Vorbildern huldigten. Die Stones machten jetzt Musik mit ganz eigenem Charakter. Jeder konnte die Veränderung sehen. Im Jahr davor hatte es die Band mit Singles wie 'Get Off My Cloud', '19th Nervous Breakdown' oder 'Paint It Black' an die Spitze der Charts geschafft, indem sie den neuen merkwürdigen Pop-Schwachsinn mit der wohltuenden Aggression der Band kombinierte. Die Stones sonnten sich in der Eleganz des Pop, ohne den ursprünglichen Geist des Blues aufzugeben. *Aftermath* hätte daher leicht zu einer Enttäuschung werden können. Aber es wurde zu einer Art Grundsatzmanifest der Stones und einem Meilenstein der Rockgeschichte.

Aftermath war das erste Album, das ganz vom plötzlich wunderbar funktionierenden Songwriter-Team Jagger/Richards geschrieben war. Nicht einmal Nanker Phelge durfte dieses Monopol durchbrechen – was natürlich bedeutete, dass Jones, Watts und Wyman keine Tantiemen mehr bekamen. Genau das war das Ziel von Andrew Loog Oldham, und natürlich hatte er Recht.

Etwas Neues und Gefährliches lief zwischen den Glimmer Twins, die für sich neue Formen entdeckt hatten, um aus üppigen Pop-Arrangements ungeahnte Facetten herauszuholen. Nummern wie 'Mother's Little Helper' und 'Under My Thumb' waren beunruhigende Geschichten, eine Provokation für die ältere Generation und eine gnadenlose Absage an feministische Vorstellungen von Gerechtigkeit.

Auch Brian Jones hatte an dieser Entwicklung seinen Anteil. Elmo Lewis, dem Hohepriester des Blues, wurde es zu langweilig mit seinen Gitarren, die bald von einer grellen Mischung aus Sitar, Zimbal, Marimbas und Glocken, sowie allem Möglichen, was er auf seinen Reisen durch Nordafrika aufgeschnappt hatte, abgelöst wurden. Kein Instrument war ihm zu exotisch oder zu teuer. Mick und Keith übernahmen zwar die Führung in jener Band, für die er schon als Junge in Cheltenham Pläne geschmiedet hatte, aber Jones war für die Musik der Rolling Stones weiterhin sehr wichtig.

Diese Entwicklungen hätten ihre Freunde bei Chess wohl nur schwer verstanden. Aber die Stones bezogen mit *Aftermath* klar Position: Sie zeigten sowohl den Pop-Fans wie den Blues-Puristen, dass der Blues für sie bloß die Ausgangsbasis war – nur ein erster Schritt bei der Erschaffung eines Sounds für ihre eigene Generation. In den folgenden Jahren sollten sie zwar immer wieder mal auf die Songs aus Chicago und dem Mississippi-Delta zurückkommen, aber aus freien Stücken und nicht weil sie sich dazu verpflichtet fühlten.

Die Rolling Stones waren natürlich nicht die einzige Band junger britischer Blues-Puristen, die immer mehr Richtung Rock und Pop drifteten. Ähnlich wie die Yardbirds, die Animals, Them und andere Gruppen, die mit neuen Stilrichtungen experimentierten – auch wenn sie sich manchmal dabei den Zorn ihrer eingeschworenen Fans zuzogen – fühlten sich auch die Stones von den neuen musikalischen Möglichkeiten unwiderstehlich angezogen.

"Ich fand es nur logisch", meint die Londoner Blues-Legende John Mayall, der seine Bluesbreakers nun schon über 30 Jahre mit Hingabe leitet. "Alle waren sehr jung, fasziniert von elektrischen Gitarren und der Musik von Bo Diddley, Chuck Berry und Muddy Waters. Das war für sie die musikalische Ausgangsbasis. Aber sie mussten ihre eigene Ausdrucksweise finden. Und so drangen sie in Bereiche vor, die sie in der Rock- und Pop-Szene sehr populär machten. Alle fanden schließlich ihre eigene Identität. Aber die Basis war der Blues."

Der Sound von *Aftermath* entstand innerhalb von drei Wochen intensiver Arbeit in den RCA-Studios in Hollywood: fünf Tage im Dezember 1965 und weitere zwei Wochen im März 1966. Oft kamen Leute wie Phil Spector oder auch Brian Wilson von den Beach Boys vorbei, meist nur um einen Blick reinzuwerfen, manchmal aber auch um mitzumachen.

Die Stones steckten mitten in einer kreativen Umbruchsphase, auch wenn sich mancher nicht angemessen behandelt fühlte. "Einige Songs wurden zu Unrecht allein Mick und Keith zugeschrieben", bemerkte Wyman in seiner Autobiografie. "Wenn wir im Studio so herumexperimentierten, brachten Brian und ich oft ein Riff oder eine Idee mit ein, die später zum zentralen Bestandteil eines Songs wurden."

Als *Aftermath* im April in Großbritannien (und im Juni in den USA) rauskam, konnte sich jedoch die ganze Band im Glanz eines weiteren Platz-1-Albums

> "Alle fanden schließlich ihre eigene Identität. Aber die Basis war der Blues"
>
> John Mayall

aftermath

sonnen – gerade rechtzeitig zum Start der fünften Amerika-Tour. Was machte es schon aus, dass die Beatles in vielen Bereichen der Pop-Kultur einfach unübertrefflich waren? Die Rolling Stones mussten ihre eigene Musik machen, ihre eigenen Ziele verfolgen.

"Diese Platte war für mich ein wichtiger Meilenstein", betonte Jagger 1995 gegenüber der Zeitschrift *Rolling Stone*. "Zum ersten Mal haben wir selbst das ganze Album geschrieben und nicht mehr diese sicher sehr hübschen und interessanten, aber eben doch nur Cover-Versionen alter R&B-Songs gemacht – bei denen wir, ehrlich gesagt, ohnehin das Gefühl hatten, ihnen nicht wirklich gerecht zu werden, vor allem weil wir nicht die nötige Lebenserfahrung hatten."

mother's little helper

"Was für eine Scheiße, alt zu werden." Mick meinte es ernst. Das war kein unabsichtlicher Affront gegen ältere Leute, sondern eine höhnische Bemerkung gegenüber einer neuen Generation, deren Zeit sehr bald kommen sollte.

Der Dean-Martin-Generation, die den Krieg gewonnen und sich in den Vorstädten den Traum aller Durchschnittsfamilien zwischen Burbank und Bristol verwirklicht hatte, konnte das gar nicht gefallen. Jetzt sprachen die Rolling Stones über Dinge, über die man lieber schwieg. 'Mother's Little Helper' ist das Tagebuch einer unzufriedenen Hausfrau, die dieser vorfabrizierten Nachkriegsexistenz die Maske heruntereißt und die tiefe Traurigkeit hinter ihrer Oberfläche enthüllt. Jagger singt über eine Hausfrau, die zu mysteriösen Aufputschmitteln (Amphetaminen? Valium?) greift, um den Alltag zu überstehen, der aus Fertigkuchen, Tiefkühlkost und einem unaufmerksamen, kaum mehr spürbaren Ehemann besteht. "Ich will ja glücklich sein, aber es ist so langweilig", ätzt Jagger – und Mutter braucht von Tag zu Tag eine stärkere Dosis.

Die Unzufriedenheit mit der bestehenden Gesellschaft und dem durch sie geförderten stumpfsinnigen Leben ist ein Thema, das in vielen Jagger/Richards-Songs wiederkehrt – so zum Beispiel in 'Have You Seen Your Mother, Baby, Standing In The Shadow?'. "Mick hat eine Menge solches Zeug geschrieben", erzählte Richards 1971 dem *Rolling Stone*. "Viele Sachen von Chuck Berry und frühe Rocktexte ziehen über ältere Typen her. Wir lachten früher über diese Leute, aber sie haben die Botschaft offenbar sofort kapiert und versucht, Rock and Roll abzuwürgen, ihn aus dem Radio und der Plattenindustrie zu verbannen. Sie sahen, dass etwas Zerstörerisches von ihm ausging ... Sie fühlten es sofort."

Der Song ist ein schwer aufzulösendes Gewirr von akustischen Gitarren, zu dem noch ein mit unangenehmer Schärfe geklimpertes Sitar-Riff von Brian Jones dazukommt. Die primitiven Sitar-Experimente von Jones und George Harrison sorgten anfangs bei Meistern wie Ravi Shankar für Verärgerung, und doch sind sie aus der Pop-Musik der 60er Jahre nicht mehr wegzudenken.

Beim Verfassen der Songs waren die Aufgaben ziemlich gleichmäßig zwischen den Glimmer Twins aufgeteilt. Meist übernahm Mick den Text und Keith die Musik, obwohl auch Richards oft mit einer lyrischen Passage oder einem Satz aufkreuzte, der dann als Titel oder Refrain verwendet wurde. Die meisten Lieder wurden unterwegs geschrieben und zwischen Konzertauftritten eingespielt. "Eine Tournee durch Amerika bedeutete auch, dass wir ein neues Album schrieben", meinte Richards. "Nach drei, vier Wochen hatten wir genug Material und fuhren zu den Aufnahmen nach LA. Auf diese Art konnten wir sehr schnell arbeiten, und wenn wir gerade von einer Tour kamen, dann spielten wir echt heiß, so heiß wie nie zuvor."

> "Eine Tournee durch Amerika bedeutete, dass wir ein neues Album schrieben. Nach drei, vier Wochen hatten wir genug Material und fuhren zu den Aufnahmen nach LA"
>
> Keith Richards

aftermath

stupid girl

Der zunehmend frauenfeindliche Ton des Stones-Repertoires hätte für Chrissie Shrimpton, Micks Langzeitfreundin, eine Warnung sein sollen. Frauen waren zwar in vielen Jagger/Richards-Kompositionen das zentrale Thema, wurden aber oft als nicht vertrauenswürdig und austauschbar geschildert.

'Dumme Gans'? Über wen redete Mick da eigentlich? Chrissie bekam die Antwort im darauffolgenden Jahr, als Jagger sie plötzlich wegen der Sängerin Marianne Faithfull verließ, worauf Chrissie einen Selbstmordversuch unternahm. Natürlich hatten die Rolling Stones immer genug Frauen um sich. Junge Mädchen brachen in ihrer Gegenwart in Tränen aus. Früher unerreichbare Frauen der High Society oder gar der Königsfamilie standen Schlange, um Mick kennen zu lernen. Er tat ihnen natürlich den Gefallen, aber mit einem immer kritischeren Auge.

Auf 'Stupid Girl' wird Jagger ziemlich bitter, als er die trügerische Fassade einer vor ihm sitzenden Frau grausam auseinander nimmt. Nicht einmal das beste Make-up, die teuersten Schuhe oder das hübsche Äußere können ihre Absichten verbergen. "Es gibt nichts Schlimmeres auf der Welt!", schreit Jagger hinweg über Orgelsounds und eine blitzartig einschlagende Gitarre, die sich bei der Bridge ein Duell liefern.

"Anscheinend ging es mir da nicht so gut", meinte Jagger 1995. "Ich hatte keine gute Beziehung. Oder ich hatte zu viele schlechte Beziehungen. Ich hatte damals so viele Freundinnen. Es war ihnen ziemlich egal, ob sie mir gefielen oder nicht. Ich war offensichtlich nicht mit den richtigen Leuten zusammen."

Chrissie Shrimpton (rechts) musste die frauenfeindlichen Texte des Frauenhelden Jagger über sich ergehen lassen.

aftermath

lady jane

Der entscheidende Maßstab für die Beurteilung einer 60er-Jahre-Band bestand darin, ob sie in der Lage war, die musikalische Tonlage zu wechseln und überzeugend von einem musikalischen Extrem ins nächste überzugehen. Die Beatles und die Kinks bewegten sich mühelos zwischen hartem Rock und anrührend sanften Balladen. Die Rolling Stones konnten mitten in ihrer eigenen Pop-Phase da nicht zurückstehen. Auch wenn es lächerlich war, das romantische 'Lady Jane' zwischen die frauenfeindlichen Schmählieder 'Stupid Girl' und 'Under My Thumb' zu platzieren, die Stones besaßen genug Persönlichkeit um auch das hinzukriegen.

Die Band hatte ihr Talent für solche Sachen schon im letzten Dezember mit dem ursprünglich für Marianne Faithfull geschriebenen 'As Tears Go By' unter Beweis gestellt, das es in Amerika unter die Top 10 geschafft hatte. Diese sanften Balladen waren etwas ganz anderes als der dröhnende schwarze Rock und Blues, für den die Band berühmt war, aber für die Stones war das Mitte der 60er Jahre einfach ein Muss. (Tatsächlich wurde 'Lady Jane' bei der US-Version von *Aftermath* weggelassen und war erst auf der nur in Amerika veröffentlichen Kompilation *Flowers* zu finden.)

'Lady Jane' beginnt mit der ruhigen Gitarre von Keith Richards und dem von Brian Jones elegant eingesetzten Zimbal. Dann kommt Jack Nitzsche auf dem Cembalo dazu, bevor ein ungewohnt hingebungsvoller Mick Jagger einige Zeilen aus einem Liebesbrief vorträgt, in denen er sich als "ergebenen Diener" bezeichnet.

Chrissie Shrimpton dachte, der Song sei für sie, obwohl die Presse schon früh darauf hinwies, dass er sich auf König Heinrich VIII. und seine dritte Frau Jane Seymour bezog. Seymour war eine der wenigen Frauen Heinrichs, die dem Beil des Scharfrichters entgingen, dafür allerdings starb sie bei der Geburt von Heinrichs einzigem Sohn, Edward, im Jahr 1537.

"Ich weiß selbst nicht so recht, worum es dabei eigentlich geht", sagte Mick 1968. "Alle Namen sind zwar historisch, aber es war eher unbewusst, dass sie alle aus derselben Zeit stammten." Keith erzählte dem *Rolling Stone* 1971, Brian habe "damals seine ersten Versuche mit dem Zimbal gemacht. ... Wir hörten zu der Zeit auch viel Musik aus den Appalachen. Für mich ist 'Lady Jane' sehr elisabethanisch. Es gibt ein paar Plätze in England, wo die Menschen immer noch so sprechen, Chaucer-Englisch."

> " **Ich weiß selbst nicht so recht, worum es dabei eigentlich geht** "
>
> Mick Jagger über den Text von 'Lady Jane'

under my thumb

Noch ein paar Nettigkeiten vom ritterlichen Mick. Die Glimmer Twins hatten genug davon, einfach nur kommerziell erfolgreiche Pop-Hits zu machen. Die Songs der Rolling Stones sollten von nun an die Ideen und Einstellungen der Songwriter selbst widerspiegeln. Aber was sagten sie eigentlich? Mick erklärte, die wüsten Attacken in 'Under My Thumb' seien einfach eine heftige Reaktion auf eine besonders unerträgliche Frau. Bloß eine Karikatur – keine frauenfeindliche Hasstirade – "Wirklich, es ist nur ein Gag."

'Under My Thumb' war jedenfalls eine starke Nummer, Jagger in seiner ganzen Selbstgerechtigkeit fast hypnotisch. Er prahlt in einem rauen, höhnischen Ton, welche Macht er nun über eine junge Frau habe, die ihn früher in der Hand hatte und sich jetzt erschreckend unterwürfig verhält – er bestimmt sogar, welche Klamotten sie anzieht. "Sie ist das süßeste Schoßhündchen der Welt, sie tut, was man ihr sagt." Die fortwährende Wiederholung der Titelzeile sagt alles.

Ebenso effektvoll ist die von Brian Jones gekonnt geschlagene Marimba, die die Stones in neue musikalische Bereiche entführt. Dass Brian Jones und die Band insgesamt Elementen, die im Pop sonst angenehm wirken, eine dunkle Färbung gaben, hatte mit ihrer vom Blues dominierten Vergangenheit zu

aftermath

tun. "Das auf der Marimba gespielte Riff ist wirklich stark", meinte Jagger 1995. "Und dann bekommt die Melodie am Ende noch einen gewissen Groove. Sie wird ein wenig schneller und am Ende geht's richtig ab ... Ein Stück, auf das sich die Feministinnen gerne einschossen."

Ende 1969 bekam der Song eine ganz neue Bedeutung, als er zum Soundtrack für die Ermordung von Meredith Hunter in Altamont wurde. Das Lied über den Kampf zwischen Mann und Frau, zwischen den Klassen, erhielt eine Dimension, die bedrohlicher war als alles, was Jagger im Sinn gehabt hatte.

doncha bother me

Brian Jones bietet hier eine gelungene Interpretation des Mississippi-Blues, seine mit einem Bottleneck feurig gespielte Gitarre bildet den Kontrast zu den scharfen Riffs von Keith und den überwältigenden Herzschlagtrommeln von Charlie Watts. So etwas brachte sie zwar nicht in die Pop-Charts, aber die Stones hatten immer noch Spaß daran, zu diesem fetten Blues-Sound zurückzukehren.

'Doncha Bother Me' ist eine überzeugende Variante authentischen Blues und zugleich ein Vorläufer von überdrehten Formen, wie sie später auf *Exile On Main Street* zu hören waren.

Die angesprochene Gefühlswelt reicht nicht viel tiefer als der eindeutige Titel – bloß eine weitere Tirade von Mick Jagger, die sich sehr wahrscheinlich an den größer werdenden Anhang im Umfeld der Stones richtete.

goin' home

Mit mehr als 11 Minuten Länge ist 'Goin'Home' die merkwürdigste Nummer auf *Aftermath*. Der Song war eine lockere Jam-Session, eine Rückkehr in frühere Bluesheiten und zugleich ein schillernder Ausblick auf die bevorstehende psychedelische Phase. Länge und Ziellosigkeit des Stücks gingen weit über jedes sinnvolle Maß hinaus, ganz zu schweigen von dem üblichen 3-Minuten-Limit. Dabei war das Konzeptionelle an 'Goin'Home' noch das Beste.

Jagger schnauft und keucht eindrucksvoll über Mundharmonika, Gitarre und Klavier hinweg. Noch beherrschte er nicht die Vokalimprovisationen, die ihm in den Siebzigern zur zweiten Natur wurden, und so klatscht er zum tranceartigen Blues-Rhythmus und wiederholt fortwährend "Well, come on! Come on!" Was sollte er sonst auch machen?

"Es war die erste lange Rock-and-Roll-Aufnahme", meinte Keith dazu 1971. "Sie brach mit dieser 2-Minuten-Konvention. Wir versuchten, die Singles so lang wie möglich zu machen, weil wir es lieben, wenn die Dinge immer so weiter gehen. Keiner von uns wollte ein 11-Minuten-Stück machen. Geschrieben hatten wir es für bloß 2 Minuten, aber wir haben das Band einfach weiter laufen lassen."

'Goin'Home' klang, abgesehen von den beinahe psychedelischen Echo-Effekten, sehr nach den frühen Stones. Die über die ganze Nacht andauernde Session in den RCA-Studios in Hollywood wurde geleitet von Andrew Oldham. Als Gäste schauten Brian Wilson sowie die Tänzerinnen Terri Garr (später eine erfolgreiche Schauspielerin) und Toni Basil (später Choreographin und Sängerin) aus der Fernsehsendung *Shindig* vorbei. Der Bühnenbilder Rodney Bingenheimer aus Los Angeles erinnert sich, dass eine weiße Ente im Studio umherirrte. Außerdem eine junge Afroamerikanerin, die offenbar nichts als

> " Sie verehrten Phil Spector wie einen Gott "
>
> Rodney Bingenheimer, Szenekenner aus LA

aftermath

In den Sechzigern kreuzten sich die Wege von Jefferson Airplane häufig mit denen der Stones.

Und drinnen sang Jagger immer wieder 'Goin'Home'. "Jagger kniete und sang in sein Handmikrofon 'Goin' home, I'm goin' home'", erzählt Bingenheimer, der noch weiß, dass Jagger ein gestreiftes, bis oben zugeknöpftes Hemd trug, Keith dagegen Ledermantel und Sonnenbrille. "Das ging wirklich ewig dahin. Die ganze Nacht war wie ein einziger Song."

Bingenheimer traf Jagger noch einmal in diesem Jahr, in den Gold Star Studios in Hollywood bei Phil Spectors Session für das epische 'River Deep Mountain High' von Ike und Tina Turner. Und auch diesmal war Brian Wilson dabei. Bingenheimer, der seine Brötchen in den folgenden Jahren als Clubbesitzer und Radiogröße verdiente, fielen ein paar Ähnlichkeiten zwischen den Sessions auf. "Sie verehrten Phil Spector wie einen Gott. Und immer wenn Phil Spector eine Platte produziert, sind Zuschauer dabei. Er macht daraus eine Show. Vielleicht hat Mick das kapiert."

einen langen Pelzmantel anhatte. Draußen viele Jugendliche, die alle verzweifelt darauf hofften, irgendwo einen Rockstar zu erspähen, am liebsten einen der Stones.

flight 505

Plattenaufnahmen in LA, eine Tournee durch Australien, zu den Frauen und Freundinnen zu Hause in England, zu Ed Sullivan nach New York, Weihnachten nach Hause zu den Verwandten ... Die Rolling Stones verbrachten den Großteil ihrer Jugend in der Luft und überquerten den Atlantik so oft wie ein zur Arbeit fahrender Pendler die Stadt. Schon merkwürdig, dass Jagger und seine Band in 'Flight 505' den Absturz eines Passagierflugzeugs ins Meer so ausgelassen beschreiben konnten.

Mit einem Hauch Morbidität beschwört Jagger ein Schicksal, das an Buddy Holly, Ritchie Valens und Big Bopper erinnert, die am 3. Februar 1959 beim Absturz eines Kleinflugzeuges in den Clear Lake getötet wurden. Jagger singt zu Akkorden im Stil von Chuck Berry und einem Boogie-Woogie-Piano, das ohne Zweifel von Ian Stewart gespielt wird. Bedenkt man, dass die Band später zum so genannten "Jetset" gehörte, dann müssen damals vielleicht noch bestehende Flugängste rasch überwunden worden sein.

high and dry

Ein frühes, kräftiges Lebenszeichen des Folk-Rock, noch als Country verkleidet. Trotz der Mundharmonika klingt 'High and Dry' eher wie Hillbilly-Skiffle und ähnelt dabei einigen akustischen Stücken, die die Beatles zu jener Zeit spielten.

Begleitet von Bill Wymans großartigen Basslinien und den rasselnden Becken von Charlie Watts singt Jagger ohne großes Bedauern von einem reichen Mädchen, das ihn gerade abserviert hat. Auf den ersten Blick beschreibt 'High And Dry' eine Frau, die ihr Schicksal selbst bestimmt und nicht unter Jaggers 'Daumen' zerdrückt wird. Und doch war der Song sehr wahrscheinlich von Jaggers eigenem Leben als Rolling Stone inspiriert, in dem einige Frauen sicherlich weniger von Michael Philip Jagger selbst als von seinem fabelhaften Ruhm angezogen wurden.

out of time

Auch wenn Brian die Marimbas sehr originell einsetzt – dass 'Out Of Time' zu einem bewegenden Song wurde, ist vor allem Micks tief empfundener, sehr persönlicher Interpretation zu verdanken. Der Sound ist purer Motown-Pop, mit einem locker sinnlichen Jagger, der mit unerhörtem Selbstbewusstsein und sogar ein wenig Mitleid mit den Fingern schnippt, fast wie einer der Raufbolde, die die Straßen der *West Side Story* durchstreifen und die Mädchen, die hinter ihnen her sind, ignorieren. "Du bist nicht ganz auf dem Laufenden, Baby, mein armes ausrangiertes Baby", singt Jagger überlegen und erzählt davon, wie er eine Freundin abblitzen lässt, die sich vorher, sehr zu ihrem nachträglichen Bedauern, von ihm getrennt hatte. Er hat sich bereits eine andere gesucht, aber auch sonst würde er sich diesen Augenblick nicht entgehen lassen: Rache ist süß. Jetzt muss sie leiden.

Auch wenn 'Out Of Time' in der Masse der Jagger/Richards-Songs aus den Sechzigern oft ein wenig untergeht – mit ihm etablierten die Stones ein Markenzeichen: eine ganz unbarmherzige Form des Soul. Nichts erinnert mehr an wenig gelungene Versuche wie 'Under The Boardwalk' oder 'My Girl'. Und nicht einmal die wenigen Sekunden, in denen Bill Wyman farblos-näselnd mitsingt, können diesen Eindruck zerstören. Auch wenn erst Chris Farlowes leidenschaftlichere Version im folgenden Jahr Platz 1 der britischen Single-Charts erreichte – Jaggers ganz persönliche Interpretation ist unübertroffen. Auch 'Out Of Time' wurde nicht in die amerikanische Fassung von *Aftermath* aufgenommen und erst später auf der Kompilation *Flowers* veröffentlicht.

Chris Farlowe (rechts) kletterte mit seiner Version von 'Out Of Time' an die Spitze der britischen Charts.

it's not easy

Während *Aftermath* insgesamt für die Stones ein wichtiger Schritt nach vorne war, blieb die zweiten Hälfte des Albums fast unausweichlich hinter der Durchschlagskraft der ersten Stücke zurück. Was konnte schon mit der Energie und sozialen Relevanz von 'Mother's Little Helper' mithalten? Und tatsächlich tauchten die meisten dieser Songs auch kaum im Live-Repertoire der Band auf. Das heißt nicht, dass die abschließenden Stücke von *Aftermath* bloß Füllmaterial sind. Mit seinem treibenden Rhythmus, seinen Chuck Berry-Riffs, Micks gestöhntem Refrain darüber, dass ihn seine Freundin verlassen hat, kann sich ein Song wie 'It's Not Easy' durchaus sehen lassen. Das Gefühl der Einsamkeit kommt zwar nicht ganz überzeugend rüber, aber immerhin empfindet Jagger für die schmerzlich vermisste weibliche Figur des Songs echte Zuneigung.

aftermath

i am waiting

s ist ein weiter Weg von Elmore James zur Unschuld von 'I Am Waiting', aber die Rolling Stones treffen hier mit folkigen Akustikgitarren und Brians Zimbal den richtigen Ton. Die jungen Stones in einem ihrer überzeugendsten Liebeslieder, Pop, der zu echten Augenblicken der Sehnsucht explodiert.

Jaggers merkwürdig rätselhafter Text bricht melodramatisch mitten im Chorus hervor – eine Methode, die auch Bill Wyman für seinen Song 'In Another Land' auf *Their Satanic Majesties Request* verwendete. Mick singt mit warmer, besänftigender Stimme und zeigt sich zwischen Gefühlsausbrüchen in den ruhigeren Momenten ungewohnt zurückhaltend.

Was brachte die Searchers nur dazu, 'Take It Or Leave It' zu covern?

aftermath

take it or leave it

'Take It Or Leave It' klingt wie eines der frühen, auf Drängen von Andrew Oldham entstandenen und bald vergessenen Jagger/Richards-Stücke.

Die Aufnahme ist formlos, misslungen, eine blasse Ansammlung von Akkorden, die nur durch das Zimbal ein wenig aufpoliert wird. Die Band spielt mit dem nötigen Engagement – aber der Song taugt nichts. *Aftermath* wäre ohne ihn besser, eine Einsicht, zu der offenbar auch London Records kam, die den Song aus der US-Version des Albums strich – es sollte erst 1967 auf der Sammlung *Flowers* erscheinen.

Warum die Searchers ausgerechnet diese Jagger/Richards-Komposition covern wollten, bleibt eines der großen Geheimnisse der Pop-Geschichte.

think

'Think' beginnt, angekurbelt von einem lockeren Uptempo-Rock, recht vielversprechend. Charlie Watts hält einen gleichmäßigen, treibenden Beat und der Rest der Stones formt einen beeindruckenden Sound, mit satten Gitarrenakkorden, die das Volumen einer ganzen Bläsergruppe entfalten. Und doch kommt der Song nie so richtig in die Gänge, nicht einmal als Jagger einem Mädchen in einer einschüchternden Strafpredigt vorhält, sie solle doch einmal über ihre Fehler nachdenken: "Sag mir, wer war schuld daran?" Der Gesang ist kaum mehr als eine lahme Lesung.

Chris Farlowe hatte seine eigene, weithin unbeachtete Interpretation von 'Think' bereits im Januar 1966 bei Andrew Oldhams Plattenfirma Immediate Records veröffentlicht. Die Stones waren mit ihrer Version bei der breiten Masse der Pop-Fans genauso wenig erfolgreich.

what to do

'What To Do' war ein merkwürdiger Abschluss für ein Album, das insgesamt einen bedeutenden Schritt in der Entwicklung der Rolling Stones darstellte. Diese Ode an die Langeweile hatte kaum etwas mit dem zu tun, was die Stones früher machten und noch machen sollten. Es war kein Blues, kein Rock and Roll. Nur eine simple Mischung von akustischen und elektrischen Gitarren, die schon eher nach frühem Mersey Beat klingt – und dazu noch das "bow-bow-bow!" der Begleitstimmen, das leicht von den Beach Boys gestohlen sein könnte.

Es war die Zeit der Experimente. *Aftermath* und das unmittelbar darauf folgende *Between The Buttons* zeigten eine Tendenz zu glatterem Pop, eine Phase, die allerdings bald vorbeiging. Songs wie 'Out Of Time' und 'Under My Thumb' belegen, dass die Stones jetzt auch dieses Genre meisterhaft beherrschten, obwohl sie hier nicht auf Dauer ihre Bestimmung sahen. Andrew Oldham wollte natürlich, dass die Stones möglichst erfolgreiche kommerzielle Musik machten, aber Keith Richards war ein Rocker durch und durch, der sich erst jetzt zu einer dominierenden Gestalt innerhalb der Band entwickelte. Niemand von ihnen konnte ahnen, dass ihre wichtigsten Platten noch vor ihnen lagen, in einer Ära, die von ihrer Auffassung des Rock and Roll geprägt werden sollte.

Kapitel 5

1967 between the buttons

Some girls: Die Rolling Stones überschreiten die Trennlinie zwischen den Geschlechtern – Ausgang offen.

Yesterday's Papers
My Obsession
Back Street Girl
Connection
She Smiled Sweetly
Cool, Calm And Collected

All Sold Out
Please Go Home
Who's Been Sleeping Here?
Complicated
Miss Amanda Jones
Something Happened To Me Yesterday

Am besten man erwähnt *Between The Buttons* gegenüber Jagger gar nicht. Für ihn ist es ein Album, das man lieber vergessen sollte, ein misslungenes Experiment, vielschichtigen Pop zu produzieren. Das ist ein hartes Urteil über eine Platte, die seit Mitte der 60er Jahre zu den beliebtesten Pop-Alben der Band zählt. Frank Zappa und Musiker aus so verschiedenen Rockbands wie den Doors oder Fleetwood Mac sowie viele Kritiker sprachen immer nur mit Hochachtung von diesem Album. Aber Mick will nichts davon wissen. Für ihn ist *Between The Buttons* für immer ruiniert durch einen auf vier Spuren durchgeführten Aufnahmevorgang, der mit mehreren übereinander gelegten Schichten ausgefallener Overdubs den von Jagger gewünschten ursprünglichen Pop-Sound vollkommen veränderte. Jagger war noch zwei Jahrzehnte später ziemlich erbost darüber.

"Oh, ich hasse diese verdammte Platte", stöhnte er 1986 gegenüber dem Toningenieur Dave Jerden bei den Aufnahmen zu *Dirty Work*. In Jaggers Augen war *Between The Buttons* bloß ein Grund mehr für die Rolling Stones, um diese Art von Pop zugunsten einer neue Kombination von Rock und Blues aufzugeben – auch wenn es dazu erst nach der noch im gleichen Jahr eingespielten, etwas unausgegorenen psychedelischen Platte *Their Satanic Majesties Request* kommen sollte. Noch einmal wurden die Stones von den Klängen aus Chicago und dem Mississippi-Delta angelockt.

Aber natürlich genoss die Band auch die Früchte ihres Lebens als Pop-Stars: In Irland hingen sie mit dem jungen Guinness-Erben Tara Browne rum, sie verbrachten Weihnachten in Los Angeles und leisteten sich in Großbritannien schicke neue Buden – Keith die im Tudorstil errichtete Villa Redlands, Mick ein Apartment im Herzen des vornehmen London.

Das Album *Aftermath* und die Singles 'Paint It Black' und 'Have You Seen Your Mother, Baby, Standing In The Shadow?' wurden zu einem weiteren Erfolg. Sogar Chris Farlowes von den Glimmer Twins selbst produzierte Version von 'Out Of Time' schaffte in England den Sprung auf Platz 1. Die Stones-Tourneen in Großbritannien und Nordamerika lösten die schon übliche Hysterie aus: In Montreal kam es zu einem Tumult, in London wurde Keith zusammengeschlagen und Mick beinahe erwürgt, als die Fans die Bühne der Royal Albert Hall stürmten.

"Wir liefen Gefahr, anständig zu werden", meinte Richards damals ausgelassen. "Aber jetzt gibt es eine neue Welle der Begeisterung, die wie in alten Zeiten über die Bühne hinwegfegt."

Mitten in ihrer Amerika-Tour legten die Stones in Hollywood eine neuntägige Pause für die Aufnahmen in den RCA-Studios ein, wo sie mit den Sessions zu *Between The Buttons* begannen. Der Großteil des Albums wurde jedoch in den Londoner Olympic Studios eingespielt. Am Ende war *Between The Buttons* weiter von den Blues-Ursprüngen der Band entfernt als irgendein vorheriges Album. Damals schwammen die Stones auf einer Welle des Pop, und das Ergebnis war, trotz Jaggers späterer Einschätzung, oft brillant.

Die amerikanische Version des Albums ersetzte 'Back Street Girl' und 'Please Go Home' durch 'Ruby Tuesday' und 'Let's Spend The Night Together', die in England bereits als Singles rausgekommen waren. *Between The Buttons* war das letzte Album mit unterschiedlichen Songs in Amerika und Großbritannien. Die Stones nahmen nun stärkeren Einfluss auf ihre Musik und ihre Karriere, was aufgrund des großen Erfolges, den sie seit ihrer Gründung hatten, auch gerechtfertigt war. Anders als frühere Platten wurde *Between The Buttons* nicht schnell zwischen mehreren Gigs in den USA aufgenommen, sondern die Stones richteten sich auf längere Zeit in den Londoner Olympic Studios ein, um ihre Ideen bei Bedarf auch sofort umsetzen zu können.

In seiner Autobiografie *Stone Alone* aus dem Jahr 1990 nennt Bill Wyman diese Platte "die erste Studiosession, bei der wir uns ganz auf ein Album als Gesamtheit konzentrierten."

"Die Arbeit mit den Rolling Stones hat sich nie wirklich verändert", erzählte der Tontechniker Glyn Johns 1994 dem Journalisten Craig Rosen. "Sie waren sofort erfolgreich genug, um bei ihren Aufnahmen keine finanziellen Beschränkungen akzeptieren zu müssen. Sie nahmen sich enorm viel Zeit für eine Platte. Und sie hatten selten etwas vorbereitet, bevor sie ins Studio gingen. Den Großteil des Materials, das ich in all den Jahren mit ihnen aufnahm, schrieben sie im Studio. Sie spielten ewig lang herum, bevor sie eine Version hatten, mit der sie zufrieden waren. Für mich war das extrem eintönig."

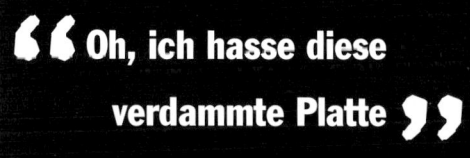

"Oh, ich hasse diese verdammte Platte"

Mick Jagger über 'Between The Buttons'

Diese Arbeitsweise war schließlich zuviel für Johns, der gerne schnell arbeitete und erkannte, dass er mit anderen Bands in der selben Zeit drei oder vier komplette Alben aufnehmen konnte. Johns war der Erste, der mit den Stones Aufnahmen machte, sogar noch bevor sie von Andrew Oldham entdeckt wurden. Bei ihren wichtigen Alben der 60er Jahre fungierte er als Toningenieur. 1976 arbeitete er für *Black And Blue* noch einmal mit der Band zusammen, bevor er sich als Produzent für Bands wie die Eagles oder The Clash einen Namen machte. Sein Ruf basiert allerdings bis heute auf der Zusammenarbeit mit den Stones. "Die Arbeit mit ihnen war faszinierend, sie hatten Talent und waren echte Persönlichkeiten. Der Großteil ihrer Musik war sensationell. Mir gefiel nur ihre Produktionsweise nicht besonders. Und so habe ich mich schließlich von ihnen getrennt. Ich wollte als Produzent arbeiten und als Produzent anerkannt werden, und das hätte ich bei den Rolling Stones nie geschafft. Und ich wollte etwas anderes machen als das, was ich den Großteil meiner Jugend gemacht habe: nämlich nur so rumsitzen und warten, dass endlich jemand aufkreuzt.

Ich bin wirklich stolz, dass ich an einigen ihrer Platten mitgewirkt habe. Wenn mich jemand nach der Zusammenarbeit mit ihnen fragt, dann sind meine Erinnerungen zwar nicht wahnsinnig erfreulich – es war oft ziemlich langweilig –, aber sobald sie spielten und alles auf die Reihe kriegten, war es fantastisch. Sie waren unschlagbar, und ich bin wirklich froh, dabei gewesen zu sein. Ich bereue keine Minute, die ich mit ihnen verbracht habe. Ich glaube, wir haben einige verdammt gute Platten gemacht."

> **" Ich bin wirklich stolz, dass ich an einigen ihrer Platten mitgewirkt habe ... Ich glaube, wir haben einige verdammt gute Platten gemacht "**
>
> Glyn Johns, Toningenieur

Für viele ist *Between The Buttons* eine der größten unter ihnen. Nie mehr gab es bei den Stones so viel Pop, aber unter der Oberfläche zeigten sich erste Probleme. Drogen gewannen an Bedeutung und hatten bald einen verheerenden Einfluss auf die musikalischen Leistungen von Brian Jones.

Für das vom Fotografen Gered Mankowitz gestaltete Cover des Albums wurde die Band eines Tages im Morgengrauen zusammengetrommelt. Auf dem Foto, bei dem die Kameralinse mit Vaseline beschmiert wurde, sehen die Stones ziemlich verschlafen und zerzaust aus. Nur Keith wirkt sehr gefasst – wahrscheinlich weil er es erst gar nicht für nötig befunden hatte, schlafen zu gehen. Die verschwommenen Ränder des Bildes geben dem Ganzen einen zerbrechlichen, psychedelischen Touch. In der Mitte: Brian Jones, offenbar high, ein Lächeln auf den Lippen, mit geschwollenen, ins Leere starrenden Augen, in seinen Mantel versunken, ohne recht mitzukriegen, was vor sich geht – ein vielsagendes Bild. Jones war noch immer ein kreativer Musiker, aber der blonde Multi-Instrumentalist begann allmählich, den Kontakt zu seiner Umwelt zu verlieren.

yesterday's papers

esterday's Papers' ist der erste Song überhaupt, den Mick Jagger alleine für ein Rolling-Stones-Album schrieb, aber sein ambivalenter Ton und die Andeutung, dass Freundinnen ebenso austauschbar seien wie alte Zeitungen, war für diese Meister der Frauenfeindlichkeit nicht wirklich neu. Der Song bezog wahrscheinlich einige Anregungen aus der gerade beendeten Beziehung zu Chrissie Shrimpton, mit der Jagger zusammengelebt hatte. Sie hatte einen Autounfall mit ihrem berühmten Freund überlebt, musste jetzt aber entsetzt mit ansehen, wie Mick bei der Gründungsfeier der Untergrundzeitung *International Times* zum ersten Mal öffentlich mit einer Sängerin namens Marianne Faithfull auftauchte. Jagger fiel es nie schwer, Ersatz zu finden.

"Wer will schon ein Mädchen von gestern?", fragt Jagger am Beginn des Songs mit der für ihn typischen grausamen Gleichgültigkeit. Sein Leben sei geprägt von "dauernder Veränderung", und es sei längst an der Zeit, auch was an seinem Sexleben zu ändern. Der Song ist ein zweiminütiger Abschied von Miss Shrimpton, laut Marianne Faithfull "eine schreckliche öffentliche Erniedrigung" für Chrissie. Als Jagger die dreijährige Beziehung mit seiner früher so schicken Freundin im Dezember 1966 beendete, galten sie inoffiziell als verlobt.

"Wir waren sehr verliebt, aber wir hatten zu so ziemlich allen Dingen eine andere Meinung", meinte Shrimpton damals tapfer. "Mit der Zeit haben wir unterschiedliche Vorstellungen vom Leben und von uns selbst entwickelt. Es gab keinen großen Krach. Wir haben uns im gegenseitigen Einverständnis getrennt." Bald danach unternahm Shrimpton einen Selbstmordversuch. Jagger weigerte sich, die Kosten für ihren Krankenhausaufenthalt zu zahlen und ließ stattdessen all ihre Habseligkeiten aus seiner Wohnung entfernen.

Der Text von 'Yesterday's Papers' erzählt von Micks Gleichgültigkeit bei der Beendigung einer Beziehung, die Musik aber ist vollkommen fröhlich und hypnotisch. Es ist eine beschwingte, auf den rechten und linken Stereo-Kanal geschickt aufgeteilte Mischung aus Marimbas, Cembalo, undefinierbaren Streichinstrumenten, dumpf grollenden Bässen und kurzen, mit Gesang sich überschneidenden Gitarrefetzen. Der endgültige Mix bot einen natürlicheren Ausflug ins Reich der psychedelischen Musik als der Großteil des späteren *Their Satanic Majesties Request*.

Die reiche Instrumentierung auf 'Yesterday's Papers' und anderen Songs von *Between The Buttons* ist vor allem Brian Jones zu verdanken, der während der Arbeit an *Aftermath* eine neue Rolle innerhalb der Band gefunden hatte. Seine Fähigkeit, allen möglichen exotischen Instrumenten neue, interessante Klänge abzuringen, verlieh der Pop-Musik der Stones eine ganz eigenständige Note. Als Jones kurz vor seinem Tod im Jahr 1969 die Band verlassen musste, wurden die Stones wieder auf einen ganz geradlinigen Rock and Roll zurückgeworfen. So phantastisch die Ära nach Jones auch war, die Pop-Platten der Stones Mitte der 60er Jahre hatten ihren eigenen Reiz, einen Charme, der für kommende Musiker genauso einflussreich war wie alles andere, was Jagger und Richards fabrizierten.

Für den Sänger und Gitarristen Lindsey Buckingham, der als Mitglied von Fleetwood Mac Mitte der 70er Jahre großen Erfolg hatte, nicht zuletzt, indem er die oft schwierigen Beziehungen innerhalb der Band verarbeitete, waren die von Brian Jones mitgeprägten Jahre der Rolling Stones sehr wichtig. Seine Lieblingsalben sind die, die "etwas Europäisches haben und Dinge ausprobieren wie sie Brian Jones einbrachte. Ich glaube, er gab der Gruppe etwas, was nur schwer zu greifen ist, aber sie davon abhielt, zu sehr wie Chuck Berry zu klingen. Auf *Between The Buttons* sind einige wunderbare Sachen drauf. Sie hatten damals einen wirklich guten Lauf."

> " Ich glaube, er gab der Gruppe etwas, was nur schwer zu greifen ist, aber sie davon abhielt, zu sehr wie Chuck Berry zu klingen "
>
> Lindsey Buckinham, Fleetwood Mac, über Brian Jones

my obsession

as ist es, was Mick so nervte: diese chaotischen Soundwolken, das im Hintergrund donnernde Klavier von Ian Stewart, so dass man nur den Gesang einigermaßen klar wahrnehmen kann. Verantwortlich dafür war Produzent und Manager Andrew Loog Oldham. "Andrew dachte, man könne alles machen, Hauptsache es hat genug Echo", sagte Richards später.

Jagger hatte etwas ganz anderes im Sinn mit diesem Nonsens-Text über Mädchen, die erst richtig erzogen werden mussten, einem Text, der sich vor allem aus Wörtern zusammensetzte, die sich auf "obsession" reimten. Aber die Fans waren ganz heiß darauf und brachten *Between The Buttons* auf beiden Seiten des Atlantiks unter die Top 3. Die Platte war zwar nicht ganz so erfolgreich wie die anderen Stones-Alben jener Zeit, aber fast genauso populär. Jagger wollte diese Stücke einfach vergessen. "Ich glaube, ich hielt sie schon damals für nicht sehr gelungen", versicherte er.

between the buttons

back street girl

'Back Street Girl' zeigte sehr früh das Interesse der Rolling Stones für eine vom Country/Folk beeinflusste Pop-Musik, wie sie mit besonders großer Wirkung auf *Beggars Banquet* eingesetzt wurde. Der Song lebt von einer zarten Mischung aus akustischer Gitarre, leichtfüßiger Percussion und einigen Akkordeon-Crescendos, einem Sound voller Wärme und Zuneigung. Aber Jaggers Zeilen sind wie gewohnt lässig-grausam. Er singt über ein Mädchen, dem er erklärt, wie es sich verhalten soll, um ihm sexuell zu Diensten zu sein. Belästige nicht meine Frau und ruf nicht bei mir an.

Ist 'Back Street Girl' ein ironischer, sozial engagierter Kommentar zur Lage der unterdrückten Klassen oder eine ausgeflippte herablassende Männerphantasie? Suchen Sie es sich aus, in jedem Fall verfehlt der Song nicht seine Wirkung - er ist übrigens der einzige auf *Between The Buttons*, an den sich Jagger gerne erinnert. "Das ist der einzige annehmbare Song", meinte er 1975. Ein Urteil, das viele langjährige Anhänger der Stones mit ihm teilten, sogar in den USA, wo 'Back Street Girl' erst auf der Kompilation *Flowers* erschien.

In einer Zeit, die ganz von den Beatles dominiert war, wurden die Fähigkeiten der Rolling Stones als Songwriter viel zu oft übersehen, behauptet Mick Fleetwood, Drummer bei Fleetwood Mac. Seine eigene Band war aus derselben Londoner Blues-Szene hervorgegangen wie die Stones. Die Beatles und die Stones sind auch heute noch seine Lieblingsbands. "Die Stones haben wirklich Zeug gemacht, das immer noch total lebendig ist", sagt Fleetwood, auch ein Veteran aus John Mayalls Bluesbreakers. "Sie haben großartige Songs geschrieben, bis heute. Das Image der Stones verdeckt manchmal, welch bedeutende, kreative Musiker sie sind."

Das Tempo steigt: unterwegs mit Mick, Brian und Keith.

between the buttons

connection

Keith Richards ist ein Rocker, der am liebsten dauernd unterwegs ist, um den Rock and Roll auf die Bühnen der Welt zu bringen, aber sogar er sehnt sich manchmal nach einem Zuhause. 'Connection' erzählt von dieser Sehnsucht, von einem Leben auf Flughäfen, wie man eine Verbindung bekommt oder eben verpasst. Einem Leben, in dem man von besorgten Ärzten eine Impfung nach der anderen bekommt und Zollbeamte das Gepäck nach Schmuggelware durchsuchen. Illegale Drogen sollten erst einige Monate später eine Rolle spielen, als die Stones in Redlands, dem Landsitz von Keith, festgenommen wurden. Vorerst war die Suche noch vergeblich. "Sie sind ganz scharf darauf, mich in ihre Kollektion aufzunehmen", singt ein leicht erregter Jagger.

Die Popperle 'Connection' ist ein hartes Stück, das von Richards mehr oder weniger alleine komponiert wurde. Der Gitarrist feuert eine Salve von rauen Chuck-Berry-Akkorden ab, die effektvoll mit einer minimalistischen Klaviermelodie kombiniert werden. Richards Stimme harmoniert ganz gut mit der von Jagger, und Charlie Watts schlägt einen wilden, gleichmäßigen Beat. Selbst damals, als Eric Clapton und andere neue Blues-Helden die Rock-Gitarre zu neuen Höhen führten, war Einfachheit das Markenzeichen von Keith. Die Stones waren, wenn es um Blues ging, genauso versiert, aber ihre Interpretation davon war ganz anders.

"Sie waren immer an echten Songs interessiert und nicht an diesen langen verdammten Gitarrensoli", meint Mick Farren, Mitte der 60er Jahre ein Mitglied der Deviants, der auch für die *International Times* schrieb. "Seit 'Satisfaction' machten die Stones wirklich geile Sachen. Alles von ihnen hatte immer noch diese gewaltige R&B-Power."

Einfachheit blieb auch in den folgenden Jahrzehnten ein entscheidendes Element in der Musik der Stones. "Ich denke, Rock-and-Roll-Songwriter sollten sich nicht groß Gedanken darüber machen, ob das was sie schreiben, Kunst ist", sagte Keith Richards 1986. "Ich denke, das hat nichts miteinander zu tun. Vieles ist sowieso einfach Handwerk, vor allem, wenn man es schon so lange macht. Für mich ist 'Art' nur eine Kurzform von 'Arthur'."

> **" Sie waren immer an echten Songs interessiert und nicht an diesen langen verdammten Gitarrensoli. Alles von ihnen hatte immer noch diese gewaltige R&B-Power "**
>
> Mick Farren von den Deviants

she smiled sweetly

Hört man 'She Smiled Sweetly', dann gab es tatsächlich eine Frau, die den jungen Mick Jagger beeindrucken konnte. Vergessen Sie, wenn möglich, alles, was Sie vorher über Verzweiflung, Frauenhass oder Jaggers endlosen Kampf der Geschlechter gehört haben: Lassen Sie sich einfach fallen! Mick ist für Sie da. Mick ist trotz allem doch zur Liebe fähig. Vielleicht nicht zu der ganz romantischen Liebe, aber immerhin zeigt er eine Schwäche für warme, mütterliche Fürsorge, für eine Frau, die mit ihrer Weisheit seine geschundene Seele beruhigen kann.

Seine Stimme erwächst aus den Wellen einer feierlichen Orgelmelodie, eines Klaviers und eines von Bill Wyman gespielten fetten Basses. Sowohl beim Text wie auch in der sanften Vortragsweise ist der Einfluss von Bob Dylan zu spüren. Alles ist Trost und Glück, eine unerwartet menschliche Gefühlsregung von Englands berüchtigtstem Rock-and-Roll-Rowdy.

Ungewöhnlich, aber nicht ohne Vorläufer. Tief empfundene Balladen waren immer wieder mal Teil des Stones-Repertoires, von 'As Tears Go By' bis zu 'Angie' in den frühen 70er Jahren. „Ich war immer begeistert davon, dass Mick auch solche gefühlvollen Sachen wie 'As Tears Go By' schreiben konnte", bemerkt Lindsey Buckingham von Fleetwood Mac. Ich war wirklich hin und weg, dass er neben all dem anderen Zeug auch noch diese Seite in sich hatte."

between the buttons

cool, calm and collected

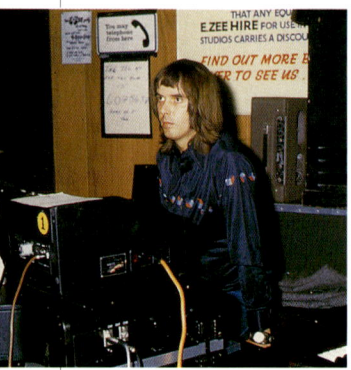

Das innovative Klavier von Nicky Hopkins war erstmals auf *Between The Buttons* zu hören.

aut Andy Johns war Nicky Hopkins "der beste Rock-and-Roll-Pianist, den es, abgesehen von Jerry Lee Lewis, je gegeben hat." Das ist ein gewaltiges Lob, aber Johns hatte genug Gelegenheit, Hopkins bei der Arbeit zu beobachten, zuerst als kleiner Bruder des Toningenieurs Glyn Johns, und später, als er in gleicher Funktion tätig war bei der Arbeit an mehreren Stones-Alben von *Sticky Fingers* bis *It's Only Rock 'N' Roll*. Hopkins ist mit seinen Klaviereinlagen in den unterschiedlichsten Stücken eine zentrale Figur auf *Between The Buttons*.

Hopkins arbeitete auf diesem Album zum ersten Mal mit den Stones zusammen, nachdem er gerade vorher einige Sessions mit den Kinks bestritten hatte.

Auf 'Cool, Calm And Collected' spielt Hopkins ein Klavier im Ragtime-Stil, während Mick Jagger im Ton eines Jahrmarktschreiers von einem Mädchen singt, das für seinen Geschmack viel zu ordentlich, kompetent, unabhängig, reich und respektiert ist. Im Chorus klimpert Brian Jones auf der Sitar und Jaggers Stimme bekommt plötzlich etwas Ätherisches, als er in spöttischem Ton über das supercoole, unerreichbare Girl lästert: "Sie beherrscht die richtigen Spielchen perfekt."

Der düstere und zugleich komische Song endet mit einem schneller werdenden Gehämmer von Schlagzeug, Gitarre, Kazoo und Mundharmonika. Ein unbeschwertes Ende, ähnlich wie später bei 'On With The Show' auf *Their Satanic Majesties Request*.

all sold out

ie Stones in Rage. Mick Jaggers Gesang auf 'All Sold Out' ist überzeugend roh. Der Song bleibt ihm förmlich in seinem dicken Hals stecken, was gut zu der spannungsvollen Gitarre von Keith Richards passt, dessen Spiel hier ungewöhnlich rücksichtslos und gefährlich klingt. Als ob sich die Gitarren aus dem klanglichen Durcheinander von *Between The Buttons* befreien wollten. Hinter den Glimmer Twins donnern Wyman und Watts dahin, während Brian Jones inmitten dieser wilden Rock-Mischung ganz ruhig auf seiner Flöte spielt. Jagger ist wütend, fühlt sich betrogen. Ein Mädchen habe ihn verraten und verkauft. Worum geht es eigentlich? Geld? Liebe? Seinen guten Ruf? Nimmt man die Intensität des Ausdrucks, dann ist der Zorn nicht gespielt.

please go home

er schillernde Beat hinter Mick Jagger auf 'Please Go Home' – der Bo Diddley einiges zu verdanken hat – war für die Rolling Stones der eigentliche Beginn ihrer psychedelischen Experimente. Charlie Watts drischt mit besonderer Leidenschaft auf die Becken ein, während Andrew Loog Oldham und die Band eine schwindelerregende Reihe von Echo-Effekten und verhuschten Gitarren darüber legen. Auch dieser Song erschien nur auf der britischen Version von *Between The Buttons* und wurde in Amerika erst sechs Monate später auf der Sammlung *Flowers* veröffentlicht. Bo Diddley hätte sicher seinen typischen Rhythmus erkannt, sonst allerdings nur wenig.

between the buttons

Nicht einmal die Beatles und die Stones konnten sich dem alle Genres sprengenden Einfluss von Bob Dylan entziehen.

> **" Er bewies, dass Rock and Roll nicht unbedingt nach dem Muster Strophe-Refrain-Strophe ablaufen musste "**
>
> Keith Richards zu Bob Dylan

who's been sleeping here?

Clapton war kein Gott. Zumindest nicht solange Jimi Hendrix noch auf Erden weilte. Gitarrenhelden konnte man 1967 überall finden. Ungewöhnlicher waren schon solche alle Genres sprengende Stimmen wie die von Bob Dylan. Jahrzehnte, bevor man ihn in den Kerker seiner Legende sperrte, war der Heilige Bob nur der kreativste Songwriter seiner Generation, von ungeheurem Einfluss auf die Zeitgenossen, von den Beatles und den Byrds bis zu Hendrix und den Stones.

between the buttons

Der als Robert Zimmermann geborene Dylan stammt aus Duluth in Minnesota und begann als eigenwilliger Folk-Sänger, der die Arbeiten von Woody Guthrie und den Beat-Poeten Kerouac, Ginsberg und Burroughs in sich aufgesaugt hatte. Nach einer Pilgerreise zu Guthries Sterbebett landete Dylan in Manhattan, Greenwich Village, wo das Publikum seine explosiven Protesthymnen und poetischen, nachdenklichen Folksongs entdeckte. Seine Songs hatten Stil, liebten klare Worte, mythische Charaktere sowie vernichtende und zugleich amüsante ironische Wortspiele. Als er sich 1965 der elektrischen Musik und dem Rock and Roll zuwandte, war Dylan der unumstritten größte Dichter des Pop.

"Bob zeigte uns allen in den 60er Jahren neue Herangehensweisen, neue Möglichkeiten für das Schreiben von Songs", meinte Richards 1992. "Er kam aus einer Folk-Tradition, in der es keine so festen Regeln gab und er bewies, dass Rock and Roll nicht unbedingt nach dem Muster Strophe-Refrain-Strophe ablaufen musste."

Dylan konnte auch ganz schön anmaßend sein. Einmal sagte er zu Richards, er hätte '(I Can't Get No) Satisfaction' auch machen können, aber die Stones wären nie in der Lage gewesen, sein 'Desolation Row' zu schreiben. Jagger meinte später dazu: "Ich würde gern hören, wie Dylan 'Satisfaction' SINGT."

Dylans Einfluss ist ganz klar in den organischen Grooves von 'Who's Been Sleeping Here' zu hören. Jagger will von seiner Freundin wissen, wer während seiner Abwesenheit in seinem Bettchen geschlafen und von seinem Tellerchen gegessen hat. Die von Jagger verwendeten Bilder und auch die Musik erinnern stark an Dylan: die folkigen Akustikgitarren, die Mundharmonika, die gleichmäßige Klaviermelodie. Nur Keith schert kurz aus diesem Dylan-Stück aus, als er an der Bridge blitzartig ein Rock-and-Roll-Riff einschiebt.

Der Song ist einer der Höhepunkte von *Between The Buttons* und kommt ohne die konzeptlose Überproduktion aus, die Jagger so hasste. 'Who's Been Sleeping Here' bewies auch, dass die Stones ganz offen zeitgenössische Quellen anzapfen konnten, ohne dabei ihre eigene Stimme zu verlieren.

complicated

'Complicated' beginnt mit Charlie Watts rollendem Rhythmus wie ein Surf-Stück, bevor dieser Pop-Song, mit einem an der Orgel spielenden Brian Jones, sich in eine aufgeladene Stones-Mischung verwandelt. Der zugrunde liegende Sound und Rhythmus ist praktisch der gleiche wie in 'My Obsession'. Ungeachtet der düsteren musikalischen Beschaffenheit ist der Inhalt des Songs eher heiter mit diesem komplizierten, kultivierten, überaus motivierten, sanften, aber viel zu oft ignorierten Mädchen, das sehr wahrscheinlich nach dem Vorbild von Jaggers neuer Freundin Marianne Faithfull gezeichnet ist. "Wir überlegen und diskutieren gemeinsam, was wirklich das Beste für uns ist, denn sie ist ja so kompliziert." Dabei hatten die Komplikationen gerade erst begonnen.

miss amanda jones

Dieses aufgedrehte Rock-and-Roll-Stück beginnt mit einer forschen Gitarrenmelodie. Keith Richards spielt ein Riff nach dem anderen, während Mick Jagger über Amanda Jones singt, ein junges Mädchen aus einer guten, reichen Familie, die ihre Nächte auf Bällen und in Diskotheken verbringt und bei dieser Jagd nach Vergnügungen ihren guten Ruf riskiert. Sie ist ein Party-Girl, das sich vielleicht für ihre Verhältnisse ein bisschen zu viel rumtreibt. "Sie verliert ihre vornehme Art", singt Jagger beschwörend. Wenn es nicht gerade abwärts geht mit ihr, dann ist die junge Amanda ganz schön high, "wunderbar zugekifft". Ab jetzt waren junge Frauen wie Amanda Jones ein ganz normaler Teil des Rolling-Stones-Universums.

between the buttons

something happened
to me yesterday

Ihr ultimativer LSD-Trip auf *Their Satanic Majesties Request* lag zwar noch 11 Monate vor ihnen, aber 'Something Happened To Me Yesterday' war bereits Ausdruck davon, welche Faszination LSD auf sie ausübte. Jagger und Richards singen davon, dass sie "etwas" erlebt hätten, ohne das Wort LSD zu erwähnen. Aber man erfährt, dass die Erfahrung ganz schön "trippy", "drippy" und "groovy" gewesen sein muss.

Das Duett macht den Glimmer Twins hörbar Spaß: Sie parodieren einen populären britischen Fernsehhelden, den Polizisten George Dixon (aus *Dixon Of Dock Green*). Der arme englische Bobby weiß anscheinend nicht, ob der Stoff legal ist oder nicht, ja nicht einmal, ob es moralisch richtig oder falsch ist, das Zeug zu nehmen. Das Komödiantische wird von Brian Jones noch verstärkt durch eine von Bläsern gespielte dahingaloppierende Zirkusmusik, die dem Ganzen einen Hauch von Dixieland verleiht.

Einige Monate später war den Rolling Stones nicht mehr ganz so zum Lachen zumute. Denn die Behörden hatten die fünf Jungs mit zunehmender Sorge beobachtet. Es war nur eine Frage der Zeit, wann die Polizei diese widerlichen Unruhestifter schnappen würde, nachdem sie bereits mit Anspielungen auf Drogen in Songs wie 'Mother's Little Helper' und '19th Nervous Breakdown' aufgefallen waren. Allerdings waren diese Aktionen sehr fragwürdig, denn aus keiner dieser Anspielungen konnte man eine Empfehlung für den Gebrauch von Drogen herauslesen. Diese Stücke waren vielmehr eine entschiedene Warnung, aber das schien jetzt schon keine Rolle mehr zu spielen. Die Stones waren nun Feinde der Gesellschaft, eine Bedrohung für den Staat. Die kommenden Jahre wurden für Jagger, Richards und Jones zu einem Spießrutenlaufen durch Gerichtssäle und Gefängniszellen – das war der Preis, den sie dafür zahlten, dass sie auch abseits des Mainstreams so erfolgreich geworden waren.

Noch lächelte er für die Kamera, aber unter der Oberfläche begann der Zerfall von Brian Jones.

Kapitel 6

1967 their satanic majesties request

"Wo ist der Joint?" Haftstrafen trieben die Stones nur noch weiter in Drogenexperimente.

Sing This All Together

Citadel

In Another Land (WYMAN)

2000 Man

Sing This All Together (See What Happens)

She's A Rainbow

The Lantern

Gomper

2000 Light Years From Home

On With The Show

"Na, wie geht's unsern beiden Knastbrüdern heute?" Sehr witzig, Charlie - aber wahr. Für die Rolling Stones waren merkwürdige, schaurige Zeiten angebrochen, die Mick, Keith und selbst den zerbrechlichen Brian in den wütenden Mahlstrom des britischen Justizsystems trieben, das endgültig genug hatte von den Bad Boys des Rock. Vielleicht hatte es so kommen müssen. Wie lange sollten die Behörden dem Treiben dieses widerlichen Quintetts noch zusehen, während Andrew Loog Oldham auch noch damit prahlte, wie gefährlich diese Jungs waren? Warum immer ängstlich seine jungfräulichen Töchter bewachen, wenn man die Stones auch gleich selbst einsperren konnte?

Diese Lektion mussten die jungen Rockstars erst verdauen. Nicht jeder war begeistert von der Vorstellung, dass unglaublich reiche, junge, sexbesessene Häftlinge sich über die ältere Generation lustig machten. Wenigstens waren die Beatles in solchen Sachen etwas zurückhaltender. Natürlich führten auch Lennon und McCartney ein Leben, das für die braven Bürger genauso so schrecklich war wie das von Jagger und Richards. Und trotzdem wurden sie von der Queen mit einer Audienz beehrt. Allein der berüchtigte Vorfall aus dem Jahr 1965, als die Stones wegen "öffentlichen Urinierens" verurteilt wurden, reichte aus, um die Aufmerksamkeit von Scotland Yard auf sich zu ziehen. Die Stones wurden nun zum Symbol für alles, was in dieser schwierigen Generation schief lief. Und sie waren ideale Opfer.

1967 war ein schreckliches Jahr. Heute können die Stones darüber lachen, aber es war überhaupt nicht lustig, als die Polizei am 12. Februar in Redlands, dem luxuriösen Landsitz von Keith in West Sussex, vor der Tür stand. Es war gerade eine Party am Laufen, George Harrison war soeben gegangen, da marschierte die Polizei herein auf der Suche nach illegalen Drogen. Als erstes entdeckten sie Marianne Faithfull, die nichts anhatte als einen kleinen kuscheligen Pelz. Jagger, Richards und der Kunsthändler Robert Fraser wurden verhaftet und später wegen verschiedener Drogendelikte angeklagt: Jagger für den Besitz von vier Amphetamintabletten – die er legal in Italien gekauft hatte. Richards, weil er erlaubt hatte, dass in seinem Haus Marihuana geraucht wird. Und Fraser für den Besitz von Heroin. Alle drei wurden im folgenden Juli schuldig gesprochen.

Jagger wurde zu drei Monaten Haft verurteilt, während Richards ein ganzes Jahr bekam - Fraser übrigens sechs Monate. Eine üble Geschichte. Es folgte ein Aufschrei der Öffentlichkeit, unter anderem ein einflussreicher Leitartikel in der Londoner *Times*, der unter der Überschrift "Mit Kanonen auf Spatzen schießen?" das Ausmaß der Strafen kritisierte. Aber nach ein paar Tagen im Knast wurden die Glimmer Twins auf Kaution bis zur Berufung ihres Falles wieder freigelassen – Fraser, der leider kein Rockstar war, musste vier Monate absitzen. Inzwischen wurde auch Brian Jones am 10. Mai verhaftet und wegen Drogenbesitzes angeklagt, der Verhandlungstermin wurde auf den 30. Oktober festgelegt. Charlies kleine scherzhafte Bemerkung über Knastbrüder bei den Sessions zu *Their Satanic Majesties Request* war also kein Joke.

Kein Wunder, dass die ach so kampflustigen Rolling Stones in den Olympic Studios sich nur allzu gerne in psychedelischen Hokuspokus flüchteten. Das war nicht einfach Eskapismus, sondern zu dieser Zeit gerade angesagt. Die Beatles hatten einer begeisterten Pop-Welt soeben ihr Album *Sgt. Pepper's Lonely Hearts Club Band* präsentiert. Jagger wollte da nicht zurückstehen – er und Faithfull reisten mit den Beatles nach Nordwales, um bei Maharishi Mahesh Yogi transzendentale Meditation kennen zu lernen. Jagger, Richards und Jones diskutierten sehr intensiv, ob auch die Stones in die LSD-inspirierte Welt des Pop eintauchen sollten. Als sie sich schließlich dafür entschieden, entstand daraus das Soundchaos von *Their Satanic Majesties Request*. Nie konnten sich die Stones ganz den Zwängen ihres Lebens außerhalb des Studios entziehen.

"Das Album entstand zwischen Gerichtsverhandlungen und Besprechungen mit Rechtsanwälten, während wir alle eine Art von Zusammenbruch erlebten", erzählte Richards 1971 dem *Rolling Stone*. "Ich bekam schließlich Windpocken. Als ich bei der Berufungsverhandlung aufstehen musste, hatte ich überall kleine Bläschen."

Bis die Platte fertig war, dauerte es fast ein Jahr, in dem die Band dagegen ankämpfte, von Gerichtsterminen und LSD-Trips nicht allzu sehr abgelenkt zu werden. Oldham verlor die Geduld mit den Stones und

> "Das Album entstand zwischen Gerichtsverhandlungen und Besprechungen mit Rechtsanwälten, während wir alle eine Art von Zusammenbruch erlebten"
>
> Keith Richards über 'Their Satanic Majesties Request'

their satanic majesties request

tauchte nur sporadisch auf, um zu "produzieren". Dabei kamen nicht einfach die üblichen lukrativen Pop-Stücke raus – obwohl auch solche dabei waren -, sondern eine Sammlung ausgeflippter Improvisationen. Während einige Stücke auf *Their Satanic Majesties Request* eine wunderbare Anmut ausstrahlen, klingen andere wie frühe Fassungen von 'Revolution #9', hoffnungslos im Äther verloren. Eine merkwürdige Entwicklung für eine Band, die ihre Wurzeln im kantigen Blues von Muddy Waters hatte. Sie liefen dem Modetrend fast sklavisch hinterher – und produzierten so ihr aus heutiger Sicht altmodischstes Album, das von der Grundeinstellung her einem alten Seeds-Album näher steht als dem aufrüttelnden Sound von 'Satisfaction'.

Heute gibt Richards zu, dass die Platte ein schamloser Versuch war, kurzlebige aktuelle Stilelemente aufzunehmen, eine Verbeugung vor *Sgt. Pepper's Lonely Hearts Club Band* und vielen anderen LSD-Hits. 1987 erzählte er Kurt Loder, er habe sich niemals besonders für Flower-Power interessiert, obwohl er damals ein Lippenbekenntnis dazu abgab. "Immerhin bin ich stolz darauf, dass ich dem Maharishi nie die gottverdammten Füße geküsst habe."

Der Titel des Albums bezog sich nicht auf das erst später erwachte Interesse der Band am Satanismus, sondern war nur ein Spiel mit Worten, die sie in britischen Pässen entdeckt hatten. Während der Produktion von *Their Satanic Majesties Request* nahmen sich Jagger und Richards vor den Aufnahmesessions nie die Zeit, um die Stücke in allen Details auszuarbeiten. Es war ihr erstes Album, das sie nicht während einer Tour einspielten, und doch machten sie es wie im Vorbeigehen.

"Ich hab es immer verteidigt, aber ich vermute, das ist eigentlich unmöglich", sagt George Chkiantz, der bei diesem Album als Aufnahmeleiter und zweiter Toningenieur arbeitete. "Früher sagte ich mir immer, wir sind der Nachtclub, der auch dann offen hat, wenn alle anderen bereits zu sind. Zwischen halb vier und vier Uhr morgens tröpfelte nach und nach die Londoner Schickeria ein. Das ist nicht gerade das, was du dir wünschst, wenn du dort arbeitest – nein danke."

Im Frühsommer wurden die wegen verschiedener Drogendelikte ausgesprochenen Urteile gegen Mick und Keith von der Berufungsinstanz aufgehoben. Für Brian jedoch waren die Ereignisse zuviel und bald darauf wurde er körperlich völlig erschöpft ins Krankenhaus eingewiesen. Im Oktober gestand er vor Gericht den Besitz von Marihuana, bestritt aber, dass er Kokain und Methedrin genommen hatte. Er wurde schuldig gesprochen und zu neun Monaten Haft verurteilt. In einer Zelle von Wormwood Scrubs verbrachte er eine schreckliche Nacht, bevor er wieder auf Kaution freigelassen wurde. Das Urteil wurde

> **" Immerhin bin ich stolz darauf, dass ich dem Maharishi nie die gottverdammten Füße geküsst habe "**
>
> Keith Richards über die psychedelische Ära

their satanic majesties request

später aufgehoben, nach einem psychiatrischen Gutachten, das Jones, dessen Zustand sich rapide verschlechterte, als einen "extrem verängstigten jungen Mann" mit suizidalen Tendenzen beschrieb.

Die Stones hatten ihr gefährlichstes Jahr überstanden, ein erster Vorgeschmack auf die für Keith äußerst bedrohliche Situation in Toronto 1978, als die kanadische Polizei genug in der Hand hatte, um den Gitarristen für Jahrzehnte hinter Gitter zu bringen. Brian Jones trieben die Ereignisse noch tiefer in eine Paranoia, die ihn auch von der Band immer weiter entfernte.

Noch im selben Jahr flogen die Stones nach New York, um dort die Foto-Session für das Album zu absolvieren. Das Cover-Foto ist eine alberne Kopie von

Die Stones konnten den von den Beatles so meisterlich vorexerzierten psychedelischen Pop nicht übertreffen.

their satanic majesties request

Strahlend glückliche Menschen: Die Stones in den psychedelischen 60er Jahren.

Sgt. Pepper's Lonely Hearts Club Band: die Stones gehüllt in bunte Seidengewänder, Mick trägt einen überdimensionalen Zauberhut, von der Decke baumelt ein Modell des Saturns. Das Foto wurde ursprünglich als 3-D-Plastikbildchen auf das Cover des Albums geklebt. Auch die Bildauswahl war von Drogen beeinflusst. "Es war wie in der Schule, wo wir bunte Papierschnitzel und andere Dinge übereinander legten", sagte Jagger 1995 über die Entstehung des Covers. "Es war wirklich albern – aber wir hatten Spaß dabei. Außerdem wollten wir damit auch Andrew ärgern, der wirklich eine verdammte Nervensäge war. Er kapierte einfach nichts. Wir wollten ihn loswerden, und darum haben wir solche Sachen immer noch ein Stück weiter getrieben."

Am 29. September verkündeten die Stones, dass Andrew Loog Oldham nicht mehr ihr Manager und Produzent sei. Auf der wirtschaftlichen Ebene wurde er sofort durch Allen Klein ersetzt – eine Entscheidung, die für die weitere Karriere der Band weitreichende Auswirkungen hatte. Außerdem wurde rechtzeitig für *Beggars Banquet* Jimmy Miller als Produzent engagiert, der die Stones in die Ära ihrer wichtigsten Arbeiten führen sollte.

Nicht alle wollten *Their Satanic Majesties Request* so schnell abschreiben – 'She's A Rainbow' und '2000 Light Years From Home' mag Jagger noch heute. Es bleibt eine der umstrittensten Platten der Rolling Stones – was gar nicht so leicht zu erklären ist. Innerhalb ihres Gesamtwerks hat sie eine singuläre Position – ohne Anknüpfungspunkt zu den Aufnahmen vorher oder nachher. Jahrzehnte später löst sie immer noch Begeisterung und Verachtung aus.

"Ich hielt es für ein gutes Album", sagt Marty Balin, Sänger bei Jefferson Airplane, die in den späten 60er Jahren zusammen mit den Grateful Dead die psychedelische Bewegung anführten. Balin erlebte den "Summer Of Love" aus nächster Nähe und zog daraus Inspiration für eine originelle Mischung aus Acid-Rock und Hippie-Folk.

"Es war damals die psychedelische Ära, und ich fand, das Album passte sehr gut. Es hatte dieses coole Cover mit dem 3-D-Bild. Sie haben sich sehr schnell davon distanziert, aber es war immer eine meiner Lieblingsplatten. 'She's A Rainbow' war schon toll. Ich singe das heute noch manchmal vor mich hin."

> "Ich hielt es für ein gutes Album ... Sie haben sich sehr schnell davon distanziert, aber es war immer eine meiner Lieblingsplatten"
>
> Marty Balin, Jefferson Airplane

sing this all together

Eine kleine Warnung: Die ersten Sekunden auf diesem psychedelischen Opus der Rolling Stones klingen ganz anders, als die Fans 1967 erwartet hatten. Atonales Gehämmer auf dem Klavier, ein übererregter Bass, zielloses Geklimper auf der akustischen Gitarre. Free Jazz, jedoch bald unterbrochen durch den Pop-Gesang von Mick Jagger, der einen Refrain über Frieden, Liebe und Brüderlichkeit anstimmt – die Richtung war vorgegeben.

Jagger klingt hier relativ naiv, als ob er wirklich glauben würde, dass nun eine neue Zeit anbricht – wenn wir nur die richtigen Drogen nehmen. Seine Stimme klingt zwar nicht schmalzig – Mick war von Natur aus zu zynisch, um einer Sache vorbehaltlos und blind zu vertrauen, egal, wie sehr er an diesen Hippie-Traum glauben wollte – aber es bleibt ein merkwürdiger Beigeschmack. Er wäre nicht der Erste gewesen, der ein Gefängnis als spirituelle Erfahrung erlebt hätte.

Das Stück enthält mehrere Schichten von surrenden und klappernden Perkussionselementen, Klänge, die man am besten über Kopfhörer genießen kann. Für das exotische, heftige, ein bisschen indische Klappern ist Brian Jones verantwortlich, der daneben auch noch Mellotron, Harfe, Saxophon, kurz alles, was so rum lag, mit einbrachte. Als Bluespurist war er theoretisch am wenigsten an Psychedelischem interessiert, allerdings erlaubte ihm diese freie Art der Musik, an den Rändern der Songs herumzuexperimentieren wie schon bei 'Paint It Black' und anderen Songs. Jones entfernte sich immer weiter von der Band, die er einst gegründet hatte, aber er spielte immer noch eine wichtige Rolle innerhalb der Stones.

their satanic majesties request

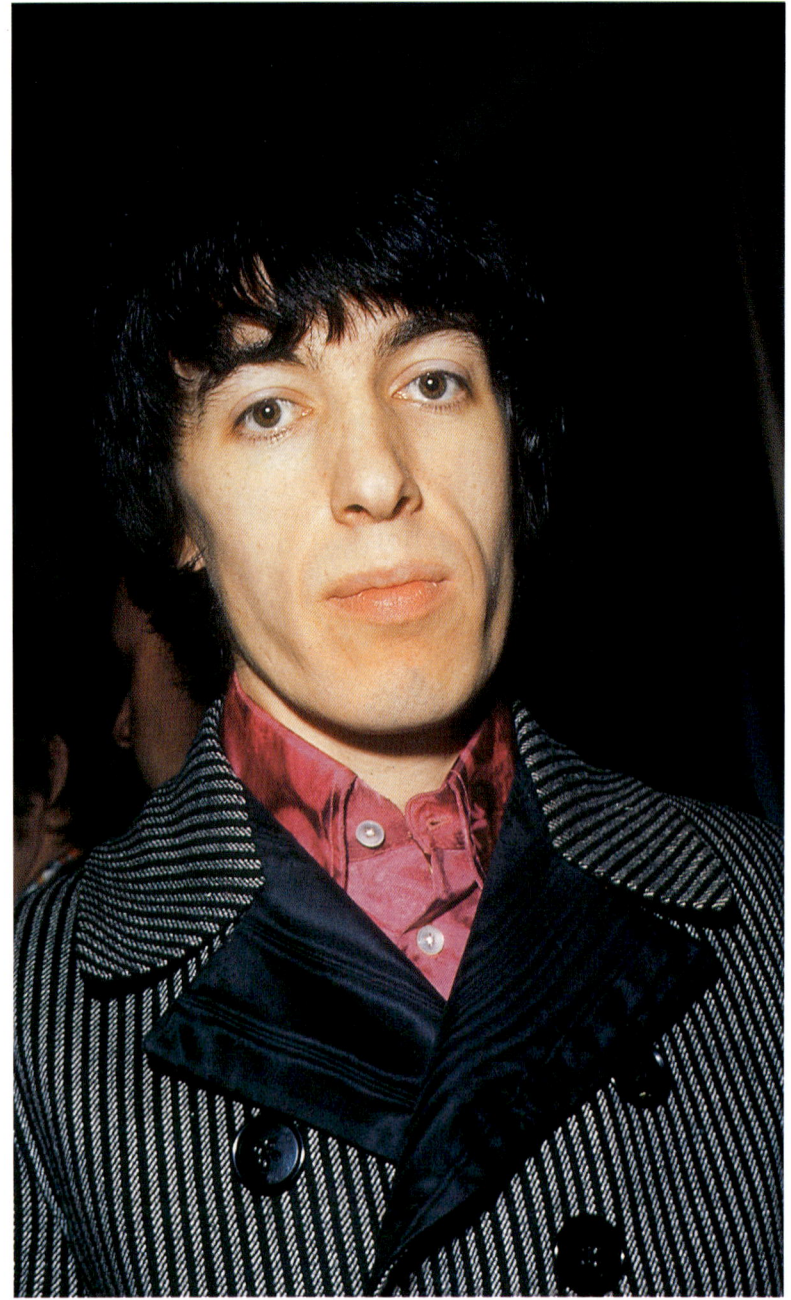

> **" Da zeigte Brian zum einzigen Mal, was in ihm steckte "**
>
> Ian Stewart über 'Their Satanic Majesties Request'

"Als sie dieses schreckliche *Their Satanic Majesties Request* machten – da zeigte Brian zum einzigen Mal, was in ihm steckte", meinte Ian Stewart gegenüber Bill Wyman für dessen 1990 erschienene Autobiografie *Stone Alone*.

"Es war schon sehr schade ... Er hatte die Gabe, aus jedem Instrument, das er in die Hand nahm, irgendwas rauszuholen. Er hatte Talent und das nötige Können, aber er hat's einfach vermasselt."

Obwohl 'Sing This All Together' nicht so stark wie andere Stücke des Albums unter einer gewissen Nachlässigkeit litt, klang die Band doch irgendwie weggetreten. Vom spöttischen, zynischen Ton früherer charakteristischer Songs wie 'Under My Thumb' oder 'Stupid Girl' war nichts mehr zu hören.

Die Dinge liefen jetzt nicht mehr so kontrolliert ab. Die Drogen hatten ihre Urteilsfähigkeit geschwächt, und der schwierige Prozess, die Spreu vom Weizen zu trennen, gelang ihnen bei diesem Album nicht. "Das Album ist von ganz unterschiedlicher Qualität", erklärte Richards 1981 gegenüber dem *Rolling Stone*. "Es gibt einige gute Teile, und es ist schon verrückt, aber es gibt auch einiges, was ganz schön scheiße ist."

citadel

Auf *Their Satanic Majesties Request* gibt es nur wenige ausdrucksstarke E-Gitarren-Riffs. Und wo war 'Keef' Richards? Irgendwo im Mix untergegangen und abgetaucht in ein Meer von Drogen und Seidengewändern. Auf 'Citadel' aber kann sich Richards durchsetzen und rettet den Song mit packenden Rhythmen – eine der wenigen Stellen des Albums, an denen die Rock- und Blues-Vergangenheit der Stones spürbar wird.

Der Sound von 'Citadel' ist heute schon fast sympathisch altmodisch und dokumentiert die Vorliebe der psychedelischen Ära für obskure Kulte. Micks sonst so einzigartige Schärfe ist abgedämpft und ganz entspannt, gefangen in den lethargischen Konventionen eines begrenzten Genres. Und wenn er in geheimnisvollem Ton über "Candy und Cathy" dahersäuselt, mit leichter Sozialkritik – "Dollarscheine flattern als Fahnen auf den Gipfeln der Betonberge" – dann könnte er genauso gut über Weihrauch und Pfefferminzbonbons singen.

Der Kritiker Robert Palmer meinte, 'Citadel' sei eines der Stücke, das wenn auch unbeabsichtigt, spätere Fehlentwicklungen des progressiven Rock gefördert habe. Wenn das stimmt, dann haben Bands wie Yes oder die bombastischen Emerson, Lake and Palmer allerdings einen entscheidenden Punkt übersehen: Nicht einmal die Stones nahmen dieses Zeug ernst.

their satanic majesties request

in another land

Diesmal hat der ruhigste Stone auch etwas zu sagen. Die Rolling Stones hatten ja bereits erklärt, dass es "auf den Sänger, nicht den Song" ankäme. Als Prüfstein für diese Philosophie diente diesmal Bill Wymans 'In Another Land' – der einzige Auftritt des Bassisten als Leadsänger und Songwriter auf einem regulären Rolling-Stones-Album. Ein weiteres Anzeichen dafür, wie sehr sich Jagger und Richards von der Außenwelt ablenken ließen.

Wie vereinbart fuhren Wyman, Watts und der Pianist Nicky Hopkins am 13. Juli zu einer Session in die Olympic Studios, um festzustellen, dass die Glimmer Twins nicht kommen würden. Da sie die teure Studiozeit aber bereits fix gebucht hatten, fragte der Toningenieur Glyn Johns Wyman, ob er nicht einen Song zum Aufnehmen habe. Tatsächlich hatte Wyman gerade etwas zu Hause auf seiner Thomas-Orgel verfasst, das den Arbeitstitel 'Acid In The Grass' trug.

In der Endfassung von 'In Another Land' singt Wyman über eine romantische, traumartige Begegnung, deren Bedeutung nicht ganz klar wird. Sein etwas blasser Gesang verschwindet unter einer dicken Tremolo-Schicht und den sanften Cembalo-Melodien von Hopkins. Wyman bemüht sich erst gar nicht, besonders gefühlvoll zu klingen. Die Small Faces arbeiteten gleich nebenan und so wurde Steve Marriott gebeten, ihn beim Singen zu unterstützen.

"Viele Leute trieben sich damals in den Studios rum", erzählt Chkiantz. "Viele Gruppen – darunter natürlich auch die Faces – machten entweder eine Session in einem anderen Studio, fingen gerade an oder waren bereits damit fertig."

Als die Stones am nächsten Tag zur Session erschienen, wurde das Band von 'In Another Land' Mick und Keith vorgespielt. Die sanften Wellen der Melodie passten gut in das Album. Die beiden waren einverstanden und fügten noch zusätzliche Hintergrundstimmen hinzu. Mitten im Refrain bricht Micks Gesang hervor und verleiht der Pop-Ballade den dringend nötigen Funken Energie: "Da wachte ich auf, war es nur ein Scherz?" Das Schnarchen am Ende des Songs kommt von Wyman.

Das Songwriter-Monopol von Jagger und Richards war endlich durchbrochen, auch wenn das eine Situation nicht dauerhaft veränderte, die für Wymans Kreativität oft frustrierend war. Nicht nur er empfand das so. Auch Brian Jones, der die Band gegründet hatte, sah sich konsequent ausgegrenzt. Jagger ließ sich sogar zu dem Statement hinreißen, er kenne "keinen, der weniger Talent fürs Songwriting hat als er." Einige Jahre später verließ angeblich auch Mick Taylor – der Ersatz für Brian Jones – die Stones vor allem deswegen, weil er als Songwriter nicht die gewünschte Anerkennung erfuhr.

Wyman fand letztlich einen Ausweg, indem er die wohl fruchtbarste Solokarriere aller Stones startete. Er nahm in den 70er Jahren zwei Soloalben auf – *Monkey Grip* und *Stone Alone* – landete 1981 mit der Single '(Si Si) Je Suis Un Rock Star' einen großen internationalen Hit und brachte 1985 ein Album mit frühen Rock-and-Roll-Nummern unter dem Namen Willie and the Poor Boys raus – eine Band, bei der Wyman, Watts, Ringo Starr, Jimmy Page von Led Zeppelin und der Sänger Paul Rodgers von Free and Bad Company mitspielten. Trotzdem ist das eigenwillige 'In Another Land' für viele Fans der Stones immer noch Wymans berühmteste Aufnahme.

"Wir machten den Song, weil er sehr gut zu den anderen auf dem Album passte", erzählte Wyman 1978 der Zeitschrift *Guitar Player*. "Aber dennoch war das Ganze ein totaler Zufall. Ich meine, wären damals alle im Studio gewesen, wäre der Song nie auf die Platte gekommen. So ist das."

Bill Wyman (Bild gegenüber) hatte sein Debüt als Komponist, weil Jagger und Richards nicht im Studio erschienen.

> "Wir machten den Song, weil er sehr gut zu den anderen auf dem Album passte. Aber dennoch war das Ganze ein totaler Zufall. Ich meine, wären damals alle im Studio gewesen, wäre der Song nie auf die Platte gekommen"
> Bill Wyman

their satanic majesties request

2000 man

ick Jagger ist kein Prophet, aber selbst mit 23 Jahren war der Sänger klug genug, um zu begreifen, dass der Konflikt zwischen den Generationen nichts Neues und mit den Sechzigern auch nicht zu Ende war. In '2000 Man' blickt Jagger in die Zukunft und sieht dort die gleichen Probleme: "Meine Kinder, sie verstehen mich einfach nicht."

Vielleicht bezog er sich ja auch auf ein Schicksal, das ihm selbst und seiner Generation noch bevorstand. Denn der Song fragt auch, was von dieser Ära wohl bleiben würde. "Oh Daddy, hast du immer noch solche Geistesblitze wie in deiner Jugend? Oder hast du deinen Geist aufgegeben, als dir klar wurde, was du angerichtet hast?" Ernste Gedanken für einen Rock-Gott, der in den Neunzigern älter war als der britische Premierminister und der Präsident der Vereinigten Staaten.

Eine knackige Gitarre bestimmt die Struktur von '2000 Man', bevor sie in die Wellen der Orgel eintaucht, während der Song wiederholt Gangart und Tempo wechselt. Das konnten sie sich auch erlauben, denn bei diesen Sessions im Jahr 1967 waren die Stones eine bestens eingespielte Truppe. Sie hatten zwar seit 1966 keine Tour mehr gemacht, aber mit Ausnahme von Brian Jones hatten ihre musikalischen Leistungen nicht unter den Drogen gelitten.

Keith Richards kann man heute oft mit großer Hochachtung von Charlie Watts reden hören, wie viel er zum kraftvollen Spiel der Stones beiträgt. Während die Rhythmusgruppe Watts und Wyman heute einen schon fast mythischen Ruf genießt, war ihre Position in den schwierigen, sensiblen Zeiten von *Their Satanic Majesties Request* gar nicht so unumstritten. Mick träumte vielleicht wirklich von einer 60er-Jahre-Utopie, aber er und Richards waren von all den Gerichtssälen und Gefängniszellen leicht reizbar geworden.

Das wurde sehr deutlich, als Watts im Studio einen seiner seltenen Vorschläge machte. Andy Johns, der

Charlie Watts sitzt abseits des Getümmels und beobachtet das verrückte von Drogen angetriebene psychedelische Treiben.

zwischen 1969 und 1974 mit den Stones zusammenarbeitete, erinnert sich, wie er einmal bei den von seinem Bruder Glyn geleiteten Sessions Zeuge wurde, als "Mick und Keith sich vor lauter Lachen kaum einkriegten, weil Charlie einen Vorschlag gemacht hatte. Mick drückte lachend auf den Knopf der Sprechanlage, damit jeder ihn hören konnte: 'Keith, ha-ha-ha! Charlie hat gerade einen Vorschlag gemacht!' Das war ziemlich gemein."

Im Laufe der Jahre eroberte sich Watts eine stärkere Position. Seine Meinung hatte nun Gewicht, besonders bei der Auswahl der Bassisten, die mit der Band spielten, nachdem Wyman sich 1993 zurückgezogen hatte. "Früher hörten sie gar nicht darauf, was Charlie zu sagen hatte, sondern ließen ihn einfach seine Schlagzeugparts spielen", erzählt Johns. "Einige dieser Schlagzeugpassagen auf den frühen Platten sind wirklich ungewöhnlich."

Oft konnte man den Eindruck gewinnen, Watts sehe die Stones nur als eine Art Job. So meinte er einmal gegenüber Johns: "Du glaubst doch nicht, dass ich das ernst nehme, oder? Es ist nur eine verdammte Rock-and-Roll-Band."

> **"Du glaubst doch nicht, dass ich das ernst nehme, oder? Es ist nur eine verdammte Rock-and-Roll-Band"**
> Charlie Watts

sing this all together
(see what happens)

Das ist der Punkt, an dem *Their Satanic Majesties Request* in ein zielloses Gedudel abdriftet. Die Stones versuchen, die musikalischen Formen über das bei den Beatles und Beach Boys erreichte Niveau hinauszutreiben. Aber im Vergleich zum restlichen Oeuvre der Stones, zur Kraft und bleibenden Bedeutung der Band, ist dieses achtminütige, für alles offene Stück nur peinlich. Ein übler Trip.

Improvisation war nie die Sache der Stones. Und doch jammen Keith und die anderen bei dieser Reprise des ersten Stücks ohne erkennbare Absicht vor sich hin. Der "Song" beginnt mit Gekicher und Gerede aus dem linken Lautsprecher und der Bemerkung "Wo ist der Joint?". Tja, wo nur? Dann folgen vor sich hingluckernde Blechbläser, Glocken und Pfeifen, während Mick angestrengt singt, stöhnt und tief aus- und einatmet. Für einen Moment wird Jaggers Gesang sogar ganz klar.

'Sing This All Together (See What Happens)' hat durchaus einen gewissen Charme. Der Song steht zumindest für eine Phase, in der die Stones die Pfade des Hard-Rock verließen, auf denen sie von den 70er bis zu den 90er Jahren wandelten. Aber der Song ist planlos und letztlich unbefriedigend.

Their Satanic Majesties Request als Ganzes war zwar misslungen, das hieß jedoch nicht, dass die Stones ihre eigentliche Begabung verloren hatten. George Chkiantz erinnert sich, wie Toningenieur Glyn Johns ihm den Auftrag gab, ein neues Tonband aus dem Magazin der Olympic Studios zu holen. Chkiantz nahm eine Abkürzung durch Studio B. "Damals hielten sich dort eine Menge Leute auf, einige, die nur rumhingen, aber auch die Beatles und viele andere", so Chkiantz. "Ich rannte durch diesen Raum, der voller Leute war, und Keith spielte auf einer kleinen weißen Hammond-Orgel, die einem der Werbefuzzis gehörte, die ebenfalls das Studio nutzten. Er klopfte nur rhythmisch darauf rum, ohne wirklich eine Melodie zu spielen, es war reiner Rhythmus. Ich hatte den Raum zu zwei Dritteln durchquert, als ich erstarrte. Das war faszinierend, ich war von dem Zeug buchstäblich gefesselt."

Als Glyn sich ungeduldig auf die Suche nach seinem Tonband begab, packte auch ihn die hypnotische Wirkung von Keiths Orgelkonzert. "Ich fand seine Rhythmen immer schon außergewöhnlich", meint Chkiantz. "Aber hier spielte er mal nicht auf seinem eigenen Instrument. Es war umwerfend. Man muss sich klar machen, mit welchem Kaliber von Leuten man es hier zu tun hat. Die konnten etwas, das nur wenige außer ihnen beherrschten."

their satanic majesties request

their satanic majesties request

she's a rainbow

ie größte Pop-Band der Welt? Niemand hat das je von den Rolling Stones behauptet. Pop war was für nette Menschen, nicht für diese zottigen Anti-Beatles aus London. Aber Mitte der 60er Jahre hatten auch die Stones den Pop zu ihrer Sprache gemacht. Sie hatten zwar auch echte Rocknummern ('Satisfaction') und R&B-Coverversionen ('Time Is On My Side') zu bieten, aber die Stones beherrschten die Popleier schon lange vor dem bedrohlichen Drogenalbum *Exile on Main Street*. Für die Rolling Stones war das die Phase zwischen ihren Tagen als Bluespuristen und ihren späteren Jahren als Meister des harten Rock and Roll.

'She's A Rainbow' ist das letzte reine Pop-Stück der Stones. Noch einmal klang Mick Jagger hier wie ein Kind und sang seinen Märchentext vollkommen frei von seinem üblichen sexbesessenen Zynismus. Merkwürdig, dass der zugänglichste Pop-Song des Albums aus den Tiefen einer kurzen, aber schrillen Einleitung mit einem vormodern wirkenden, elektronisch erzeugten Rauschen und Schleifgeräuschen sowie einigen Gesprächsfetzen hervorgeht. Dann folgt eine fröhliche Klaviermelodie und ein majestätischer Bläsereinsatz, der auch gut in den Buckingham Palace passen würde.

"Hast du sie schon mal in blauen Klamotten gesehen?", singt Jagger mit beinahe herzzerreißender Unschuld. Hätte auch der Rest des Albums diese Klasse gehabt, dann hätten sich selbst die Beatles Sorgen machen müssen. Drogen waren gar nicht nötig. Die sanfte, euphorische Struktur war zu einem guten Teil den von John Paul Jones arrangierten Streichern zu verdanken. Jones, der zwei Jahre später bei Led Zeppelin Bassist werden sollte, arbeitete oft in den Olympic Studios. Er versuchte sich in einer Vielzahl von Genres, ganz wie sein zukünftiger Kollege bei Led Zeppelin, der Gitarren-Gott Jimmy Page, der sein Geld bei Studio-Sessions mit den Kinks, Marianne Faithfull und anderen verdiente.

"John Paul Jones kam sehr oft als Studiomusiker zum Einsatz", meint George Chkiantz, der auch für Led Zeppelin als Toningenieur arbeitete. "Die Olympic-Studios waren eine gute Bühne für ziemlich viele Filme, ganz zu schweigen von den vielen Werbemelodien, die wir dort fabrizierten. Dabei sind wir John Paul Jones recht oft über den Weg gelaufen."

John Paul Jones (gegenüberliegende Seite) war ein vielbeschäftigter Studiomusiker, bevor er mit Led Zeppelin berühmt wurde.

the lantern

'The Lantern', ein Experiment mit den Möglichkeiten des Stereo-Sounds, bietet die auf dem Album merkwürdigste, unfruchtbarste und chaotischste Mischung von Elementen. Die weichen Hintergrundstimmen und die rockigen Riffs von Keith kommen aus dem Nichts und verschwinden auch sofort wieder. Eine laut dröhnende Bläsergruppe, dann Mick, der vorsichtig und verträumt einen rätselhaften Text singt. Eine Geschichte, die von Edgar Allan Poe stammen könnte: „Mein Gesicht, es wird ganz totenblass, du sprichst zu mir durch deinen Schleier."

Trotz allem weist der Song auch eine Verbindung zu den Rock- und Country-Sounds auf, von denen die Stones herkommen, am deutlichsten beim plötzlichen, ekstatischen Aufblitzen der Gitarre. Selbst inmitten dieses wirbelnden Chaos beginnt 'The Lantern' zu rocken – wenn auch nur für ein paar frustrierend kurze Augenblicke.

In mancher Hinsicht ist 'The Lantern' sehr ähnlich wie *Their Satanic Majesties Request* insgesamt, mit vielen schönen Momenten inmitten einer ganzen Reihe von schlecht konzipierten und unausgereiften Ideen.

„Es gab interessante Sachen darauf, aber ich glaube nicht, dass irgendein Song besonders gut ist." Das war Jaggers abschließendes Urteil gegenüber der Zeitschrift *Rolling Stone* im Jahr 1995. „Es ist ein wenig wie *Between The Buttons*. Es geht weniger um Songs als um Sounds."

> " Es gab interessante Sachen darauf, aber ich glaube nicht, dass irgendein Song besonders gut ist ... Es geht weniger um Songs als um Sounds "
>
> Mick Jagger über 'Their Satanic Majesties Request'

their satanic majesties request

gomper

nd nun: Die Stones versuchen George Harrison zu imitieren. Ihrer Version von *Sgt. Pepper's Lonely Hearts Club Band* würde sonst etwas fehlen. 'Gomper' ist eigentlich kein Song, das meiste kann man getrost vergessen. Das Stück wird nur durch eine von Brian Jones überwältigend gespielte Palette exotischer Perkussionsinstrumente gerettet. Der Track beginnt und endet mit rhythmischen Strukturen, die von indischen Klängen beeinflusst sind, und wechselt immer wieder plötzlich hinüber ins Pop-Genre – ähnlich wie Harrisons 'Within You Without You'.

'Gomper' ist einer der psychedelischsten Ausflüge auf diesem Album, aber das Endergebnis klingt zusammenhanglos und epigonal. Die Stones hatten ja bereits selbst die dynamische Instrumentierung Nordafrikas entdeckt, aber Jagger singt auf 'Gomper' ein bisschen wie George Harrison, während er ein idyllisches Bild einer Frau zeichnet, die mit der Natur Zwiesprache hält. Die großartige Leistung von Jones lässt vermuten, dass er bei den Stones wieder eine wichtige Rolle gespielt hätte, wenn er nur gesund und bei klarem Verstand geblieben wäre.

2000 light years from home

evor die Rolling Stones diese düstere, wirbelnde Pop-Nummer für ihre *Steel-Wheels*-Tour im Jahr 1989 wieder ausgruben, war sie nur eines unter mehreren vergessenen Stücken aus einem Album, an das sich nur wenige erinnerten. Die hartgesottensten Fans der Stones wussten seine Reize immer zu schätzen. Die bombastische Aufführung auf einer Multi-Millionen-Dollar-Bühne hauchte diesem Song neues Leben ein, der heute in weiten Kreisen als einer der Höhepunkte der psychedelischen Ära gilt.

Das Stück entfaltet eine vorwärtstreibende, futuristisch klingende Instrumentation und bewegt sich langsam ins Niemandsland. Der grollende Beat von Charlie Watts vermischt sich mit einem Gitarrenriff, das an ein Thema von Ennio Morricone aus einem Italo-Western erinnert. Und Jagger singt von der Einsamkeit im Universum, vielleicht inspiriert von seinen wenigen Tagen im Gefängnis. Leben gewinnt die Melodie auch dank Brian Jones, der gekonnt einen traumartigen Mellotron-Sound einsetzt.

'2000 Light Years From Home' war für die Stones nur eine kurze Episode, ein Sound, mit dem sie nie wieder experimentierten.

"Das war einer dieser tollen Songs über das All", meint Marty Balin von Jefferson Airplane. "Wir machten damals auch solches Zeug. Ich liebte es sofort, als ich es zum ersten Mal hörte. Die Sounds waren wirklich einzigartig. Ich glaube, jeder kann einen guten Song auf jedem Gebiet machen. Jeder hätte '2000 Light Years From Home' machen können. Es würde dann nicht nach den Stones klingen, aber es würde sich für jeden übersetzen lassen, weil man sich mit dem, was da gesagt wird, und mit den irren Tonarten, die da verwendet werden, identifizieren könnte."

Wie der Rest von *Their Satanic Majesties Request* wurde auch dieses Science-Fiction-Epos auf einem Vierspurgerät in den Olympic Studios aufgenommen, mit keinem größeren Aufwand als alle anderen Stones-Stücke. Echoeffekte und Schläge von einer im Studio herumliegenden großen Orchestertrommel wurden langsamer abgespult und später zum ursprünglichen Track hinzugefügt.

"Als wir die Overdubs machten, war die Hölle los. Wir probierten so ziemlich alles aus", erinnert sich Chkiantz. "Eigentlich war es eine ganz konventionelle Aufnahme. Wir versuchten ein paar witzige Sachen mit den Stimmen und mit verschiedenem Krimskrams auch bei den Sounds, aber das meiste davon wurde am Schluss wieder weggelassen."

> " Das war einer dieser tollen Songs über das All. Wir machten damals auch solches Zeug. Die Sounds waren wirklich einzigartig "
>
> Marty Balin, Jefferson Airplane, über '2000 Light Years From Home'

their satanic majesties request

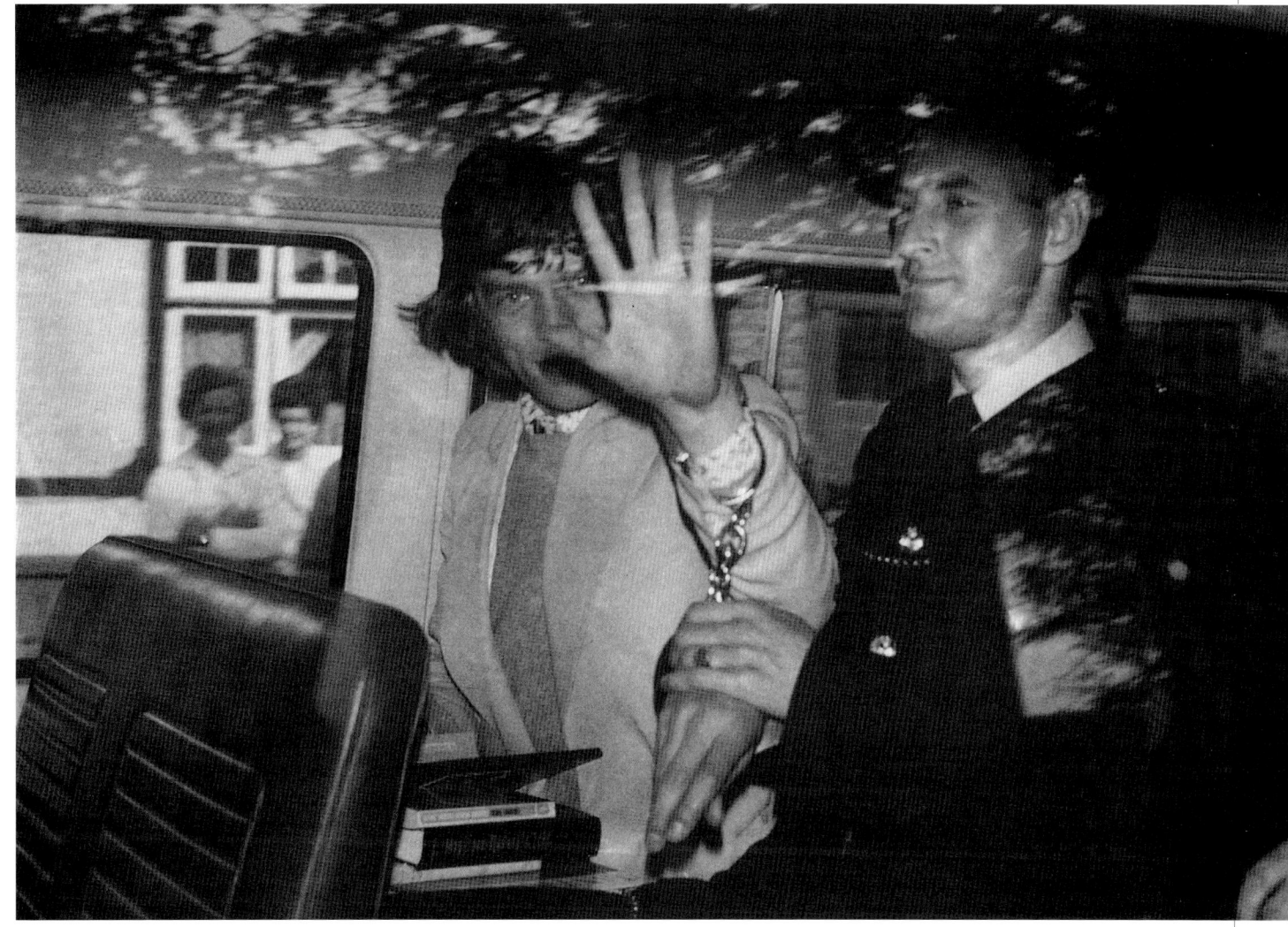

Jailhouse Rock: Mick Jagger wird von einem Gerichtstermin zum nächsten kutschiert.

on with the show

'On With The Show' ist das verspielteste Stück des Albums. Es beginnt vor einem Straßenstand eines Ausrufers, der versucht, Kunden in seinen Laden zu locken - für eine Strip-Show. Keith Richards feuert ein kurzes scharfes Gitarren-Lick ab und Jagger verkündet, dass "Bettina um zwei mit ihrer Show beginnt."

Jaggers Text voll bureskem Humor beginnt sich, angetrieben durch die Percussion von Brain Jones, immer schneller zu drehen bis zum unausweichlichen Finale mit aufgeregtem Party-Geplapper.

Der Song ist ziemlich unbeschwert für eine Band, die nur wenige Monate danach Lieder über den Teufel und den Kampf auf der Straße schreiben sollte. Die bevorstehenden Veränderungen sollten die Band zu ihren wichtigsten Arbeiten anregen. 1967 aber war Eskapismus unvermeidbar, auch wenn die für Mick, Keith und Brian angedrohten Gefängnisstrafen nie Realität wurden. Ohne die aufreibenden Auseinandersetzungen mit der Justiz wäre das psychedelische Abenteuer der Stones vielleicht überzeugender ausgefallen. Aber auch so kletterte *Their Satanic Majesties Request* auf Platz 3 der britischen und Platz 2 der amerikanischen Charts. Die Platte bleibt das merkwürdigste Kapitel in der Geschichte der Stones.

"Es war ein in vieler Hinsicht hemmungsloses Chaos", meint Chkiantz. "Aber es fällt mir schwer, *Their Satanic Majesties Request* zu hören, ohne dass die Gerüche und Farben des Studios wieder in mir auftauchen. Ich mag es, aber das heißt nicht, dass es gut ist."

Kapitel 7

1968 beggars banquet

Der Schweizer Filmemacher Jean-Luc Godard (Mitte) hielt die Aufnahmen zu 'Sympathy For The Devil' in Bild und Ton fest.

Sympathy For The Devil

No Expectations

Dear Doctor

Parachute Woman

Jig-Saw Puzzle

Street Fighting Man

Prodigal Son (WILKINS)

Stray Cat Blues

Factory Girl

Salt Of The Earth

1968 sahen die Rolling Stones plötzlich wieder völlig klar. Vorangegangen war eine lange Zeit mit Drogenexzessen, schlechter Presse und schwindelerregenden musikalischen Experimenten, die den Namen *Their Satanic Majesties Request* bekamen. Nach all der Verwirrung gab es wieder eine klare Linie, die flüchtige Psychedelic-Mode wurde ad acta gelegt und die Band besann sich wieder auf ihre Wurzeln – Blues und Rock. Die Band wirkte wie verwandelt und hatte ihre Zukunft wieder im Griff.

Beggars Banquet stammt aus einer kurzen, relativ beschaulichen Phase. Nicht dass die üblichen kleinen Katastrophen gefehlt hätten. Früh am Morgen waren die Stones meist bei ihren Aufnahmen in den Olympic Studios zu finden. Am 11. Juni wurde ihre Arbeit jäh unterbrochen – die Feuerwehr rückte an. Sie musste einen Brand eindämmen, der durch eine fehlerhafte Bogenlampe entstanden war. An die Decke gehängt hatte sie vermutlich ein Mitarbeiter des Filmteams, das an *One Plus One* von Jean-Luc Godard arbeitete – ein Film, der unbeabsichtigterweise den Entstehungsprozess des Songs 'Sympathy for the Devil' dokumentierte. Als sich die Feuerwehrleute verabschiedet hatten, war die Ausrüstung der Band völlig durchnässt. Trotzdem waren die Stones am nächsten Morgen im Studio. "Das hat mir einen schönen Schrecken eingejagt", erinnerte sich Charlie Watts später.

Zwar waren die juristischen Probleme noch nicht ausgestanden, doch sahen die Wolken, die über der Band hingen, nicht mehr ganz so dick und schwarz aus wie im Jahr davor. Mick Jagger führte mit Marianne Faithfull in einem Mietshaus am Londoner Chester Square ein ruhiges Leben und las die ganze Zeit Gedichte und Philosophie. "Es war eine wunderbare Zeit", schwärmt Marianne Faithfull noch heute. "Und das Wunderbarste war die Liebe, die man überall spüren konnte."

Faithfull hatte am Theater zu tun und gerade den für Jugendliche nicht zugelassenen Film *Girl On A Motorcycle* abgedreht. Beide waren sie gern und oft mit einer jungen Truppe von Theaterregisseuren, Filmemachern und der immer hippen Kulturmeute um Galeriebesitzer Robert Fraser zusammen. "Mit Drogen habe ich mich soweit zurückgehalten, dass sie nicht meine kreativen Phasen durchkreuzen konnten", sagte Jagger 1995 dem *Rolling Stone*. "War eine sehr gute Zeit, 1968. Es lag eine besondere Atmosphäre in der Luft. Und alle waren damals ziemlich kreativ."

Für Jagger kam bei diesen Phasen nicht nur ein dämonisch neuer Sound heraus wie auf 'Sympathy For The Devil', sondern ein rauchiger Hauch von Country, der schon Bob Dylans *John Wesley Harding* und *Sweetheart Of The Rodeo* von den Byrds durchzog. Richards' wieder erwachtes Interesse an akustisch fabriziertem Country & Western machte seine Band zu einem Teil dieser Bewegung, und was dabei entstand, war umwerfend. Mit ihrer kratzbürstigen Version von 'Prodigal Son', einem Titel von Reverend Robert Wilkins, kamen die Stones dem Original und seiner Aura nahe wie selten zuvor. Jagger singt den Song auf *Beggars Banquet* nervös und näselnd. Endlich hatten sie die Seele ihres geliebten Blues so zu fassen gekriegt, wie es ihnen auf früheren Coverversionen nie richtig gelungen war. Und Jagger klang in den ersten zerrissenen Sekunden von 'Stray Cat Blues' böser, gefährlicher und dabei genießerischer als je zuvor.

Beggars Banquet steht auch für den letzten ernst zu nehmenden musikalischen Beitrag von Brian Jones, mit dem es immer schneller bergab ging. Dennoch war er in der Lage, seine Lethargie gerade lange genug abzuschütteln, um etwa auf 'No Expectations' und anderen Titeln eine elegante Arbeit an der Slidegitarre abzuliefern. Jones' Affäre mit der Schauspielerin Anita Pallenberg war in Marokko zu Ende gegangen, wo sie sich Keith Richards zugewandt hatte. Brian Jones' Spiel auf der Slide konnte noch jene Emotionen heraufbeschwören, die Mick und Keith bei ihrer ersten Begegnung mit Elmo Lewis – so hatte er sich damals nennen lassen – empfunden hatten, als dieser in den Klubs von Ealing und Marquee seine Licks abzog. "Wenn Brian in Form war, konnte er absolut brillant sein", erinnert sich George Chkiantz, der auf *Beggars Banquet* als assistierender Tontechniker mitwirkte. "Das Problem war, dass man ihn schwer ertragen konnte, wenn er mal nicht in Form war."

Produzent Jimmy Miller stieß bereits in der Frühphase der Aufnahmen zum Umkreis der Stones, und damit begann eine Zusammenarbeit, die bis 1973 dauern sollte. In diesen Jahren schufen Miller und die Stones einige der kraftvollsten Alben der Rockgeschichte – *Beggars Banquet, Let It Bleed, Sticky Fingers* und *Exile on Main Street*. Jagger holte Miller, nachdem er seine Arbeit mit Traffic gehört hatte. Der amerika-

> **"War eine sehr gute Zeit, 1968. Es lag eine besondere Atmosphäre in der Luft. Und alle waren damals ziemlich kreativ"**
> — Mick Jagger

beggars banquet

Street fighting man: *Beggars Banquet* war Ausdruck einer Zeit des Protests in ganz Europa und Amerika.

nische Produzent trat just dann auf, als die Stones dabei waren, ihrer Musik eine neu gehärtete Unterlage zu verpassen. Der hörbare Beweis ist ihr erstes gemeinsames Projekt, die Single 'Jumpin' Jack Flash', die den Fernsehzuschauern durch einen bedrohlich wirkenden Filmclip vorgestellt wurde, in dem die Band mit Kriegsbemalung improvisierte und Jones wie auch Richards Sonnenbrillen mit schrägen, riesigen Gläsern trugen, die an Käfer oder Außerirdische erinnerten.

"Hol dir einen wie Jimmy, und so einer treibt die ganze Band an oder macht auch aus einer nichtssagenden Nummer etwas, genau wie es auf *Beggars Banquet* passiert ist", erzählte Richards 1975 der Zeitschrift *Crawdaddy*. "Wir hatten gerade *Satanic Majesties* hinter uns ... Mick drehte Filme, alles schien irgendwie auseinander zu laufen. Ich hatte mir Brians alte Flamme geschnappt. Ein riesiges Durcheinander.

Und Jimmy hat aus all dem *Beggars Banquet* heraus gezaubert."

Auch wenn die provozierende neue Hinwendung der Stones zu allem Satanischen letztlich eine Masche fürs Publikum war, so passte es doch ganz gut zu den "dunklen" Zeiten, die bevorstanden. Es sah nicht mehr so gut aus mit "Swinging London", mit "Flower Power" und den 'Good Vibrations' der Beach Boys. Die Farben verblassten, und es brach eine neue Periode an mit politischen Morden, Aufrufen zur Revolution und einem Amerika, das immer tiefer im Sumpf des Vietnam-Krieges versank. 'All You Need Is Love' hatte als Wahlspruch ausgedient. Die Jugend verlor zusehends ihre Sorglosigkeit und ging auf die Straße, und jeder Rockmusiker, der von ihr ernst genommen werden wollte, musste sich auf irgendeine Weise mit den soziopolitischen Umbrüchen befassen. Die Beatles reagierten mit den Songs 'Helter Skelter' und 'Revolution'. Dahinter konnten die Stones nicht zurückstehen, die ohnehin bei Eltern und Behörden als die bösen Buben der britischen Rockmusik gefürchtet waren.

Jagger war die Rolle des Provokateurs auf den Leib geschnitten. Diese Rolle stützte sich auf dieselben Werke der Literatur und dieselben alten Bluestitel, die die Doors in Los Angeles zu ihrem 'Light My Fire' inspirierten. Während Jaggers neue "Persona" der dämonische Gentleman war, sang Jim Morrison von chaotischen Reisen, die Hedonismus und Rebellion zum Ziel hatten, Reisen auf den Spuren einer instabilen Psyche, die zu apokalyptischen Zusammenstößen mit der herrschenden Klasse unterwegs war. Nach Ray Manzarek, dem Organisten der Doors, kommt der Drang, die dunklen Triebe des Menschen zu erforschen – eine Haltung, die die Doors mit den Stones teilten – aus dem Wissen, "dass die andere Seite des Lebens der Tod ist, so dass du gut beraten bist, wie ein Verrückter zu tanzen."

Manzarek sagt, die Erfahrung des schwarzen Amerika habe von jeher auf alarmierende Weise zu dieser Weltsicht beigetragen. "Der Gedanke, dass du sterben wirst, verleiht deinem Leben Tiefe und Bedeutung, und deshalb wurde der Blues so ungeheuer wichtig. Wenn du in Amerika schwarz warst – das gilt nicht so sehr für die 50er Jahre, sondern für die Zeit davor –, dann konnte man dich jeden Augenblick aufhängen. Sie hängten dich auf oder sie verfolgten dich, sie fügten dir Schnittwunden zu oder schossen dich an. Darum war es für einen Schwarzen im weißen Amerika immer eine Sache von Leben und Tod, auf die Straße zu gehen."

Jagger gefiel es nicht schlecht, der Verkünder schlechter Nachrichten zu sein, doch als Aktivist oder Held der Arbeiterklasse verstand er sich nicht. Es war nicht sein Ding, eine Pressekonferenz mit Arbeiterführer Jerry Rubin oder einer anderen politischen Eintagsfliege zu veranstalten. Diese Spielchen waren eher etwas für John Lennon. Als unfreiwilliger Sprecher seiner Generation wurde Jagger vom britischen Fernsehen interviewt, nachdem seine Verurteilung wegen Drogenbesitzes durch einen Einspruch aufgehoben worden war. Diese Gewohnheiten, die ihm so viel Ärger eingebracht hätten, seien, erklärte er, "einfach Privatsache" und keine revolutionäre Handlungsweise.

Ein dringenderes Anliegen war da doch die Veröffentlichung von *Beggars Banquet*, die überraschend gestoppt wurde, als Decca in England und London Records in den Vereinigten Staaten das ursprüngliche Cover ablehnten. Im Original stellte das Cover die Fotografie einer Toilette vor einer Wand dar, die mit Graffiti bedeckt war. Fast vier Monate lang sperrten sich die Stones gegen jede Forderung, den Entwurf zu ändern, doch dann stimmten sie schließlich zu, das Album mit einem einfachen weißen Cover auf den Markt zu bringen – trotz der unglücklichen Assoziation zum *Weißen Album* der Beatles. Das Original-Cover von *Beggars Banquet* sollte erst in den 80er Jahren den Weg an die Öffentlichkeit finden. Während dieses Stillstands arbeitete Jagger an dem Film *Performance*, in dem er neben Anita Pallenberg auftrat: ein Psychodrama unter der Regie von Donald Cammell und Nicolas Roeg. Von den Dreharbeiten kam er gerade rechtzeitig zurück, um den Start des Albums mit einem Kampf am Büfett während einer Pressekonferenz im Kensington Gore Hotel in London zu feiern.

Die Band war 1968 allerdings nicht darauf vorbereitet, auf Tournee zu gehen. Die Vorstellung, die alten Hits wieder aufzubrühen, interessierte Jagger nicht die Bohne. "Die Leute meinen, dass die Zuschauer jetzt zuhören wollen, aber was hören sie denn? Die Rolling Stones auf der Bühne sind doch nicht das Boston Pops Sinfonieorchester. Wir sind bloß ein Haufen Lärm", sagte Jagger 1968. "Auf der Platte kann das ja musikalisch ganz gut klingen, aber auf der Bühne sind wir keine Virtuosen. Es ist ein Rock-and-Roll-Konzert, zwar ein sehr gutes, aber mehr nicht."

> "Es ist ein Rock-and-Roll-Konzert, zwar ein sehr gutes, aber mehr nicht"
>
> Mick Jagger

sympathy for the devil

uftritt Luzifer. Er steht nicht für einen Lebensstil, auch nicht für den Mitwisser finsterer Taten, sondern ist eine intelligente Metapher für die dunkle Seite der menschlichen Seele. Da war sie endlich, die letztgültige Hymne auf die Geächteten, Ausdruck der Gefahr und der Angst, genau so, wie Andrew Loog Oldham die Mission der Band definiert hatte. Vielleicht hat Robert Johnson dem Teufel seine Seele verkauft und im Gegenzug dafür übernatürliche Gaben erhalten, doch nicht für dessen Rettung drang Mick Jagger ins Satanische ein. Ihm ging's nur um sich selber.

Inspiriert wurde Jagger zu dem Song von *Der Meister und Margerita*, einem Buch des russischen Autors Michail Bulgakow, das Marianne Faithfull ihm empfohlen hatte. Darin ist der Teufel die zentrale Figur, ein Charmeur, der sogar einen legendären Ball in Moskau ausrichtet und die bessere Gesellschaft nach Belieben zu lenken versteht. Jagger griff die Wertewelt der Mehrheit an, für die der Teufel eine Bestie zu sein hat, und porträtierte Satan in dem Song als gebildeten, "wohlhabenden Mann mit Geschmack".

Seine Phrasierung erinnert entfernt an Dylan, wirkt aber lebhafter und läuft dem unaufhaltsam dahinflutenden Samba-Beat des Titels entgegen. Der Text ist eine Reise durch die dunklen Momente der menschlichen Geschichte – die Kreuzigung Jesu, die Russische Revolution, der Zweite Weltkrieg – und bietet einen neuen Blickwinkel auf politische Ereignisse der jüngeren Zeit. Das war eine bemerkenswerte Errungenschaft, auch für einen immerhin sechs Minuten langen Popsong. Jaggers Kommentar zum Mord an John F. Kennedy – "wir alle waren es" – ist eine provozierende und legendäre Zeile, wenngleich bei näherer Betrachtung unklar bleibt, was damit gemeint ist. Verständlicher ist da schon die Verkehrung von Rollen in der Gesellschaft: "Jeder Bulle ist ein Krimineller", warnt er, "und alle Sünder sind Heilige".

beggars banquet

> " Dieses Ding mit dem Satan-Image ist zu sehr in den Vordergrund gespielt worden ... Diesen Weg wollten wir gar nicht einschlagen "
>
> Mick Jagger über 'Sympathy For The Devil'

Die Gestalt, die Jagger mit 'Sympathy For The Devil' schuf, haftete der Band jahrelang an. Manche Fans sagten sich sogar los. Das Rätselraten über Jaggers wahre Motive erhielt 1969 durch das katastrophale Gratis-Konzert auf dem Altamont Speedway mit seinen blutigen Zwischenfällen neue Nahrung. Faithfull nannte in ihrer Autobiografie von 1994 den Song allerdings "Satanismus aus Pappmaché". Und Jagger bemerkt, er habe den Song nicht als Ermunterung zur Ausübung schwarzer Magie verstehen und auch nicht den lächerlichen satanischen Metal-Bands der 70er und 80er Jahre Pate stehen wollen. "Dieses Ding mit dem Satan-Image ist zu sehr in den Vordergrund gespielt worden", sagte Jagger 1995. "Diesen Weg wollten wir eigentlich gar nicht einschlagen. Und ich hatte das Gefühl, dass es mit diesem Song genug ist. Eine Karriere wollten wir nicht darauf aufbauen."

Für Keith jedoch war dieser Tanz mit dem Teufel anscheinend nicht nur eine Metapher, sondern ein neues Hobby. Er und Anita spielten mit den dunklen Mächten herum und schienen andere ermutigt zu haben, es ihnen gleich zu tun. "Das ist etwas, was jeder erforschen sollte. Da gibt's Möglichkeiten, da ist was drin", sagte Richards 1971 der Zeitschrift *Rolling Stone*. "Warum praktizieren Leute Voodoo? Das sind alles Sachen die tabu sind und unter Aberglaube und Geschichten alter Weiber laufen. Ich bin da kein Fachmann. Ich möchte nur ein bisschen Licht in die Sache bringen. Als wir unschuldige Kinder waren und bloß lustig in den Tag hineinlebten, haben Leute gesagt: 'Die sind böse, die sind böse.' Ich bin also böse, ehrlich? Und so fängt man an, über das Böse nachzudenken."

Die Metamorphose von 'Sympathy For The Devil' von einer einfachen Folk-Ballade hin zu ihrem Endstadium als hypnotische Rock-Nummer ist gut dokumentiert – dank den Kameras von Jean-Luc Godard für dessen Film *One Plus One* in den Olympic Studios. "Godard hat uns zufällig in zwei ziemlich guten Nächten erwischt", meinte Jagger 1968. "Er hätte genauso gut zwei Wochen lang jede Nacht aufkreuzen können und hätte nur gesehen, wie wir einander in die leeren Gesichter glotzten."

Der Film vermischt die eintönigen Studioszenen der Stones mit absurden Szenen, in denen schwarze revolutionäre Dichter lautstark weiße Damen anbeten, und während Jagger, Richards und Jones bedächtig ihre akustischen Gitarren bearbeiten, nimmt der Song Gestalt an. Später sieht man Richards am Bass und Wyman an der Seite von Watts und Rocky Dijon an der Percussion. Auf der Endfassung ist auch Richards als Leadgitarrist mit einer wirren Aufeinanderfolge schräger Töne zu hören – nicht immer schön, aber aufregend.

"'Sympathy For The Devil' war von Anfang bis Ende ein Albtraum", erzählt George Chkiantz lachend. "Es

beggars banquet

hat sich über ein paar Tage hingezogen. Da lungerten die ganze Zeit die Filmleute herum. Der Song war nicht mehr wiederzuerkennen, ein Unterschied wie Tag und Nacht. Man konnte eine Entwicklung sehen, das war schon interessant, doch ermüdend war es auch."

Für die Stones waren die ausgedehnten Sessions nichts Ungewöhnliches. Sie betraten das Studio meist ohne Vorbereitung und nur mit einer vagen Vorstellung eines einzigen Songs. "Viele Leute sagen, dass diese Arbeitsweise nichts bringt und super aufwendig ist. Aber ich glaube nicht, dass das wirklich stimmt. Jagger hatte immer das Gefühl, das Material sei nicht 'gereinigt', bevor nicht alle wieder und wieder bis zum Abwinken drüber gegangen wären. Den Plattenfirmen gefällt das nicht, denn sie zahlen die Rechnungen. Lustig daran ist, dass ich mich kaum an die früheren Versionen erinnern kann, woraus ich schließe, dass sie die beste Fassung erwischt haben."

Die Glimmer Twins: harte Arbeit an der Musik des Teufels.

beggars banquet

beggars banquet

no expectations

Erleben Sie den Vagabunden-Blues, der für die Handlungsreisenden unterwegs – die Willy Lomans dieser Welt – genauso passt wie für die jungen Musiker der vielen namenlosen Bands, die jeden Abend in einer anderen Stadt Station machen. 'No Expectations' geht zärtlich mit dem Leben "on the road" um, bei dem Liebe im besten Falle ein flüchtiges Vorbeistreifen ist und Beziehungen ein Ding der Unmöglichkeit. Der Sound ist leichtfüßig, aber ungeschliffen und basiert nur auf den ruhigen Akkorden der akustischen Gitarren, während Brian Jones eine wehmütige Unterlage mit der Bottleneck-Gitarre dazu schafft. "Unsere Liebe ist wie unsere Musik", singt Jagger voller Bedauern, als sei er ewig unterwegs zu irgendeinem Flughafen, Bahnhof oder Highway. "Sie ist da, und dann ist sie fort."

Für die Aufnahme von 'No Expectations' in den Olympic Studios stellten sich die Musiker im Kreis auf und spielten und sangen ins offene Mikrofon. Bei diesem Stück blitzt Brian Jones' Können und Brillanz noch einmal auf – zum letzten Mal. Zu jener Zeit hatten Drogen, Paranoia und gesundheitliche Probleme ihn bereits im Würgegriff. Dennoch beweist 'No Expectations', dass Jones immer noch in der Lage war, jedes Stück mit tief bewegenden musikalischen Verzierungen zu versehen und zu krönen. "Das war das letzte Mal, dass ich Brian völlig engagiert erlebt habe, beteiligt an etwas, das echt was wert war", sagte Jagger dem *Rolling Stone* 1995. "Danach verlor er einfach an allem das Interesse."

Nicht an allem. Jones tauchte in regelmäßigen Abständen auf, kam herunter von seiner Wolke und legte dann ungebrochenes Interesse an den Tag, Musik zu schreiben und neue Ideen auszuprobieren. Während die Stones 1968 ungeduldig die Veröffentlichung von *Beggars Banquet* erwarteten, reiste Jones im Juli nach Marokko, um die "Meistermusiker von JouJouka" aufzunehmen, deren soulige tranceartige Rhythmen es ihm angetan hatten. Der ausgewanderte Schriftsteller Brion Gysin stellte Jones in den Bergen südlich von Tanger den Musikern vor. Von Olympic wurde der Tontechniker George Chkiantz Jones für die Aufnahmen zugeteilt.

"Mein Flugzeug kam um neun Uhr morgens an", erinnert er sich. "Das Büro der Stones sagte, ich solle in London anrufen, falls Brian da wäre, denn niemand glaubte ernsthaft, dass er um neun Uhr morgens irgendwo auftauchen würde. Aber er war da."

Am überraschendsten war Jones' Verhalten in dieser Zeit. "Er wirkte unglaublich gesammelt dort oben in den Bergen, er war der Konzentrierteste von allen. In Tanger sah das natürlich anders aus", sagt Chkiantz. "Doch in JouJouka war er unglaublich."

Jones reiste gemeinsam mit seiner neuen Freundin Suki Potier und kehrte, kaum dass er von den Hügeln zurückgekehrt war, schnell wieder zu seinem alten Lebenswandel zurück. Einmal brach er auf dem Balkon seines Hotelzimmers in Tanger zusammen. Dennoch ließ ihn das JouJouka-Projekt nicht los. Chkiantz arbeitete drei Tage ohne Pause, stolperte dann glücklich in sein Zimmer im Es Saadi Hotel und klappte zusammen, doch Jones machte ihm gleich wieder Beine.

"Ich erinnere mich, dass mich Brian aufweckte und sagte, er könne den Kassettenrekorder nicht einschalten", sagt Chkiantz. "Also bin ich im Halbschlaf irgendwie rausgestürzt, habe ein paar Verbindungen überprüft, den 'Play'-Schalter betätigt und gesagt 'Da, schau', und dann bin ich wieder ins Bett gegangen. Zu meiner Bestürzung fiel mir hinterher ein, dass ich überhaupt keine Kleider anhatte. Ich weiß nicht mal, wer in dem Zimmer war. Immerhin weiß ich noch, dass ich mich später bei Suki entschuldigt habe."

Das endgültige Ergebnis von Brian Jones' letztem begeisterten Einsatz sollte erst 1971 veröffentlicht werden, als bei Rolling Stones Records *Brian Jones Presents The Pipes Of Pan* veröffentlicht wurde. Es war nicht gerade Musik für ein popverliebtes Massenpublikum. Doch Jones' Ausflug in die marokkanischen Berge sollte noch 1989, fast zwanzig Jahre später, eine Rolle spielen. Damals nämlich kehrten Jagger und Richards bei ihrer Arbeit am Album *Steel Wheels* in das Dorf JouJouka zurück, um einige jener hypnotischen Rhythmen in den Sound der Rolling Stones hineinzuweben. Das Stück hieß vielsagend 'Continental Drift'.

> "Das war das letzte Mal, dass ich Brian völlig engagiert erlebt habe"
>
> Mick Jagger über 'No Expectations'

Die Freundschaft zwischen Brian und Keith zerbrach wegen Anita Pallenberg

beggars banquet

dear doctor

Countrymusic war nichts Neues für die Rolling Stones. Schon 1964 hatte die Band eine aufgepeppte Variante von 'I'm Moving On' von Hank Williams aufgenommen. Doch die Sessions zu *Beggars Banquet* brachten ein sich stetig vertiefendes Interesse an der Countrymusic zu Tage: Der "Landeierwalzer" mit Karohemden und Cowboyhüten, mit Genäsel und Gefiedel bei Fackelschein hatte ja immerhin den Südstaaten-Akzent mit dem Blues gemeinsam, den die Stones so liebten. Bei 'Dear Doctor' klangen die Rocker aus London schon so, als könnten sie unmittelbar aufs Honky-Tonk-Karussell aufspringen – so gut hatten sie sich diese amerikanische Spielart des Pop angeeignet.

"Keith ist immer ein 'Country'-Fan gewesen", verriet Jagger 1968 der Zeitschrift *Rolling Stone*. Seine frühesten Erinnerungen schildern Richards als einen unbeholfenen Burschen in Roy-Rogers-Klamotten. "So war auch sein Umfeld. Uns kommen diese Countrysongs leider oft wie ein schlechter Witz vor. In Wirklichkeit wissen wir überhaupt nichts über die Countrymusic. Wir machen nur Spielchen. Wir sind nicht tief genug drin in der Szene, um uns auszukennen."

Auf 'Dear Doctor' schlüpft Jagger in die Rolle eines verstörten jungen Mannes, den an seinem Hochzeitstag Zweifel plagen. "Oh das Mädel, das ich heirate, ist eine krummbeinige Sau", stöhnt Jagger, "und ich saug' die Drinks auf wie ein Schwamm." Seine Stimme wird von einer Melange aus akustischen Gitarren und Mundharmonika getragen, so lange, bis Jagger mit Erleichterung feststellt, dass ihn seine Braut ohnehin versetzt hat.

Das ist nicht Countrymusic – noch nicht. Es vergehen noch ein paar Jahre bis zu Jaggers Genäsel auf *Exile On Main Street*. Was wir in *Beggars Banquet* vor uns haben, ist geradliniger Rock, dargeboten von absoluten Form-Fanatikern, die nur gelegentlich eine Folk-Anwandlung haben oder in das Südstaaten-Idiom verfallen. Und wenn die humorvolle Fingerübung auch nicht gerade eine respektvolle Verbeugung vor der Welt Hank Williams' und Merle Haggards darstellt, so beweist 'Dear Doctor' wenigstens, dass die Stones den Sound richtig hinkriegen können. Das verdanken sie dem Einfluss von zwei anderen Alben, die 1968 herauskamen: Bob Dylans *John Wesley Harding* und *Sweetheart of the Rodeo* von den Byrds. Beide waren Meilensteine mit Country-Anklängen, und auf *Beggars Banquet* zollt Jagger ihnen Tribut.

Nach einem Motorradunfall 1966 trat Dylan eine Reise in die country-geprägte Rock- und Folkmusic an. Die Byrds hatten indessen einen neuen Keyboarder angeheuert, Gram Parsons, der unverzüglich begann, Bandleader Roger McGuinn zu bearbeiten: Er solle doch ein Album nur mit Countrymusic machen. Die Byrds hatten sich damals schon an Bluegrass und Country versucht, also willigte McGuinn ein.

"Es war reiner Zufall", erinnert sich McGuinn. "Wir hatten zu der Zeit keinen Kontakt zu Bob Dylan. Nach seinem Motorradunglück hat er sich in Woodstock erholt und anscheinend Countrysongs

Der Country-Rock der Byrds hatte starken Einfluss auf den Sound von *Beggars Banquet*.

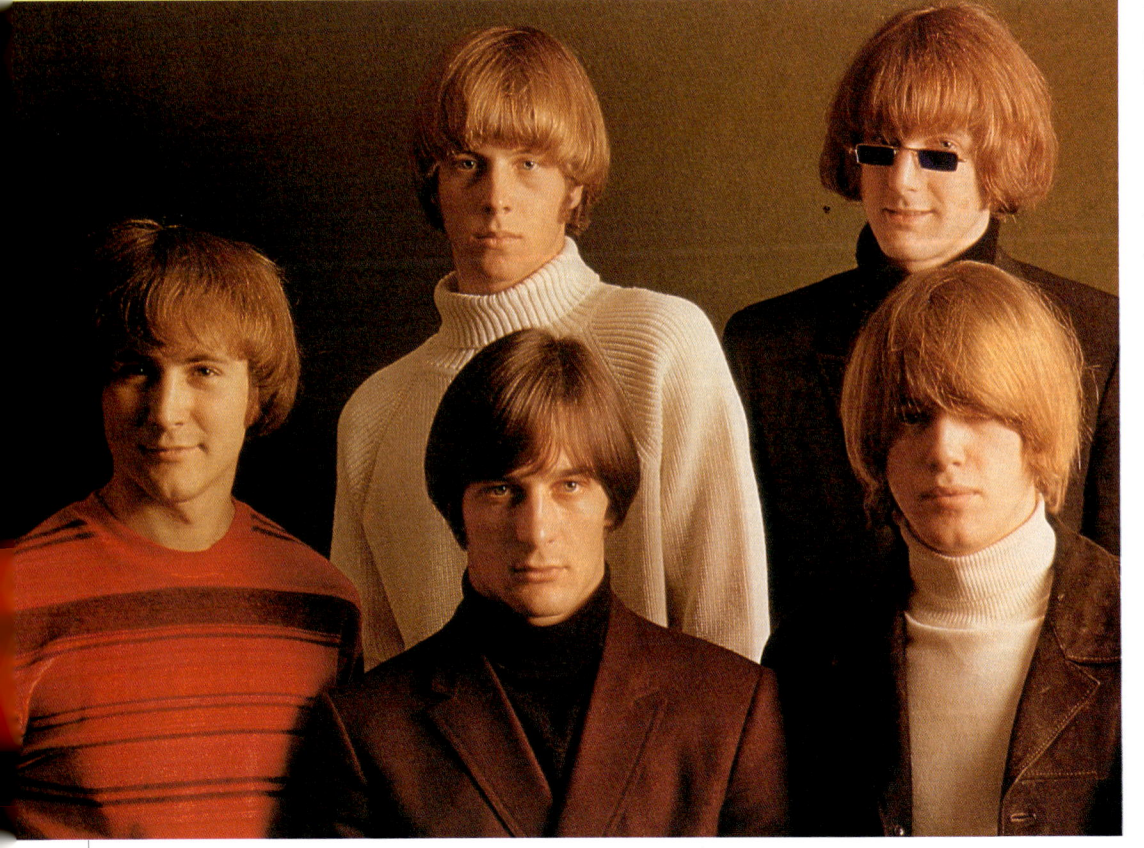

geschrieben. Wir wussten das nicht, bis wir Bob um Material baten, wie wir das von Zeit zu Zeit taten, um zu wissen, was ihn musikalisch so beschäftigte. Wir bekamen 'You Ain't Going Nowhere', und das war offensichtlich ein Countrysong. Das war in der Tat eine dieser verschwommenen, fast mystischen Sachen, etwas, das eine Menge Leute unabhängig voneinander an verschiedenen Ecken der Welt zur selben Zeit beeinflusste. Vielleicht war die Zeit reif um durchzuatmen, sich zurückzulehnen und ein wenig zu entspannen, weil in der psychedelischen Phase alles so intensiv gewesen war."

Auf Sweetheart Of The Rodeo findet sich an keiner Stelle die verspielte Respektlosigkeit, wie sie die Stones gegenüber dem Country oder seinen Zuhörern an den Tag legten. Es war ein ernsthafter Versuch, die ergreifenden Klänge wiederzufinden, die Parsons von seinen Platten mit George Jones und Porter Wagner kannte. Die Byrds veranstalteten sogar eine Wallfahrt zum Tadsch Mahal der Countrymusic, ins Grand Ole Opry nach Nashville, wo die Band der Hippies von der Westküste mit unterkühltem Applaus begrüsst wurde. Bald danach bedrängte Parsons McGuinn, er solle einen Steel-Gitarristen anstellen und die Byrds zu einer Vollzeit-Countrytruppe umfunktionieren. Das stieß bei McGuinn auf wenig Gegenliebe, also empfahlen sich Parsons und Bassist Chris Hillman und formierten die Flying Burrito Brothers.

Drei Jahrzehnte später hat Sweetheart ... nichts von seinem Einfluss eingebüßt und inspiriert nun eine neue Generation von Country-Rockbands, angeführt von Wilco und Son Volt. Und das Ansehen von Parsons, der noch vor seinem Tod 1973 ein guter Freund von Keith Richards geworden war, wuchs ins Legendäre. "Er war ein bunter Hund", sagt McGuinn. "Wir hatten viel Spaß zusammen. Wir haben Poolbillard gespielt und sind Motorrad gefahren. Als James Dean sehe ich ihn nicht."

Als McGuinn die neuen Countrytöne auf Beggars Banquet hörte, konnte er sich einiges zusammen reimen. "Ich wusste, dass Gram mit Mick und Keith in London herumhing", sagt McGuinn, "und darum hat mich das nicht allzu sehr überrascht."

> "Vielleicht war die Zeit reif, um durchzuatmen, weil in der psychedelischen Phase alles so intensiv war"
>
> Roger McGuinn von den Byrds

parachute woman

lte Blues-Metaphern fließen in diesen sehnsuchtsvollen Song voll jugendlicher Leidenschaft, dargeboten von einem schwer atmenden Jagger. Mit lasziver Fröhlichkeit und rollender Zunge verkündet er seine Botschaft – derbe sexuelle Anspielungen, die es vor einem Möchte-Gern-Zensor sogar heute noch schwer hätten: "Mein schwerer Junge juckt, er möchte seine Solonummer haben."

Das dröhnende Finale bilden eine Mundharmonika und eine von Jones' herbsten Slide-Passagen. Daneben läuft ein leichtes Rumpeln mit, das die Stones durch die Aufnahme einer Rhythmusspur auf einem Mono-Kassettenrekorder erzeugten, was die Toningenieure im Olympic nicht schlecht verwunderte. "Sie verliebten sich in den Klang dieses Dings", sagt Chkiantz. "Wenn man die Verzerrung richtig hinkriegte, steigerte sich das zu einer seltsamen Art von Wimmern, das sich ziemlich rasant anhörte."

Die Band versammelte sich um den Kassettenrekorder, mit den dazu passenden Instrumenten: Bill Wyman hielt eine bundlose akustische Bassgitarre, Charlie Watts schlug auf einen Satz Straßentrommeln ein, Jagger spielte Percussion, Richards die Akustikgitarre und Jones versuchte sich an verschiedenen Instrumenten, darunter eine Sitar. Die fertige Kassettenaufnahme wurde auf das Vierspur-Tonband des Studios übertragen und mit einer anderen elektrisch entstandenen Aufnahme abgemischt.

"Das war wirklich faszinierend. Es hat unglaublich gut funktioniert", sagt Chkiantz. "Die Stones, die nie für effiziente und schnelle Arbeit bekannt waren, waren nun echt in Gefahr, mehr als ein Stück in einer Nacht hinzukriegen."

Bei einem anderen Lied des Albums, auf 'Street Fighting Man', ging Jones' Sitarspiel durch denselben Lo-fi-Prozess. "Es schwirrt irgendwie", sagte Richards 1971. "So erhält man Noten, die man auf einem Keyboard nicht hören kann, man könnte sie nicht einbauen. Das war nun wirklich ein elektronisches Stück, wie man es sich nur wünschen konnte ... Schön, wenn man manches einfacher machen kann."

beggars banquet

jigsaw puzzle

Bob Dylan – sein Einfluss auf die Musik der 60er Jahre ist kaum zu überschätzen.

icht einmal Mick Jagger konnte dem Einfluss von Bob Dylan entgehen, jenem Hohepriester des Sinns in der Popmusik der 60er Jahre.

Auch Kollegen wie Lennon und McCartney konnten das nicht. Sogar der Teufel muss sich irgendwann dem "Evangelium des Heiligen Bob" beugen – was ein wenig den mit klugen Details überfrachteten Text und die ungewöhnlich flache, wenn auch entschlossene Stimme von Jagger auf 'Jigsaw Puzzle' erklärt.

"Er war wie der große Bruder, zu dem alle aufschauten", meint Roger McGuinn von den Byrds, einer Band, die mehrere Dylan-Songs aufnahm. "Sogar McCartney sagt das. Jeder hat zu Dylan aufgeschaut, in der Art, wie die Leute Kerouac gelesen haben. Er war der Mensch, der am meisten zu sagen hatte, mit der höchsten künstlerischen Integrität. Er repräsentierte wirklich die ganze Generation. Darum haben wir alle die Ohren gespitzt, wenn Bob etwas machte, und das hat sich still und leise ausgewirkt."

Jagger wenigstens konnte ruhig schlafen, weil er wusste, dass ihm nie das unschöne Etikett "Der neue Dylan" aufgeklebt werden würde. Auf 'Jigsaw Puzzle' klingt es, als fühle sich Jagger ein wenig unbehaglich mit all diesen Worten, als würde er tatsächlich lieber mit weniger etwas mehr ausdrücken – wie die großen Bluesleute, die die Stones so stark beeinflusst hatten. Jagger hat sich nie richtig für den Song erwärmen können, obwohl es ein Fehler wäre, seine Stärken zu übersehen wie etwa die grollenden Licks der Slidegitarre. Dazu beschreibt Jagger eine Band, die seiner eigenen ähnelt und dessen "Sänger verärgert wirkt, weil er den Löwen vorgeworfen wird".

street fighting man

ick Jagger ist kein Revolutionär. Täuschen wir uns nicht – trotz der allgemeinen Abneigung gegenüber langen Haaren und komischer Kleidung hatten die Glimmer Twins niemals im Sinn, uns und unsere "lächerliche Moral" zu zerstören, wie es der junge Keith einmal formulierte. Ihre einzige Gefängnisstrafe verbüßten die Stones wegen illegalen Drogenbesitzes. Das ist kaum der Stoff, aus dem man Revolutionen macht. Sogar David Crosby und James Brown wurden wegen Waffenbesitzes eingebuchtet. Doch auch wenn es in London ruhig blieb, in Paris und Amerika braute sich etwas zusammen, wo offene Fragen zum Vietnam-Krieg, zur freien Meinungsäußerung und zu den Bürgerrechten die jungen Leute auf die Straßen trieben. Jagger verstand die Triebkraft hinter diesen Aktionen gut genug, um eine bedeutsame und höchst unerwartete Aussage zu jener Epoche zu machen.

War Dylan seinerzeit die unumstrittene Stimme

Demonstrationen von Jugendlichen waren in Europa und Amerika während der 60er Jahre an der Tagesordnung

des Protests in der Popmusik, so zeigten sich die Rolling Stones zumindest bereit, sich selber ins Getümmel zu werfen, allerdings nur so lange, bis sie sich einen Überblick verschafft hätten. "Der Sommer ist da und auch die Zeit für Straßenkämpfe", singt Jagger voller Leidenschaft und doch leicht unsicher. "Was kann ein armer Junge schon tun außer in einer Rock-and-Roll-Band zu singen?"

Hier schlich sich ein höhnischer, zwiespältiger Beiklang ein, der nahe legte, dass die Rolling Stones sich mehr Gedanken über die laufenden Ereignisse und deren Folgen gemacht hatten als tausend andere Bands aus perlenbehängten, bärtigen Hippies, die schrieen: "An die Wand mit euch Scheißkerlen!" Die Stones vertraten zwar in ihrem eigenen Leben eine gewisse lebenslustige Anarchie, doch hüteten sie sich, das als Allheilrezept für die ganze Gesellschaft anzupreisen.

Die Musik setzt mit einem treibenden, militärartigen Rhythmus ein. Duellierende akustische Gitarren, ein stampfender Tom-Tom-Beat und vage psychedelische Untertöne strömen in einem Lo-fi-Mantra zusammen. Brian Jones mit seiner Sitar und Dave Mason, der eine indische Shelani bläst, lassen den Sound zu einer wirbelnden Westentaschen-Sinfonie anschwellen, die der Band auf *Their Satanic Majesties Request* so kläglich misslungen war.

Die Rolling Stones haben dieses unvermittelte Aufflackern einer politischen Jugendrebellion eher als Beobachter von außen begleitet – dennoch weckte der Weg von Muddy Waters zu 'Street Fighting Man' weniger Argwohn als derjenige der Beatles von 'I Want To Hold Your Hand' zu 'Revolution'. Für Rock-and-Roll-Agitatoren der ersten Stunde und der vordersten Front wie Motor City 5 (MC5) waren 'Street Fighting Man' und die spätere apokalyptische Vision 'Gimme Shelter' immerhin ein Signal, dass ihre Bewegung anerkannt wurde. "Wir hatten nie das Gefühl, dass die Stones draußen auf der Straße waren", sagt Wayne Kramer, Gitarrist von MC5, heute. "Es war erfreulich, dass sie diese Stimmung teilten, und es waren auch phantastische Songs, aber wir spürten nie, dass sie richtig am Kampf Anteil nahmen."

Wenige Rockbands der 60er Jahre griffen das Establishment der US-Politik derart vehement an wie MC5 und die radikale White Panther Party. Deren Manifest verhieß "Rock and Roll, Drogen und Sex auf offener Straße!" Und so waren die MC5 auch die einzige Band, die 1968 außerhalb des Parteitags der Demokraten in Chicago ein Protestkonzert gaben, bei dem Jefferson Airplane, Grateful Dead und Country Joe and the Fish hätten auftreten sollen. "Sie haben alle gekniffen", sagt Kramer, der sich erinnert, wie gut das Geräusch der Polizeihubschrauber über ihren Köpfen zu ihrem üblichen nervenzerfetzenden Finale mit jaulenden Rückkopplungen passte, zu 'Black to Comm'. "Als wir sagten, dass wir die Jugend Amerikas schreiend in die Straßen hinausschicken würden, damit sie alles niederrissen, was sie am Freisein hinderte – dann haben wir das so gemeint", sagt Kramer heute, "auch wenn das alles in einem gewissen Marihuana-Nebel geschah und eingerahmt von gewaltigem Gelächter."

Die Stones machten den Rock and Roll für Bands wie MC5, die eine Art Bohème-Ästhetik pflegten, genießbar, da sie die raueren, herausfordernden Elemente des Blues wieder in die Rock-Mischung einbrachten. Während die Beatles für die gute und saubere Seite des Pop der 60er Jahre standen, verkörperten die Stones alles, was grob und böse am Rock and Roll war. Und etwas wie 'Street Fighting Man' bewies, dass die Stones mutig genug waren, Fragen zu stellen, die keine Seite gerne hörte. Der Song durfte während des Demokraten-Parteitags von den Radiosendern Chicagos nicht gespielt werden.

"Ich bin mir nicht sicher, ob das irgendetwas mit der Gegenwart zu tun hat", sagte Jagger dem *Rolling Stone* 1995. "So gut gefällt mir das eigentlich nicht. Damals glaubte ich, es sei eine ziemlich tolle Sache. Überall herrschte diese Gewalt."

> "Wir spürten nie, dass sie richtig am Kampf teilnahmen"
> Wayne Kramer, MC5

beggars banquet

stray cat blues

'Stray Cat Blues' war als Zurschaustellung von ungezügeltem sexuellem Appetit, der verkörperte Albtraum, den Andrew Oldham in den Slogan gebracht hatte: "Würden Sie Ihre Tochter einen Rollling Stone heiraten lassen?" Die ersten Sekunden des Songs bieten anzügliches Stöhnen und Seufzen – einen Kurzdialog zwischen Mick Jagger und einer anonymen jungen Frau, und Keith Richards verstärkt das schwere Atmen Jaggers mit einem gemein direkten Gitarren-Lick. "Ich merke, dass du fünfzehn bist", stößt Jagger vielsagend hervor. "Ich wette, deine Mutter weiß nicht, dass du so schreien kannst?"

Die dunklere Seite der Sechziger: Velvet Underground aus New York

Der bedrohliche Verführer, der unstillbare Lust ohne Angst oder Schuldgefühle verheißt, ist eine wiederkehrende Figur der Bluestradition. Zu jener Zeit hatten die Rolling Stones bereits ihre eigene Form des Hedonismus entwickelt und vor aller Augen die Grenzen von Sex und Drogengebrauch ausgelotet. Die Stones waren nicht die einzigen, die junge Groupies flachlegten, sicher, aber keine Band hatte es bisher gewagt, diesen Umstand öffentlich zu zelebrieren. Wenn Jagger dabei das Establishment gezielt schockierte, dann war das zum Teil ein Rollenspiel, in dem er das Leben des "Turner" aus dem Film *Performance* nachspielte. Das untergründige Grollen auf 'Stray Cat Blues' hat seine Vorbilder unter anderem in den Songs 'Sister Ray' und 'Heroin' von den Velvet Underground – düstere Analysen der Menschheit, Musik voll kräftiger Rhythmen und ungewöhnlicher Verzerrungen. Richards schlängelt seinen Gitarren-Blues darüber, und Jagger freut sich schon auf das nächste Opfer.

factory girl

Beggars Banquet beginnt mit einem unflätigen Lobgesang auf die dunklen Machenschaften des Teufels, aber inspiriert durch die kratzigen Country-Blues-Strukturen des Albums setzten die Stones ans Ende schließlich zwei Lieder über die Arbeiterklasse. 1968 hatte das Leben der Stones nicht mehr viel mit dem tristen Alltag dieser Leute zu tun – auch wenn zwischen den Zeilen von 'Factory Girl' eine gewisse Zuneigung spürbar ist.

Auf den ersten Blick singt Jagger voller Hingabe von jemandem, der vor den Toren einer Fabrik auf eine Frau wartet – kaum eine der reichen und kultivierten Frauen, mit denen sich die Stones zu der Zeit umgaben.

Erst Keith Richards' akustische Gitarre bringt Wärme und Stimmung in den Song. Während Jaggers Gefühle für Frauen aus der Arbeiterschicht, mit denen er ja nie zu tun hatte, immer zwiespältig blieben, scheinen die organischen Klänge im Hintergrund immerhin einen Zugang in ihre Welt zu eröffnen.

Gut möglich, dass Richards bei den ersten Aufnahmen gar nichts von Jaggers ironischem Unterton bemerkte. "Oft sind die Texte erst im Nachhinein geschrieben worden", berichtet George Chkiantz über die Sessions zu *Beggars Banquet.*

Während Richards oft Ideen für die Liedtexte beisteuerte, blieben die Details meist Jagger überlassen. Aber der Gitarrist behielt eine Art Vetorecht, wenn ihm etwas nicht gefiel. "Mick hat die ganze Zeit das Wort", erzählt Chkiantz, "Keith liegt auf dem Sofa und hört zu, obwohl er sich seine eigenen Gedanken macht. Meist sitzt Mick am Produzententisch und macht einfach. Aber ich hatte ganz klar den Eindruck: Wenn Keith sich gegen ein Projekt entschieden hatte, dann war es gestorben. Ende der Diskussion."

> **" Ich hatte ganz klar den Eindruck: Wenn Keith sich gegen ein Projekt entschieden hatte, dann war es gestorben "**
>
> George Chkiantz, Toningenieur

salt of the earth

Der letzte Song von *Beggars Banquet* beginnt mit einem entwaffnend einfachen Sound: einer akustischen Gitarre mit der rauchigen Stimme von Keith Richards. Er sitzt im Pub und hebt das Glas auf die Arbeiterklasse: "Let's drink to the hard-working people ... the salt of the earth."

Der Song entwickelt sich zu einem epischen Gospel, mit Chor und einer mitreißenden Klaviermelodie. Aber auch hier bleibt Jaggers Reaktion auf die Masse der einfachen Leute ambivalent: "Die wirken gar nicht echt, sie seh'n so seltsam aus." "Echt" wird zumindest der Song durch die erste, von Keith gesungene Strophe.

'Salt of the Earth' ist der erste bedeutende Einsatz von Keith Richards als Sänger. "Vom Singen hatte er eigentlich keine Ahnung", sagt Chkiantz über Richards großen Moment am Mikrofon. "Er hatte Mick sicher schon tausendmal dabei zugesehen, aber als die Reihe an ihm war, wirkte er auf sympathische Weise unsicher."

Beggars Banquet ist noch immer eines der besten Rockalben aller Zeiten. Und doch sahen sich die Rolling Stones nie als Sprachrohr ihrer Generation. Diese Rolle überließ Mick Jagger lieber anderen. Seine Leidenschaft galt eher einer riskanten Sexualität wie in 'Stray Cat Blues' und der Bedrohung durch das Böse in 'Sympathy For The Devil'. Mit *Beggars Banquet* gelang es den Stones, disparate Elemente aus Blues, Rock, Country und Soul zu einem eigenen, ausgereiften Stil zu verschmelzen. Die Zeiten von Pop und psychedelischen Experimenten lagen hinter ihnen. Alle späteren Entwicklungen der Band haben ihre Wurzeln in *Beggars Banquet*. Und selbst ohne Brian Jones konnte es jetzt nicht einfach vorbei sein.

Kapitel 8

1969 let it bleed

Gitarrist Mick Taylor (zweiter von links) als Nachwuchsstar. Gerade rechtzeitig zu Beginn einer neuen Serie von Liveauftritten stieß er zu den Stones.

Gimme Shelter
Love In Vain (JOHNSON)
Country Honk
Live With Me
Let It Bleed

Midnight Rambler
You Got The Silver
Monkey Man
You Can't Always Get What You Want

let it bleed

"DIESES ALBUM MUSS MAN LAUT HÖREN". Was da auf dem Cover von *Let It Bleed* in großen, fetten Buchstaben steht, sollte man ernst nehmen. Man sollte es nicht nur als Anweisung verstehen, sondern auch als Warnung. Die Rolling Stones planten 1969 einen Anschlag auf die Sinne ihrer Hörer – und zwar gleichzeitig unverhohlen und verteufelt hinterhältig – mit Sounds, in denen sich der Tumult auf den Straßen Amerikas und Europas wiederfand und auf den Reisfeldern in Süd-Ost-Asien. Es war eine stürmische Mischung aus Sex, Tod und Angst, in der Geborgenheit und Erlösung wie ein ferner Traum erschienen.

Falls es jemandem entgangen sein sollte, *Let It Bleed* machte es allen klar: Diese Album stand für das Ende von allem, was an den Sechzigern jemals süß und unschuldig gewirkt hatte. Die Sechziger waren ein Jahrzehnt der ultimativen Extreme. "Swinging London" und San Franciscos "Summer of Love" waren schon so gut wie vergessen. Die schlammigen, positiven Schwingungen von Woodstock standen noch bevor – aber ebenso Altamont, ein weiterer Beweis für die Unberechenbarkeit jener Zeit. Robert Kennedy und Martin Luther King waren tot, im Juli betraten die Menschen den Mond, und gleichzeitig begann die Regierungszeit von Richard Nixon, dem Präsidenten mit den schmutzigen Tricks: Paranoia gepaart mit rücksichtsloser Berechnung. Eine vage Aussicht auf Krieg enthielt sein Credo vom "Frieden mit erhobenem Haupt". Charlie Manson stieg aus den Los Angeles Hills herab und stillte seinen Blutrausch an den Reichen der Stadt, angeblich in der Hoffnung, sie würden daraufhin einen Rassenkrieg vom Zaun brechen, wie es 'Helter Skelter' von den Beatles versprach. Eine ganz andere Art von Irrsinn tobte in China, wo rassistische Rotgardisten die Intellektuellen abschlachteten und während der Kulturrevolution des großen Vorsitzenden Maos alles Unchinesische des Landes verwiesen. Russische Panzer in der Tschechoslowakei, Bomben in Nordirland. Ted Kennedy in Chappaquiddick. Tote, wohin man sah.

Unter diesen Toten und Verletzten war auch Brian Jones. Die Veröffentlichung von *Let It Bleed* im Dezember sollte er nicht mehr erleben. Aber schon einige Zeit zuvor hatte Jones kaum noch einen Beitrag zur Musik der Stones geliefert, der Band, die er selbst gegründet hatte und von der er einst ganz besessen war. Sein Traum, den Blues zu einem Massenphänomen zu machen und seine Mitmenschen von der Größe des unsterblichen Muddy Waters und Elmore James zu überzeugen, hatte sich in einem Ausmaß erfüllt, das die kühnsten Phantasien überstieg – auch wenn der Erfolg teilweise damit erkauft wurde, dass vor allem Keith Richards hin und wieder Rockanleihen bei Chuck Berry machte. Aber Ruhm und Reichtum waren Jones gar nicht gut bekommen. "Er war ein großes Talent", sagte Mick Jagger dem *Rolling Stone* 1995, "aber er war eine sehr paranoide Persönlichkeit, die überhaupt nicht fürs Showgeschäft geeignet war."

Jones' Paranoia war im Lauf der Zeit immer stärker geworden, durch wiederholte Drogenrazzien, seinen sich verschlechternden Gesundheitszustand, den Verlust von Anita Pallenberg (an Keith) und seine Besessenheit, als Kopf der Stones zu gelten – selbst nachdem die Band ihre Kreativität schon längst aus den Einfällen der Songwriter Jagger und Richards bezog. Sein eigenes Talent schwand zusehends durch unablässige Partys, Schlafmangel, Speed, Morphium, Koks, LSD und Alkohol. Auf *Beggars Banquet* findet sich kaum noch etwas, das von Jones inspiriert wurde. Zu Beginn der *Let-It-Bleed*-Sessions kam er nur unregelmäßig ins Studio und war auch nicht besonders willkommen. Ein Jahr zuvor in den Olympic Studios hatte Jones Jagger gefragt, was er spielen könne. Jagger hatte geantwortet: "Tja, was kannst du eigentlich spielen, Brian?"

Als die Stones 1969 vor allem aus finanziellen Gründen darüber nachdachten, auf Tour zu gehen, war von vorneherein klar, dass Jones einer solchen Aufgabe nicht gewachsen sein würde. Ersatz musste her. Und so fuhren Jagger, Richards und Watts zu Jones' neuem Wohnsitz in Hartfield, Sussex, außerhalb von London, um mit ihm über seinen Ausstieg aus der Band zu reden. Am 8. Juni machte Jones seine Trennung von der Band publik: "Ich möchte meine eigene Musik machen, und das ist mit den Stones nicht mehr möglich", erklärte Jones. "Die Musik, die Mick und Keith machen, stimmt mit meinem Geschmack nur noch peripher überein."

In Wirklichkeit war er natürlich rausgeworfen worden. Auch wenn das für ihn ein unerträglicher Gedanke war, hätte Jones deshalb doch nie Selbstmord begangen. Er hatte schon begonnen, Ordnung in sein Leben zu bringen. Und an seinem neuen Wohnort, dem

> **"Er war ein großes Talent, aber eine sehr paranoide Persönlichkeit, die überhaupt nicht fürs Showgeschäft geeignet war"**
>
> Mick Jagger über Brian Jones

`let it bleed`

ehemaligen Landsitz von Winnie-the-Pooh-Erfinder A.A. Milne schmiedete Jones bereits Pläne für eine neue Band. Freunden wie Alexis Korner oder seinen ehemaligen Stones-Kollegen erzählte er mit wachsender Begeisterung von seiner musikalischen Zukunft. Dann lag er plötzlich, am 3. Juli, nach einer durchgemachten Nacht tot im Swimming Pool. Eine fatale Mischung aus Alkohol, Barbituraten und einer hoffnungslos schwachen Konstitution hatte dazu geführt, dass er ertrank. Richards glaubte nicht an eine natürliche Todesursache, aber Jagger sah das anders. Wie dem auch sei, geändert hätte das auch nichts mehr: Elmo Lewis war von ihnen gegangen.

Seine Rolle bei den Stones übernahm Mick Taylor, der aus derselben von B. B. King und Freddie King beeinflussten Londoner Bluestradition hervorging wie der damals schon legendäre Eric Clapton.

Weder Jagger noch Richards verdanken die Stones die Entdeckung des 20-jährigen Gitarristen, sondern dem britischen Bluesveteran John Mayall, der Taylor bereits ein paar Jahre zuvor bei einem Bluesbreakers-Gig kennen gelernt hatte. Damals war der junge Musiker für den nicht erschienenen Clapton eingesprungen. "Er war vielleicht 16 oder 17, aber wir mussten es riskieren", erinnert sich Mayall. "Wir hatten an dem Abend zwei Auftritte in irgendeiner Stadthalle, weiß der Teufel wo, und Taylor war beim zweiten Auftritt dabei. Es war erstaunlich: Er kannte alles, was wir je gespielt hatten, in allen Varianten. Er muss uns unzählige Male gehört haben. Echt begabt, der Junge."

Mayall verlor das Jungtalent zwar anschließend wieder aus den Augen, aber als er einen neuen Gitarristen für die Bluesbreakers suchte – Clapton und Peter Green waren weiter gezogen – trafen sie erneut aufeinander. Taylor reagierte auf eine Anzeige im *Melody Maker* und bekam den Job. "Er hat seinen eigenen Stil, und er ist enorm stark auf der Slide Guitar", sagt Mayall, der mit Taylor insgesamt vier Alben einspielte.

Zwei Jahre, nachdem Taylor bei den Bluesbreakers angefangen hatte, gab Mayall die Band auf. Er brauchte seine Freiheit, um sich auf akustischen Blues zu konzentrieren. Fast gleichzeitig suchte Jagger nach einem Ersatz für Jones und fragte Mayall um Rat, weil der berühmt dafür war, immer wieder übernatürliche, junge Musiktalente auszugraben. Er empfahl Taylor, und kurz darauf war dieser auch schon bei den Rolling-Stones-Sessions zu sehen. "Er sprang einfach auf einen fahrenden Zug auf", sagt Mayall, der auch später noch gelegentlich mit Mick Taylor zusammenspielte.

Was Taylor für die Stones wirklich bedeutete, sollte erst 1971 mit dem Album *Sticky Fingers* deutlich werden, aber eines war auch jetzt schon klar: Der neue Gitarrist stieß zu einem kritischen Zeitpunkt zu den Stones. Eine internationale Tournee stand bevor, und das Publikum erwartete einiges. Die Stones spielten nicht mehr für kleine Mädchen, die sich die Pubertät aus dem Hals schrien, sondern vor riesigen Massen in Fußballstadien, die kamen, um die Musik zu hören.

Mit der Single 'Honky Tonk Women', die am Tag nach Jones' Beisetzung veröffentlicht wurde, waren die Erwartungen der Fans noch erheblich gestiegen. Der Song hatte sich im Verlauf der Sessions stark verändert. Aus Richards' ursprünglichem Countrysong war durch den Einfluss von Taylor ein knalliger Rock mit moderatem Tempo geworden. Nach 'Jumpin' Jack Flash' im Vorjahr gelang es den Stones mit 'Honky Tonk Women' ihren geradlinigen Rock and Roll noch einmal auf ein höheres Niveau zu pushen.

Die Stones-Fans bekamen Mick Taylor bereits ein paar Tage später zu Gesicht, am 5. Juli, bei dem schon lang angekündigten freien Konzert im Londoner Hyde Park. Mit auf der Bühne stand eine lebensgroße Pappfigur von Jones, dem das Konzert gewidmet wurde. Zum Gedenken an Brian las Jagger aus Shelleys *Adonais* vor und ließ Hunderte von weißen Schmetterlingen fliegen. "Wir spielten ziemlich schlecht. Und das bis zum bitteren Ende. Wir hatten ja jahrelang nicht mehr gespielt", sagte Richards dem *Rolling Stone* 1971. "Aber es machte niemandem was aus, weil sie uns einfach nur wieder hören wollten. Das war ein tolles Gefühl, denn auch wir wollten vor allem einfach mal wieder vor Leuten spielen. So kurz nach dem Tod von Brian war es etwas, das wir einfach tun mussten."

Und so begann für die Rolling Stones eine Phase von Liveauftritten. "Es war das Ereignis des Jahres", erinnert sagt Mick Farren von den Deviants und Autor der *International Times*, Londons erster Underground-Zeitung. Er sah das Konzert zusammen mit der feministischen Schriftstellerin Germaine Greer. "Backstage ging die volle Gartenparty ab, aber um da hin zu kommen, musste man sich erst mal durch Polizeireihen zwängen und dann noch an den Hell's Angels vorbei. Die britischen Hell's Angels waren ganz umgänglich, fast freundlich."

> **" Es war erstaunlich: ... echt begabt, der Junge ... Er hat seinen eigenen Stil, und er ist enorm stark auf der Slide Guitar "**
>
> Der britische Bluesveteran John Mayall über Mick Taylor

let it bleed

Der Tod von Brian Jones 1969 verstärkte noch einmal das Image der Stones als Band, die zu dicht am Abgrund tanzte.

Die meisten vergessen, wenn sie an dieses Ereignis zurückdenken, dass am selben Abend in der Albert Hall, gar nicht weit weg von den Stones, die Who und Chuck Berry auftraten. Für einige Fans im Hyde Park gehörte das alles zusammen zu einem Tag voll wunderbarer Musik. "In der Albert Hall kam es zu einer Art Revival der Feindseligkeiten zwischen Mods und Rockern", sagt Farren. "All diese Teddy Boys kamen, um Chuck Berry zu sehen, und bewarfen die Who mit allem, was sie in die Finger kriegten. Es war schon ein aufregender Abend."

Die Rolling Stones legten gerade letzte Hand an die Aufnahmen zu *Let It Bleed*, einem Album, das bis heute zu den herausragenden musikalischen Leistungen der 60er Jahre zählt. War *Beggars Banquet* ein explosives Comeback, mit dem eine nebulöse psychedelische Phase zu Ende ging, dann war *Let It Bleed* bereits ein sattes Statement, die Bestandsaufnahme des Schutthaufens einer ganzen Epoche.

let it bleed

Das Cover des Albums war an der Grenze der Lächerlichkeit. Es zeigt einen fünfstöckigen Kuchen im Pop-Art-Stil, mit Fahrradfelge und Filmbüchse. Mit den grimmigen Inhalten des Albums hatte es nichts zu tun. Die Texte zeigten deutlich Spuren von Micks monatelangen US-Aufenthalten mit immer wiederkehrenden Anspielungen auf den Vietnam-Krieg und die Studentenrevolte.

Wieder einmal unter der Leitung des Produzenten Jimmy Miller fanden die Rolling Stones zu ihrem geliebten Blues zurück und griffen mit Robert Johnsons 'Love In Vain' gleich in die Vollen. Um das Arrangement ihrem eigenen Stil anzupassen, fügten die Stones zusätzliche Akkorde ein und verliehen dem Ganzen eine Spur mehr Countrysound. Auf dem Album und in den veröffentlichten Songbüchern nehmen Jagger und Richards schamlos die Autorschaft für diesen unsterblichen Bluessong für sich in Anspruch.

Das Album *Let It Bleed* verdankt seinen Ruf auch der geradezu heroischen Gitarre von Keith Richards. Aufgrund der Abwesenheit von Brian Jones bestritt Richards den Großteil der Gitarreneinsätze, wobei er sowohl Rhythmus- als auch Leadgitarre spielte und sich Passagen mit bewegender Nuancierung und halsbrecherischem Drive abwechselten.

Die Grundfassungen der meisten Stücke von *Let It Bleed* wurden in den Olympic Studios in London aufgenommen, der letzte Mix und nachträgliche Einspielungen in Los Angeles. Dieses Album, das die Möglichkeiten des Rock and Roll wieder einmal erweiterte, war von Anfang an ein Riesenerfolg. Aber in den Olympic Studios waren die Mitarbeiter immer ein wenig frustriert, wenn einige der besten Stellen ausgemerzt waren, nachdem die Master-Bänder aus den USA zurückkamen. "Wenn man an einem Stones-Album arbeitet, dauert es etwa zwei Jahre, bis man sich damit abgefunden hat, dass es so abläuft", sagt der Toningenieur George Chkiantz lachend. "Die erste Reaktion ist immer: 'Was zum Teufel haben die damit angestellt! Wir konnten die nur!'"

Abgesehen von Details, über das Endergebnis lässt sich nicht streiten. Wenn je ein Werk bewiesen hat, dass die Stones nicht einfach nur Rock and Roll machten, dann war es *Let It Bleed*.

> **"Wenn man an einem Stones-Album arbeitet, dauert es etwa zwei Jahre, bis man sich damit abgefunden hat, dass es so abläuft"**
>
> George Chkiantz, Toningenieur bei 'Let It Bleed'

gimme shelter

Willkommen in der Apokalypse nach Jagger. Die Rolling Stones waren die idealen Botschafter für alle Katastrophen, die die Erdbevölkerung in Angst und Schrecken versetzten. Fiktionen brauchte man damals keine. Auch ein Tänzchen mit Lucifer war nicht nötig – dank Napalm loderte das Höllenfeuer ganz real im Namen der Freiheit.

Die westliche Welt erfreute sich noch am ökonomischen Boom der Nachkriegszeit, während sich bei der jüngeren Generation ein Gewissenskonflikt abzeichnete. Die Jugend war weder mit dem Krieg in Vietnam noch mit den herrschenden Ansichten zu Rasse, Sex und Zensur einverstanden. Eine Revolution stand vor der Tür – zumindest sah es danach aus. Und während Vergewaltigung, Mord und Krieg immer bedrohlicher wurden, kam Jaggers Botschaft als Warnung und Aufschrei. Wenn der Krieg nur "einen Schuss weit weg ist", dann ist die Liebe auch nur "einen Kuss weit weg".

Während Richards im Hintergrund einen bedrohlichen Gitarrensound produziert, beschreibt ein gehetzter Jagger "das Feuer, das durch unsere Straße fegt". Die Geschichte vom Ende der Welt, verpackt in einen Song, den der Kritiker Greil Marcus als die "größte Rock-and-Roll-Einspielung aller Zeiten" bezeichnete.

Der schauderhafte Tremoloeffekt unter Jaggers schrecklicher Geschichte verdankt sich der endlosen Suche der Stones nach ungewöhnlichen Sounds. "Eines Tages entdeckten sie diese Triumph-Verstärker, Lautsprechertürme mit eingebautem Amp-Top", sagt der Toningenieur George Chkiantz. "Die waren ziemlich schlimm. Aber Keith war besessen von der Idee, dass man diese Verstärker einfach nur heiß spielen musste, bis sie fast schlapp machten. Und genau an dem Punkt kriegte man den speziellen Sound aus ihnen raus. Später kamen sie kaum noch zum Einsatz."

Zusammen mit Jagger ist Merry Clayton auf 'Gimme Shelter' zu hören. Aus Richards' verzerrtem Klangteppich taucht plötzlich Merry Clayton auf mit ihrer engelsgleichen Darbietung eines Gospels. Bevor sie von den Stones angeheuert wurde, hatte die erfahrene R&B-Sängerin bereits Alben mit Darlene Love und Ray Charles eingespielt. Später nahm sie noch ein paar weniger erfolgreiche Soloplatten auf und spielte hin und wieder in Filmen mit. Unter anderem hatte sie auch eine Rolle in der 80er-Jahre-Fernsehserie *Cagney And Lacey*. Claytons Auftritt gab dem Stück die dringend benötigte Wärme und Kraft.

Produzent Jimmy Miller erzählt immer wieder gern die Geschichte vom ersten Zusammentreffen der Stones mit Miss Clayton – die bei den Sessions in Los Angeles alles andere als schüchtern war. Als sie in den Elektra Studios ankam, ging sie im Wiegeschritt auf Jagger zu, musterte ihn von oben bis unten und sagte dann: "Mann, ich dachte, du wärst ein Mann, aber du bist nur ein magerer, kleiner Junge!".

Nachdem Clayton den ersten Chorus des Songs eingespielt hatte und Mick und Keith ihre Begeisterung nicht verbergen konnten, wollte diese Frau mit der lieblichen Stimme erst einmal über ihre prozentuale Beteiligung am Plattenverkauf reden – bevor sie bereit war, die nächste Strophe in Angriff zu nehmen.

Merry Clayton. Die R&B-Sängerin verlieh 'Gimme Shelter' Wärme und Kraft.

let it bleed

country honk

Für einige Ohren war dieses Country- und Western-Remake der unsterblichen Stones-Nummer 'Honky Tonk Women' ein Sakrileg. Aber genau das wollte Keith. 'Country Honk' klingt vielleicht nicht so authentisch wie ihre späteren Streifzüge in den weißen Blues, zeigt aber zumindest ein echtes Gespür für dieses Genre.

Angeblich soll Gram Parsons für Freunde immer Platten von George Jones aufgelegt und dabei unter Tränen "Das ist der König der gebrochenen Herzen" gemurmelt haben. Sicher kamen auch die Glimmer Twins bei ihren zahlreichen Reisen in die Staaten in den Genuss eines ähnlichen Spektakels. Und es war Parsons, der Jagger und Richards in die Welt der echten Honky-Tonk-Spelunken einführte. Er spielte ihnen die Platten von Merle Haggard und Jimmie Rodgers vor und erklärte am Klavier geduldig den feinen Unterschied zwischen Nashville- und Bakersfield-Sound.

Richards' wiedererwachtes Interesse am Country offenbarte sich auf 'Country Honk' in einem üppigen Klangteppich, der mit einigen Straßengeräuschen einsetzt: vorbeifahrende Autos, Hupen, auf Kies knirschende Reifen. Dann beginnt er auf seiner akustischen Gitarre zu klimpern, begleitet von Byron Berlines gefühlvoller Geige. Auf diesem Song ist auch zum ersten Mal bei einem Stones-Album Mick Taylor zu hören, der hier Slide Guitar spielt. Der Gesang ist im Vergleich zu 'Honky Tonk Women' eher zurückhaltend, wobei Jagger in einem mitreißenden, alkoholseligen Chorus von Richards und Nanette Newman unterstützt wird.

"Das Stück war ursprünglich ein echter Hank Williams/Jimmie Rodgers-Countrysong im Stil der 30er Jahre", erzählte Richards 1975 der Zeitschrift *Crawdaddy*. "Und erst Mick Taylor, der eine vollkommen andere Stimmung reinbrachte, machte etwas ganz Neues daraus."

'Honky Tonk Women' stand in der Tradition von Country-Stars wie Hank Williams (Bild gegenüber).

live with me

Ein für die Zukunft ganz entscheidendes Stück. Wenn Sie Acht geben, werden Sie den Sound der 70er Jahre heraushören – den Sound von *Sticky Fingers* und *Exile On Main Street*. Hier war bereits alles versammelt, wofür die Rolling Stones um 1971 herum berühmt waren: Jaggers obszöne Texte, das ausgelassene Saxophon von Bobby Keys und Keiths unerbittlicher Rhythmus. 'Live With Me' war wieder mal der Prototyp eines gerade entstehenden Sounds.

Der Song schlängelt sich um eine aggressive, von Richards gespielte Basslinie. Aber das zentrale Element sind die stürmisch anrauschenden Gitarren von Richards und Taylor – der hier seinen zweiten Auftritt auf *Let It Bleed* bekommt –, die mit ihren Riffs auf ein überdrehtes Rock-and-Roll-Nirvana zusteuern. Charlie Watts schlägt einen finsteren Rhythmus, während die Keyboarder Nicky Hopkins und Leon Russell einander fröhliche Barmusikmelodien zuwerfen.

Und dazwischen ätzt Jagger über einen jämmerlichen Liebhaber, der gern mit seiner Angebeteten zusammenleben möchte: "Ich hab zwar ein paar üble Angewohnheiten ... Aber glaubst du nicht, dass in diesem Bett auch noch Platz für dich ist?" Mit seinem immer beißender werdenden, dekadenten Humor, den er 1978 auf *Some Girls* perfektionierte, beschwört Jagger die bizarre Szenerie eines albtraumhaften Haushalts.

'Live With Me' ist das erste Stones-Stück, bei dem der Saxophonist Bobby Keys mitspielt – und endlich sind die Bläser hier mehr als nur eine nachträgliche Draufgabe, wodurch die Band dem Geist von Soulbrother James Brown so nahe kommt wie nie zuvor. Das aufgedrehte Sax von Keys sollte – egal ob auf Platten oder bei Konzerten – noch bis in die 80er Jahre ein zentraler Bestandteil ihres Sounds bleiben.

Am Beginn seiner Karriere hatte Keys, zur großen Begeisterung von Richards, mit Buddy Holly gespielt. Keys machte die Aufnahmen mit den Stones in Los

let it bleed

let it bleed

Angeles, aber er hatte damals auch bereits in England einen sehr guten Ruf. Zusammen mit dem ebenfalls aus Texas stammenden Trompeter Jim Price war er 1969 als Teil der 11-köpfigen Band Delaney and Bonnie nach Großbritannien gekommen. Die beiden wurden in London schnell zu gefragten Studiomusikern, die ihre Fähigkeiten bei Aufnahmen von John Lennon, George Harrison, Ringo Starr, King Crimson, Mott The Hoople und Bad Company unter Beweis stellten. Obwohl sie zusammen erst 1971 auf *Sticky Fingers* erwähnt wurden, verkauften sich Keys und Price als Team: Jim Price schrieb die Arrangements und Bobby Keys übernahm die Solos. "Die Leute riefen uns, und wir gingen mitten in der Nacht hin", erinnert sich Price. "Sie kamen irgendwie nicht weiter, und wir gaben dem Ganzen ein wenig Farbe und lösten das Problem."

Zwischen 1969 und 1974 nahmen Keys und Price regelmäßig an den Plattenaufnahmen und Konzerten der Stones teil – auch für sie ein Leben auf vollen Touren. "Hinter seinem jovialen, draufgängerischen Cowboy-Gehabe steckt bei Bobby ein messerscharfer Verstand", meint Tontechniker Andy Johns, der zur selben Zeit mit den Stones zusammenarbeitete und später Soloalben für Price und Keys produzierte. "Beim Schach zum Beispiel schlägt er dich immer mit drei oder vier Zügen. Jedes Mal. Jim hatte immer seinen Part mit, aber er war nicht immer ganz bei der Sache, und dann stupste ihn Bobby oft mit dem Ellbogen an, damit er das spielte, was er selbst vorher aufgeschrieben hatte. Zu zweit waren sie echt unschlagbar."

let it bleed

Lassen Sie sich nicht täuschen von dem schweren Blues in Keiths Einleitung auf der Bottleneck-Gitarre. Trotz einer Unmenge von Dekadenz, Gewalt und Drogen – im Groove von 'Let It Bleed' gibt es nichts, was auf Bedauern hinweist. Jagger ertrinkt zwar fast in Blut und Verfall, und doch sucht er nur ein wenig Wärme und Trost – "ein bisschen Koks und Mitgefühl" – heult er gegen eine stürmische Country-Melodie an, bei der auch Ian Stewart am Klavier zu hören ist. Boogie-Woogie als Mittel einer seligen Desintegration.

"Sie wollten, dass Keith bei dem Stück mit der akustischen Gitarre spielt", erzählt Tontechniker Chkiantz. "Es ist wirklich erstaunlich, wie viel von diesem Rock-Zeugs tatsächlich auf akustischen Instrumenten beruht. Die akustische oder 12-saitige Gitarre oder das Cembalo halten viele Stücke zusammen, auch wenn man das oft gar nicht so bemerkt."

Keith Richards wusste mit Sicherheit um die Bedeutung einer solchen akustischen Grundlage und arbeitete hart an ihrer Perfektionierung. Chkiantz erinnert sich an eine Aufnahmesession, bei der Richards das ins Extrem trieb, als er in der Sängerkabine immer wieder denselben Akkord auf seiner akustischen Gitarre spielte, während Mick Jagger und Jimmy Miller über winzigste Veränderungen am Schlagzeug-Sound stritten. Als Chkiantz aus dem Kontrollraum hinunterging, um die Mikrofone zu richten, fragte ihn Keith, was denn eigentlich los sei. Chkiantz erklärte ihm, Mick und der Produzent stritten sich wegen des Schlagzeug-Sounds. "Sieh mal, meine Hände fangen zu bluten an", sagte Richards, der bis dahin ohne zu murren ganz ruhig dagesessen hatte. "Ich spiele schon ein paar Stunden auf der akustischen Gitarre. Ich kann nicht mehr, und ich möchte diesen Song heute Nacht unter Dach und Fach bekommen. Also sag ihnen, dass sie Dampf machen sollen."

Als Mick und der Produzent davon hörten, ließen sie das Schlagzeug so wie es war. Chkiantz ging durch die Sängerkabine und sah Keiths Gitarre. "Sie war voller Blut", so Chkiantz. "Er hatte sicher große Schmerzen." Let it bleed.

> "Es ist wirklich erstaunlich, wie viel von diesem Rock-Zeugs tatsächlich auf akustischen Instrumenten beruht. Die akustische oder 12-saitige Gitarre oder das Cembalo ..."
>
> George Chkiantz, Toningenieur

Mit 'Live With Me' begann die lange Zusammenarbeit zwischen dem Saxophonisten Bobby Keys (Bild gegenüber) und den Rolling Stones.

let it bleed

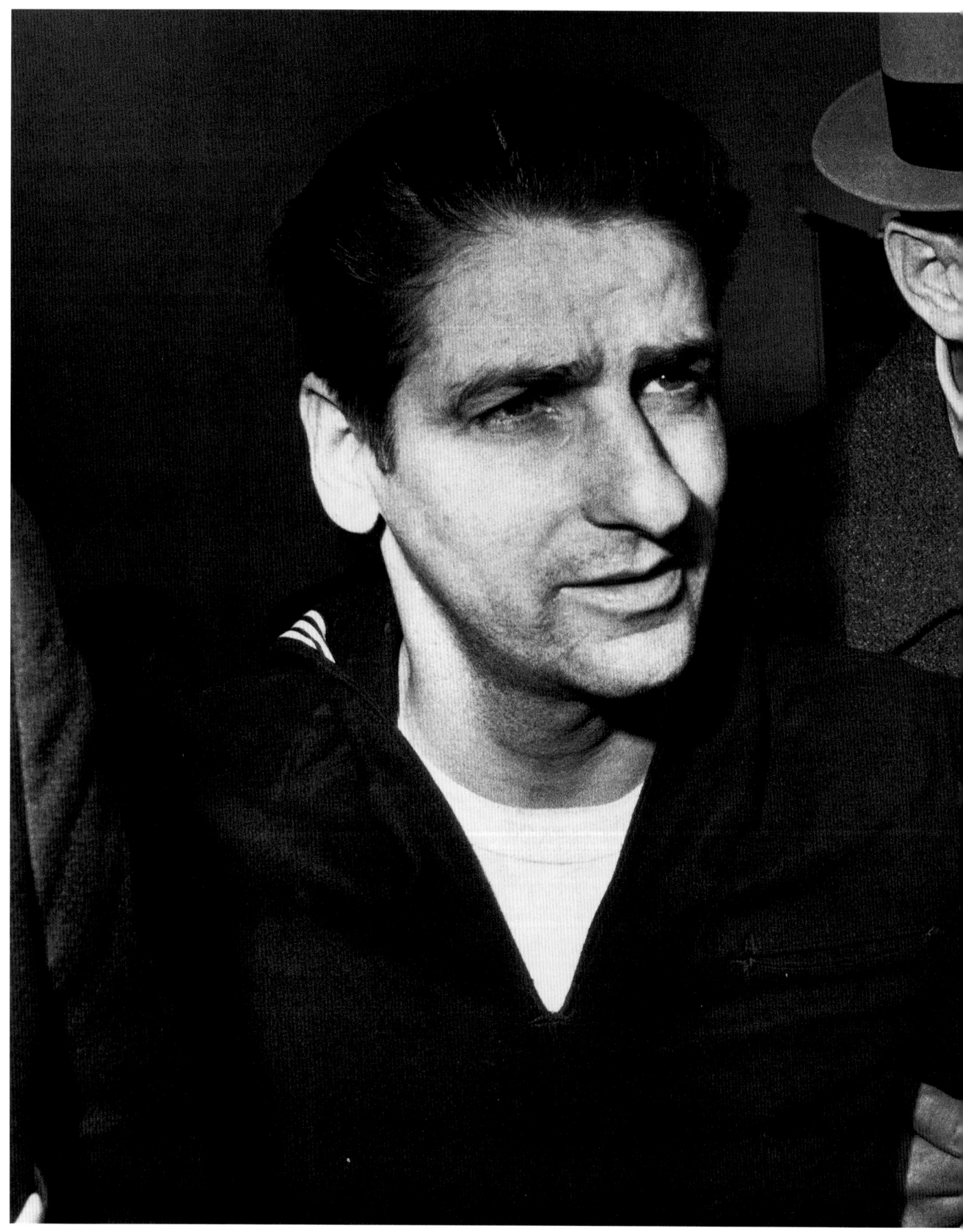

let it bleed

midnight rambler

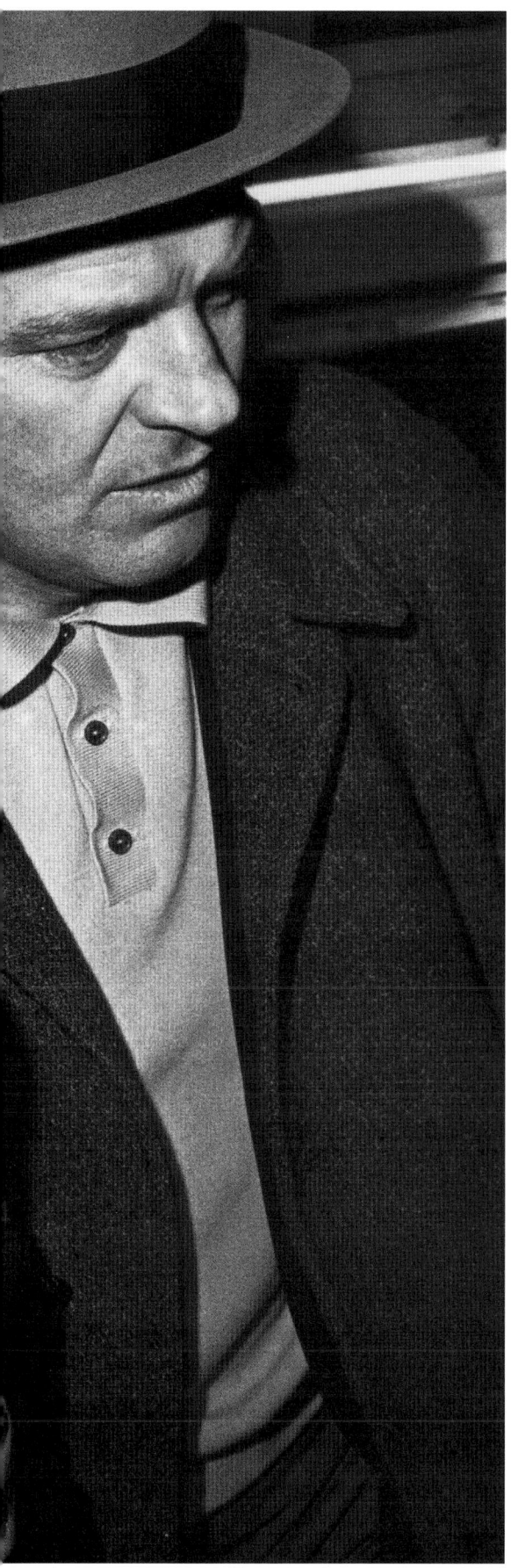

Angst ist ein Thema, das auf *Let It Bleed* mehrmals aufgegriffen wird. Es zieht sich durch das ganze Album und explodiert schließlich in den furchteinflößenden Aussagen von 'Midnight Rambler'. Während der 1969er-Tour verwandelten die Stones diesen Song in ein Gewaltszenario, das von Ängsten lebt, die sich mit so abgedrehten Persönlichkeiten wie dem Würger von Boston, dem Serienmörder Albert DeSalvo verbinden. Jagger sang auf der Bühne mit ernster Miene von diesen durch Straßen und Wohnungen schleichenden nebulösen Mächten der Finsternis, bevor er wie ein Rasender auf den Boden stampfte. "Hast du mich bei meinem mitternächtlichen Besuch gesehen?"

Mick und Keith schrieben den Song während eines Urlaubs im italienischen Pasitano, einem merkwürdig angenehmen Ort für so eine finstere Geschichte. In kleinen Cafés – Mick spielte Mundharmonika, Keith Gitarre – bastelten sie die Akkordwechsel, das Tempo und die explosive Horrorstory zusammen. "Warum wir so einen düsteren Song an diesem schönen sonnigen Ort geschrieben haben – ich weiß es wirklich nicht", meinte Jagger 1995.

Es gibt auf *Let It Bleed* an anderen Stellen Szenen mit größerer Gewalt. Denn bei 'Midnight Rambler' bleibt die Gewalt meist unausgesprochen, ist aber gerade als unmittelbare Bedrohung besonders unangenehm. "Beim Schreiben weist du gewöhnlich Mick auf irgendwas hin und lässt ihn dann loslegen", erzählte Richards 1971, "dann muss man es einfach kommen lassen, zuhören und an bestimmten Wörtern weitermachen."

Richards bevorzugte die auf *Get Yer Ya-Yas Out!* zu hörende Live-Version, die enorm von der zusätzlichen Gitarre Mick Taylors profitierte. Die psychotische Atmosphäre der Melodie entstand dafür bei den vorbereitenden Sessions. "So was ist einfach da", sagte Keith. "Eine bestimmte Chemie. Mick und ich passen wirklich gut zusammen – in der Art, etwas aus sich herauszubekommen: Es ist eher ein rausspielen als ein rausschießen."

> **"Warum wir so einen düsteren Song an diesem schönen sonnigen Ort geschrieben haben – ich weiß es wirklich nicht"**
>
> Mick Jagger

Eine Anregung zu 'Midnight Rambler' war der Serienmörder Albert DeSalvo (Bild gegenüber).

you got the silver

Brian Jones sollte das Erscheinen des letzten Albums, bei dem er mitgewirkt hatte, nicht mehr erleben.

'ou Got The Silver' ist der erste Song, der ganz von Keith Richards' Gesang getragen wird – ein zartes Liebeslied, ohne Zweifel inspiriert von Keiths neuer Liebesaffäre mit Anita Pallenberg. Wie immer fehlt seiner rauen Stimme die Vielschichtigkeit und Kraft von Jagger, aber seine Interpretation hat etwas ergreifend Authentisches. Das Stück ist außerdem eines der letzten, an denen Brian Jones mitwirkte, der hier die Autoharp spielt. Damals hatte er bereits seine kreative Energie in einer Orgie von Drogen, Alkohol und Angst aufgebraucht. Die Person, die gelegentlich in prächtigen Rockstar-Klamotten in den Olympic Studios auftauchte, war nur mehr eine glamouröse leere Hülle des alten Brian Jones. Wenn es nach dem Rest der Stones gegangen wäre, hätte er erst gar nicht kommen müssen.

"Es gab Sessions, da wurde es schon sehr, sehr schwierig mit Brian", sagt Chkiantz. Das ging so weit, dass die Band ihn, wenn er schon einmal genug Energie und Interesse aufgebracht hatte, um bei den Sessions aufzutauchen, oft erst gar nicht an den Verstärker anschloss. "Von da ab ging es zuerst langsam und dann immer schneller bergab. Bei *Let It Bleed* versuchten sie ihn aus den Aufnahmesessions herauszuhalten", meinte Chkiantz weiter. "Und wenn er kam, war es schrecklich. Das Schlimmste war, dass man niemals wusste, wie er gerade drauf war. Manchmal kümmerte sich wirklich niemand darum, ob er an einen Verstärker angeschlossen war. Aber ich glaube nicht, dass das eine bewusste Strategie war. Es muss für sie alle eine ziemlich verzweifelte Situation gewesen sein."

monkey man

icky Hopkins hatte als Pianist der Rolling Stones so viele große Momente mitgestaltet, dass man sich fragen konnte, warum er kein vollwertiges Mitglied der Band, sondern bloß eine Art freier Mitarbeiter war. Eine gute, aber nicht zu beantwortende Frage, solange Ian Stewart noch Teil des Stones-Universums war. Selbst wenn sie so hart gewesen wären, den armen Stu aus Imagegründen zu feuern – die Band war vor allem dankbar, dass er es solange mit ihnen ausgehalten hatte. Hopkins sollte zwar nie den gerechten Lohn für seinen Anteil an der Entstehung der Musik erhalten, sein Spiel blieb jedoch ein entscheidendes Element bei einigen der wichtigsten Platten der Zeit.

Nicht dass 'Monkey Man' ein besonders tiefgründiges Statement der Stones wäre, schon gar nicht im Kontext von *Let It Bleed*. Es ist ein tolles, melodisches Stück mit einem etwas wirren Text ohne konkrete Aussage, selbst wenn Jagger eine Anspielung auf "Satanisches" fallen lässt. 'Monkey Man' ist auf einem sehr klugen, schnellen Arrangement aufgebaut, das geschickt die eleganten Pop-Sequenzen von Hopkins mit den aufgeladenen Gitarrenriffs von Keith verbindet.

Hopkins hatte seit den Aufnahmen zu *Between The Buttons* im Jahr 1967 mit den Stones gearbeitet. "Mit der rechten Hand spielte er diese erstaunlichen melodischen Sachen, und sein Anschlag war perfekt", erinnert sich Andy Johns. "Er hat nie etwas vermasselt. Man konnte ihn bei Aufnahmen wie eine Allzweckwaffe einsetzen. Wenn man ihn bat, zu kommen und etwas neu abzumischen, dann war das wie 'Okay, wir verwenden hier den Nicky Hopkins-Effekt.' Es war phantastisch."

Außerdem passte Hopkins sehr gut zu den Stones. "Jeder, der mit ihnen zusammen arbeitet, muss eine gewisse Charakterstärke haben, sonst machen sie dich sofort platt", sagt Johns. "Man muss schon sehr stark sein."

you can't always get what you want

Der Schluss von *Let It Bleed* ist eines der berühmtesten Lieder der Stones, eine Moralpredigt an die Massen der aufgewühlten Jugendlichen, die sich nach Erleuchtung sehnen. An die Straße? Das Land? Die Carnaby Street? Pastor Jagger hat die Antwort, oder zumindest die Macht, dich das glauben zu lassen. Aber wer könnte das nicht, mit einem massiven Chor im Rücken, durch den das 'You Can't Always Get What You Want' beinahe biblische Bedeutungsschwere erhält.

Aber das war nicht immer so. Auf *The Rollin Stones' Rock And Roll Circus* (das nach Jahrzehnten unter Verschluss 1995 endlich ausgegraben wurde) ist der Song ohne den Londoner Bach-Chor zu hören. Durch die Reduktion auf die Standardbesetzung der Band wird ein ruhiger, düsterer Song sichtbar, über Drogen und Verzweiflung, über ein Leben in bewegten Zeiten.

Auf *Let It Bleed* singt Jagger zuerst vor dem Hintergrund einer akustischen Gitarre und einem von Al Kooper auf einem Horn geblasenen verzweifelten Ton. Dann kommt Produzent Jimmy Miller an den Drums dazu. Wenn Jagger sein Treffen mit dem Junkie "Mr Jimmy" beschreibt, schreit er über den wunderbaren Lärm eines Gospel-Chors und einer E-Gitarre hinweg.

Es geht um schwierige Themen, aber für viele Hörer ging die Botschaft nicht weiter als der Titel, der eine Metapher war für die anhaltenden Enttäuschungen jener Jahre, für das Scheitern jugendlicher Ideale – so wurde der Song auch recht melodramatisch in *The Big Chill* eingesetzt. Als B-Seite der großartigen 'Honky Tonk Women' Single wurde das Lied sehr populär.

"Die Menschen können sich damit identifizieren: Niemand bekommt immer was er will", meinte Jagger 1995. "Außerdem hat es eine sehr gute Melodie und sehr gute Einfälle in der Orchestrierung, bei der uns Jack Nitzsche half."

Egal ob tiefgründig oder nicht, der Song bedeutete das Ende einer Ära. Die Rolling Stones standen vor einem neuen Jahrzehnt, in dem barocke Schnörkel wie ein klassischer Chor nicht mehr notwendig sein würden. Sie sollten sich stattdessen langsam immer weiter zu ihrer eigenen Version des Blues vorarbeiten, einer immer härteren Form des Riff-Rocks. Nachdem die Beatles unmittelbar vor ihrer Auflösung standen, waren die Rolling Stones tatsächlich auf dem besten Weg, sich einen lächerlichen Titel zu verdienen: "Die größte Rock-and-Roll-Band der Welt".

> **" Die Menschen können sich damit identifizieren: Niemand bekommt immer was er will. Außerdem hat es eine sehr gute Melodie und sehr gute Einfälle in der Orchestrierung ... "**
>
> Mick Jagger

Kapitel 9

1971 sticky fingers

Popart-Ikone Andy Warhol gestaltete das Cover für *Sticky Fingers* mit funktionsfähigem Reißverschluss

- Brown Sugar
- Sway
- Wild Horses
- Can't You Hear Me Knocking
- You Gotta Move (McDOWELL)
- Bitch
- I Got The Blues
- Sister Morphine
- Dead Flowers
- Moonlight Mile

sticky fingers

Rolling Stones Records präsentiert den Rock and Roll mit Riesenzunge, leuchtend roten Lippen und einem selbstbewussten und scharfen Sound für eine neue, seltsame Ära. Endlich waren die 70er Jahre da, und der Cartoon mit Lippen und Zunge als Logo machte irgendwie deutlich, dass sich Jagger und seine Jungs für die neue Zeit zuständig fühlten.

Zweifelsohne eine gespenstische Vorstellung für das Establishment und seine ausführenden Organe, die Jagd auf die großmäuligen Londoner Sängerknaben machten. Das Schlimmste daran: Man konnte sie nicht einmal belangen – 1971 hatten sich die Stones selbst zu Steuerflüchtigen erklärt und Mütterchen England den Rücken gekehrt. Sie hatten sich nach Südfrankreich oder sonst wohin abgeseilt, wo sie in Saus und Braus lebten und sich nicht um die Schlagzeilen in ihrer Heimat kümmern mussten.

Die nervtötenden Debatten über Anstand und guten Geschmack waren ein für allemal vorbei. Das erste Zeichen der neuen, aufgeklärten Ära kam in Form des Albums *Sticky Fingers*, das von Rolling Stones Records verlegt wurde, einem Label, das aufgrund eines Lizenzvertrags über Atlantic Records vertrieben wurde. Gemanaget wurde das Unternehmen von Marshall Chess, dem 29-jährigen Sohn des legendären Gründers von Chess Records Leonard Chess. Für die erste Veröffentlichung des Labels hatte der Popkünstler Andy Warhol ein gewagtes Cover entworfen: Jeans mit prall gefülltem Hosenladen und funktionierendem Reißverschluss. Der Titel war also durchaus angebracht: Sticky Fingers – klebrige Finger.

Die Rolling Stones waren in den Monaten vor dem Erscheinen des Albums wieder einmal aus der Asche auferstanden. Der junge Gitarrist Mick Taylor war mit seiner Spielweise inzwischen vollständig in den Sound der Band integriert und sorgte sogar musikalisch für neue Impulse – wofür schon alleine die Single 'Honky Tonk Women' Beweis genug ist. Jagger schien mit drei Filmrollen in einem Jahr (1970) – *One Plus One*, *Ned Kelly* und *Performance* – endgültig zum Filmstar zu werden. Und die Stones waren endlich frei – keine Zwangsarbeiter mehr für Decca Records in Großbritannien, London Records in den USA oder ihren früheren Manager Allen Klein.

Ebenso wichtig war die Rückkehr der Band auf die Bühne. Nach dem plötzlichen Tod von Brian Jones konnte die Band wieder auftreten. Zwischen 1969 und 1970 gaben die Stones Konzerte in Europa und den USA. Dank neuester Bühnentechnik konnten sie jetzt sogar Sportarenen mit ohrenbetäubendem Rock and Roll erfüllen. Die Zeiten, in denen ihre Konzertauftritte von kreischenden Mädchen geprägt waren, lagen hinter ihnen. Jetzt pilgerten riesige Massen in die Arenen, um kollektiv im dunklen, bluesigen Groove der Stones abzutauchen. Und vor den Eingängen gab es die üblichen Auseinandersetzungen zwischen Polizei und Fans.

Dann kam Woodstock – das gigantische Rockfestival im Norden des Bundesstaates New York, das die Hoffnung der Popkultur der 60er Jahre verkörperte. Jimi Hendrix, die Who, Janis Joplin, Creedence Clearwater Revival, Crosby Stills Nash and Young, Santana, Melanie (!) und viele andere hatten in einer Mischung aus Regen, Schlamm und Drogen drei Tage lang überwiegend positive Schwingungen erlebt. Das einzige, was in Woodstock fehlte, war ein Vertreter einer der großen drei jenes Popjahrzehnts. Weder die Beatles, noch Bob Dylan oder die Stones waren da.

Ende 1969 versuchten die Rolling Stones, Woodstock nach ihrem Bilde noch einmal zu erschaffen, als freies Konzert im Golden Gate Park in San Francisco. Aber als die Probleme mit der Stadtverwaltung überhand nahmen, wurde "Woodstock West" auf die Altamont-Autorennbahn ins nahe bei San Francisco gelegene Livermore verlegt. Auf Empfehlung von Grateful Dead wurden die Hell's Angels als Ordner engagiert. Hier kam es im Dezember kurz nach der Veröffentlichung von *Let It Bleed* zu einem unrühmlichen Ereignis, für das die Stones mitverantwortlich waren und das von den Päpsten der Popkultur später zum symbolischen Ende der Flower-Power-Ära hochstilisiert wurde – auch wenn sich die Stones nie völlig mit der Hippie-Kultur identifizierten.

Der Ärger begann, als die Hell's Angels auf ihren Motorrädern durch die Menge bis zur Bühne vorfuhren und alle Sicherheitsprobleme mit Billardstöcken und Messern regelten. Marty Balin, Sänger von Jefferson Airplane, wurde mitten im Song verprügelt, als er etwas gegen die Hell's Angels sagte. Und noch bevor die Party vorbei war, war der 18-jährige Meredith Hunter tot. Er war niedergestochen worden, als die Stones 'Under My Thumb' spielten. Jagger stand auf der Bühne und flehte das Publikum an: "Was soll der Scheiß? Das könnte hier der tollste Abend werden …"

> " Was soll der Scheiß? Das könnte hier der tollste Abend werden … "
>
> Mick Jagger auf der Bühne in Altamont

sticky fingers

Stattdessen wurde es der reinste Albtraum – unter den Augen von 300.000 Fans, dokumentiert von den Kameras von David and Albert Maysles und Charlotte Zwerin, deren Aufnahmen später in dem Film *Gimme Shelter* zu sehen waren. Als sich die Rolling Stones via Helikopter aus Altamont zurückzogen, waren schon über 850 Konzertbesucher mit LSD-Überdosis behandelt worden. Drei waren in Folge verschiedener Umstände zu Tode gekommen. Ein dunkler Stern schien die Rolling Stones zu begleiten.

Als sich die Band in Muscle Shoals, Alabama, zu den ersten Sessions für das neue Album einfand, das später einmal *Sticky Fingers* heißen sollte, lagen die Ereignisse von Altamont gerade noch eine Woche vor ihnen. Noch waren sie eine unverwüstliche Rock-and-Roll-Maschine, die auf der Euphoriewelle ihrer ersten US-Tour seit der Trennung von Brian Jones ritt. Und so kam es, dass die Band in den Betonkatakomben von Muscle Shoals drei unvorstellbar produktive Tage erlebte. Hier entstanden die Grundlagen für 'Brown Sugar', 'Wild Horses' und 'You Gotta Move' – drei Songs, von denen jeder einzelne zur Hymne ganzer Generationen wurde.

Die Stones kampierten im nahe gelegenen Sheffield Holiday Inn und wurden von den Anwohnern weitestgehend in Ruhe gelassen. Die wenigsten Leute

Mick Jaggers Schauspieldebüt in *Performance*

schienen die Berühmtheiten überhaupt zu bemerken, obwohl Keith Richards wie üblich mit Halstuch und Schlangenlederschuhen durch den Ort lief. Jim Dickinson, Keyboarder bei den Muscle-Shoals-Sessions, erinnert sich, wie sie einmal alle beim Frühstück saßen und die Bedienung unschuldig fragte: "Spielt ihr in 'ner Band?" "Ja", gab Bill Wyman zur Antwort, "wir sind Martha and the Vandellas."

Das einzige Handicap der Stones war Zeit – die drei Studiotage waren zwischen das Ende der offiziellen Tour und das sagenhafte für San Francisco avisierte kostenlose Love-in-Konzert gequetscht. Es blieb also nicht viel Zeit herumzubummeln, wie das die Stones zu Hause in London immer gemacht hatten.

Die Band betrat das karge Studio (das in einer alten Sargfabrik untergebracht war) wie immer zu unchristlicher Zeit in den frühen Morgenstunden, um mit der Arbeit an 'You Gotta Move' zu beginnen, einer klagenden Bestandsaufnahme des Seelenzustands des unsterblichen Bluesmusikers Fred McDowell. Während der Tournee waren Jagger und Richards mit diesem Song bereits mehrmals als Duett aufgetreten. Aber was als simple Rückkehr zu ihren eigenen musikalischen Wurzeln geplant war, zerfledderte unversehens in völlig neue Ideen, nie geprobte Arrangements, und Mick versuchte sogar, auf seinen eigenen Text zu improvisieren.

"Eine Stunde sah ich ihnen zu, vielleicht länger. Es funktionierte einfach nicht", erinnert sich Dickinson. "Ich dachte, 'Prima, jetzt darf ich bei den Aufnahmen der Stones dabei sein und dann vermasseln sie es. Beschissen.' Es ging gar nichts."

Zusammen mit dem Schriftsteller Stanley Booth (der seine Reisen mit der Band später in seinem Buch *The Rolling Stones. Der Tanz mit dem Teufel* festhielt) verließ Dickinson kurz den Proberaum, um zu telefonieren und einen Joint durchzuziehen. Als sie wieder reingingen, bebte das Studio: Charlie Watts hämmerte grimmig auf seine Drums, Wyman bearbeitete das E-Piano und dazu war noch eine Akustikgitarre zu hören. 'You Gotta Move' – endlich. Mick und Keith stöhnten im Duett. Die Stones hatten den Dreh gefunden. Es war absolut authentisch.

Drei Tage im tiefen Süden reichten zwar nicht, um die Rolling Stones in solch echte "Bluesmen" zu verwandeln, die sie als Teenager vergöttert hatten. Und dennoch bewies schon diese erste Zusammenkunft in den frühen Morgenstunden in den Muscle-Shoals-Studios das Feeling dieser fünf Briten für den echten amerikanischen Folkblues – etwas, das nur die wenigsten für sich in Anspruch nehmen können. "Es war so, als hätten sie sich, während wir draußen waren, in die Rolling Stones verwandelt", sagt Dickinson. "Von diesem Augenblick an lief alles wie geschmiert."

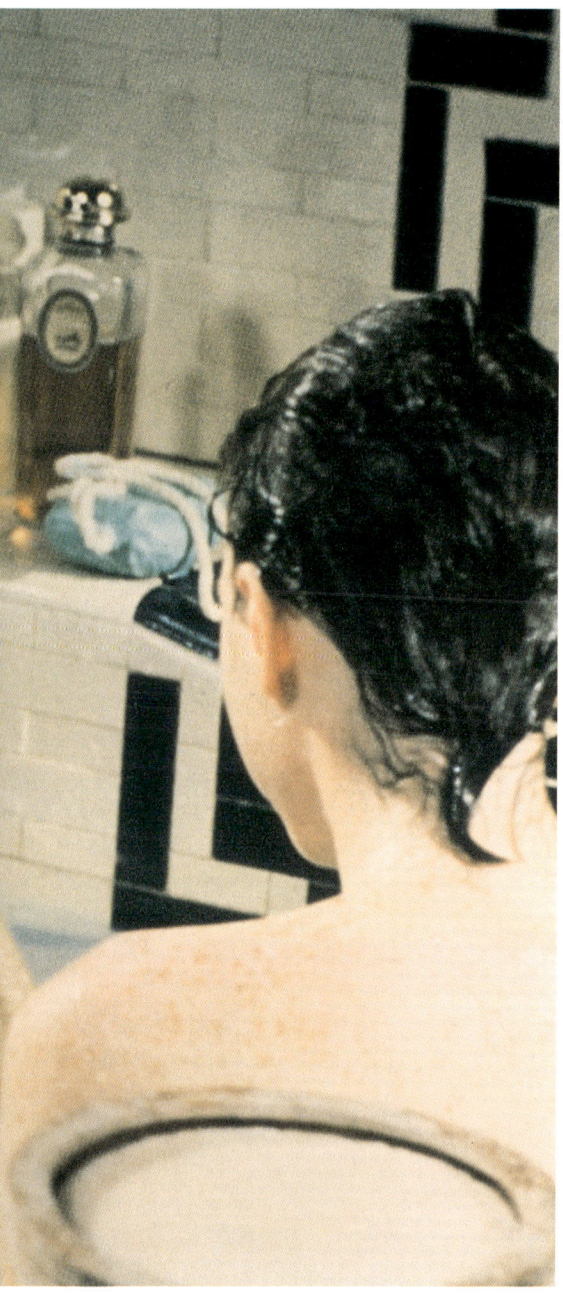

> **"Sie spielten alles so gut wie möglich ... Wenn Charlie Watts sich von seinem Drum-Hocker erhob, war es ein Mastertake, und das war's. Es wurde überhaupt nicht darüber diskutiert"**
>
> Jim Dickinson, Keyboarder bei den Sessions in Muscle Shoals

sticky fingers

brown sugar

Mick Jagger hatte die erste Idee zu 'Brown Sugar' während der Dreharbeiten zu *Ned Kelly* im australischen Outback.

Die Rolling Stones waren nicht bloß aus einer Laune heraus nach Muscle Shoals gekommen. Nicht jetzt, nur wenige Tage vor dem Ende ihrer ersten Amerika-Tour in vier Jahren mit dem Konzert in Altamont. Sie hatten sich für den tiefen Süden entschieden, weil sie nach einer bestimmten Atmosphäre suchten, um näher an den Wurzeln der Musik zu sein, die sie früher in die Chess Studios nach Chicago gelockt hatte. Sie wollten so produzieren wie Muddy Waters und seinesgleichen.

Und dennoch würden sich die Stones diesmal nicht damit zufrieden geben, den alten Blues neu aufzuwärmen. Abgesehen von der Aufnahme von Fred McDowells 'You Gotta Move' widmete die Band die drei Tage in Muscle Shoals der Perfektionierung eines Sounds, der ganz eindeutig ihr eigener war.

Der volle, kernige Gitarrensound, mit dem *Sticky Fingers* beginnt, ist die Perfektion des ursprünglichen typischen Stones-Sounds wie man ihn kannte. Die Popeinflüsse, die so frühe Stücke wie 'Ruby Tuesday' prägten, schienen weit hinter ihnen zu liegen. Jetzt war eine neue, dunklere Phase angebrochen. 'Brown Sugar' gab die Tonart vor, in der sich *Sticky Fingers* bewegte. Der Song lebt von einem rauen Groove des 50er Jahre Rockers Freddy Cannon (der mit 'Tallahassee Lassie' und 'Palisades Park' berühmt wurde). Der Song taucht auf aus einer Mischung elektrischer und akustischer Gitarren mit dem aufjaulenden Saxophon von Bobby Keys – das nachträglich in London eingespielt wurde – und der nervösen Percussion von Jagger. 'Brown Sugar' jagte vorwärts wie eine voll aufgeheizte Lokomotive, die durch die honigschwere Luft von Alabama schnitt. Kurzum, es war geradliniger Rock and Roll vom Feinsten.

Die ersten Ideen zu diesem Song hatte Mick Jagger bei den Dreharbeiten zu *Ned Kelly*, als er alleine in der australischen Wildnis rumsaß und mit Gitarrespielen seine verletzte Hand trainierte. Als er in Muscle Shoals eintraf, nuschelte Jagger irgendwas Unverständliches wie 'Louie Louie', aber trotzdem hörte man bald heraus, dass er ganz beschwingt über Heroin, Sklaverei und Pussy-Schlecken sang. "Weiß der Teufel, was ich mir bei diesem Song gedacht hab", sagte Jagger 1995 gegenüber dem *Rolling Stone* Magazine. "Es ist der reinste Mischmasch. Alle Tabuthemen in einem Aufwasch."

Die Sessions in Muscle Shoals lebten zum Großteil von der Tour, die gerade hinter ihnen lag: Alle Bandmitglieder waren bestens eingespielt. "Sie hatten eine bestimmte Vorgehensweise bei all diesen Songs: Jagger blieb auf der Bühne mit dem Mikro in der Hand und lief solange zwischen den anderen Musikern rum, bis er mit dem Gesang zufrieden war", berichtet Jim Dickinson, der die ganze 3-Tage-Session beobachtete. "Anschließend ging er in den Kontrollraum zum Toningenieur, während die Band den Rhythmuspart einspielte. Und genau da übernahm Keith die Bühne."

Einmal, so Dickinson, gab es ein kleines Problem mit der Rhythmusgruppe. Die Tom-Tom von Charlie Watts erzeugte eine Disharmonie mit dem Bass, und deswegen sollte er die Trommel nachstellen. "Nein", sagte Watts ungerührt. "Ich stimme meine Drums nie." Einen Moment lang schien sich niemand daran zu stören, aber dann sagte Ian Stewart, "Stopp, du kannst doch nicht einfach kategorisch sagen 'Ich stimme meine Drums nie.' So geht das nicht." Watts war nicht überzeugt: "Warum soll ich was stimmen, auf das ich später draufhaue? Sobald ich draufhaue, verändert sich der Ton."

Die Stones nahmen 'Brown Sugar' später auf einer gemeinsamen Geburtstagsfeier für Richards und Keys noch einmal auf. In den Olympic Studios erhielten sie Unterstützung von Eric Clapton und Al Kooper. Aber selbst dieses massive Aufgebot erreichte nicht die Stimmung der Aufnahmen von Muscle Shoals.

"Alles, was sie taten, bewegte sich am oberen Rand ihrer Fähigkeiten", sagt Dickinson. "Sie spielten alles so gut wie möglich, und das wurde dann ihr Take. Es wurde nie darüber diskutiert, ob man etwas noch einmal aufnehmen sollte, ob es ein gutes Take war oder zu langsam oder zu schnell. Wenn Charlie Watts sich von seinem Drum-Hocker erhob, war es ein Mastertake, und das war's. Es wurde überhaupt nicht darüber diskutiert."

sway

as Stück beginnt, indem Jagger müde einen schleppenden Beat durchzählt, bevor er in die Rolle eines Mannes schlüpft, der völlig verloren ist und dessen Geist zerfällt, zermürbt von seinem "üblen Lebenswandel". Die langsam vibrierenden Gitarrenakkorde unterstreichen seinen verwirrten Geisteszustand. Allmählich erwacht Jagger und entdeckt einen neuen Tag, der "den Glauben an den normalen Lauf der Zeit erschüttert". Er sucht noch nach Erlösung, als der junge Mick Taylor zu einem anschwellenden Bluessolo ansetzt, das plötzlich zusammen mit den frenetischen Klavierläufen von Nicky Hopkins und einer Spur Streicher für Klarheit sorgt.

Allen Fans, die Brian Jones hinterher trauerten, verdeutlichte 'Sway', dass sein Nachfolger den Stones neue musikalische Möglichkeiten erschloss. Das Ergebnis kam den ursprünglichen Bluesträumen sogar näher als die endlosen Popexperimente mit Sitar, Zimbal und anderen exotischen Instrumenten, für die sich Jones in der Londoner Zeit begeistert hatte.

"Nachdem Mick Taylor zur Band gestoßen war, wurden sie bluesiger – schnörkelloser Bluesrock und Rock and Roll – es war verdammt noch mal phantastisch", sagt Andy Johns, der bei den *Sticky-Fingers*-Sessions als Toningenieur dabei war. "Mich hat es immer fasziniert zuzusehen, wie die Tracks zustande kamen, weil die Stones die Stücke tatsächlich im Studio schrieben. Man konnte die ganze Bewegung mitverfolgen, von der ersten Idee bis zum fertigen Song."

'Sway' stand auch am Anfang eines anderen Experiments der Stones. Es war das erste Stück, das in Stargroves, Jaggers Landhaus in Berkshire, aufgenommen wurde. 1970 bestand die normale mobile Aufnahmeausrüstung aus einem Kleinbus, der mit Geräten vollgestopft war, die alle ausgeladen und in einem Raum aufgebaut werden mussten, wobei alles nur notdürftig mit Schnüren und Klebeband zusammengehalten war. Die Stones hatten aber damals bereits das Rolling-Stones-Mobil konstruieren lassen, einen Truck, der zum ersten unabhängigen Aufnahmewagen inklusive Kontrollraum umgebaut wurde. "Ich war sprachlos", sagt Johns, der damals an seinem ersten Album mit der von ihm so geschätzten Band arbeiten durfte, für die sein älterer Bruder Glyn von Anfang an als Toningenieur gearbeitet hatte. "Wir sind in Micks Haus. Ich habe noch nie mit der Ausrüstung gearbeitet, auf die die Jungs so stolz waren. Ihre Erwartungen waren enorm hoch. Ich musste es also irgendwie gebacken kriegen, sonst war ich am Arsch."

Die Band spielte zusammen in einem riesigen Saal in Stargroves. Johns platzierte Taylors Verstärker im Kamin und montierte die Mikrofone im Rauchabzug, Charlie Watts' Drums samt Zubehör fanden Platz in einem Erker. Die Aufnahmen, die dort gemacht wurden, waren spektakulär. "Es war absolut super cool", sagt Johns über die *Sticky-Fingers*-Sessions.

> "Nachdem Mick Taylor zur Band gestoßen war, wurden sie bluesiger ... es war verdammt noch mal phantastisch"
>
> Andy Johns, Toningenieur

sticky fingers

wild horses

'ild Horses' war zunächst ein Schlaflied. Keith Richards' erster Sohn, Marlon, war gerade erst zur Welt gekommen, da hieß es schon wieder Abschied nehmen. Richards stand die wichtige USA-Tournee 1969 bevor. "Es war ein schwieriger Moment", sagte Richards dem *Rolling Stone* 1971. "Das Kind ist gerade mal zwei Monate alt, und schon lässt man es zurück."

Die entscheidende Verwandlung des einfachen Liebesliedes in einen tiefgründigen Song über Hingabe und Leidenschaft kam, als Mick Jagger einen Großteil des ursprünglichen Texts von Richards umschrieb und eigentlich nur den Refrain beibehielt:

"Wild horses couldn't drag me away". Jagger schien noch unter dem Einfluss der Ereignisse seines eigenen problematischen Liebeslebens zu schreiben: der immer weiter zerfallenden Beziehung zu Marianne Faithfull, die erst kurz zuvor nach einer Überdosis wieder aus dem Koma erwacht war.

"Jagger führte sich auf wie ein Pennäler", sagt Jim Dickinson, der dabei war, als Jagger in Muscle Shoals Hand an die endgültige Version des Songs legte. "Er war am Boden zerstört."

'Wild Horses' war der letzte Song, den die Stones in Alabama einspielen wollten, aber als die Band mit den Aufnahmen begann, packte Ian Stewart zusammen und ging. Dickinson nahm seinen Platz ein. Erst Jahre später erfuhr er, weshalb Stewart 'Wild Horses' nicht mochte – Stu hasst Moll-Akkorde, und der Song beginnt mit einem Mollakkord. Auch bei Live-Auftritten mit der Band, selbst nach endlos vielen Tourneen, trug der Boogie-Woogie-Man seine Abneigung offen zur Schau, indem er jedes Mal die Hände von den Tasten nahm, wenn ein Moll-Akkord an der Reihe war. "Er war schon ein extremer Typ", sagt Dickinson. "Er sorgte dafür, dass sie ehrlich gegenüber sich selbst blieben. Wenn Ian in der Nähe war, lief garantiert keine Scheiße ab."

Aber für Dickinson war es das Größte, dass er seine geliebten Rolling Stones hautnah im Studio erleben konnte. Als er sich abmühte, ein paar Countrylicks von Floyd Kramer in den Song einzupassen, bemerkte er, dass die Band selbstvergessen oder gar vorsätzlich mit verstimmten Instrumenten spielte – ein Beweis, dass Präzision für die weltgrößte Rock-and-Roll-Band keine große Rolle spielte. Bis Mitte der Achtziger waren Studiobesucher immer wieder überrascht, wie amateurhaft die Stones arbeiteten. Sie führten sich nur unwesentlich fachkundiger auf als irgendeine neue Band von Nobodies, die an einem Demoband arbeiteten.

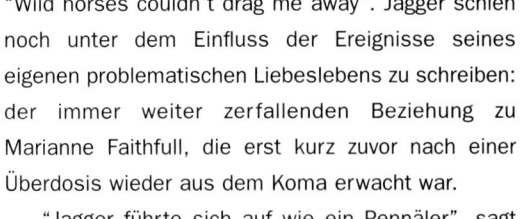

Familienmensch: Keith Richards mit Anita Pallenberg und gemeinsamer Tochter Dandelion.

Aber diese Scheißegal-Haltung gehörte unverzichtbar zum Arbeitsstil der Stones. Und da Dickinson Richards schlecht vorschreiben konnte, wie er seine Gitarre zu stimmen hatte, versuchte er es mit einem alten, schrottreifen Hammerklavier im hinteren Teil des Studios – wo der Roadie die Drogen versteckt hatte – und fand darauf einen Bereich von anderthalb Oktaven, den er mit einer Hand spielen konnte und der harmonisch einigermaßen zu den verstimmten Instrumenten der Stones passte. Leicht war es nicht, aber das unsterbliche Ergebnis, der 'Wild-Horses'-Track, öffnete Dickinson endgültig die Augen. In seiner späteren Karriere als Produzent für Bands wie die Replacements oder die Texas Tornadoes hat er von einer gewissen Lockerheit profitiert, die er bei den Rolling Stones um das Jahr 1969 herum gelernt hatte.

"Auf dem, was ich in diesen drei Tagen gelernt habe, basiert meine ganze Karriere", sagt Dickinson und lacht. "Es war so organisch und natürlich, man musste einfach aufhören, immer nachzudenken und Fragen zu stellen, wer hier Recht oder Unrecht hat. Die hatten überhaupt keine Vorstellung von dem, was sie machten. Sie nahmen eine Platte auf, so wie das irgendwer von der Straße machen würde, der noch nie ein Studio von innen gesehen hat."

Als nach der dritten Studionacht endlich die Sonne aufging, packte Jagger die Master-Bänder mit ihren drei neuen Songs ein und achtete darauf, dass nichts zurückblieb. "Als die Session vorbei war und sie den groben Mix eingespielt hatten, nahm sich Jagger die Bänder vor und vernichtete sie – mit Ausnahme der Masters", sagt Dickinson. "Er löschte jeden Mix und jede Einzeleinspielung. Dann zerstörte er die Achtspurbänder und verstreute sie am Boden. Von der Session existieren keine Schwarzpressungen."

> " Sie nahmen eine Platte auf, so wie das irgendwer von der Straße machen würde "
> Jim Dickinson

can't you hear me knocking

ie schnellen, mahlenden Gitarrenstöße, mit denen 'Can't You Hear Me Knocking' beginnt, sind so minimalistisch wie die Punkriffs, die später in diesem Jahrzehnt auftauchten. Never mind the Sex Pistols. Dieser Sound war ebenso brutal wie erschreckend real: die Riffstakkatos, das Quietschen der Finger beim Sliden über die Stahlsaiten, das entfernte Geheul von Jagger, der mit seiner besten kaputten Stimme selbst in die Rolle des anklopfenden Sensenmanns schlüpfte.

Das waren Momente, die eindeutig von Keith Richards und seiner rauen Rhythmusgitarre beherrscht wurden. Nach diesem beinharten Groove gleitet der Song bald über in einen unerwartet offenen zweiten Teil, bei dem Rockpuristen noch heute an die Decke gehen. Mitten in diesem getragenen Abschnitt – mit über sieben Minuten das längste Stück des Albums – bläst Bobby Keys plötzlich auf seinem Saxophon fette R&B-Läufe und ein jähes, jazziges Gehupe, das zusammen mit den Latin-Conga-Rhythmen des Perkussionisten Rocky Dijon die Stones in eine rockende Jazz-Combo verwandelt, die sich gefährlich weit auf das Santana-Geläuf vorwagt. Für einige Hörer war das nichts als prätentiöser Schwachsinn. Aber 'Can't You Hear Me Knocking' gehört dennoch in den Rock-and-Roll-Pantheon, und *Sticky Fingers* profitierte davon.

Zumindest eines lässt sich über dieses Stück sagen: Es war kein zielloses Rumgedudel. Es zeigte in welch dramatischem Ausmaß sich der Horizont der Band dank Mick Taylor mit seinen schnellen Fingern erweitert hatte. Der neue Gitarrist führte sich selbst hier als der Rock- und Bluesvirtuose ein, der Brian Jones einmal hatte werden wollen, bevor Drogen und Paranoia seinen Traum zerstört hatten und er im freien Fall in der Versenkung verschwunden war. Taylor hat den Sound der Stones nicht grundlegend verändert. Die Basis der *Sticky-Fingers*-Ära stammte noch aus derselben Zeit wie 'Jumpin' Jack Flash':

sticky fingers

aus dem Jahr 1968. Aber Taylor half der Band, sich rein musikalisch weiterzuentwickeln, und dafür schienen sich sowohl Jagger als auch Richards zu begeistern.

"Er hat einen großen Beitrag zur Entwicklung der Band geleistet", sagte Jagger 1995 über Taylor im *Rolling Stone* Magazine. "Ihm ging es wirklich um die Musik. Er war ein sehr sicherer, melodischer Spieler. So einen hatten wir weder davor noch danach. Weder Keith noch Ronnie haben diesen Stil drauf. Für mich war es sehr angenehm, mit ihm zu arbeiten. Ich konnte mich mit Mick Taylor zusammensetzen, und er fing sofort an, flüssige Läufe zu meinem Gesang zu spielen. Ich war von ihm begeistert. Ich konnte mich an seinen Sachen orientieren und gleich loslegen."

Für Andy Johns, der die Olympic-Studios-Sessions mitverfolgte, bei denen sein Bruder Glyn als Toningenieur fungierte, war es etwas ganz Besonderes, den Durchbruch von Taylor miterleben zu dürfen. Im Lauf der Jahre arbeitete Johns im Studio mit Gitarrengöttern wie Jeff Beck, Jimmy Page, Eric Clapton, Jimi Hendrix und Eddie Van Halen. Bis heute bevorzugt er Taylor. "Mick Taylor konnte ich die ganze Nacht zuhören", sagt Johns. "Er machte nie einen Fehler und jedes Take hörte sich anders an. Er konnte einen zum Weinen bringen. Er war phantastisch. Es war nicht leicht, einen Kontakt zu ihm als Person herzustellen. Er war sehr zurückgezogen und gab nicht viel von sich preis. Aber ich liebte es, ihm nächtelang zuzuhören. Es wurde nie langweilig, während das Arbeiten mit Eric, Jeff, Pagey und sogar Hendrix wirklich langweilig sein konnte. Die sind nicht die ganze Zeit über voll da."

"Ich bin überzeugt, dass Mick Taylor großen Einfluss auf die Entwicklung der Band hatte. Wer weiß? Nachdem Brian die Stones verlassen hatte und sie mit Jimmy Miller arbeiteten, spielten sie 'Jumpin' Jack Flash' und 'Street Fighting Man' ein und sie bewegten sich mehr Richtung Rock and Roll. Und als dann Mick Taylor dazukam, war das wie die Vollendung des Ganzen. Das Phantastische war, dass sie wieder zusammen jammen konnten. Sie hatten lange nicht mehr zusammen improvisiert."

> " Er war ein sehr sicherer, melodischer Spieler. So einen hatten wir weder davor noch danach. Ich war von ihm begeistert. Ich konnte mich an seinen Sachen orientieren und gleich loslegen "
>
> Mick Jagger über Mick Taylor

bitch

as war der typische explosive Stones-Riff schlechthin, brillanter Rhythmus aus Keith Richards Gitarre inmitten des komfortablen Ambientes von Stargroves. Dabei hatten die Sessions zu 'Bitch' zunächst ohne Richards begonnen. Als er mit einer Schüssel Cornflakes am Set erschien, hatten die Stones sich bereits einen ganzen Tag erfolglos mit dem Track abgemüht. "Es klang ziemlich mies", erinnert sich Andy Johns.

Richards verspeiste in aller Ruhe sein Frühstück und sah den anderen bei der Arbeit zu, bis er das Gekreische nicht mehr hören konnte: "Gib mir die scheiß Gitarre rüber!"

Ruckzuck fand er ein einfaches Akkordmuster, das den Song sofort zu einer kompakten lebhaften Einheit machte. Es war ein absolut erbarmungsloses Riff, eine höllische Attacke auf die Sinne. Auf dem endgültigen Track wird Richards' Rhythmusgitarre von den Hörnern von Bobby Keys und Jim Price flankiert mit stark reduzierter Leadgitarre an den Rändern. "Schlagartig veränderte sich der Song. Aus 'nicht so gut' und 'seltsam' wurde plötzlich ein Hammer, und da war es wieder", sagt Johns über den Moment, als Richards das Studio betrat. "Sofort war eine andere Energie da. Das hat mich schwer beeindruckt."

Der Sound passt zu Jaggers geiler Message. Lustvoll grunzt er: "Wenn du meinen Namen nennst, fange ich zu sabbern an wie Pawlows Hund." Allein der Titel war schon dazu angetan, die empfindlichen Grenzen von Anstand und gutem Geschmack zu verletzen – und das fast zwei Jahrzehnte, bevor Gangsterrap und MTV das Wort 'Bitch' zumindest im Vokabular der Musikbranche salonfähig machten. Es war nur eine drastischere Bezeichnung für ein Thema, von dem Jagger zumindest seit 'Stupid Girl' und 'Under My Thumb' besessen war.

sticky fingers

I got the blues

Jagger macht sich nicht die Mühe, den Blues-Stil zu imitieren, und so kommt 'I Got The Blues' weniger als Verneigung vor der Tradition rüber, sondern stärker als Eigenleistung des Sängers selbst. Zu oft hat sich Jagger in seinen Stücken dazu hinreißen lassen, auf fast komische Art die Gesangsmarotten und Manierismen der alten Blues- und Countrygrößen zu imitieren, so, als jage er noch immer seinem pubertären Traum hinterher, ein echter Bluesman zu werden. Aber in diesem herzzerreißenden Song, zu dem ihn wahrscheinlich das Ende der Beziehung zu Marianne Faithfull bewegt haben dürfte, verschmilzt Jagger in seiner Trauer mit den gefühlvollen Gospeltönen der Orgel von Billy Preston und den Bläsereinsätzen, die von Jim Price arrangiert wurden. Hier entsteht ein ausdrucksstarker ungeschminkter Blues, der wirklich aus seinem Inneren kommt – "Ich reiß mir die Haare aus – alles nur wegen dir".

sister morphine

Die Anfänge von 'Sister Morphine' reichen zurück bis ins Jahr 1968. In einem Park in Rom zupfte Jagger die ersten Töne zu diesem Klagelied. "Es war ein Lied, das in Micks Kopf entstanden war, für das er aber keine Worte zu finden schien", sagt Marianne Faithfull heute. Monatelang spielte er immer wieder dieselbe Akkordfolge auf der akustischen Gitarre – ohne Text –, bis ihm schließlich Marianne Faithfull ihren Text anbot, die Geschichte eines sterbenden Mannes, der verzweifelt nach Morphium verlangt, eine Geschichte, die nichts mit der zarten Ballade 'As Tears Go By' zu tun hatte. Dieser Song bot Faithfull die Chance, ihr Repertoire zu erweitern und sich mit ernsthafteren, ja sogar gefährlichen Themen zu befassen.

"Ich war neidisch auf Mick und Keith", schrieb sie 1994 in ihrer Autobiographie. "Die beiden hatten die Grenzen der Konvention weit hinter sich gelassen, und ich war noch immer gefangen. Ich hatte gesehen, was die Stones machten, was Popmusik bewirken konnte. 'Sister Morphine' war mein Versuch, einen Pop-Song, der Kunst war, zu machen!" Natürlich gab es auch andere Einflüsse wie etwa 'Waiting For The Man' von Velvet Underground, einer anderen Junkie-Hymne.

Faithfull orientierte sich bei der Struktur ihres Songs an John Miltons *Lycidas*, und die Zeile "die sauberen weißen Tücher rot verschmiert" enthält ihre Erinnerung an eine Schiffsreise nach Brasilien, auf der die schwangere Anita Pallenburg plötzlich zu bluten anfing. In einem Krankenhaus hatte man ihr Morphium gegeben – unter den neidischen Blicken ihrer Freunde.

Zu dem Zeitpunkt, als Marianne Faithfull mit Jagger an diesem Song arbeitete, hatte sie ihr eigenes Drogenproblem noch vor sich. Trotz Presseschlagzeilen wie "Nackte auf einer Stones-Party!" nahm Faithfull genauso wie Jagger nur gelegentlich Drogen. Über zwei Jahrzehnte lang haben beide immer wieder betont, dass es sich bei diesem Song um reine Fiktion handle und er nichts mit Faithfulls anschließenden Drogenexperimenten zu tun habe. "Es war eine kleine Erzählung, eine Geschichte, lange bevor ich Heroin probierte", sagt Faithfull. "Es war die Geschichte von einem Mann, der nach einem Autounfall unsägliche Schmerzen erleidet. Sterbend liegt er im Krankenhaus und verlangt nach Morphium. Es war ein Bild. Ich hab damals gar keine Drogen genommen."

Jagger arrangierte Faithfulls Aufnahme von 'Sister Morphine' während der Endabmischung des Albums *Let It Bleed*. Auf der Einspielung ist Ry Cooder zu hören. Er spielt eine schnelle Bottleneckgitarre wie jemand, der wild um sich schlägt und verzweifelt versucht,

Ry Cooder, einst im Gespräch als Nachfolger von Brian Jones, ist auf 'Sister Morphine' zu hören.

sticky fingers

Marianne Faithfull musste zwei Jahrzehnte auf die Anerkennung als Co-Autorin von 'Sister Morphine' warten.

mit dem soliden Rockrhythmus von Charlie Watts und Bill Wyman mitzuhalten. Die Stimme wurde in London aufgenommen. Während der Sessions in Los Angeles sprach der Pianist Jack Nitzsche Marianne Faithfull an, weil er sie beim Koksen und Alkoholtrinken überrascht hatte. "Wie kannst du als Sängerin koksen?", fragte Nitzsche. "Weißt du nicht, dass du dir mit dem Zeug die Stimmbänder und Schleimhäute ruinierst? Bei Keith und Anita ist das was anderes. In der Band kann sich jeder ruinieren, nur nicht der Sänger und der Drummer."

Faithfulls erster Versuch, sich von dem Image "Anhängsel eines Rockstars" zu befreien, endete jäh, als Decca ihre Single 'Sister Morphine' nach nur zwei Wochen aus dem Verkauf zurückzog. Als dann die Rolling Stones den Song schließlich auf *Sticky Fingers* rausbrachten – mit Jaggers gehetzt wirkendem Gesang auf demselben musikalischen Hintergrund, hatte für Faithfull bereits der Kampf mit Heroin und anderen harten Drogen begonnen. Der Song wurde zu ihrem persönlichen "Frankenstein", einer düsteren Kreation, die lange Zeit ihr Leben überschattete.

Gegen Ende der Siebziger hatte Faithfull ihre Abhängigkeit so weit im Griff, um mit *Broken English* und ihrer wundervoll strengen Stimme einen zweiten Karriereversuch zu starten. Das Album war geprägt von ihrem analytischen Verstand und den brutalen Erfahrungen, die hinter ihr lagen. 1997 präsentierte sie sich der Öffentlichkeit als reife und stilsichere Interpretin von Kurt Weill und Bert Brecht. 'Sister Morphine' gehörte endgültig der Vergangenheit an. Seit Jahren hat sie das Lied nun nicht mehr gesungen.

"Die Leute können denken, was sie wollen, ich werde auf keinen Fall mehr Werbung für Morphium machen", sagt Faithfull und lacht. "Meine Lebensaufgabe ist es nicht, anderen Ratschläge zu erteilen oder Vorschriften zu machen. Es gibt Entscheidungen, die muss jeder für sich treffen. Aber ich nehme kein Morphium und ich sehe auch nicht ein, warum irgendjemand es braucht. Das ist vielleicht eine sehr konservative Sichtweise, aber ich habe auch nicht vor, jemandem etwas zu verbieten. Jeder hat das Recht, sich für seine eigene Todesart zu entscheiden."

Auf *Sticky Fingers* wurde Marianne Faithfull nicht einmal als Songwriterin für 'Sister Morphine' erwähnt. Einzig das Gespann Jagger-Richards heimste über zwei Jahrzehnte lang die Anerkennung für diesen Song ein. Heute gibt Jagger zu, dass Faithfull zumindest einen Teil des Textes geschrieben hat, auch wenn er nach wie vor leugnet, dass sie den Text alleine geschrieben hat. "Sie hat sich ständig darüber beschwert, dass sie nicht genügend Geld für den Song bekommt", sagte er 1995. "Und heute will sie alles haben."

Auf der neuesten Auflage von *Sticky Fingers* bei Virgin Records erhielt Faithfull endlich die Anerkennung als Co-Songwriterin, die ihr gebührte. "Ist das nicht wunderbar?", sagt sie. "Einfach süß von den beiden!"

dead flowers

enn Jagger mit 'I Got The Blues' den Beweis erbrachte, dass er keinen affigen Akzent imitieren musste, um einen organischen Zugang zu den Ursprüngen der amerikanischen Musik zu finden, war 'Dead Flowers' wieder ein gutes Beispiel für Schauspielerei anstelle von Interpretation. Später trieb Jagger diese unglückliche Neigung ins Extrem, als er 1978 'Far Away Eyes' aufnahm, einen Song, in dem er die gesamte Countrymusic auf den Arm nimmt. 'Dead Flowers' muss man wenigstens seinen lockeren Country-Groove zugute halten, der sich parallel zu Ian Stewarts fröhlichem Boogie-Woogie-Klavier entwickelt.

"Ich sitze im Keller mit Nadel und Löffel", trällert Jagger, "mit meinem Girl, das mir die Schmerzen nimmt". Es scheint, als nutze der Sänger den Optimismus der Country- und Westernmusic, um seine diffuse Traurigkeit und andere Probleme zu kaschieren.

"Ich mag Countrymusic, aber es fällt mir schwer, sie ernst zu nehmen", sagte Jagger dem *Rolling Stone* Magazine 1995. "Ich bin überzeugt, dass ein Großteil der Countrymusic ironisch gemeint ist, und deshalb klingt sie auch bei mir ironisch. Die Harmonien sind ganz anders als beim Blues. Die Noten werden nicht so gedehnt, irgendwie sehr englisch. Auch wenn Country ein Inbegriff für Amerika ist, mir ist diese Musik sehr vertraut, nah an meinen Wurzeln sozusagen."

> "Ich mag Countrymusic, aber es fällt mir schwer, sie ernst zu nehmen. Ich bin überzeugt, dass ein Großteil der Countrymusic ironisch gemeint ist, und deshalb klingt sie auch bei mir ironisch"
>
> Mick Jagger

moonlight mile

*ticky Fingers* endet mit einem wehmütigen Ton. Zu Mick Taylors üppigen Gitarrenklängen singt Jagger mit erschöpfter Stimme von einem endlosen Leben auf der Landstraße "mit dem Kopf voll Schnee", einzig getrieben von dem Wunsch, in das Bett der Geliebten zurückzukehren.

Nach einer Nachtschicht in Stargroves, in der Taylor das letzte aus seiner Gitarre rausholte und Jim Price die Klaviersaiten mit permanent durchgetretenem Pedal bearbeitete, kam bei Tagesbruch 'Moonlight Mile' in seiner endgültigen Form zu Tage. "Es war vier oder fünf Uhr, die Sonne ging gerade auf", erinnert sich Andy Johns. "Das Morgengrauen und die ersten Lichtstrahlen, die durchs Fenster fielen, verstärkten das Gefühl, im Halbwachzustand zu sein. Es war einmalig. Ich höre mir den Song heute noch gerne an."

Jahre später hatte auch Jagger gute Erinnerungen an 'Moonlight Mile', an Taylors unaufdringliche Gitarre und die üppigen Streicherarrangements. Obwohl Richards bei der Session fehlte, zeigte er sich sichtlich beeindruckt von dem Ergebnis. "Ich war nicht da, als sie das Stück aufgenommen haben", sagte er dem *Rolling Stone* 1971. "Für mich war es wirklich toll, das zu hören. Gegen Ende des Albums hatte ich nur noch ziemlich wenig mit den Aufnahmen zu tun. Ich hörte es mir einfach an, ja, einfach so. Es war toll. Wir waren alle überrascht, wie gut sich das Album zusammenfügte."

Kapitel 10

1972 exile on main street

Hide Your Love: Mick Jagger und seine neue Frau Bianca zeigten sich bald in der Öffentlichkeit.

Rocks Off
Rip This Joint
Hip Shake (MOORE)
Casino Boogie
Tumbling Dice
Sweet Virginia
Torn And Frayed
Sweet Black Angel
Loving Cup
Happy
Turd On The Run
Ventilator Blues
Just Wanna See His Face
Let It Loose
All Down The Line
Stop Breaking Down
Shine A Light
Soul Survivor

exile on main street

"Es gab kein Entkommen aus der realen Welt von Verfall und Verzweiflung, in der sich die Rolling Stones in den frühen 70er Jahren befanden. "Ich schenkte dir Diamanten / Du machst mich krank" war auf das Cover von *Exile On Main Street* gekritzelt. Dieses musikalische Dokument war so wild und chaotisch, dass die frühen Songs über Sex und Rebellion dagegen fast harmlos wirkten.

Man muss sich vor Augen halten, wie weit es die "bad boys" aus London mit ihren herausgewachsenen Topfhaarschnitten gebracht hatten. Jenseits aller anerkannten Autoritäten hatten sie sich in Keith Richards' südfranzösische Villa zurückgezogen und schwelgten zufrieden in ihrer Welt, in der bürgerliche Werte keine Rolle spielten.

Das war kein bloßer Rock and Roll mehr, sondern ein schroffer, dekadenter Sound ohne jeden Hipster-Anstrich. Durch *Exile On Main Street* ziehen sich düstere Vorahnungen, so düster wie in 'Gimme Shelter'. Dass das bedrohliche Gefühl im Laufe der Zeit nicht schwächer wurde, liegt hauptsächlich an dem begeisterten Rückgriff auf die rauesten Bluessounds, die man sich vorstellen kann, und deren Umwandlung in den unverkennbaren, zornigen Rolling-Stones-Sound. Insgesamt ist *Exile...* ein Gemisch aus diffusen Bildern und Klagen, das den Zuhörern Geschichten von Verweigerung und Ablehnung bietet.

Exile... rief im Jahre 1972 gemischte, aber sehr starke Reaktionen hervor. Beim ersten Hinhören wirkten die 18 Stücke auf dem Album äußerst schluderig. Jagger war praktisch nicht zu verstehen. Das stand einem Triumphzug an die Spitze der britischen und amerikanischen Charts in jenem Jahr jedoch nicht im Wege. Erst im weiteren Verlauf der 70er Jahre kamen die Kritiker überein, dieses Album zu einem wegweisenden Dokument der Popmusik zu küren. Der Sänger selbst ist jedoch nicht überzeugt. "Ehrlich gesagt, finde ich, es wird etwas überbewertet", sagte Jagger 1995 in einem Interview für den *Rolling Stone*. "Es sind nicht so viele wirklich gute Songs darauf wie auf den beiden vorherigen Alben. Ich denke, die Musik ist ganz gut. Das Album hat etwas Wildes, aber insgesamt finde ich es nicht so gelungen."

Diese saloppe Analyse trifft die Gesamtwirkung des Albums nicht. *Exile On Main Street* ist keine Ansammlung von Singles, eher eine einzige zornige Klangmauer. Zweifellos ist Jaggers Urteil auch von den unheimlichen Begleitumständen beeinflusst, die die Band zu den düsteren Geschichten auf dem Album inspiriert hatten.

Jagger war gleich nach seiner Heirat mit Bianca Rose Perez Moreno de Macias in St. Tropez zu den Sessions in Südfrankreich gereist. Zu den Festgästen zählten unter anderen Eric Clapton, Ringo Starr, Stephen Stills und Paul McCartney. Damals hatte die Band immer noch Schwierigkeiten mit dem Finanzamt, ihr drohten Gerichtsverfahren, und Ex-Manager waren hinter ihr her. Keith hatte gerade einen Autounfall überlebt und geriet in Nellcote, seinem angemieteten Schloss in Villefranche-sur-Mer, immer weiter in Abhängigkeit von verschiedenen Drogen.

Einige Stücke auf *Exile...* stammten zwar von früheren Sessions in den Olympic Studios und in Stargroves, doch der wesentliche Teil entstand während der fast sechsmonatigen Arbeit in Südfrankreich. Aus Keiths für 10.000 Dollar im Monat angemieteten Villa an der Mittelmeerküste überblickte man ein ruhiges Fischerdorf. Ursprünglich hatten die Stones für die Aufnahmen ein anderes Haus suchen wollen, doch Ian Stewart hatte nichts Passendes gefunden. So begannen die Sessions im Sommer 1971 in Keiths Keller.

Die Sessions in Nellcote fanden in entspannter Atmosphäre statt, gestalteten sich aber schwierig. Oft fiel der Strom aus, und in den Sommermonaten war es so schwül, dass sich die Instrumente immer wieder verstimmten. Zu den Mitwirkenden und zur Crew der Stones gehörte auch Gram Parsons, der sich zeitweise seinen Verpflichtungen entzogen hatte, die Flying Burrito Brothers in den von einigen prophezeiten Country-Rock-Himmel zu führen. Zwar ist es nirgends dokumentiert, aber bei 'Tumbling Dice' könnte durchaus Parsons im Hintergrund zu hören sein. Jedenfalls war er derjenige, der Richards zunehmend für Countrymusic begeisterte.

Der Gesang wurde später in Los Angeles aufgenommen und dazugemischt. Die Besucher im Studio, unter anderem Neil Young, Joni Mitchell und

> "Ehrlich gesagt, finde ich, es wird etwas überbewertet. Es sind nicht so viele wirklich gute Songs darauf... Das Album hat etwas Wildes, aber insgesamt finde ich es nicht so gut"
>
> Mick Jagger über Exile On Main Street

exile on main street

> " 'Warum Südfrankreich?' fragen die Leute. Das ist einfach der nächste Ort, wo wir ein bisschen ausspannen und dann aufnehmen können "
>
> Keith Richards

Marc Bolan, fanden eine Band vor, die immer weiter zu ihren eigenen Wurzeln vorstieß, entgegen dem allgemeinen Trend hin zu den Ansprüchen klassischer Musik, der zu so lächerlich hohlen epischen Übertreibungen wie bei Emerson, Lake and Palmer führte.

Schon bald sollte es bei den Stones selbst zu Ausschweifungen kommen, doch *Exile On Main Street* fing sie in einem Augenblick fabelhafter Unbekümmertheit ein, zum Beispiel in der anzüglichen Aufnahme von Slim Harpos 'Hip Shake'. Die Stones machten daraus einen rauen Texas-Boogie mit konkurrierenden Gitarren, dem ratternden Rhythmus von Charlie Watts, und Jagger stöhnt dazu wie in Trance. Noch tiefer verfällt er Harpos Zauber aus alten Zeiten in einer Mundharmonika-Passage, in der die Schwermut des allertraurigsten Blues mitschwingt.

Exile... bleibt weniger wegen einzelner Songs im Gedächtnis als wegen des mächtigen Gesamteindrucks. Das Album ist ein bleibendes Monument der ersten Vermischung von Rock und Blues. "'Warum Südfrankreich?' fragen die Leute. Das ist einfach der nächste Ort, wo wir ein bisschen ausspannen und dann aufnehmen können", sagte Richards gegenüber dem *Rolling Stone* Anfang 1971, als sich die Band auf die Arbeit in seinem Keller vorbereitete. "Deshalb wohnen wir auch alle zusammen ... und haben das ganze Equipment mitgebracht. Ich hoffe, es lohnt sich."

rocks off

angen wir vorne an. *Exile On Main Street* beginnt, ganz passend, mit einer raffinierten Sequenz aus Riffs im mittleren Tempo und einem rauen Geheul von Mr Jagger. In diesen Sekunden wird die Stimmungslage für die 18 Songs eindeutig festgelegt, und die ist entwaffnend relaxed.

Bald bricht über einem tosenden Strom von Klavier und Bläsern kaum verborgene Leidenschaft los. Jaggers Stimme ist nur ein anderer Teil des Mixes und zieht kaum einmal mehr Aufmerksamkeit auf sich als das Gemisch von Rock und Blues um ihn herum. Der Angriff der beiden Gitarren, der saubere Beat, Bill Wymans dichte, heitere Basslinien, alles läuft zusammen wie bei einer Jam Session der "größten Rock-and-Roll-Band der Welt" in irgendeiner Jukeboxkneipe.

Oft leben die sechs Monate dauernden Aufnahmen zu *Exile On Main Street* von plötzlichen Eingebungen. 'Rocks off' war einer der frühen Erfolge in Villefranche-sur-Mer. Die Sessions für die Aufnahmen der Band waren extrem gut gelaufen, und zum Sonnenaufgang des nächsten Tages war sogar Keith eingeschlafen. Das war normalerweise das Signal für den Toningenieur Andy Johns, ebenfalls zu Bett zu gehen. Als er aber gerade nach einer halben Stunde Autofahrt in der Villa angekommen war, die er zusammen mit dem Trompeter Jim Price bewohnte, klingelte das Telefon und Keith war dran: "Wo zum Teufel bist du?". "Du warst doch eingeschlafen", antwortet Johns. "Es war schon fünf Uhr morgens, und da bin ich eben nach Hause gefahren". Normalerweise hätte Richards bis zur Session am nächsten Abend gewartet. Warum also die Eile? Keith fühlte sich bereit für die vor ihm liegende heikle Aufgabe, und er wollte diesen Augenblick nicht ungenutzt verstreichen lassen. "Oh Mann, ich muss diesen Gitarrenteil machen", sagte er. "Komm zurück!".

Johns fuhr zurück. "Also fahre ich zurück, er stöpselt seine Telecaster ein, spielt den zweiten Part der Rhythmusgitarre, und das Ganze fügt sich zusammen und kriegt wirklich Groove", erinnert sich Johns. Richards hatte die Sache in zwei Takes aufgenommen. Treibende Kraft bei 'Rocks Off' – wieder eine Geschichte über sexuelle Frustration und Impotenz – sind die fortlaufenden Riffs. Die erotischen Inhalte nach Art von Henry-Miller-Romanen werden nicht explizit ausgesprochen, sondern von Jaggers undeutlicher Aussprache allenfalls angedeutet.

Monate später legte man beim Abmischen von 'Rocks Off' einen eigenartigen Echoeffekt über Jaggers Gesang und verlieh der Bridge dieser ansonsten geradlinigen Rockmelodie damit eine träumerische Note. "Wir hatten Glück mit diesem Sound", sagte Johns, "er ist äußerst stimmig."

Im fertigen Track präsentierten sich auch Trompeter Jim Price und Saxophonist Bobby Keys als prägende Persönlichkeiten für das gesamte Album. Diese texanischen Begleitmusiker spielten einen lauten, aufdringlichen, unverschämten und ungehobelten Sound, der dem der Rolling Stones selbst sehr ähnlich war. Beim Arrangement der Bläserparts ließ man Price freie Hand.

Als die Stones ihre Aufnahmen eingespielt hatten, fuhren sie nach Montreaux in Urlaub, und es blieb Price, Keys, Keyboarder Nicky Hopkins, dem Producer Jimmy Miller und Johns überlassen, was weiter dazugemischt wurde. "Es lag auf der Hand, welche Songs sich für Bläser eigneten", sagt Price heute. "Was gespielt wurde, überließen sie uns. Es gefiel ihnen wohl, was wir machten."

rip this joint

iese schnelle Roadhouse-Party ist ein feuriger Gruß an die tiefsten Rock- und Blueswurzeln der Stones. Jaggers hektischer Gesang ist undeutlich, überlagert von einem überdrehten Chuck-Berry-Groove, wenn auch der Altmeister selbst nie so hart und schnell rockte. Vergleichbar wären Clash und X eine halbe Dekade später.

Die Gitarrenattacke von Richards und Taylor steht unter reinem Adrenalin, begleitet vom wilden Bass von Bill Plummer und einem übermütigen Solo von Bobby Keys. 'Rip This Joint' war nur ein Ergebnis der nächtlichen Jam Sessions, die die Stones zu Beginn der Arbeit an *Exile On Main Street* veranstalteten. "In Frankreich jammten wir einfach zwei Monate lang jede Nacht", sagt Price. "Wir spielten einfach von neun Uhr abends bis etwa vier Uhr morgens. Wir spielten und spielten und spielten. Dann ergaben die Songs sich von selbst. Mick fing an, irgendetwas zu singen – mmm – na-na – nichts, nur ein Silbenbrei. Er sang weiter, bis allmählich Worte entstanden."

Price erinnert sich, dass Richards die meisten Melodien zunächst auf der Gitarre entwickelte, auf der Suche nach einem passenden Groove. "Manchmal schrieben Keith und Mick oben", sagte Price. "Sie spielten und sangen, bis etwas Gestalt annahm."

> " Wir spielten einfach von neun Uhr abends bis etwa vier Uhr morgens. Wir spielten und spielten. Dann ergaben die Songs sich von selbst "
>
> Jim Price, Bläser

casino boogie

er langsame Shuffle von 'Casino Boogie' präsentiert Micks typischen undeutlichen Gesang und bereitet ein weiteres energiegeladenes Solo von Bobby Keys vor. Richards spielt Bass. Inspiriert wurde dieser Song wie auch 'Tumbling Dice' höchstwahrscheinlich durch die bequeme Nähe der Casinos zum Ort der Sessions im Süden Frankreichs. Richards verbrachte gerne seine Tage an den Würfel- und Roulette-Tischen nahe der Villa am Rande Monte Carlos, die sich Johns und Price teilten. Das war ein netter Zeitvertreib, ehe er sich abends im Studio in Keiths Haus einfand.

"Diese Alben fielen uns nicht schwer", sagt Price über seine Arbeit an *Exile On Main Street* und *Sticky Fingers*. "Es hat nur lange gedauert, weil alles sehr entspannt ablief und irgendwie ewig so weiterging. Aber es gab keine Auseinandersetzungen oder sowas."

Der wilde, leicht chaotische Sound von *Exile On Main Street* "stammt eigentlich von den Instrumenten", sagt Price. "Denn Keith spielte mit einer bestimmten Art von Verzerrung auf seiner Rhythmusgitarre. Das klingt dann eben so."

exile on main street

tumbling dice

Hier ist Mick Jagger der unglaubwürdige Prediger, der Zeugnis von irgendeiner großen Lebenslehre ablegt, während die Band entspannt in einen pochenden Groove fällt. Effektvoll, doch vergeblich stammelt er zu den warmen Gospelklängen von Claudie King und Vanetta Fields, wobei er weder sagt, was er meint, noch meint, was er sagt, genau wie es laut Fats Domino sein sollte.

Jagger spielt hier auch Gitarre, Mick Taylor Bass, doch der Groove kommt von Richards. 'Tumbling Dice' hat das reichhaltigste Arrangement des gesamten Albums, dazu bringt ein harter Backbeat von Charlie Watts etwas Disziplin in Jaggers Predigt über Niederlagen. Auch in gedruckter Form, ohne Jaggers ruheloses Soulman-Grollen, vermittelt der Text keinen klaren Sinn. Unverkennbar ist nur die Ambivalenz des Verlierers. "Das ist nicht gerade das Beste, was wir gemacht haben", sagte Jagger gegenüber dem *Rolling Stone* im Jahre 1995. "Ich finde die Texte nicht gut. Doch wenn sie den Leuten gefallen, um so besser."

Für viele Hörer gehört 'Tumbling Dice' zu den bedeutendsten Stücken der Stones. Doch die so natürlich und leicht hypnotisch klingende Aufnahme stellte eine der größten Herausforderungen für Aufnahmetechnik und Komposition des gesamten Albums dar. Der ursprüngliche Titel lautete 'Good Time Women' und hatte einen anderen Text. Nach endlosen Sessions gelang Richards durch Versuch und Irrtum eine Verfeinerung des Hauptriffs.

"An 'Tumbling Dice' haben wir einige Wochen gearbeitet, nicht zuletzt am Basic Track", erinnert sich Andy Johns. "Wir hatten hundert Spulen mit dem Basic Track. Es wurde ein guter Song, aber es war eine schwere Geburt."

Die Entstehung von 'Tumbling Dice' war ein Extremfall, zeigt aber die Atmosphäre von Unverbindlichkeit auf, die in den sechs Monaten in Nellcote herrschte. Drogen, Rechtsstreitigkeiten, Sex, die dekadente Isolation in Südfrankreich, alles war mitverantwortlich. "Es störte uns aber diesmal nicht so sehr wie bisher", sagte Jagger 1995. "Wir waren nicht wirklich auf den kreativen Prozess konzentriert, und wir hatten große finanzielle Probleme ... Es ging uns nicht gut. Wir mussten vorankommen. Und wir waren etwas aus der Bahn geworfen." Die bleibende Kraft von *Exile On Main Street* entstand in den Augenblicken, in denen die Inspiration Oberhand über die Untätigkeit gewann – dann verschmolzen die Rolling Stones letztlich zu einer bedeutenden Band.

"Sie waren die schlechteste Band auf dem ganzen Planeten, eine Ansammlung der schlimmsten Musiker der Welt, manchmal tagelang", sagte Johns lachend. "Wirklich verdammt schlecht. Und ich saß da und fragte mich, wie in aller Welt das noch etwas werden sollte. Sie spielten die meiste Zeit miserabel und völlig daneben. Das lag größtenteils an ihrer Einstellung. Sie nahmen sich jede Menge Zeit damals, und Bill und Charlie warteten sozusagen immer auf den echten Funken, bevor sich alle wirklich Mühe gaben."

Watts und Wyman trafen meist um acht Uhr abends in Nellcote ein. Richards kam dann um Mitternacht ins Studio, ging aber bald wieder. – "Wartet, ich muss Marlon zu Bett bringen", und dann war er ein oder zwei Stunden weg.

"Es war damals sehr schwierig, die ganzen Typen zur selben Zeit zusammen in einen Raum zu bekommen und zu motivieren, auch wirklich etwas fertig zu machen", sagt Johns. "Sie waren die schlechteste Band auf dem Planeten, ABER wenn es geschah, verwandelte sich diese furchtbare Band fast augenblicklich in die Rolling Stones und das warf einen um, das war fast Zauberei."

> **" Sie waren die schlechteste Band auf dem Planeten, ABER wenn es geschah, verwandelte sich diese furchtbare Band fast augenblicklich in die Rolling Stones ... das war fast Zauberei "**
>
> Andy Johns, Toningenieur

Mick Taylors Leadgitarre unterstützte die Stones beim Rückgriff auf ihre Wurzeln im Blues.

sweet virginia

Die fantastische Kirche der Rolling Stones läutete niemals mit größerer religiöser Inbrunst als bei diesem langsamen Stück mit sehnsuchtsvollen Mundharmonika-Klängen und der spirituellen Kraft eines Folk-Revival-Meetings auf einer Veranda auf dem Lande.

"Wir können Countrymusic nicht wie echte Chicago-Bluesmusiker spielen", sagte Jagger 1978 gegenüber NME. "Wir bemühen uns, aber kopieren können wir nicht – darum geht es nicht. Und das kommt dann eben dabei heraus... etwas anderes."

Das Stück stammt aus den Sessions für *Sticky Fingers* in den Olympic Studios. Daher rührt die bessere Trennung zwischen den einzelnen Instrumenten, eine leichte Verbesserung gegenüber dem Durcheinander in Keiths Keller. Und doch fügt sich der raue Country Blues von 'Sweet Virginia' gut in das dichte Soundgemisch des Albums ein. Ian Stewart verteilt einige Pianoläufe im Mix, während die tänzelnden akustischen Gitarren in eine Hipster-Transzendenz abdriften.

Jagger singt nicht von der üblichen Rettung. Sein Werk bleibt das eines gleichgültigen Rock-and-Roll-Rebellen, bei dem sich Sex, Drogen und Rock and Roll irgendwie vermischen. Hier singt er: "Versuche das Schwanken in deinem Kopf zu stoppen" und er zählt eine Handvoll roter, grüner und blauer Pillen von seinem Apotheker auf. "Und ich versteckte den Speed in meinen Schuhen." Der Herr erbarme sich.

torn and frayed

Die Wahrheit über Keiths Keller kam an den Tag. Die Stones glitten zwanglos in die langen, ermüdenden Sessions zu *Exile On Main Street* hinein, ohne zu wissen, ob sie gerade eine wundervolle Sache mit Tiefgang schufen oder nur Bänder und Talent verschwendeten. "Ich fand das nicht besonders angenehm", sagte Jagger 1995 gegenüber Jann Wenner vom *Rolling Stone*. "Mir hat das keinen Spaß gemacht."

Ironie des Schicksals war, dass Maestro Richards immer tiefer in die Drogenabhängigkeit geriet, während die Stones auf dem Weg zu einem ihrer größten Triumphe waren. Alkohol und Drogen wurden in dem mediterranen Versteck sicherlich in größerem Ausmaß konsumiert. Es gelang Richards nicht, diese Laster abzulegen, bis sein großer Drogenskandal in Toronto im Jahre 1977 erschreckend klar machte, dass seine Abhängigkeit nicht nur seine eigene Gesundheit und Freiheit gefährdete, sondern auch die Zukunft seiner geliebten Stones.

Und doch spielte der Gitarrist auf dem gesamten Album hervorragend. Er führte die Band zu einem großen zeitlosen Sound, einer unbekümmerten organischen Mischung aus Blues, Folk, Country und Rock, alles mit einer gewissen Gereiztheit am Rande. Bei den unstrukturierten Zusammenkünften in Keiths Villa zu den Aufnahmen ließ man den Dingen oft ihren Lauf. Jagger erinnert sich später an die Sessions: "...wir besaßen Flügel, wir machten jede Nacht durch. – Es war dieses Gemeinschaftsding, bei dem man nicht weiß, ob man aufnimmt oder lebt oder zu Abend isst. Man weiß nicht, wann man spielen wird, wann man singen wird – sehr schwierig. Zu viele im Gefolge. Ich schwamm mit dem Strom, und das Album wurde fertig. Diese Sachen haben eine gewisse Energie, und es ist ein gewisser Fluss darin, und dann wurde es unmöglich. Alle waren so weg vom Fenster."

Die Folgen dieser Lebensweise werden in den scharfen Brennwinkel von 'Torn And Frayed' gestellt. Jagger wählt einen Country-Groove und singt über einen Rock-and-Roll-Desperado in den Grenzen einer ungewissen Welt, wie sie die Stones selbst geschaffen haben. Es ist eine Rockfabel, die nur allzu wahr ist. Hat Richards in Joe, dem Gitarrenspieler, sich selbst erkannt? Jagger zeichnet Joe als Figur großer Rastlosigkeit, die sich in einem Nebel von Starruhm und Dekadenz verliert.

exile on main street

Gram Parsons war bei der Entstehung von *Exile On Main Street* immer anwesend.

> **"Keith war ständig von verdammten Idioten umgeben, ehrlich gesagt. Aber dieser Abschaum machte ihn high... Manche hatten einen verheerenden Einfluss"**
>
> Andy Johns, Toningenieur

Gram Parsons Anwesenheit in Nellcote hat wohl für einen Schuss Bakersfield-Nashville Country-Einfluss bei 'Torn and Frayed' gesorgt. Al Perkins spielt seine schwungvolle Steel Guitar, während Jagger gedehnt wie ein Countrysänger von Tanzsälen, übelriechenden Bordellen und verlausten Garderoben singt. Der Text könnte ebenso auch von Parsons oder seinem Freund Richards handeln. Beide führten ein ungebundenes und unbekümmertes Leben, und beide waren von zahlreichen zweifelhaften Gestalten umgeben. Parsons wurde im Jahre 1973 zum Opfer dieser Welt, als er im kalifornischen Wüstenidyll Joshua Tree starb, wahrscheinlich an einer Überdosis Rauschgift.

"Viele eigenartige Leute gingen hier ständig ein und aus", sagt Andy Johns rückblickend über die Sessions zu *Exile On Main Street*. "Als ich auftauchte, waren immer noch viele Leute von Micks Hochzeit da, die schon Monate zurücklag. Sie schmarotzten einfach bei Keith. Auch verschiedene Dealer gingen dort ein und aus. Keith war ständig von verdammten Idioten umgeben, ehrlich gesagt. Aber dieser Abschaum machte ihn high. Auch Micks feine Freunde waren da, aber die kamen kaum zu den Sessions. Manche hatten einen verheerenden Einfluss."

Bei den letzten Aufnahmen zu 'Torn and Frayed' hatte Trompeter Jim Price einen seiner seltenen Auftritte an der Orgel. Das war bezeichnend für den oft zufälligen kreativen Prozess der Stones. Bei den Sessions für den Song ließ sich Price inspirieren, auf einer Hammondorgel in die Tasten zu greifen, ohne zu ahnen, dass er im Kontrollraum gehört wurde und Johns und Miller das mitschnitten. "Die Instrumente waren alle in verschiedenen Räumen aufgebaut", sagt Price. "Ich ging in den Raum, setzte die Kopfhörer, auf, hörte zu und begann auf der Orgel zu spielen, nur so zum Spaß. Sie haben einen ganzen Haufen Takes davon aufgenommen, und ich wusste nicht, dass sie das verwendet hatten, bis ich dann die Platte in der Hand hielt." Wieder ein Triumph der Unbekümmertheit.

sweet black angel

'Sweet Black Angel' war ein weiteres Überbleibsel von *Sticky Fingers*, diesmal aus den Sessions in Stargroves, Jaggers Landgut in Berkshire. Der Arbeitstitel 'Bent Green Needles' war Keiths Idee gewesen, es sollte ein Scherz sein. Die Aufnahmen verliefen ähnlich locker wie die Nellcote-Sessions, mit zwei akustischen Gitarren, Percussions von Jimmy Miller, und alles gleichzeitig auch in die Mikrophone aller geröhrt.

"Wir standen alle zusammen im Kreis in einem einzigen Raum und nahmen gleichzeitig auf, denn es gab nur diesen Raum neben der Eingangshalle, der ohne Möbel war, mit einem Holzfußboden, einer sehr hohen Decke und Stuck an den Wänden. Wir wollten den Sound dieses Raumes bekommen", sagt Andy Johns. Das Ergebnis war ein knackiger Hillbilly-Shuffle, im Upbeat und funky, die Marimbas sollten wohl so etwas wie karibische Stimmung erzeugen. Über diese reichhaltige akustische Grundstruktur setzte Jagger eine extreme Karikatur schwarzen Gesangs, die es mit "Onkel Toms Hütte" aufnahm. Im typisch näselnden Slang schwarzer Farmpächter sang er: "Ten little nigga, sittin on de wall ... free de sweet black slave!" Jaggers dümmliche Darstellung Schwarzer war ironisch gemeint, als ungewöhnliche Geste der Unterstützung für die schwarze amerikanische Radikale Angela Davis. Noch vor kurzem hatte der Sänger wenig Verständnis für spezielle politische Bewegungen gezeigt, obwohl die Stones in ihren eigenen Werken 'Street Fighting Man' und im apokalyptischen 'Gimme Shelter' die Stimmung Ende der 60er Jahre immer düsterer zeichneten. Doch etwas überzeugte Jagger an den dramatischen Auftritten von Davis, die ihr Haar zu einem großen "Afro" hatte wachsen lassen, als Zeichen kulturellen Selbstbewusstseins in der Zeit des Black Power Movement. "Sie ist ein schwarzer Engel", sang Jagger, "keine waffentragende Lehrerin, keine Mutter, die mit den Roten sympathisiert."

Davis bekannte sich offen zum Kommunismus und gesellte sich zu den Black Panthers, als der empörte kalifornische Gouverneur Ronald Reagan sie als Lehrerin von der UCLA entfernen ließ. In den 70er Jahren tauchte sie unter und stand auf der FBI-Liste der zehn meistgesuchten Personen, nachdem ihr Beihilfe zu einer Flucht aus dem Gerichtssaal in Marin County vorgeworfen wurde, bei der vier Personen getötet worden waren. Als das Album im Januar 1972 herauskam, war Davis im Howard Johnsons Motel in Manhattan gefasst worden und wartete auf ihr Gerichtsverfahren. Sie wurde schließlich, nach einem vielbeachteten Gerichtsprozess, bei dem es um Klassen- und Rassenzugehörigkeit ging, von einer Jury freigesprochen.

Davis forderte immer wieder den Sturz der US-Regierung und erklärte in ihrer Autobiografie 1974: "Gefängnisse sollen die Menschen brechen, die Bevölkerung in Zooinsassen verwandeln, die den Wärtern gehorchen, sich aber gegenseitig bekämpfen." So harte Worte wird ein Rockstar des Jetsets sich kaum zu eigen machen, doch Jagger war wahrscheinlich mehr von Davis als weiblicher Symbol-

> **" Rock and Roll ist kein Protest und ist es auch nie gewesen ... früher einmal führte er zu familiären Spannungen, jetzt tut er nicht einmal mehr das, weil die Väter sich nicht mehr über die Musik ärgern "**
> Mick Jagger

exile on main street

figur angezogen – eher fasziniert als engagiert. Es ist auch zu bezweifeln, ob Davis das andere Tribut an afro-amerikanische Frauen aus *Some Girls* (1978) gefallen hätte, in dem es heißt: "Schwarze Mädels wollen die ganze Nacht gevögelt werden...".

Davis wurde 1980 Kandidatin der Kommunistischen Partei für das Vizepräsidentenamt in den USA und erlebte im mittleren Alter die Reagan-Thatcher-Ära. Sie reiste durch die Welt und unterstützte zivilen Ungehorsam, setzte sich für die Gleichberechtigung der Rassen, die Frauen- und Friedensbewegung und den Kampf gegen die Apartheid in Südafrika ein. Jagger wurde inzwischen gelegentlich im British House of Lords gesehen, wie er sehnsüchtig von der Galerie blickte.

"Rock and Roll ist kein Protest und ist es auch nie gewesen", sagte Jagger gegenüber dem *Rolling Stone* im Jahre 1980. "Er ist NICHT politisch ... früher einmal führte er zu familiären Spannungen, jetzt tut er nicht einmal mehr das, weil die Väter sich nicht mehr über die Musik ärgern. Also ist der Rock and Roll tot. Es ist alles vorbei."

Die amerikanische Radikale Angela Davis war Inspiration für 'Sweet Black Angel'.

`exile on main street`

loving cup

Inmitten all der Stücke düsterer Vorahnungen auf *Exile On Main Street* finden die Rolling Stones in dieser leidenschaftlichen Würdigung des Gospelsounds zu einer hoffnungsvolleren Stimmung. 'Loving Cup' wurde erstmals in einer Rohfassung beim Konzert im Hyde Park 1969 gespielt.

Bei diesen Aufnahmen hatte Mick Jagger eindeutig entschieden, dass der Song ohne exotisches Kauderwelsch aus den Südstaaten auszukommen habe. Seine natürliche und unmittelbare Darbietung reflektiert die alten musikalischen Einflüsse, die ihn inspirierten, authentischer.

Das Stück spielt gegen das lebhafte Piano von Nicky Hopkins, während Jagger wie üblich den glücklosen Gauner darstellt, der in kleinen Gefälligkeiten etwas geistige Erlösung sucht. "Ja, ich bin ungeschickt, und ich weiß, dass mein Auto nicht starten wird", singt er "Nur einen einzigen Schluck aus deinem Liebeskelch?"

Raue Riffs und ein deutlicher Beat erheben sich bald aus diesem Gemisch, ziehen sich jedoch kurzfristig vor einem kräftigen Bläserpart von Keys und Price zurück, die zu Hause wahrscheinlich wirklich diese Art American Soul spielten.

happy

Bei allem, was die Stones geschrieben und aufgenommen haben, tritt Keith Richards eindeutig als die kreative Kraft hervor. Er war kein Gott der Leadgitarre wie Eric Clapton oder Jimmy Page. Doch kein geringerer als er hatte den Hauptriff und die zentrale Phrase von ('Can't Get No) Satisfaction' IM TRAUM gefunden. Und in einer Dekade unablässiger Arbeit hatte Richards die oft unterschätzte hohe Kunst der Rhythmusgitarre spektakulär erneuert und verfeinert. Meist wird jedoch das zwanglose, euphorische Durcheinander von 'Happy' als Richards' eigentliche Erkennungsmelodie gesehen, – der besondere Augenblick des Gitarristen hinter dem Mikro bei den meisten der folgenden Tourneen der Band. Für die Fans wurde in 'Happy' die unbekümmerte Freude aus Keiths Innerstem sichtbar.

Das Rhythmuspattern ist das Übliche, voller Spannung und Drive. Richards' Gesang bei 'Happy' ist rauer und dünner als bei seinen anderen Auftritten, doch der hier eingefangene Geist ist unwiderstehlich, verstärkt noch durch Jaggers harmonischen Gesang. "Das hat viel Spaß gemacht", sagt Andy Johns über die Session. "Wir waren sehr zufrieden."

Die erste Session in Frankreich zu 'Happy' verlief lässig, selbst wenn man die Kriterien von *Exile On Main Street* anlegt: Richards sang, spielte Gitarre und Bass. An den Drums war Jimmy Miller und etwas Percussion kam von Bobby Keys. Die Bläser wurden später aufgenommen, sagt Johns, "und dann wurde es wirklich gut."

Die Aufnahmen zu 'Happy' liefen so erfolgreich, dass bald ein Soloalbum von Keith Richards im Gespräch war. Nicht dass Keith an der Idee wirklich interessiert war. In zwanglosesten Augenblicken zeigten sich nur die Möglichkeiten eines solchen Projekts. Johns erinnert sich an die feinen Mittagessen von Band und Crew, die oft in Richards' Villa stattfanden. Ein französischer Meisterkoch war angestellt, um die Rock-and-Roll-Kommune mit Delikatessen wie gefüllten Tomaten, sautiertem Spargel und anderen Köstlichkeiten zu verwöhnen. "Dieser Typ richtete seine Mittagessen auf einem großen Tisch draußen auf der Terrasse an. Ein wundervoller Anblick, ganz zu schweigen vom Genuss beim Essen", sagt Johns. "Dieser Koch war ein Genie, ein echter Künstler. Man

Als Songwriter zeichneten Jagger (gegenüber) und Richards (oben) die Welt von Zerfall und Verzweiflung auf, die sie Anfang der Siebziger umgab.

saß auf dieser großen Terrasse, blickte auf das Mittelmeer mit all den riesigen Yachten.

Dann kam Keith und nörgelte: 'Ich will einen Cheeseburger'". Nach diesen tollen Mahlzeiten setzte sich Keith auf die Stufen, die in den Garten führten, er nahm nur seine Gitarre und sang dazu. Er spielte einfach wunderbar allein."

Auch Johns hatte wiederholt zu Richards gesagt, er solle eine eigene Platte aufnehmen. Doch Keiths Antwort blieb immer dieselbe: "Wenn ich das täte, wollte ich es mit den Jungs von der Band machen und dann wär's ein Stones-Album. Was soll also das Ganze?"

In den nächsten Jahren freundete sich Richards allmählich mit der Idee an. Einmal traf er sich mit Johns, um über ein Soloprojekt zu sprechen. An einige schwergewichtige Begleitmusiker war Johns bereits herangetreten. "Wir sprachen einige Male am Telefon darüber", sagt Johns. "Wir wollten das machen, ganz sicher." Doch das große Treffen verlief ergebnislos. "Er war seit drei oder vier Tagen wach gewesen und war etwas neben der Spur. Einmal wachte er für drei Minuten auf, ... dann schlief er wieder ein."

1976 trafen sie sich erneut in New York. "Ja, du hast Recht, das werden wir machen!", sagte Keith. Dann geschah wieder nichts, bis Richards 1978 zum Spaß eine Single mit Chuck Berrys 'Run Run Rudolph' und Jimmy Cliffs 'The Harder They Fall' herausbrachte. Das geschah mitten in der Wiederbelebungsphase der Stones als Band durch das viel gelobte Album *Some Girls*, da war er nicht in der Stimmung für einen Alleingang. Noch nicht. Richards' Debut als Solokünstler sollte erst 1988 kommen, doch da stand die Zukunft der Stones in den Sternen. Mick hatte das Thema durch zwei eigene Soloalben während einer Phase zunehmender Entfremdung zu Richards forciert. Zwar wurde Richards' *Talk Is Cheap* (im Gegensatz zu Jaggers LP) von der Kritik gefeiert, doch 1988 konnte sich Keith nicht darüber freuen. "Ich habe das Soloalbum lange aufgeschoben, weil es zeigen würde, dass es mir nicht gelungen war, meine Band zusammenzuhalten", sagte Richards zum *Chicago Tribune* in jenem Jahr. "Wie soll ich spielen, wenn Charlie Watts mir nicht den Beat gibt?" Damals in den Tagen der Dekadenz in Südfrankreich war dieses Szenario undenkbar.

> **"Ich habe das Soloalbum lange aufgeschoben, weil es bedeuten würde, dass es mir nicht gelungen war, meine Band zusammenzuhalten"**
>
> Keith Richards
> zum Chicago Tribune

turd on the run

Im unheilschwangeren 'Turd on the Run' ist das wohl stürmischste, hypnotisierendste Mundarmonikaspiel von Mick Jagger zu hören. Hier bringt er einen näselnden Trance-Rhythmus aus dem Norden Mississippis, in der Tradition des unsterblichen Bluesmusikers Fred McDowell, dem Komponisten von 'You Gotta Move', das auf *Sticky Fingers* gecovered wird. Dieses große Vorbild lehrte einen jungen Mick Jagger Entscheidendes über Sex und Traurigkeit.

Während Richards' und Taylors Gitarren wimmern und Feuer spucken, spielt und stöhnt Jagger seinen Text über Liebesqualen wie ein hyperaktiver Hillbilly. Liebe, Sex, Diamanten, Krankheit. Der Mann liegt auf den Knien und klagt: "Ich habe einiges an Liebe an dich verschwendet!" Er bringt schlechte Nachrichten in 'Turd on the Run' und hetzt mit rohen, urtümlichen Kräften durch diesen geradlinigen Madman Blues. Es ist eine höchst authentische Neufassung des Folk Blues nach dem eigenen Abbild der Stones, mit Begeisterung gespielt wie eine faszinierende Enthüllung über die vernachlässigten Wurzeln der Pop-Musik. In seinen keuchenden Bluesharp-Passagen neben Richards' akustischem Chicken Scratchen war Jagger musikalisch ganz bei sich selbst. "Er denkt nicht nach, wenn er Mundharmonika spielt", sagte Keith 1989 zu Lisa Robinson. "Das kommt ganz von innen. Er hat immer so gespielt, von Anbeginn an."

exile on main street

ventilator blues

icht nur der Nachklang der alten unsterblichen Bluesmusiker warf einen dunklen Schatten über die Sessions zu *Exile...* Auch war Robert Johnson nicht der Einzige, der dem Teufel seine Seele verkaufte. Wenn die Stones Inspirationen zu den Schattenseiten der menschlichen Seele suchten, brauchten sie nur in Keiths fabelhafter Villa nachzusehen, sie hatte während der Besetzung Frankreichs durch die Nationalsozialisten im Zweiten Weltkrieg als Gestapo-Hauptquartier gedient. Besucher konnten sehen, dass die Abzugsöffnungen im Keller die Form von Hakenkreuzen hatten. "Ich kann mir vorstellen, dass im Keller unten, wo immer eine sonderbare Stimmung herrschte, Gefangene verhört worden sind", sagte Johns zum Journalisten Craig Rosen im Jahre 1994. "Gott weiß, was dort unten alles passiert ist." In diesem Stück wird Taylor erstmals, und nur da, als Co-Autor auf einem Stones-Album genannt. Jagger singt energisch "Don't fight it!". Laut Johns waren es die realen Bedingungen, die den Song inspieriert hatten. Es gab nur ein kleines Fenster in dem Raum, in dem sich die Band zum Spielen traf, nur ein winziger elektrischer Ventilator drehte sich über Watts. Die Belüftung war minimal. "Es wurde sehr stickig dort unten", sagt Johns über diesen Sommer am Mittelmeer, "deshalb hatten wir den Ventilator-Blues."

**Jumping Jack Flash:
Mick Jagger im Flug.**

just wanna see his face

ieses hämmernde, konfuse Stück kam auch zufällig auf dieses Album. Es begann als einfache Aufnahme: Jagger saß in einem Stuhl und sang, während Keith Keyboard spielte, und mit seinen tiefen Echos klingt es, als wäre es in einer alten Kathedrale aufgenommen. 'Just Wanna See His Face' war anfänglich zur späteren Verarbeitung aufgenommen worden, doch die Aufnahme hatte etwas Gehetztes, Ruheloses, das erhalten werden sollte. Millers Percussion klingt wie entferntes Donnergrollen. Sowohl Taylor wie auch Bill Plummer spielen tiefe, grollende Basslinien. Und Jagger singt hier praktisch Scat, stöhnt und grunzt und murmelt etwas von Jesus. Die gespenstischen Backing Vocals wurden später dazugespielt.

exile on main street

let it loose

Die Stimme am anderen Ende ist nicht zu verkennen. Sängerin Tammi Lynn hatte sie viele, viele Male gehört – den leicht nervösen, kratzenden New Orleans-Tonfall, wie Louis Armstrong mit Migräne. "Hey Tammi", rief ihr Anrufer ins Telefon, "Hey, pass auf! Dieser komische Typ rief mich an und sagte, da ist eine Session, komm dorthin, und ich weiß verdammt nochmal nicht, wer das ist. Treffen wir uns dort."

Das war natürlich ein Anruf von Mr Rebennack, auch bekannt als Dr. John Creaux, the Night Tripper, Meister des Voodoo Blues, der die junge Tammi oft zu seinen eigenen Plattenaufnahmen gerufen hatte.

Beide hatten ihre musikalischen Wurzeln im New Orleans Sound, derselben gärenden Brühe, aus der auch die Meters, Allen Toussaint und Professor Longhair hervorgegangen waren. Zwar sollte erst im folgenden Jahr die Single 'Right Place Wrong Time' Dr. Johns einzigen amerikanischen Top-Ten-Erfolg bringen, doch war der Sänger und Keyboarder bereits seit 1968 ein etablierter Solokünstler. Bei den Aufnahmen für sein Album *The Sun, Moon & Herbs* 1971 in England zählten unter anderen Mick Jagger und Eric Clapton zu seinen Gästen.

Nun rief Dr. John Tammi Lynn wieder zu einer Session in die Sunset Sound Studios in Hollywood. "Er hatte nicht gesagt, dass es sich um die Stones handelte", sagt Lynn heute. Es hätte sie auch kalt gelassen. Ihre Karriere hatte als Jazz-Sängerin – vom Creole Funk bis hin zum Be-Bop – begonnen, und in den folgenden Jahren war sie auf zahlreichen Platten zu hören, unter anderem bei Wilson Pickett und Bob Dylan. Bei der Session erfuhr Lynn nicht nur, dass es sich um die Stones handelte, sondern auch, dass sie in einer Vocal Group zusammen mit der altgedienten New Orleans R&B Sängerin Shirley Goodman singen sollte. Goodmans Karriere hatte in den 50er Jahren mit Shirley & Lee begonnen, die unter anderem die Hits 'Feel So Good' und 'Let The Good Times Roll' landeten. (Mitte der 70er Jahre gerieten Shirley & Company mit dem New Orleans Funk 'Shame, Shame, Shame' in die Disco-Mode.)

Lynn, Goodman, Dr. John und andere, insgesamt ein halbes Dutzend Sänger, sangen bis zum Morgengrauen. Lynn erinnert sich, dass in dieser Nacht an vier Songs gearbeitet wurde, doch wurden die Sänger auf *Exile On Main Street* nur bei dem reumütigen Gospelstück 'Let It Loose' genannt. Unter dem besänftigenden Schall der Bläser vereinen sich die Gospelklänge mit dem verzweifelt flehenden Gesang von Mick Jagger.

Der Basic Track war Monate zuvor in den Olympic Studios in London aufgenommen worden, die Backing Vocals wurden später bei Sunset dazugemischt. "Eine Zeile war besonders zotig", erinnert sich Lynn, "wirklich echt unanständig. Ich fand das damals ziemlich gut. Es war ein Verstoß gegen alle Regeln." Die dort versammelten Sänger hatten viel gemeinsam: Alle stammten aus London oder New Orleans. Das wurde bei Jaggers Anweisungen für seinen Spontanchor deutlich. "Er wollte dieses Funk-Feeling, dieses wirklich aufrichtige Gefühl in der Kirche. Er schätzte schwarze Musik und sagte das auch", sagt Lynn. Darum ging es also nicht. "Wir kannten seine Vorliebe für Blues und dessen

Tammi Lynn (oben) war eine der zahlreichen Backing Sängerinnen bei *Exile* ...

Ursprünge. Wilson Pickett kam eindeutig aus einer Kirche, hatte einen 'schwarzen Hintergrund'. Mick hegte eine Verehrung für Black Music, und daraus ließ sich Großes entwickeln."

Jahre später grollte Dr. John fürchterlich darüber, dass die Stones die hoch talentierten Sänger nicht genannt hatten, die er zu den Sessions in Los Angeles gebracht hatte. Bei 'Sweet Black Angel' werden die Marimbas einer geheimnisvollen "Amyl Nitrate" zugeschrieben, die laut Dr. John eigentlich vom Perkussionisten Richard Washington stammen. Lynn hat erfreulichere Erinnerungen an die Session, die die ganze Nacht dauerte. Ein Vierteljahrhundert später beschreibt sie sie als "sehr gelöst, sehr kreativ, sehr künstlerisch." Sie fügt hinzu: "Wenn man Musik macht, weiß man nicht, ob man gerade Geschichte schreibt. Man will seinen Spaß haben, man bleibt die ganze Nacht und man feiert."

Ihr bleibender Eindruck von Richards war der eines ruhigen, offenen, absolut ehrlichen und sogar bescheidenen Musikers, so gar nicht der Superstar. Abgesehen von einem zufälligen Zusammentreffen mit Jagger in einem Restaurant in Hollywood hatte sie keinen Kontakt mehr zu den Rolling Stones gehabt. Als aber die *Voodoo-Lounge*-Tournee 1994 in Los Angeles Station machte, saß Lynn in der ersten Reihe im Coliseum. Nach dem Konzert ging sie zum Seiteneingang. "Ich möchte mit Mick sprechen", sagte sie zum Security Guard, und ihr fiel auf, dass sie wahrscheinlich klang wie alle anderen Groupies, die sich vor der Bühne versammelt hatten. Als sie erwähnte, dass sie auf *Exile On Main Street* mitgesungen hatte, ließ Richards sie in seine Garderobe kommen. Sie fand ihn kaum verändert. "Keith ist sehr menschlich, ganz normal. Er ist Musiker und weiß, dass er ein Leben mit guten und schlechten Seiten führt, und das hat ihn zu einem besseren Menschen gemacht."

Nach dem Konzert saß Richards inmitten seiner Freunde und Familie zusammen und es gab viel und gut zu essen. "Es war alles sehr entspannt, man lachte und sprach über die Vergangenheit. Er fühlte sich gut."

> **" Keith ist sehr menschlich, ganz normal. Er ist Musiker und weiß, dass er ein Leben mit guten und schlechten Seiten führt, und ist dadurch ein besserer Mensch geworden "**
>
> Tammi Lynn, Sängerin

all down the line

ll die Bänder. All diese Monate in Frankreich. Sicher hatten die Rolling Stones ETWAS erreicht. Aber was? Diese Frage stellten sich Jagger und Richards immer öfter, als sie in Los Angeles den Gesang und andere Einzelheiten für *Exile On Main Street* fertig machten. Zweifellos war es genau das, was ihre neuen Freunde von Atlantic Records erwarteten. Die Glimmer Twins hatten schon immer ihr eigenes Tempo, verbrauchten Zeit und Bänder wie Zigaretten, während die Band an einem Riff oder einer Bridge bastelte auf der Suche nach diesem Augenblick der Transzendenz. In Frankreich hatten sie ihren eigenen Zeitplan gehabt. Doch dieser innere Druck, eine neue Single herauszubringen, wieder auf Sendung zu gehen, ihre Präsenz im immerwährenden Fluss der Popkultur zu erhalten, dieser Druck aus den frühen Tagen hatte nicht nachgelassen.

Also nahm man 'All Down The Line' – nicht, weil sich das Stück für das Popradio am besten eignete, sondern weil dieser Song seiner Vollendung am nächsten war. Sicher, der Song hatte einen treibenden Rocksound durch die dynamischen Akkorde von Richards, mit kurzem glanzvollem Aufblitzen der Leadgitarre von Taylor. Die eleganten Bläserpartien von Keys und Price mischen sich mit einem drängenden Backing-Chor, als Jagger fragt: "Willst du nicht für eine Weile mein Baby sein?" Das ist soulig und rockig.

exile on main street

Diese musikalische Ausgeglichenheit war immer noch ein fernes Ziel, als Andy Johns zum Abmischen des Stücks nach Los Angeles gerufen wurde. Die einzelnen Elemente waren aufgenommen, als Johns und die Band sich an die Fertigstellung machten, aber nichts passte zusammen. Nach Stunden ohrenbetäubender Arbeit wusste Johns nicht mehr, was er wollte. Er murmelte: "Schade, dass ich nicht weiß, wie das im Radio klingt." – "Oh, das kriegen wir hin", antwortete Jagger. Der Sänger reichte Stu eine Bandaufnahme und sagte, er solle sie sofort zu einem lokalen Radiosender bringen. Damals, 1971, hätte jeder Rock-Radiosender in Los Angeles begeistert die Gelegenheit beim Schopfe gepackt, seinen Hörern eine neue Stones-Single im Voraus vorzustellen, auch mitten in der Nacht. So setzten sich Jagger, Richards, Watts und Johns um zwei Uhr morgens in eine Limousine und machten eine Mondscheinfahrt. "Wir fuhren den Sunset Boulevard rauf und runter, ein Sender spielte es, und wir konnten es im Auto hören", sagt Johns. "Ich konnte immer noch nichts dazu sagen, es war etwas zu unwirklich."

stop breaking down

enn auch *Exile On Main Street* Mick Taylor weniger Möglichkeiten zur Demonstration seiner Fähigkeiten für balladeskes Leadgitarren-Spiel bot als einige Stücke auf *Sticky Fingers*, so waren doch der intensive Rock und Blues des Doppel-Albums durch einige einprägsame Geistesblitze des jüngsten Stones inspiriert worden. 'Stop Breaking Down' war ein Überbleibsel der Aufnahmen in den Olympic Studios, auf dem Taylors dynamische Slide-Guitar zu hören ist.

"Ich habe eine Menge von Mick Taylor gelernt, denn er ist ein so hervorragender Musiker", sagte Richards der Zeitschrift *Guitar Player* im Jahre 1977. "Als er bei uns war, wurde in der Band vielleicht stärker zwischen Rhythmusgitarre und Leadgitarre unterschieden als zu irgendeiner anderen Zeit. So virtuose Musiker wie Mick Taylor muss man bei der Stange halten. Denen wird langweilig, besonders bei einer so begrenzten Musik wie dem Rock and Roll. Das Faszinierende am Rock and Roll und am Blues ist die Frage: Wie weit gelingt es, innerhalb dieser Grenzen immer noch etwas Neues zu bringen?"

Ein weiteres zentrales Element neben Taylor ist bei 'Stop Breaking Down' der Keyboard-Part von Ian Stewart. Es war einer von nur drei Auftritten auf dem Album für den Mann, der aus der Band wohl hauptsächlich deshalb geworfen wurde, weil er zu spießig aussah. Er hatte sich kaum verändert und wirkte in seinen Poloshirts wie ein Rugby-Trainer unter den Stones mit ihrer Aura von Sex, Drogen und Rock and Roll. Stu war der ruhende Pol unter solchen Umständen und zu den Aufnahmen der Band immer willkommen. Ein Song wie 'Stop Breaking Down' war wie geschaffen für seinen Boogie-Woogie. Meistens war er bei den Sessions dabei, doch er zeigte selten Interesse zu spielen. Die Arbeit am Keyboard überließ er in der Regel Nicky Hopkins. Einmal schlug Johns bei den Sessions in Frankreich Stewart für ein spezielles Stück vor. Warum sollte er es nicht spielen? "Ja gut, wenn du ihn dazu kriegen kannst", antwortete Jagger. Als Johns Stewart fragte, schnaubte der Roadmanager: "Nein, für diese verdammten Idioten spiele ich nicht mehr, weil sie mir verdammt noch mal nichts dafür zahlen! All die Hits, die ich gespielt habe auf..." Am Ende spielte Stu natürlich doch.

"Ihre Beziehung war sehr eigenartig", sagt Johns. "Stu war immer sehr normal gekleidet, er war sehr realistisch, und er liebte die Band. Und wenn alles schief ging, stand Stu fest in der Mitte, im Auge des Hurrikans. Wenn sie nicht wussten, was sie tun sollten, fragten sie Stu: 'Wie ist das?' Und er antwortete: 'Das ist ein Haufen Müll! Das klingt, als ob Feen Musik machten!' Sie lachten und versuchten ihn zu ignorieren, aber sie hörten auf ihn, weil er schon immer da war."

> "Ich habe eine Menge von Mick Taylor gelernt, denn er ist ein so hervorragender Musiker"
>
> Keith Richards

shine a light

In der Zeitschrift *Creem* wurde Mick Jagger einmal gefragt, ob er lieber als Schwarzer geboren wäre. "Ja, wahrscheinlich", erwiderte der Sänger, wenn auch nicht ganz im Ernst. Blues, Reggae, R&B, Rock and Roll – alles hatte seine Wurzeln in der afrikanischen Mentalität und würde Jagger und die Stones immer faszinieren.

Doch im Jahre 1971 kopierte die Band nicht mehr einfach nur Muddy Waters, James Brown oder Chuck Berry. Die Musik der Stones auf *Exile On Main Street* verdankte diesen Vorvätern immer noch viel, doch der Sound ist auch unverkennbar ihr eigener. Auf diesem Album spürt man eine Ausgeglichenheit und ein Einvernehmen. Stücke wie 'Shine A Light' und 'Let It Loose' weisen merklich erdigere Gospel-Elemente auf. Im Harmony-Gesang klingt eine tiefe Spiritualität an, die auf den üppigen Choraufnahmen früherer Songs wie 'Salt Of The Earth' und 'You Can't Always Get What You Want' fehlte.

Bei 'Shine A Light' bauen die Stones ganz auf die Orgelklänge von Billy Preston, einem prominenten Mitarbeiter bei den Alben und Tourneen der Band in den frühen 70er Jahren. "Er hatte dieses Gospel-Feeling, das Nicky fehlte", sagte Johns, der Jahre zuvor mit Preston an den ersten Solo-Sessions des Keyboarders für das Apple-Label der Beatles gearbeitet hatte. "Er freundete sich mit ihnen an. Damals gehörte Billy zur Szene, weil er bei Apple gewesen war. Billy war immer da, und diese Gospelsache gefiel ihnen."

Der Mann mit der mächtigen Orgel: Billy Preston beehrte die Alben der Stones und der Beatles.

soul survivor

In den letzten Augenblicken auf *Exile On Main Street* dreht sich alles um einen klaren, bissigen Gitarrenriff, der wie eine Endlosbandschlaufe läuft. Jaggers frommer Gesang liegt darüber, doch es ist das anhaltende Akkordmuster, das die Melodie in Bewegung hält. Dass 'Soul Survivor' so viel Energie mit einem so begrenzten, wenn auch dynamischen Pattern halten kann, sagt viel über die rhythmische Kraft in Keith Richards' Spiel.

"Wenn du Keith Richards' Gitarrenspiel begreifen willst, dann musst du ihm beim Snooker Billard zusehen", sagt Toningenieur George Chkaintz, der oft mit den Stones zusammengearbeitet hat. "Er hat einige Schwierigkeiten, eine Kugel auf dem Tisch zu halten. Es ist ganz außerordentlich, seinen Entscheidungsprozess zu beobachten. Er betrachtet das als Schwäche seines Snooker-Spiels. Doch es hat etwas absolut Explosives."

Das ist auch in den geschmeidigen, fast selbstvergessenen Bewegungen auf der Bühne zu sehen, wo Richards' Instrument wie ein physischer Teil von ihm selbst wirkt – ganz ähnlich wie John Coltranes Tenorsaxophon. Richards spielt Gitarre, bis Blut aus seinen Fingern tropft. Es ist diese äußerste Hingabe, die unvermeidlich zu der gewissen Größe von *Exile On Main Street* führte.

Es sollten noch wichtigere Höhepunkte in der Karriere der Band kommen, auf Alben wie *Some Girls* und *Tattoo You* und in einzelnen Songs bis in die 90er Jahre, wenn sie auch in mittleren Jahren zunehmend durch andere Interessen abgelenkt wurden. *Exile On Main Street* war die Hochwassermarke für die Rolling Stones. Was danach kam, würde nie so viel bedeuten.

Kapitel 11

1973 goats head soup

In mit denen, die in sind: Mick Jagger und seine prominenten Freunde.

Dancing With Mr D

100 Years Ago

Coming Down Again

Doo Doo Doo Doo Doo (Heartbreaker)

Angie

Silver Train

Hide Your Love

Winter

Can You Hear The Music

Star Star

ine neue Ära beginnt für die fabelhaften Rolling Stones, eine Band die bereits legendär war und nichts mehr beweisen musste. Dachten sie. Jagger und Richards waren Anfang der 70er Jahre eine bedeutende Größe in der Rockmusik und ernteten Beifall von Publikum und Kritik für jede Bewegung, jeden Gitarrenriff und jeden aufrührerischen Text. Und jetzt? Verfall. Die brillante Unbekümmertheit, mit der bei *Exile On Main Street* auf die rauesten Blues- und Countrysounds zurückgegriffen wurde, hatte sich plötzlich in einem Rockstar-Rausch verloren.

Das Album *Goats Head Soup* hat auch seine Reize. Einige Stücke heben sich aus der Masse heraus, doch die Stones waren eindeutig ein Opfer der Zerstreuung geworden. Jagger hatte inzwischen jede Verbindung zur bürgerlichen Bohème verloren, an der sich seine besten frühen Stücke orientiert hatten, und sich stattdessen der Jetset-Welt von Lady Bianca ergeben, und das war besorgniserregend. Eine Fortsetzung der kreativsten Periode der Band war ernsthaft gefährdet, weil das Heroin zunehmend von Richards' Leben Besitz ergriff. Es war nicht einfach Dekadenz, die die Stones aus der Bahn warf, sondern ein plötzlicher Mangel an Willenskraft. Sie schienen im Jahre 1973 der Ansicht: "Wir haben es geschafft." Jagger beschrieb später die Stimmung als "...allgemeines Unbehagen. Ich glaube, wir haben uns von unserer Popularität mitreißen lassen. Es war so etwas wie eine Auszeit."

Folglich bewies eine Geschmacklosigkeit wie 'Dancing With Mr D' auf dem neuen Album nur einen Mangel an Phantasie, wenn wieder die alten Bilder von Unheil und Gefahr bemüht wurden, die in dieser dritten oder vierten Runde eindeutig an Überzeugungskraft verloren hatten. Ein Rätsel bleibt jedoch, warum dieser Abstieg so schnell auf den kreativen Höhepunkt der Band folgte, auch wenn sie nicht die einzigen Künstler der 60er Jahre waren, die Schwierigkeiten beim Übergang in die neue Dekade hatten. Lennons *Mind Games* und Paul McCartneys *Red Rose Speedway* waren eindeutig die schwächsten Alben dieser Künstler, doch das galt nicht für die gesamte Generation. Mit Pete Townshend musste weiter gerechnet werden, was die Aufnahme von *Quadrophenia* der Who bestätigte, und Led Zeppelin hatte sich aus der Asche der Yardbirds erhoben und schuf einen Sound und eine Vision von ungeheurer Macht, die ihm auch die Stones nicht absprechen konnten. Der Titel "größte Rock-and-Roll-Band der Welt" klang allmählich hohl.

"Dieses Album wird weniger ausgeflippt, melodischer als das letzte", versprach Jagger gegenüber dem *Rolling Stone* im Januar 1973, während die Band an *Goats Head Soup* arbeitete. "Wir haben schon vieles schnell aufgenommen, vielleicht zu vieles."

Schnell oder langsam war nicht das Problem. Als die Stones in Jamaica zu den Sessions für *Goats Head Soup* ankamen, waren Keith und andere Mitglieder im Gefolge immer mehr dem Heroin verfallen. Die Stones hatten sich nach Jamaica zurückgezogen, um ungestört arbeiten zu können. Drogenprobleme ließen sich schwerer in den Griff bekommen. "Deshalb waren diese Sessions nicht sehr spaßig", erinnert sich Johns heute. "Und es gibt eine Reihe von Beispielen von dort, wo die Basic Tracks nicht einmal Standardqualität hatten. Vielleicht lag das daran, dass die Leute etwas higher waren als sonst. Doch es sind immer noch einige phantastische Dinger hier drauf. Es gab einige wunderbare Momente."

Die Band wohnte mit ihrer Crew in einem Hotel in Kingston. Es war ein altes Herrenhaus mit dem Namen Terra Nova, Familiensitz von Chris Blackwell, dem Gründer von Island Records. Sie frühstückten alle zusammen, aber das Gemeinschaftsgefühl wie bei den Sessions zu *Exile On Main Street* in Südfrankreich wollte sich nicht mehr einstellen. Bobby Keys war nicht mitgekommen. Sein Saxophon-Part wurde später aufgenommen und dazugespielt. Die Aufnahmesessions fanden in den Dynamic Sound Studios statt, die dem Bandleader und Produzenten Byron Lee gehörten. Dort hatte auch der Reggaesänger Jimmy Cliff sein Album *Wonderful World, Beautiful People* aufgenommen, das ein Verkaufsschlager wurde. Doch *Goats Head Soup* profitierte nicht vom reichhaltigen musikalischen Erbe, das die Stones in Jamaica umgab. Im Jahre 1973 sollten Bob Marley and the Wailers die politisch befrachteten Reggaealben *Catch A Fire* und *Burnin'* mit ihrem

> " Ich glaube, wir haben uns von unserer Popularität mitreißen lassen. Es war so etwas wie eine Auszeit "
>
> Mick Jagger über 'Goats Head Soup'

intensiven Rhythmus aufnehmen, der den Stonessound erst bei 'Luxury' im folgenden Jahr infizieren sollte. Danach würde der Reggae dauerhaft zu ihrem Repertoire gehören.

Johns war vor den Sessions nach Jamaica geschickt worden, um das Studio für die Stones vorzubereiten. Er fand ein gutes Arbeitsumfeld, doch der Kontrollraum entsprach nicht dem neuesten Stand der Technik. Die Lautprecher waren seltsam angeordnet, es gab keine Abschirmungen für die einzelnen Musiker, keinen Konzertflügel und auch keine B3-Hammondorgel, und einige Geräte erfüllten nicht die Ansprüche der Band. Doch die Studioleitung versprach die nötigen Verbesserungen, und Johns fuhr wieder nach Hause. "Natürlich: Ich komme zwei Monate später mit der Band an, und rein gar nichts ist verändert worden", sagt Johns. "Die haben dort unten eine ganz andere Zeitvorstellung. Als wir zwei oder drei Monate dort waren, kamen die Dinger allmählich an. Am letzten Tag, als es zu spät war, hatten wir schließlich alles."

> **" In den 70er Jahren lebten wir größtenteils in verschiedenen Welten ... es ging mir irgendwie gegen den Strich, diese Jetset-Protzerei "**
>
> Keith Richards

Noch hinderlicher war die gewalttätige Stimmung im Studio. "Mein Assistent erzählte mir Horrorgeschichten, wie diese Jungs im Studio bei Streitereien mit den verdammten Macheten aufeinander losgingen", erzählt Johns. "Der Bassist holte eine Machete aus seinem Gitarrenkoffer, der andere Typ holte seine Pistole, und sie gingen verdammt nochmal aufeinander los."

Das Gefolge der Stones bekam diese Gewalt zu spüren. Eines Nachts brach ein Mann mit einem Messer in Bill Wymans Hotelzimmer ein. Der Eindringling verlangte Geld und befahl Wyman, sich unter das Bett zu legen. Dann vergewaltigte er Wymans langjährige Freundin Astrid Lündstrom. Minuten später hörte Johns ein Klopfen an seiner Tür. Es war Astrid. "Oh Andy, du wirst es nicht glauben", sagte sie, "ich bin gerade vergewaltigt worden!"

Das war eine schreckliche Nachricht, doch sie sprach ganz klar, berichtet Johns. Er stand in Shorts in seiner Tür. Sofort griff er sich einen schweren Gegenstand als Waffe und rannte nach draußen, die Straße hinunter. Dabei trat er barfuß in Glasscherben. Doch der Vergewaltiger war über den Rasen in die andere Richtung geflohen. "Bill war völlig fertig. Er hatte ja unter dem Bett gelegen, als das passierte", sagt Johns. "Hätte er etwas unternommen, hätte ihm der Kerl die Kehle durchgeschnitten. Er hatte verdammt noch mal keine Wahl. Es war übel. Mit den Rolling Stones passierte dauernd solche Scheiße. Immer geschah etwas Sonderbares. Manche fragten: 'Warum hat Bill nichts getan? So ein Feigling!' Doch das ist sehr unfair, wirklich unverschämt."

Solche Spannungen zeigten sich auch innerhalb der Band, als Jagger und Richards schließlich auseinanderdrifteten. Keith war in seine Drogensucht abgesackt, Jagger in die High Society abgewandert. Zur Unterstreichung seines glanzvollen Lebensstils ließ sich der Sänger bald einen Diamanten in seinen Vorderzahn einsetzen. Phantastisch!

"In den 70er Jahren lebten wir größtenteils in verschiedenen Welten", sagte Richards gegenüber Kurt Loder im Jahre 1987. "Ich machte ihm keinen Vorwurf deswegen – er hatte das Recht zu tun, was immer ihm beliebte. Ich hatte nur einfach keinen Bezug dazu, ... es ging mir irgendwie gegen den Strich, diese Jetset-Protzerei. Doch er ist auch einsam. Er hat auch seine Probleme, weißt du."

Bill und Astrid zogen in ein anderes Hotel, und die Sessions gingen weiter. Das Resultat waren kaum mehr als einige spannungsreiche Singles und ein Album, das unverkennbar die Richtungslosigkeit einer ehemals großen Band zeigte. Auch die Zeit spielte eine Rolle. Hatten die Stones ein Jahr an *Exile On Main Street* gearbeitet, so brachte die Band diesmal das Material weitaus schneller heraus. Zu den Aufnahmen des ersten Monats in Jamaica gehörten 'Angie', 'Star Star' und 'Coming Down Again'. Zur selben Zeit wurde auch 'Waiting On A Friend' aufgenommen, das aber erst auf *Tattoo You* im Jahre 1981 erschien.

"Ich fand keinen Song wirklich herausragend", sagt Bobby Keys, dessen Saxophonsolos die Stimmung auf dem Album auch nicht heben konnten. "Ich fand *Goats Head Soup* irgendwie farblos, muss ich sagen, nach *Exile On Main Street*."

Goats Head Soup war auch das letzte Album, das von Jimmy Miller produziert wurde. Für die Aufnahmen zu *It's Only Rock And Roll* im folgenden Jahr waren seine Dienste nicht mehr gefragt. Damit ging eine wichtige Epoche der Band zu Ende, denn mit diesem Produzenten hatte sie ihre größten Werke von *Beggars Banquet* bis *Exile On Main Street* aufgenommen. "Am Anfang war er ihnen eine große Hilfe", sagt Johns über Miller. "Nach ein oder zwei Jahren setzten sie ihn nach Bedarf ein, schauten sich seine Tricks ab und schlossen ihn auch manchmal aus. Bei *Exile On Main Street* hörten sie kaum mehr auf ihn, und das machte ihn fertig. Sie waren nicht richtig unfreundlich, aber sie ignorierten ihn öfter, als ihm lieb war."

Miller wurde fast zum tragischen Fall. Der in Brooklyn geborene Schlagzeuger und Produzent war Co-Autor des Songs 'I'm A Man' der Spencer Davis Group und produzierte klassische Alben von Traffic und Blind Faith. Doch in den nächsten beiden Jahrzehnten machte er nur noch wenige Aufnahmen, ehe er 1994 an einer Leberkrankheit starb. Nach den Stones arbeitete Miller für Motörhead, Johnny Thunders und andere vom harten Kern. Doch die Stones hatten ihn erschüttert und für immer verändert. "Jimmy kam als Löwe und ging als Lamm", erzählte Keith später der Zeitschrift *Crawdaddy*. "Wir haben ihn komplett verschlissen, wie Andrew Long Oldham. Ausgebrannt wie eine Glühbirne. Andrew wollte ein Phil Spector sein, unterdessen schlief ich mit seiner Feundin, es ist einfach ... lächerlich." Miller war weder das erste noch das letzte Opfer der Rolling Stones.

> "Ich fand *Goats Head Soup* irgendwie farblos, muss ich sagen, nach *Exile On Main Street*"
>
> Bobby Keys, Saxophonist

dancing with mr d

ier kommt Mick Jagger, zweifellos ein Mann mit Geld und Geschmack, der 1973 schon sehr lange im Licht der Öffentlichkeit steht. Hatte er vielen Seele und Glauben genommen? Vielleicht. Doch für alle, die Mr J immer noch eigentlich für einen ergebenen Diener des Teufels hielten, war das überzogene 'Dancing With Mr D' in der Tat sehr erhellend.

Als Rocksong ist der Titel nicht schlecht, wenn man ihn nicht an den Standards der Stones misst. Dem Vergleich mit dem düsteren 'Sympathy For The Devil' aus dem Jahre 1968, das über einem pochenden Sambabeat die dunklen Seiten der menschlichen Seele erforscht, hält er nicht stand. Damals ging es um dunkle Ereignisse aus der Geschichte wie Krieg, Attentate und Kreuzigung. Die Wirkung dieses Songs ließ sich daran messen, dass viele Zuhörer Jagger tatsächlich für einen Vertreter schwarzer Magie und Gewalt hielten. Im Gegensatz dazu erzählt man die Geschichte von 'Dancing With Mr D' am besten zu Halloween. In dem Song schlendert Mick über einen Friedhof und trifft auf Mr D persönlich, einen Wichtigtuer mit einer Kette aus Totenschädeln – Bilder, die eher einem Horrorroman von H. P. Lovecraft oder Clive Barker entsprungen sind. Nicht zum Fürchten.

Bei 'Sympathy For The Devil' neckte Jagger seine Hörer mit "Pleased to Meet you, hope you guessed my name." Diesmal singt Jagger atemlos: "Now I know his name, he's called Mister D, an' one of these days he's gonna set you free." Albern, doch auch nicht schlimmer als der theatralische Alice Cooper in derselben Ära oder die lächerlichen Death Metal Bands, die in den 80er Jahren aufkamen. Wenigstens war die Rockmusik von '... Mr D' überzeugend.

Bei den Sessions zu 'Dancing With Mr D' in Jamaica vertrauten die Stones wieder dem bedrohlichen Funk eines scharfen Riffs von Keith Richards, ein Sound, den später Bands wie die Black Crowes endlos imitieren sollten. Doch das war erst der "Leerlauf" bei dem Vampir-Gitarristen. Der Hauptton des

goats head soup

Riffs lässt Böses ahnen, erfüllt die Erwartung jedoch nicht.

So repräsentiert der Eröffnungssong von *Goats Head Soup* alles, was Mitte der 70er Jahre gut und was schlecht war bei den Stones. Die Band hatte sich die Fähigkeit erhalten, wenigstens einige Rockmelodien mit Drive auszudenken und das reichte aus, dieses Album als drittes direkt auf Platz 1 der Charts beiderseits des Atlantiks zu bringen. Doch die Kritiker hörten nur Scheitern und Professionalismus, wo einst Inspiration herrschte. Diesem Urteil sollten sich die Stones später selbst anschließen.

100 years ago

Billy Prestons Clavinet verlieh dem Stones-Sound eine neue Dimension.

Es war eine eigenartige Zeit für die Stones. Ihre Rock-and-Roll-Heroen der 50er Jahre waren inzwischen wirklich bedeutungslos geworden, und eine neue Generation von Popstimmen wuchs schnell heran. Anfang der 70er Jahre standen die Stones allein da. Hatten sie das Beste schon hinter sich?

Über diese Frage schien Jagger in '100 Years Ago' nachzudenken: Ein kaum mittelmäßiger Funk-Rock-Titel, der immer noch Passagen über echte Gewissensfragen enthielt. Zwar lässt die Musik der Stones auf *Goats Head Soup* keinen Schwerpunkt erkennen, doch Jagger bewies, dass er immer noch Texte aus der direkten persönlichen Erfahrung schreiben konnte, wenn er sang: "Denkst du nicht manchmal, es wäre weise, nicht erwachsen zu werden?"

Sein undeutlicher, schleppender Gesang über Mick Taylors flüssigem Jazzrock mischt sich mit den ultrahippen Clavinetmelodien von Billy Preston. Die Musik beginnt vielversprechend mit flottem Funk im mittleren Tempo, bricht jedoch nie voll durch, auch nicht in Taylors erschöpfendem Solo, das im Mix fast untergeht.

Mehr Glück mit Funk hatten die Stones in den folgenden Jahren, als sie auf *Black And Blue* und *Some Girls* den überschäumenden Rhythmus überzeugender erforschten.

coming down again

Hier zeigt sich Keith Richards besonders hart UND besonders verletzlich. Es ist eine sinnliche Selbstdarstellung eines unvollkommenen Lebens für die Liebe, von dem er nicht abweichen wollte: So ist das eben, Darling!

'Coming Down Again' beginnt mit einer flotten Pianomelodie, gespielt von Nicky Hopkins, geht aber bald in einen langsamen Junkie-Rhythmus neben Keiths lethargischem Wah-wah-Spiel über. Auch Keiths Leadgesang erklingt in einem erschöpften Tonfall, weit entfernt von der Euphorie in 'Happy'. Mick begleitet ihn in ruhigen Akkorden. Richards hat Mick bei den unanständigeren Stücken oft den Text überlassen, doch hier zeigt der Gitarrist, dass auch er recht unflätig sein kann mit seinen sexuellen Andeutungen: "Meine Zunge hat an fremden Früchtchen geschleckt".

Ohne die Bridge mit den gedämpften Saxophonsolos von Bobby Keys wäre das Stück mit dem abstumpfenden Tempo hoffnungslos schwerfällig. Keys war zwar bei den Aufnahmen zu *Exile On Main Street* in Südfrankreich dabeigewesen, doch seine Parts auf *Goats Head Soup* wurden erst später hinzugefügt, als die Stones Jamaica schon lange wieder verlassen hatten. Keys erklärt das: "Keith und Mick setzen sich zusammen und schreiben was, ehe sie ins Studio gehen. Das können nur kleine Stücke, Ideen einzelne Riffs sein. Dann gehen sie ins Studio und nehmen etwas auf. Für ein Album nehmen sie eine ganze Menge Tracks auf und prüfen dann, was zusammenpasst. Danach entscheiden sie, wo Streicher, Bläser oder sonstwas dazukommen. Mein Part bei den Aufnahmen kommt meist ganz am Schluss."

goats head soup

doo doo doo doo doo
(heartbreaker)

'Doo Doo Doo Doo Doo (Heartbreaker)' ist keine Sozialkritik – zumindest nicht im üblichen Sinne. Doch Mick Jagger nutzt geschickt einige aufrührerische Themen und schafft daraus den überzeugendsten Rocksong auf *Goats Head Soup*. Er beginnt mit einer Gewaltszene in der Stadt: Die New York City Police tötet einen unbewaffneten Jugendlichen aufgrund einer Verwechslung. Jaggers wütender Gesang: "Herzensbrecher mit deinem 44er Revolver. Ich will deine Welt zerstören!" Er beschreibt weiter, wie sich eine Zehnjährige Nadeln in den Arm sticht und später tot aufgefunden wird. Das alles feuert Micks lauten Rock-and-Roll-Gesang weiter an – die weitere Bedeutung dieser Dinge bleibt im Dunkeln.

Die Stärke des Songs liegt hauptsächlich in der Attacke der wetteifernden Gitarren von Richards and Taylor, zusammen mit dem ungestümen Piano von Billy Preston. Doch den letzten Pfiff erhält das Stück durch einen passenden Einsatz von Bläsern, den der Trompeter Jim Price später arrangiert und dazugespielt hat. Es sollte Prices letzter Auftritt bei einer Stones-Aufnahme sein. Bald würde er Künstler wie Joe Cocker, Herbie Hancock und Wayne Shorter produzieren.

Der Song wurde ein Singlehit in Amerika, doch damals in Jamaica waren die Aussichten für 'Doo Doo Doo Doo Doo (Heartbreaker)' eher schlecht. "Das Stück war wirklich nicht sauber gespielt", sagte Andy Johns gegenüber dem Journalisten Craig Rosen im Jahre 1994. "Alle waren so daneben, dass sie nicht versuchten, das Stück nochmal aufzunehmen. Stattdessen bemühte sich Keith vier Monate lang, den richtigen Ton für den Bass hinzukriegen, und das funktionierte einfach nicht, weil das elektrische Piano und die Gitarre beide falsch spielten. Es wurde ein bisschen undeutlich an der Stelle."

David und Angie Bowie. War sie die Inspiration für Jagger?

angie

'Angie' ist eine der zärtlichsten Balladen im Repertoire der Stones und wirkte 1973 wie ein Rückfall in eine andere Ära. Die sanften Klänge der akustischen Gitarre, Jaggers verletzlicher, sehnsüchtiger Tonfall, das romantische Thema, alles passte mehr zu den frühen Kompositionen von Jagger und Richards wie 'As Tears Go By' als zu dem satten Rocksound, den die Band in den frühen 70er Jahren perfektioniert hatte. Ein inniges UND gefälliges Lied erwarteten die Hörer jetzt nicht gerade von einer Band, die berühmt für ihren Zynismus und ihre Gefährlichkeit war.

Bald machten Gerüchte die Runde, 'Angie' sei Angela Bowie und ihrer Heirat mit Jaggers neuem Freund David Bowie gewidmet. Doch der Text lässt eher vermuten, dass es um eine sehr persönliche

Erfahrung Jaggers geht. In einem Werbevideo für den Song sieht man Jagger weiß gekleidet singen: "Baby, dry your eye ... Ain't it good to be alive ... they can't say we never tried".

Diese Gefühle könnten auch durch Jaggers Beziehung zu Marianne Faithfull inspiriert sein. Früher einmal gehörten sie zu den verwegensten Londoner Künstlerpaaren, doch 1969 war ihre Freundschaft schließlich endgültig zerbrochen, nach immer neuen Problemen wie einer Fehlgeburt, wiederholten Drogenskandalen und einem Selbstmordversuch.

Der Song kam jedenfalls bei den Zuhörern an. Als Single wurde 'Angie' eine Nummer 2 in den englischen Charts und gelangte an die Spitze der Charts in den Vereinigten Staaten.

silver train

ilver Train' wurde in den Island Studios in London aufgenommen und scheint inspiriert von einem ratternden Blues Rock. Und wer könnte die Jungs hier besser führen als der ehemalige Stone Ian Stewart?

Sein lebendiger Boogie-Woogie am Keyboard wird hier von Taylors Slide-Spiel auf der Bottleneckgitarre und Jaggers hektischem Mundharmonikaspiel begleitet. Er beschreibt wieder ein vergnügliches Zusammensein mit einer Prostituierten, und zwischen den Textpassagen lässt er ein aufrüttelndes Lokomotiven-Pfeifen erklingen.

Der texanische Bluesrocker Johnny Winter war so begeistert, als er eine frühe Aufnahme des Songs hörte, dass er eine eigene Version aufnahm. Auf seinem Album *Still Alive And Well* kam 'Silver Train' im März 1973 heraus, Monate vor dem Erscheinen von *Goats Head Soup*.

hide your love

ie meisten Basic Tracks für *Goats Head Soup* wurden in Jamaica aufgenommen, doch die entscheidenden Tonspuren für Bläser und Gesang wurden größtenteils in England fertiggestellt. Eines Tages setzte sich Jagger in einer Pause zwischen den Aufnahmen in den Olympic Studios ans Klavier. "Er klimperte auf dem Klavier herum, und es klang wirklich cool", erinnert sich Andy Johns. "Verdammt, das nehme ich auf, vielleicht können wir später etwas daraus machen", dachte ich. "Los Mann, machen wir eine ganze Passage von dem, das können wir brauchen, das klingt gut", sagte ich.

Jagger spielte weiter seine schwerfällige Pianomelodie in einem Sound, der vom Gospel kam und Ähnlichkeit mit den zwangloseren Stücken für *Exile On Main Street* hatte. Johns spielte das Band eine Woche später Mick und Jimmy Miller vor und beide stimmten zu, dass das einen Versuch wert wäre. Mick Taylors bluesige Leadgitarre, Millers Bassdrum und Händeklatschen wurden dazugemischt und Jagger fällt wieder in den Tonfall eines Predigers. Die gereimten Texte klingen improvisiert, wenn er beteuert: "Oh, Babe, ich gehe unter, ich möchte weinen, ja, ich habe getrunken, doch jetzt bin ich nüchtern."

Bei genauem Zuhören lässt sich eine schwache Stimme in der Ferne ausmachen, die verdächtig nach Jagger klingt. Sein eigentlicher Gesang wurde später dazugemischt, doch sein Gesang während der Aufnahme des Basic Tracks war über das Pianomikrofon mit aufgenommen worden. Wenigstens ein Hauch der Unbekümmertheit von *Exile On Main Street*.

> " Er klimperte auf dem Klavier herum, und es klang wirklich cool "
>
> Andy Johns über Mick Jagger

winter

inter' war das erste Stück, das in Jamaica für *Goats Head Soup* aufgenommen wurde und eines von zwei Stücken auf dem Album ohne Keith Richards. So blieb der Song offen für Mick Taylors flüssige Melodien, wie sie zuerst bei 'Sway' und 'Moonlight Mile' auf *Sticky Fingers* zu hören waren. Zwar ist 'Winter' in der Komposition weniger inspiriert als die Aufnahmen von 1971, doch es erreicht dieselbe epische Qualität.

Mick Jagger singt hier als Verlassener, der sich wehmütig nach einer vergangenen Romanze zurücksehnt: "Es ist ein sehr kalter Winter, und das Feuer der Liebe ist verloschen."

Es ist einer der seltenen Augenblicke, in denen der Sänger Verletzlichkeit zeigt. Taylors reichhaltiger Leadpart umfließt den üppigen Strom von Streichern, die Nick Harrison arrangiert hat. Wie 'Angie' demonstrierte dieser Song im Jahre 1973 die Fähigkeit der Stones, eine zärtliche Ballade zu schaffen, auch als Sound und Richtung der Band unklar schienen. Andy Johns nennt den Song heute "einen der besten, die sie je gemacht haben."

Abgesehen von den musikalischen Qualitäten zeigten sich Johns' Rock-and-Roll-Arbeitgeber bei 'Winter' von ihrer menschlichen Seite, wenn ihnen auch sonst zu Recht Rücksichtslosigkeit nachgesagt wird. Kurz vor der Reise nach Jamaica mit den Stones hatte Johns ein Album mit Jack Bruce produziert, mit dem er ein Apartment in der Park Avenue in New York bewohnte. Nach einer ausschweifenden Nacht wachte Johns auf und stellte fest, dass sich einer seiner Arme taub anfühlte. Das Gefühl kam auch nicht zurück. Johns erzählte Jagger davon und bot an, aus den Sessions zu *Goats Head Soup* auszusteigen. "Quatsch", sagte Jagger, "du kommst mit. Schau, du hast es sowieso alles im Kopf. Es wird sicher bald besser." Einige Tage später kehrte das Gefühl auch wieder zurück.

Einige Wochen später, kurz vor der Weihnachtspause, "kam Stu herein und sagte: 'Ich habe sehr schlechte Nachrichten: Dein Vater liegt im Sterben und möchte dich sehen.' Mick legte mir den Arm um die Schultern und sagt: 'Hör gleich auf und fahr' nach Hause zu deinem Vater.'"

Für Johns, dessen Vater schließlich an Darmkrebs starb, war das ein überraschendes Zeichen von Menschlichkeit von diesen berüchtigten Prinzen der Finsternis. "Das war ganz untypisch. Sie sind sonst nicht sehr kameradschaftlich", sagt Johns mit einem Lachen über die Band, die er erstmals als 14-jähriger und Bruder des Toningenieurs Glyn Johns kennen gelernt hatte. "Sie verbrauchten Leute wie eine Konsumgesellschaft ihre Stars."

Mick Jagger, sehr bemüht, cool auszusehen im Jahre 1973.

goats head soup

can you hear the music

'Can You Hear The Music' fasst die Probleme der Stones Mitte der 70er Jahre zusammen: Zügellosigkeit, Ziellosigkeit und Sinnkrise. Er hätte sich nahtlos in den psychedelischen Mischmasch von *Their Satanic Majesties Request* aus dem Jahr 1967 eingefügt, wäre das Album im Vergleich dazu nicht energiegeladen und einprägsam.

'Can You Hear The Music' beginnt mit einem zarten Glockenläuten, Percussion und der schwungvollen Flöte von Jim Horn. Das wird bald von der verträumten Wahwah-Gitarre verschluckt, und Jagger stöhnt in einem seltsam nörgelnden Tonfall über seine Liebe zur Musik.

Es wirkt wie ein unfertiges Werk, an dem noch gearbeitet wird, mit eigenartigen ästhetischen Widersprüchen. Während *Their Satanic Majesties Request* seine psychedelische Reise auf einem soliden Fundament aus reinem Pop aufbaute, singt Jagger hier komischerweise mit einer typischen Bluesstimme. Dieses aggressiv-entrückte Stück genießt man am besten nicht mit klarem Kopf.

Man hört Jagger singen: "When you hear the music floating in the air, can you feel the magic?" Diese idealistische Empfindung kam daher, dass die Musik der Rolling Stones selbst den Sinn und die Überzeugungskraft von einst verloren hatte.

star star

Auch Groupies brauchen ihre Hymne. Und wer wüsste mehr über ihr Kommen und Gehen, ihre akrobatischen Fähigkeiten und einzigartigen Gepflogenheiten als Mick Jagger? Dieser Mann war schließlich "Nummer eins meiner umfassenden Liste von Liebhabern", so Pamela Des Barres, das Proto-Groupie. 1973 gehörten Groupies längst zur Szene. "Groupies Anfang der 70er Jahre? Oh ja, ... wie die Fliegen", erinnert sich Bobby Keys.

In den 60er und 70er Jahren war Des Barres als Miss Pamela bekannt, Mitglied von Frank Zappas weiblicher Groupies-"Band" den GTO (Girls Together Outrageous). Laut ihrem 1987 erschienenen Buch *I'm With The Band* zählten Jimmy Page, Keith Moon und Wayton Jennings zu ihren Eroberungen. Ihr Tagebuch-

> "Groupies Anfang der 70er Jahre? Oh ja, ... wie die Fliegen"
>
> Bobby Keys, Saxophonist

eintrag für den 25. November 1969 lautet: "Ich bin sehr glücklich. Letzte Nacht habe ich mit Mr Jagger geschlafen, und wir kamen SO gut miteinander aus. Aufrichtigkeit, Freiheit und Freude. Echt. Ich half ihm dann, seine sieben Koffer zu packen, und er schenkte mir einige hübsche Kleider ... Sexuell war es eine sehr erfreuliche Erfahrung."

'Star Star' war nicht einfach wieder ein Lied über Mädchen. Der Originaltitel lautete 'Starfucker'. Es ging um die jungen Mädchen, die hinter Rock- und Filmstars her sind. Zu wilden Chuck-Berry-Riffs singt Jagger über ein Groupie "das Steve McQueen einen bläst" und wettet, dass sie noch zu John Wayne kommt, ehe er stirbt.

Nicht alle waren glücklich über dieses Lied. Der Aufnahmeleiter Ahmet Ertegun von Atlantic Records war entsetzt und bestand darauf, wenigstens den Songtitel in das harmlose 'Star Star' zu ändern. *Sheet Music* zensierte damals das Wort 'Starfucker', das ständig im Chorus vorkommt, und machte daraus das lächerliche 'Starbucker'.

"Damals war das unerhört", sagt Andy Johns. "Kaum einer sagte tatsächlich einmal 'FUCK' auf einer Platte. Besonders nicht auf einer Platte, von der Mick wusste, dass sie ein großer Erfolg werden würde."

Als *Goats Head Soup* schließlich im August 1973 herauskam, zog 'Star Star' sofort die Aufmerk-

goats head soup

samkeit erzürnter Feministinnen auf sich. Wie so vieles im Repertoire der Stones wurde 'Star Star' als frauenfeindlich bezeichnet. Miss Pamela mag sich selbst auch "eine freie Feministin" genannt haben, doch dieser Art Feminismus konnten sich nicht alle Frauen anschließen.

Jagger war uneinsichtig: "Das ist die Realität, und wenn die Mädchen sich so verhalten können, kann ich auch darüber schreiben, denn das ist es, was ich sehe", sagte Jagger gegenüber dem *Rolling Stone* im Jahre 1978. "Ich sage nicht, dass alle Frauen 'Star-Fucker' sind, aber ich erlebe viele so, deshalb schreibe ich ein Lied darüber. Ich meine, die Menschen entlarven sich durch ihr Verhalten, und wenn ich das beschreibe, heißt das nicht, dass ich antifeministisch bin."

In der Nacht vor der Aufnahme hatte Jagger ein Demo des Songs mit Johns am Bass aufgenommen. Die größte Herausforderung kam Monate später, als ein Vertreter von Atlantic bei Johns vorbeikam. Offensichtlich hatte John Wayne keine Einwilligung für die Nennung seines Namens auf der Platte gegeben. "Andy", sagte der Mann von Atlantic, "wir müssen den Teil, in dem John Wayne genannt wird, überspielen, sonst können wir die Platte nicht herausbringen." Johns legte dann ein leichtes Echo über die Stelle und überzeugte den Vertreter der Plattenfirma, dass der Durchschnittshörer das nicht ausmachen könne. Das war gelogen. "Natürlich konnte man auf der fertigen Platte immer 'John Wayne' verstehen", sagt Johns. "Darüber freue ich mich jedesmal." Bei der CD von *Goats Head Soup* griff die Band auf die deutlichere Originalversion zurück.

"Das ist der einzige Song, der einen Hauch Zynismus zeigt", erklärte Mick 1973 dem *Rolling Stone*. "Alle anderen sollen schön sein. Es ist sehr schwierig, über diese primitiven Emotionen zu schreiben, ohne zynisch zu werden – dann klingst du echt alt. Ich will sagen, wenn du nicht einfach in ein Café gehen kannst und dich in jede Tasse Kaffee verlieben kannst und es dir reicht, nur Musik aus der Jukebox zu hören – dann ist es schwer, das in einem Song darzustellen."

Die Kontroverse war mit Erscheinen des Albums noch nicht beendet. Als die Rolling Stones 1975 auf Tournee gingen, wurde Jaggers Darbietung des Songs von einem riesigen aufblasbaren Phallus begleitet, sehr zum Schrecken der jeweils zuständigen Behörden. "Die Polizeichefs in ganz Amerika warteten darauf", sagte Keith Richards später. "Es war eine Provokation."

Weiter ging die Bereitschaft der Band zur Dokumentation ihres Lebensstils nicht. Das erfuhr der bejubelte Fotograf und Filmemacher Robert Frank mit seiner ungeschminkten Dokumentation der Tournee von 1972. Unter dem Titel *Cocksucker Blues* (nach einem Song desselben Namens, den die Stones aufgenommen haben, der aber nicht veröffentlicht werden kann) stellte der Film eine Welt von Sex und Drogen plastisch dar. *Cocksucker Blues* fing auch Augenblicke musikalischer Euphorie ein, darunter 'Satisfaction' im Duett von Mick Jagger und Stevie Wonder. Berüchtigter waren die Szenen an Bord ihres Privatjets, bei denen die Road Crew mehrere Groupies nackt auszieht. Nachdem die Stones den fertigen Film gesehen hatten, erlaubten sie nicht, dass er veröffentlicht wurde.

Cocksucker Blues wurde seitdem selten gezeigt, hauptsächlich in kleinen unabhängigen Kinos und an Colleges. "Was auf der Tournee abgeht, war schlimmer als das, was im Film zu sehen ist", sagte Frank 1976 bei einer Vorführung. "Die Tournee", fuhr er fort, "war kaum auszuhalten, doch ich fand es nie abstoßend. Ich war nicht die ganze Zeit dabei – man wird mit hineingezogen bei so einer Tournee, und man wird so high, dass man nicht mehr arbeiten kann ... und das sieht man dann. Man sagte mir, dass Keith Richards der Film gefallen habe, doch ich weiß, dass es ihm eigentlich egal ist. Ihm gefiel er besser als Jagger."

Vom Versuch einer Dokumentation der täglichen Ausschweifungen im Leben der Stones bleiben am ehesten die Szenen mit den Groupies im Flugzeug im Gedächtnis. "Das war nicht typisch, das war gestellt", sagt Bobby Keys, der die meisten Tourneen der Stones in den 70er Jahren begleitet hat. "Diese Mädchen waren von den Jungs von der Gepäckabfertigung heraufgebracht worden, weil Robert Frank Stoff für seinen Film wollte. Dieser Mist ist nicht wirklich passiert. Der Eindruck, der entsteht, ist nicht völlig falsch, aber es war nicht so, dass wir dauernd Mädchen dabei hatten, sie uns griffen, mit ins Flugzeug nahmen und ihnen die Kleider auszogen."

Jagger wird ständig von Groupies angegriffen. Und genau das gefällt ihm.

Kapitel 12

1974 it's only rock 'n' roll

If You Can't Rock Me

Ain't Too Proud To Beg
(WHITFIELD/HOLLAND)

**It's Only Rock 'N' Roll
(But I Like It)**

Till The Next Goodbye

Time Waits For No One

Luxury

Dance Little Sister

**If You Really Want To
Be My Friend**

Short And Curlies

Fingerprint File

Im Jahre 1974 waren 31 Jahre ein mächtig hohes Alter für einen Rockstar.
Doch hätte Mick damals wirklich gedacht, dass er 20 Jahre später immer noch
dasselbe machen würde?

Warum gegen den Erfolg ankämpfen? 1974 waren die großartigen Rolling Stones die am meisten geliebte, gefürchtete, untersuchte, gelobte und gehasste Rock-and-Roll-Band des gesamten Universums. *Goats Head Soup* war ihr drittes Album in Folge, das beiderseits des Atlantik zur Nummer 1 wurde, und es sollten noch mehr kommen. Sie waren die "Kings of Rock", die Herrscher des Pop und saßen so sicher auf dem Thron, dass nicht einmal The Who oder Led Zeppelin ihnen gefährlich werden konnten.

Doch die Stones wussten es besser, zumindest Mick. Seit *Let It Bleed* war der Sänger wahrscheinlich mit keiner Stones-Platte voll zufrieden gewesen. Bald würde er auch erkennen (und offen zugeben), dass *Goats Head Soup* das schlechteste Album der Band seit *Their Satanic Majesties Request* aus dem Jahr 1967 war. Zumindest waren sie in jenen verrückten psychedelischen Tagen noch im Versuchsstadium gewesen und hatten eine Platte gemacht, die als halb misslungenes, verrücktes Experiment immer noch hörenswert ist. Nun traten sie in ihr zweites Jahrzehnt als Band, taten oft nur so als ob und hofften, ihre Ideen waren gut genug, wenn der Kelch wieder einmal an ihnen vorübergegangen war.

It's Only Rock 'N' Roll war etwas besser, war ein Hoffnungsschimmer in dem Sumpf, in den die Stones durch eigenes Zutun geraten waren. Der Toningenieur Andy Johns erinnert sich an die Sessions für das Album. Es waren noch mehr Drogen im Spiel als bei *Goats Head Soup*, doch es war auch eine gleichmäßigere Energie zu spüren. Die einprägsamen Passagen sind scharfkantiger und das Spiel ist lebendiger. Das wie immer elegante Spiel des Junior-Partners Mick Taylor bei 'Time Waits For No One' lässt traurige Gewissheit und subtiles Bedauern anklingen. Doch nicht das ganze Album erhebt sich in solche Höhen.

It's Only Rock 'N' Roll wäre ein guter Titel für ein Konzept-Album gewesen, und dafür hätten die Stones einzigartige Voraussetzungen mitgebracht, doch sie haben keines gemacht. Stattdessen folgen sie hier nur wieder den gewohnten Formeln. Jagger rührt an die Möglichkeiten im Titelsong und erforscht kurz die krankhafte Hassliebe der Band zu ihrem Auditorium: "Wenn ich mir ein Messer ins Herz stoßen würde, Selbstmord direkt auf der Bühne, würde euch das zufriedenstellen?" – doch die Möglichkeiten blieben größtenteils ungenutzt. Überlassen wir die Konzept-Alben Pete Townsend.

Erst im folgenden Jahr, bei *Black And Blue*, sollten sich die Stones erholen. Wem würde das überhaupt auffallen? Vielen Fans gefiel *Goats Head Soup* besser als das nur grob gestaltete Durcheinander von *Exile On Main Street*, auf dem wenig von der Art des glatten, vergnügten Boogie 'Doo Doo Doo Doo Doo (Heartbreaker)' zu finden war. Das bedeutete, dass 'Keef' Richards weiterhin denselben Riff-Rock produzieren konnte wie bei 'Jumpin' Jack Flash' und 'Brown Sugar', auch wenn schon lange Zeit für eine Veränderung gewesen wäre.

Keiths steigender Drogenkonsum stand vielem im Wege, hatte aber auch noch schlimmere Auswirkungen. Sein Freund Gram Parsons war gerade in der kalifornischen Wüste an einer Überdosis gestorben. Übermäßiger Drogenkonsum war auch teilweise die Ursache für das Ende der Zusammenarbeit mit dem Produzenten Jimmy Miller. Und Keith und Anita durften nun für zwei Jahre nicht mehr nach Frankreich einreisen und mussten je 5.000 Francs Strafe zahlen, eine Folge der Razzia in Richards' Villa in Südfrankreich.

Auch an anderer Stelle braute sich Ärger in der Band zusammen. Künstlerische Frustration hatte Bill Wyman schließlich dazu gebracht, sein erstes Soloalbum *Monkey Grip* zu veröffentlichen. Noch schwerwiegender war allerdings Mick Taylors wachsende Entfremdung von der Band, gerade als er selbst etwas mehr Sicherheit gewonnen hatte. Sein Gitarrenspiel hatte die Richtung der Stones in den vergangenen fünf Jahren stark beeinflusst, doch nur einmal war er als Co-Autor genannt – bei 'Ventilator Blues' auf *Exile On Main Street*. Dazu war der Gitarrist zunehmend eigen in Bezug auf seinen Stil geworden. Bei Sessions für ein Album in den Musicland Studios in München kam Taylor oft früher, um eine Bassspur aufzunehmen oder eine Idee für eine Aufnahme auszuprobieren. Keith löschte sie meist später.

"Mick Taylor hat nie richtig dazugepasst", erinnert sich George Chkiantz, der das Album in England abgemischt hat. "Irgendwie war er mehr Außenseiter als Nicky Hopkins." Johns erinnert sich an eine Session der Stones in München, als Richards sich plötzlich zu Taylor umdrehte und sagte:

> "Mick Taylor hat nie richtig dazugepasst"
>
> George Chkiantz, Toningenieur

it's only rock 'n' roll

"Verdammt, du spielst zu laut. Live bist du wirklich gut, aber nicht im Studio. Du spielst später."

Johns und Taylor waren etwa im selben Alter, Mitte Zwanzig, und hatten viel Zeit miteinander verbracht, kurz zuvor erst auf der Europatournee 1973 und bei den Sessions in Jamaica für *Goats Head Soup*. In München, sagte Johns, "jammerte er herum: 'Ich komme nie dazu, das zu tun, was ich will. Ich glaube, das halte ich nicht länger aus.' Und ich sagte: 'Bist du verrückt? Du willst bei den Stones aussteigen? Du bist wohl total übergeschnappt!'"

Noch vor der Fertigstellung von *It's Only Rock 'N' Roll* hatten sich Johns' eigene Heroinprobleme so verschlimmert, dass er nach der Urlaubspause nicht mehr zu den Sessions gebeten wurde. Schließlich arbeitete er für Jack Bruce, den ehemaligen Bassisten und Sänger von Cream, der damals eine neue Band zusammenstellte. Johns rief Taylor an: "Los Mann, du redest schon so lange davon, dass du aus der Band aussteigen willst", sagte er zu Taylor, der gerade auf dem Sprung nach München war, um an einem neuen Album zu arbeiten. "Komm und spiel mit Jack! Das ist es! Jack ist ein Genie, genau wie du!"

Also verließ Taylor die Rolling Stones. Er teilte der Presse mit: "Die letzten fünfeinhalb Jahre mit den Stones waren sehr aufregend und sehr inspirierend. Für die anderen vier Mitglieder der Band hege ich großen Respekt, sowohl als Menschen wie als Musiker. Ich bewundere die Gruppe sehr, doch ich habe das Gefühl, es ist jetzt Zeit für mich zu gehen und etwas Neues zu machen."

Für den ruhigen, jungen, blonden Bluesvirtuosen war der Ausstieg unvermeidlich gewesen. Er hatte sich da einen sehr anstrengenden Beruf ausgesucht. "Er wäre sowieso gegangen", sagt Johns. "Doch das Timing lässt darauf schließen, dass mein Anruf der Auslöser war. Das war das Schlimmste, was ich je getan habe. Es war nicht besonders intelligent ... Doch sie waren ganz schön überrascht über sein Gehen. Ist er verrückt? Niemand hat uns je verlassen!"

Die öffentliche Reaktion der Stones fiel diplomatischer aus. Gegenüber dem *Rolling Stone* sagte Jagger: "Mir tut es leid, dass er geht. Doch jeder ist frei zu tun, was er will, ich meine, wir sind nicht bei der Army, sondern in einer Art Rock-and-Roll-Band." Doch 1995 fügte er hinzu: "Ich glaube, er kam mit Keith nicht gut aus."

Mick Taylors Solokarriere wurde danach nie richtig erfolgreich. Aus der Supergruppe mit Jack Bruce wurde ein "trauriges Heroinfest, und es kam nichts dabei heraus", sagt Johns. Nur eine Tournee und sonst fast nichts. Seitdem hat Taylor einige wenige eklektische Alben gemacht, sowohl unter eigenem Namen wie auch als Begleitmusiker bei anderen. Er erschien auf Keith Richards' erstem Soloalbum – *Talk Is Cheap* (1988) – und die Stones luden ihn zur Einführung in die Rock and Roll Hall of Fame ein. Wenn er auch bei den gegenwärtigen Hörern weniger bekannt ist, kann er doch auf ein wohlverdientes Erbe als wichtiger Musiker bei einigen monumentalen Rockalben zurückblicken.

Der junge Mick war nun weg, doch ein Hinweis für die Zukunft der Stones war mit dem Titelstück von *It's Only Rock 'N' Roll* bereits gegeben. Es war im Studio zu Hause bei Ronnie Wood von den Faces aufgenommen worden. Doch das Album war immer noch sehr in den frühen Siebzigern verwurzelt. Die Coverversion des Titels 'Ain't Too Proud To Beg' von den Temptations sprühte vor Energie und schlechten Manieren und wurde schließlich eine ganz ordentliche Partyplatte von der Band, die 1974 zu den "Monsters of Rock" zählte.

Natürlich konnte ein Album wie *It's Only Rock 'N' Roll* von einer Band mit so bewegter Geschichte nur enttäuschen. Sie war sicher besser als das Mittelmaß, enthielt jedoch weniger Überraschungen als man Anfang der 70er Jahre erwartete.

> " **Die letzten fünfeinhalb Jahre mit den Stones waren sehr aufregend und sehr inspirierend** "
>
> Mick Taylors Presseerklärung zu seinem Ausscheiden bei den Stones

it's only rock 'n' roll

if you can't rock me

s treten auf: die Glimmer Twins, herausragende Produzenten. Die Erinnerung an Maestro Andrew Long Oldham war inzwischen verblasst, und der arme Jimmy Miller war unfreiwillig gegangen. Damit lag die Produktion von *It's Only Rock 'N' Roll* in den Händen von Jagger und Richards selbst, zum ersten Mal seit *Their Satanic Majesties Request*. Seitdem hatte das Duo viel gelernt, war mit allen Wassern gewaschen und hatte auch Ansprüche, die ihrem Künstlernamen gerecht wurden.

Es waren Männer mit Vermögen und Geschmack. Sicher wussten die Glimmer Twins, was sie taten, als sie das Album mit 'If You Can't Rock Me' begannen, einem Song mit großer Lautstärke am Beginn. Jagger beschreibt in hektischem Gesang, wie es ist, wenn er auf der Bühne steht und nach den Frauen in den ersten Reihen giert. Er will nur ein paar Stunden Wärme und Liebe heute Nacht, keine Hochzeit, keine dauerhafte Romanze. Diesen Damen "in Leder und Spitzen" machte er sein Standardangebot: wenn du nicht zugreifst, "wird eine andere in den Genuss kommen."

Getragen wird der Song von der schäumenden Kraft in Jaggers Gesang und von Charlie Watts' Trommeln. Er ist weitaus besser als vieles auf *Goats Head Soup*, nur dass der Groove nie richtig klar herauskommt. Richards und Taylor schrammen auf ihren Gitarren herum auf der Suche nach einem einprägsamen Riff, bringen jedoch kaum eine auch nur mittelmäßige Melodie zusammen. Hätte Jimmy Miller das an den Anfang gestellt?

it's only rock 'n' roll (but i like it)

eine Band aus den Sechzigern hat die Grenzen des guten Geschmacks und des Anstands mehr strapaziert als die Rolling Stones, die für immer von Oldhams schlechter Presse gezeichnet waren. Sex, Drogen, revolutionäre Umtriebe, Satanismus, Gewalt und Verfall – all diese Themen werden von der "größten Rock-and-Roll-Band der Welt" bis zum Äußersten ausgelotet. Doch auch Mick Jagger musste sich fragen, ob man die Sache nicht vielleicht zu weit getrieben hatte, als man den Hunger eines unersättlichen Publikums nach immer neuen Schocks und noch mehr Nervenkitzel bediente.

Die Stones hatten erlebt, wie ihre frühen Shows gefährliche Krawalle hervorgerufen hatten, waren auf der Straße attackiert worden, hatten gesehen, wie junge Mädchen sich an ihre fahrenden Limousinen warfen, hatten buchstäblich um ihr Leben rennen müssen. Inzwischen wurden auch ihre schlimmsten Erfahrungen – die Drogenskandale, die Autounfälle, der Tod von Brian Jones, Altamont – in möglichst romantischem Licht gesehen, nur als einzelne Kapitel in der großen Outlaw-Legende der Stones.

Auf den ersten Blick scheint 'It's Only Rock 'N' Roll (But I Like It)' nur wieder eine unbeschwerte Hymne an die Musik zu sein. Und doch klingt Jagger beherrscht und gleichzeitig ernsthaft entsetzt, während er über den Unterhaltungswert einer Selbstverstümmelung und eines öffentlichen Selbstmordes nachdenkt. "Würde das eure Teenager-Gier befriedigen? Würde das euren Kummer vertreiben?" Das sind schwerwiegende Fragen, auch wenn Jagger sie eher im Spaß stellt, vielleicht auch in Anlehnung

Die Faces mit Ron Wood (Mitte), ihrem eigenen 'Keef'.

an die neue Generation exhibitionistischer Glam-Rocker und Proto-Punks – man stelle sich jedoch diesen Text in den Händen von Iggy Pop vor.

Jagger hatte immer abfällig über Rockmusik gesprochen, als trauere er der Universität und dem soliden Leben nach, das er hätte führen können.

Schon der Titel für Song und Album war eine Beleidigung für die Hörer, für die Rock and Roll etwas Erhabenes hatte und nicht nur billige Unterhaltung bedeutete. Doch Witzbolde kennen viele Geschichten über die anstrengende Beziehung zwischen Publikum und Rockstar mit der besonders hohen Erwartungshaltung.

Zwar sind Jagger und Richards als Komponisten für den Song genannt, doch die ersten Entwürfe stammten von Mick und Ronnie Wood, dem verspielten Gitarristen der Faces. Die Stones kannten Wood aus der Zeit, als er als junger Gitarrist im Crawdaddy Club und im Marquee Club anzutreffen war. Jetzt arbeitete er mit dem Sänger Rod Stewart zusammen, und beide hatten mit der Jeff Beck Group und den Faces den Weg der Rock-and-Roll-Ausschweifungen verlassen.

Eines Nachts wurde der Toningenieur George Chkiantz ins Studio bei Wood zu Hause in Richmond gerufen. Als er eintraf, spielten Jagger und Wood akustische Gitarre. Auf dem Basic Track spielt Willie Weeks Bass, und Kenny Jones von den Faces lässt Drums und Becken laut krachen. Fertiggestellt wurden die Aufnahmen in München. Dort kamen Richards' durchdringende Riffs im Chuck-Berry-Stil dazu, Ian Stewarts Piano hört man von fern. Zwar war dies Woods erster Auftritt bei den Stones, doch kann es sein, dass seine Parts von Keith gelöscht worden sind. Das erklärt, warum Wood nur als "Inspiration" für den Song genannt wird. Das Resultat ist ein rhythmischer Rock and Roll Song, doch das zentrale Instrument hier ist Jaggers laut aufbrausende Stimme, die ihre aufrührerische Botschaft hinausschreit.

till the next goodbye

elle Akustikgitarren begleiten den weichen Gesang von Mick Jagger, der dabei einen vom Folk inspirierten Groove mit einem Touch von Romantik und Reue schafft. 'Till the Next Goodbye' ist eine traurige Liebesgeschichte aus Manhattan, ein Rendezvous in einem Café oder Kino wird nur angedeutet. Hinter der Erzählung vom tränenreichen Abschied liegt eine gute Mischung aus Gitarre und Nicky Hopkins' Piano. Sie ist weit entfernt vom groben Country-Folk auf *Beggars Banquet*, doch emotional lebt der Song vom Refrain mit Jaggers Worten über Wärme und Sehnsucht. Mag sein, dass die Stones nicht ganz synchron spielen, mit derselben Zwanglosigkeit wie auf *Exile On Main Street* zwei Jahre zuvor, doch mit 'Till The Next Goodbye' zeigte die Band, dass sie immer noch Werke von einer ruhigen Anmut schaffen konnte.

time waits for no one

ick Taylor hatte die Rolling Stones verändert. Nicht auf Dauer, und nicht so wie Brian Jones' jugendliche Blues-Begeisterung, die die Band bis in die Achtziger verfolgte. Taylors Einfluss hing ganz von seiner Präsenz ab und seiner eleganten, anspruchvollen Leadgitarre, die fünf entscheidende Jahre lang die Stones auf musikalisches Neuland führte. Trotz allem Murren der Rock- und Bluespuristen über die gelegentliche Zügellosigkeit des Gitarristen lässt 'Time Waits For No One' seine eigentlichen Stärken als Gitarrist erkennen. Zu diesem kraftvollen Rocksound, der gleichzeitig voller Raffinesse war, gelangten die Stones ohne Taylor nicht mehr.

In diesen letzten Tagen bei den Stones wirkte Taylors Spiel oft losgelöst vom Rest der Band. Zweifellos zeigt das die schwindende Beziehung des Gitarristen zu den anderen. Doch mit 'Time Waits For No One' war wieder eine Verbindung hergestellt, als Taylors elegante, fast hastige Leadgitarre die Dramatik und atemlose Leidenschaft von Jaggers Text reflektiert. Das Spiel hatte vielleicht mehr mit Carlos Santana zu tun als mit Chuck Berry, doch es passte immer noch nahtlos zu Nicky Hopkins' kaskadenartigen Pianomelodien und dem steten Ticktack-Beat von Charlie Watts.

Jaggers Botschaft mag wie eine Binsenweisheit erscheinen, doch das Bedauern in seiner Stimme klingt echt. Nichts ist sicher vor der Vergänglichkeit, warnt er, nicht von Menschenhand geschaffene Denkmale, nicht das Gesicht einer Frau, nicht die Stones. "Stunden sind wie Diamanten", singt Jagger, "vergeude sie nicht". 1974 wurde Jagger 30, einst unvorstellbar für einen Rockstar, doch er war nicht der Einzige. Es gab noch die Ex-Beatles und "Opa" Chuck Berry, der 1972 mit dem lächerlichen Titel 'My Ding-A-Ling' seinen ersten Nummer-1-Hit landete. Doch es kann nicht nur das Alter sein, das zu diesen philosophischen Gedanken über vergeudete Zeit inspirierte. Am deutlichsten verkörperte dieses Thema Keith Richards, der nun die Zeit, die seine produktivste hätte sein können, in Stumpfsinn und Verfall zubrachte und weitere Erfolge der Stones gefährdete.

Im Lauf der Zeit räumte Jagger ein, dass die Ära von *Goats Head Soup* und *It's Only Rock 'N' Roll* verlorene Jahre für die Band waren. Dank ihres Talents hatten die Stones immer noch, auch im Leerlauf, einprägsame Musik hervorgebracht, doch Pioniere des Rock and Roll waren sie nicht mehr. Sie riefen immer noch hier und da ein Prickeln hervor, und kein Act brachte größere Massen in die Konzertarenen. Sie waren weiterhin Inspiration für eine neue Rockgeneration in ihrer Nachfolge, so für den Glam-Blues Boogie von Aerosmith oder die gehässigen New York Dolls mit ihrer Identitätskrise. Und die Stones sollten bemerkenswerte Comebacks erleben wie 1978 mit *Some Girls* und 1981 mit *Tattoo You*. Doch die Siebziger gehörten letztendlich anderen, so wie sie einst mit den Beatles gemeinsam die Sechziger geprägt hatten. Schon vor dem Punk hatten sich Publikum und Kritiker einer neuen Künstlergeneration zugewandt: David Bowie, Neil Young, Al Green, Bruce Springsteen, Bob Marley, die alle einen neuen Sound und neue Ideen in die Popmusik einbrachten. Nicht einmal die Retro der Black Crowes in den späten Achtzigern oder andere Möchtegern-Stones hatten die alten Zeiten zurückbringen können.

Die Basic Tracks für 'Time Waits For No One' stammen von den Sessions zu *Sticky Fingers* in Jaggers Haus in Stargroves, doch die letzten Tonspuren für das gesamte Album wurden in den Londoner Island Studios eingespielt. Toningenieur George Chkiantz erinnert sich, dass Watts zu den Sessions mit dem Zug kam, wo er in seinen pinkgestreiften Hosen neben Geschäftsleuten im Bowlerhat und mit grauen Schnauzbärten saß.

Ein Song wie 'Time Waits For No One' brauchte eine vielschichtige Struktur, um die fast spirituelle Botschaft zu übermitteln. Eines Tages kündigte Jagger einen Perkussionisten namens Ray Cooper an. Das überraschte Chkiantz, denn er hielt Jagger selbst für einen hervorragenden Perkussionisten, wie er mit den Maracas wild hinter dem Mikrofon herumtanzte. Wessen "shake, rattle and roll" konnte denn spektakulärer sein als das von Mr Jumpin' Jack Flash? Und die Geschichte von Coopers Auftritt mit Elton John machte ihn im Rock-and-Roll-Lager auch nicht gerade beliebter.

"Nein, warte nur, bis du den Kerl siehst", sagte Jagger zu Chkiantz, und man sah ihm die Vorfreude eindeutig an. "Du wirst es nicht GLAUBEN. Das ist etwas ganz Besonders für dich und alle anderen." Cooper kam in die Island Studios und arbeitete zwei Tage lang sehr effektiv mit seinen Congas und Tamburinen, seinen verschiedenen Trommelschlägeln, Holzblocktrommeln, Kastagnetten, Glocken, Gongs, Triangeln und anderen Dingen. Er war groß gewachsen und hatte sein Haar extrem kurz geschnitten, praktisch rasiert. Cooper spielte alles, doch besonders am Tamburin brachte er Erstaunliches zuwege. Er holte eine unglaubliche Bandbreite von Tönen aus dem Ding und bearbeitete das einfache Instrument durch Rütteln, Trommeln, Tippen, Streicheln, Hämmern, Klopfen, Kraulen, Reiben, Schlagen und Stoßen. "Was macht man

> "Was macht man schon mit einem Tamburin? ... Und dieser Typ holt eine ganze Symphonie aus dem Ding"
>
> George Chkiantz über den Perkussionisten Ray Cooper

it's only rock 'n' roll

Mr Tambourine Man: Ray Cooper spielt mit Elton John.

schon mit einem Tamburin?" sagt Chkiantz, "Rüttel, rüttel, bong! Und dieser Typ holt eine ganze Symphonie aus dem Ding. Es war unglaublich, wie er seine Hände um den Rahmen laufen ließ, und so präzise. Er erzählte eine richtige Geschichte auf diesem langweiligen Instrument. Wer das nicht gesehen hat, der hat wirklich etwas verpasst."

Die Arbeit des Perkussionisten ist überall eingestreut auf It's Only Rock 'N' Roll. Im üppigen Mix von 'Time Waits For No One' nimmt man Coopers Präsenz jedoch am stärksten wahr. Das letzte Stück geriet zu einer aufwändigen Meditation über das Leben an sich.

Es ist nicht das einprägsamste Stück des Albums – Keiths Rockern lag mehr das Kräftige –, doch es liegt eine Bitterkeit in Jaggers reuevoller Botschaft, und zweifellos will er noch höher hinaus mit den Stones.

luxury

Bei den Aufnahmen zu Goats Head Soup in Jamaica war der Reggae-Rhythmus noch nicht in das Universum der Stones vorgedrungen, doch 'Luxury' deutet an, dass die Band der Sache immerhin Beachtung schenkte. Abgesehen von einem gewissen hypnotisierenden Rhythmus hat das Stück nicht viel gemeinsam mit den Wailers. Richards macht sich das Genre hier für seine eigenen Zwecke zunutze, und die Gitarren klingen mehr nach Chuck Berry als nach Bob Marley. Bald sollten die Stones in 'Cherry Oh Baby' auf Black And Blue einen eher traditionellen Reggaesound erforschen.

Jaggers Gesang bei 'Luxury' – wieder in einem seiner berüchtigten Dialekte – treibt immer tiefer in den Mix ab. Er singt über einen Mann, der hart arbeitet, um Frau und Tochter vor der Armut zu bewahren. Doch er fragt sich, warum er sonntags in der Ölraffinerie arbeiten muss, während seine Bosse, die schon Millionäre sind, immer reicher werden.

it's only rock 'n' roll

dance little sister

Beten für Keith? Keineswegs! Der Mann war lediglich indisponiert. Er sah zwar aus wie der Tod in Person, seine Zähne verfaulten, sein Blut war immer voller Giftstoffe, doch das sollte man nicht weiter beachten. Schließlich hatte er Familie. Er würde nicht an seinem Erbrochenen erstickt aufgefunden werden, im Swimming Pool ertrinken, aus einem Hotelfenster fallen oder an einem Schinkensandwich ersticken. Sein Herz würde in dieser Dekade nicht aussetzen, auch würde er nicht irgendwo auf unbequemen Eisenbahnschienen sein Leben lassen. Er war kein Drogenopfer, eigentlich nicht. Keith kannte seine Grenzen. Auch wenn er Mitte der Siebziger irgendwie abgebaut hatte, blieb er doch immer wichtigster Mitarbeiter und Glimmer Twin.

Sein schlechtes Beispiel fand Nachahmer, und einige Rockstars überlebten das nicht. Selbst Johnny Thunders erwies sich am Ende als Amateur. Richards selbst schienen die Folgen seines ausschweifenden Lebens wenig zu kümmern. Auf dem Cover von *It's Only Rock 'N' Roll* lümmelt er als zerzaustes Wrack in schlecht sitzenden Kleidern herum. Er war nicht mehr der Musiker, der er bei *Let It Bleed* war, als er die meisten Gitarren selbst spielte und zum Ausklang der 60er Jahre einen neuen Sound schuf. Diese Art von Klarheit und musikalischem Ehrgeiz war unter dem fortgesetzten Drogenkonsum natürlich geschwunden. Doch die Fähigkeit zur Entwicklung leidenschaftlicher Gitarrenriffs war ungebrochen, wie die brutale Eröffnung von 'Dance Little Sister' einmal mehr bewies.

Das Ätherische von 'Time Waits For No One' und anderen Balladen überlässt er den beiden Micks. Es besteht kein Zweifel daran, was das Leadinstrument bei 'Dance Little Sister' ist, ganz gleich wie geschäftig Taylor bei einigen nervösen Randpassagen seine Gitarre bearbeitet. Keiths Rhythmusgitarre führt die Stones auf eine wilde Reise, unterlegt mit einem heftigen Trommeln von Charlie Watts und Stus wiegendem Bar-Room-Piano. Jagger wirft verführerische, heiße Blicke auf Frauen in hochhackigen Schuhen, engen Röcken und rot angemalten Lippen, die in die Stadt gekommen sind, und drängt sie, die ganze Nacht wild für ihn zu tanzen.

'Dance Little Sister' hat alles, was die beste Teufelsmusik braucht, und doch kommt der Song nie richtig zum Durchbruch, findet nicht den richtigen Groove. Ob das an Keiths nachlassender Energie, am schlechten Zusammenhalt der Band oder an anderem lag, die Stones waren musikalisch nicht mehr so gut drauf wie früher.

In München versuchten die Rolling Stones, das Gemeinschaftsgefühl wiederherzustellen, das sich 1972 für *Exile On Main Street* als so fruchtbar erwiesen hatte. Wie damals in Jamaica wohnten Band und Crew im selben Hotel. "Früher hat jeder seine Alte überallhin mitgenommen", sagt Ingenieur Andy Johns. "Nicht, dass es wie zu Hippiezeiten gewesen ist, doch heute ist das anders, wenn man so ein Projekt durchzieht. Damals waren wir mehr wie eine Familie oder Gemeinschaft nach dem Motto 'wir machen das zusammen' und sowas."

Das Leben ist hart für Keith in der "größten Rock-and-Roll-Band der Welt".

it's only rock 'n' roll

Johns erinnert sich, dass Ronnie Wood immer wieder auftauchte und einmal mit Keith zu Dobie Grays Hit 'Drift Away' aus dem Jahre 1973 jammte. Diesen Song hörte Richards einen Monat lang täglich. Die Stones rückten dann davon ab und nahmen 'Ain't Too Pround To Beg' von den Temptations mit Richards' Riff neu auf, einer der Höhepunkte auf dem Album. Doch weder diese wenigen Augenblicke der Inspiration noch die Aufmerksamkeit heischende Publicitykampagne konnten verbergen, dass die Band auf dem absteigenden Ast war.

if you really want to be my friend

Für ein Quintett gottloser britischer Rockstars beherrschten die Stones die amerikanische Gospelmusik erstaunlich gut. 'If You Really Want To Be My Friend' weckt zwar nicht solche Emotionen wie 'Let It Loose' auf *Exile On Main Street*, doch finden hier die Stones zu einem gleichzeitig relaxten und bewegenden Soul-Groove. Wie ein Beichtender singt Jagger in diesem mehr als sechsminütigen lebhaften Gospelsong über Liebe und Vertrauen. Mick Taylors Leadgitarre tritt zugleich kraftvoll und schwermütig auf. Zu den besänftigenden Tönen der Vokalgruppe Blue Magic entlockt Nicky Hopkins seinem Piano die gewohnten, eleganten Akkorde. "Im Rückblick ist Nickys Beitrag auf diesen Alben enorm", sagt George Chkiantz, der Nicky Hopkins bei den Stones seit 1967 beobachtet hatte. "Viele Songs der Stones, die wir kennen und lieben, wären ohne Nicky nicht denkbar."

short and curlies

Ian Stewart war kein Roadie, er war der Botschafter der Stones, ihr unflätiger Stage Manager, ihr engster Freund, ihr Boogie-Woogie-Gewissen, ein Rock-and-Roll-Gentleman und passionierter Golfspieler. Doch in erster Linie war er Klavierspieler. Und 'Short And Curlies' war genau auf sein puristisches Rhythm-and-Blues-Gefühl zugeschnitten.

"Er liebte die Band, doch ihm gefiel oft nicht, was sie machten, und er jammerte darüber", erinnert sich Chkiantz. "Doch er blieb der Band treu und ging mit ihnen durch dick und dünn." Er hatte niemals Bitterkeit über den Rauswurf bei den frühen Rollin' Stones verlauten lasssen. Und vielleicht war das auch das Beste gewesen, denn Stus Boogie-Woogie-Gefühl wäre sicher mit den wilderen musikalischen Wendungen kollidiert, die die Stones im Laufe der Jahre einschlugen. Da er kein Mitglied der Band war, konnte er sich aussuchen, was er spielen wollte, und den Rest Nicky Hopkins überlassen. "Nicky Hopkins' Spiel überzeugte ihn nicht besonders", sagte Chkiantz und lachte. "'Gefällt euch das wirklich?' sagte er immer. Stu war ein sehr netter Junge, sehr in Ordnung. Ich bin auch sicher, dass Stu sich verständlich machen konnte, wenn er etwas spielen wollte."

Bei 'Short And Curlies' ist Stus Piano ganz im Vordergrund, geht nicht im Mix unter, und es strotzt vor jungenhafter Spitzbübigkeit. Dazu gesellen sich Richards' und Taylors Gitarren, und Jagger singt über einen Mann, der auf komische Weise unter der Fuchtel einer Frau steht. Sie hat sein Geld ausgegeben, sein Auto zu Schrott gefahren, und doch kann oder will er nicht von ihr loskommen. "She's got you by the balls" (Sie hat dich an den Eiern gepackt!) Unanständiger, überheblicher, sexistischer Boogie-Woogie-Himmel.

it's only rock 'n' roll

fingerprint file

ingerprint File' war ein Vorbote des kommenden Funk auf *Black And Blue*. Die hämmernde Basslinie und die Wah-wah-Gitarre erinnern an "Blaxploitation"-Filme wie *Shaft* und *Superfly*, in denen Schwarze die Hauptrolle spielen – und natürlich an Stevie Wonder, Sly Stone und die nahende Discowelle. Der Beat passt zu Mick Jaggers Panik vor Privatdetektiven und seiner Klage über die eingeschränkte Privatsphäre in dieser Zeit.

"So ein kleiner Wichser beim FBI hat zwei Meter Akten über mich zusammengetragen", singt Jagger, und das ist kein Scherz. Enthüllungen über die umfassende Überwachung John Lennons durch das FBI bestätigen Befürchtungen, die Jagger hier äußert. Es geht um Lennons Akte, die teilweise bis in die 90er Jahre geheim gehalten wurde. Seine eigene Vergangenheit – Verhaftung wegen Drogenbesitzes, Verdachts auf Teufelsanbetung sowie seine Verbindungen zu einer unbekannten Anzahl von langhaarigen, kommunistischen Störern – machten Jagger zweifellos zu einer Bedrohung für den "Amcrican Way". Deshalb versetzte ihn der Gedanke an Satelliten, Telefonwanzen, UV-Aufnahmen, FBI-Agenten und ganz normale Spitzel in Angst und Schrecken.

In diesem Stück tritt Mick Taylor zum letzten Mal auf einem Stones-Album auf – zumindest bis *Tattoo You* mit altem, wieder ausgegrabenem Material – und eine wichtige Periode für die Band geht zu Ende. Neue Energie schöpften die Rolling Stones nach den Comeback-Alben *Black And Blue* und *Some Girls*. Der Gitarrist Ronnie Wood, der für Taylor kam, spielte mehr im Stil von Keith Richards. Sie tauschten Riffs und Rhythmen untereinander aus und gingen mit einem stürmischeren Hardrocksound in die 80er Jahre.

Manche Hörer sollten Taylors flüssige Eleganz immer vermissen. Im nächsten Jahrzehnt versäumte kaum ein Interviewer, die Glimmer Twins um eine Einschätzung der unterschiedlichen Stones-Äras zu bitten: Jones im Vergleich zu Taylor und dagegen Wood. Sie konnten nicht gut antworten, dass sie die besten Jahre bereits hinter sich hatten, würdigten jedoch die besonderen Errungenschaften aus Taylors Zeit, von 'Honky Tonk Women' bis hin zu *Exile On Main Street*. Das waren monumentale Aufnahmen der Stones, und alles, was sie danach schufen, würde sicherlich daran gemessen werden.

Er mag ein guter Musiker gewesen sein, doch Mick Taylor war immer ein Außenseiter.

Kapitel 13

1976 black and blue

Ron Wood sorgte als zweiter Gitarrist für den dringend benötigten neuen Schwung.

Hot Stuff

Hand Of Fate

Cherry Oh Baby
(DONALDSON)

Memory Motel

Hey Negrita

Melody

Fool To Cry

Crazy Mama

m Tag nach Mick Taylors Weggang schickte ihm Keith Richards folgendes Telegramm: "Es war schön, die letzten fünf Jahre mit dir zu spielen. Danke für all die abgefahrenen Sessions und alles Gute." Taylor weinte, als er diese Sätze las – aus ihnen sprach viel Sympathie, Großzügigkeit und Anteilnahme. Andere empfanden die Kürze des Telegramms als sarkastisch. Aber letztendlich war es ja nur ein Telegramm. Taylors Abschied erschütterte Jagger und Richards jedenfalls nicht genug, um die Vorbereitungen für ihr nächstes Album abzubrechen. Die Aufnahmen für *Black And Blue* begannen wie geplant in München.

Von nun an waren die Stones also wieder zu viert – wie bei der Arbeit an *Let It Bleed*. Niemand spielte auf diesem Album so brillant wie Keith. Er füllte die von einem immer schwächer werdenden Brian Jones verursachten Lücken mit phantasievoller, intuitiver und lebendiger Musik. Er war es, der 1969 mit 'Gimme Shelter' und 'Midnight Rambler' kreative Impulse gesetzt hatte. *Let It Bleed* war 43 Minuten glühend heißes Vinyl – gefährliche Musik voller Offenbarungen. Wegen seines exzessiven Drogenkonsums war Keith außerstande, eine solche Leistung noch einmal zu erbringen. Es war ein Glück, dass er überhaupt spielen konnte und immer neue vierakkordige Riffs erfand. Ende 1974 brauchten die Stones also dringend einen zweiten Gitarristen – jemanden, der die blinden Flecken in ihrer Musik ausfüllen konnte.

Die Arbeit an *Black And Blue* wurde immer mehr eine Suche nach einem Ersatz für Taylor. Die nächsten acht Monate ließen die Stones unendlich viele Gitarristen für Probeaufnahmen vorspielen. Zu den Favoriten gehörten der britische Gitarrenvirtuose Jeff Beck, die Amerikaner Harvey Mandel und Wayne Perkins, Studiomusiker bei Muscle Shoals, und schließlich Ron Wood von den Faces – Musiker, die nicht viel gemeinsam hatten. Beck zum Beispiel hatte gerade sein hochgelobtes Album *Blow By Blow* veröffentlicht, rein instrumentale Jazz-Funk-Kompositionen, die nur wenig mit der Rock- und Bluesbegeisterung seiner Yardbirds-Tage oder den damaligen Stones zu tun hatten. Am anderen Ende der Skala stand der Sunnyboy Ronnie Wood, Rock And Roller durch und durch, dessen Zusammenarbeit mit Rod Stewart eine Mischung aus purem Spaß (bei den Alben der Faces) und außerordentlicher Brillanz war (auf Stewarts Solo-Platten). Auf der endgültigen Version von *Black And Blue* sind diese Musiker schließlich alle zu hören außer Beck, der die legendäre Rhythmusgruppe der Stones beleidigt haben soll. Seine Partien wurden gelöscht.

Der Querschnitt durch verschiedene Stile und Temperamente, angefangen mit Harvey Mandels großartiger Funk-Einlage in 'Hot Stuff', machte *Black And Blue* zur facettenreichsten Songsammlung seit den späten Sechzigern. Wayne Perkins' fließende Melodielinien in 'Hand Of Fate' kamen Taylors Spiel sehr nahe, während Woodys rauhe Riffs in 'Hey Negrita' denen von Keith ähnelten. Während Brian Jones auf einen Ratschlag von John Mayall relativ leicht und rasch ersetzt worden war, gestaltete sich die Suche nach einem Nachfolger für Taylor viel schwieriger. Schließlich hatte Taylor mit seinen eleganten Blues-Melodien zu Beginn des Jahrzehnts einen ganz neuen, anspruchsvollen Rockstil geprägt – eine Leistung, die ihm so schnell niemand nachmachte.

"Die Rolling Stones sind eigentlich eine Band mit zwei Gitarristen, so haben sie zumindest angefangen", erklärte Richards gegenüber der Zeitschrift *Crawdaddy*. "Das ganze Geheimnis des Rolling-Stones-Sounds ist die Art, wie wir zwei Gitarren miteinander kombinieren. Für mich ist es kein Problem, ohne zweiten Gitarristen zu spielen. Ich bin gewohnt, alles alleine zu machen. Das Ding ist nur, ich mag es, mit jemand anderem zu spielen. Das gibt mir einfach diesen bestimmten Kick."

Perkins war nahe dran, das Rennen zu machen, als Wood schließlich doch noch einmal bei den Aufnahmen auftauchte. Er spielt auf *Black And Blue* in zwei Songs, Perkins in drei. Ronnie hatte jedoch den Vorteil, schon seit langem mit der Band und besonders mit Richards befreundet zu sein. Auf seiner Solo-Platte *I've Got My Own Album To Do* von 1974 sind Keith und Mick zu hören und einige Takes für 'It's Only Rock 'N' Roll' wurden im gleichen Jahr bei Wood zu Hause aufgenommen. Es gibt das Gerücht, die Stones hätten Wood schon einmal 1969 ein Angebot gemacht und sich schließlich doch für Taylor entschieden. Wie dem auch sei, Wood 1975 zu engagieren, war die beste Lösung für eine Band, die, von Drogenexzessen und internen

> "Das ganze Geheimnis des Rolling-Stones-Sounds ist die Art, wie wir zwei Gitarren miteinander kombinieren"
>
> Keith Richards

black and blue

Reibereien geschwächt, am Rande des Abgrunds taumelte und dringend neuen Schwung brauchte.

"Ich liebte Mick Taylors Spiel", sagte Bill Wyman später. "Technisch war er einfach Spitze. Aber er war sehr zurückhaltend, genau wie Charlie und ich. Mick war nicht so abgedreht, aber er hat uns neue Wege gezeigt. Ron hingegen ist ein bisschen wie Keith, er führt uns zurück zu unseren Anfängen. Er ist kein so fantastischer Musiker, aber es macht mehr Spaß, mit ihm zu spielen, er hat mehr Persönlichkeit."

> "Technisch war er [Mick Taylor] einfach Spitze. Ron ist ein bisschen wie Keith, er führt uns zurück zu unseren Anfängen. Er ist kein so fantastischer Musiker, aber es macht mehr Spaß, mit ihm zu spielen"
> Bill Wyman

Woody hätte seine Bandkollegen von den Faces niemals hängen lassen, auch wenn Stewarts Solo-Karriere die Arbeit mit der Band schon längst in den Hintergrund hatte rücken lassen. Ein neues Faces-Album und eine Tournee waren schon in Planung. Offiziell verpflichtete sich der Gitarrist jedenfalls nur als Rolling Stone auf Zeit, um der Band bei der Fertigstellung von *Black And Blue* zu helfen, für das Album-Cover des Fotografen Hiro zu posieren und um auf der Sommer-Tournee durch die USA dabei zu sein. Ronnie versprach, danach wieder mit den Faces zu spielen.

Damals waren die Faces bereits im Begriff, sich aufzulösen. Die Band hatte nie so viel Erfolg gehabt wie die Stones. Gerade mal eine Hand voll Hits kamen von ihnen in die englischen Charts, in Amerika war nur 'Stay With Me' ein Hit geworden. Ronnie Lane, Bassist und gelegentlicher Sänger der Faces, hatte die Band schon verlassen. Stewart und Wood sahen beide das Ende näher rücken und nutzten schließlich ihre Aktivitäten außerhalb der Band als Rechtfertigung für ihren unvermeidbaren Abschied. Dies war das Ende. The Faces waren Geschichte.

"Woody und Rod waren wie Mick und Keith", meint der Sänger und Gitarrist Bobby Womack, ein alter Freund von Wood und den Stones. "Sie standen sich sehr nahe. Als Rod die Band verließ, blieb Woody keine andere Wahl als zu sagen: 'Die Stones wollten mich schon immer haben, also spiele ich ab jetzt mit ihnen.'" Am 28. Februar 1976 war das Engagement des neuen Rolling Stone, Ron Wood, beschlossene Sache.

Die frühen Sessions für *Black And Blue* stehen für die erneute Zusammenarbeit der Band mit dem Tontechniker Glyn Johns, der als Erster Aufnahmen mit den jungen Rollin' Stones gemacht hatte. Später hatte Johns dann so Epoche machende Alben wie *Beggars Banquet* und *Let It Bleed* aufgenommen, bevor er sich anderen Projekten widmete und die Stones seinem jüngeren Bruder Andy überließ.

Seine Rückkehr zu den Stones resultierte aus einer vorläufigen Übereinkunft, die Johns den Status des Co-Produzenten für *Black And Blue* zusprach, wenn er das Album nur fertig stellen konnte. Im Dezember 1975 kamen Johns und die Band in München an. "Wir kamen gut voran und schnitten viel Material in einer sehr kurzen Zeit und unter äußerst angenehmen Umständen", erzählte Johns 1994 Craig Rosen. "Für mich war es wunderbar, wieder mit ihnen zu arbeiten. Wir waren seit einigen Jahren befreundet und ich hatte sie lange nicht mehr gesehen."

Für Glyn Johns war die Abwesenheit Mick Taylors bei den Studiosessions eine angenehme Überraschung. Er wusste zwar um die entscheidende Rolle, die der Gitarrist während einer wichtigen Phase der Stones-Karriere spielte – doch Taylor war immer heikler geworden und verbrachte (oder besser gesagt verschwendete) fast so viel Zeit im Studio wie Keith. "Wenn ich ehrlich sein soll", sagte Johns, "ich kam nie sehr gut mit ihm aus."

Im Stones-Universum hatte sich seit der letzten Zusammenarbeit zwischen Johns und den Stones, bei der Takes aufgenommen worden waren, die später auf *Sticky Fingers* und *Exile On Main Street* erschienen, noch einiges mehr geändert. Keith litt in München immer noch unter dem Tod seines zweiten Sohnes Tara, der zehn Tage zu früh zur Welt gekommen war, benannt nach dem mit den Beatles und den Stones befreundeten Szenekenner Tara Browne, den die Beatles in 'A Day In The Life' erwähnen. Mick führte mit Marsha Hunt gerade einen Vaterschaftsprozess, der später außergerichtlich geschlichtet wurde, und Keith hatte anstelle seiner verrotteten Junkie-Zähne jetzt ein neues, schneeweißes Gebiss – genau richtig für einen Jet-Set-Rockstar. Bill Wyman hatte gerade sein erstes Solo-Album *Monkey Grip* veröffentlicht und plante schon das nächste, *Stone Alone*.

Außerdem gab es da das Album *Metamorphosis*, für das der frühere Manager Allen Klein alle missglückten Aufnahmen aus den Sechzigern zusammengekratzt hatte – nicht einmal Andrew Loog Oldhams Liner-Notes auf der Rückseite des Covers konnten es retten. *Made In The Shade*, eine Sammlung der besten Songs des neuen Jahrzehnts, machte diesen Schandfleck zum Glück wieder wett.

Die für Johns erstaunlichste Veränderung der Rolling Stones war jedoch ihre Bereitwilligkeit, zügig zu arbeiten. In München schafften sie es, in elf Tagen elf Tracks zu mixen – eine außergewöhnliches Tempo, wenn man an die zähen Studiosessions mit Johns in London zurückdenkt. Ein Zustand, der allerdings nicht allzu lange währte. Nach der Weihnachtspause fanden sich die Stones in Rotterdam ein, um die Arbeit an *Black And Blue* in speziell für Symphonieorchester konstruierten Probesälen fortzusetzen. Der Aufnahmewagen der Stones wurde vor dem Gebäude geparkt - eine von Micks Sparmaßnahmen, mit der Johns keinesfalls einverstanden war.

"Die ganzen Gegebenheiten dort in Holland waren ziemlich ungünstig", sagte Johns, der damals immer nervöser wurde, weil die Band die Zeit im Studio dafür verschwendete, neue Gitarristen vorspielen zu lassen. "Ich arbeitete im Wagen vor dem Gebäude. Die Stones waren im dritten Stock. Jedes Mal, wenn ich irgendein Mikro einstellen wollte, musste ich vier Treppenabsätze hoch und zehn Gänge entlang sprinten. Schließlich kam es zu einem Missverständnis mit Keith und mir platzte der Kragen – wohl wegen all dem Unsinn, der sich die Jahre über aufgestaut hatte ... Da sagte ich den Stones, sie sollten ihren Scheiß doch selbst machen. Das war das Ende."

Zu diesem Zeitpunkt war für Johns das Album sowieso fast fertig. Und trotzdem verbrachte die Band noch mehrere Monate im Studio. Für Johns, der seitdem nicht mehr mit den Stones gearbeitet hat, war alles eine einzige große Enttäuschung: "Ich hab mir die Platte nie angehört", sagte er später. "Und ich bin mir sicher, sie haben sie völlig versaut."

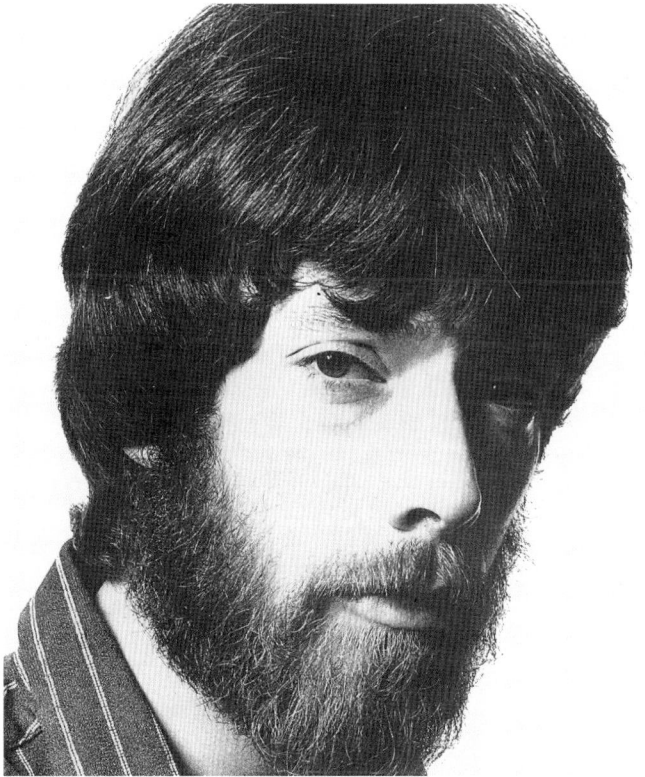

**Der neue Mick Taylor?
US-Gitarrenvirtuose
Harvey Mandel.**

hot stuff

er erste Song auf *Black And Blue* ist ein echtes Stück Hochspannungs-Funk – für das Jahr 1976 ein ganz unerwartet radikaler Sound der "größten Rock-And-Roll-Band der Welt". Es war endlich ein Lebenszeichen der stark umstrittenen Rolling Stones, die seit langem in berechenbaren Einheitsrock abgedriftet waren. Diese Trägheit wurde hier plötzlich zum "dance fever". Rockfanatiker waren entsetzt. Ließen sich die Stones etwa von einer schnelllebigen Discoszene mit internationalen Hits wie 'Love To Love You Baby' von Donna Summer verschlingen? War das etwa das Ende des Rock?

Nicht solange es noch Keith Richards gab. 'Hot Stuff' war keine Absage an den klassischen Funk-Groove à la James Brown und Sly Stone. Im Gegenteil, der Song wandte sich gegen die platten Discosongs, die damals ständig im Radio liefen. Was den Song ausmacht, sind Keiths überdrehte Riffs und die Melodramatik von Billy Prestons donnernden Klavierakkorden. Gitarrist Harvey Mandel bringt diesen heftigen Groove zum Kochen und Mick singt leidenschaftlich von einem durch schnelle Rhythmen bestimmten Leben und von Leuten, die in New York

City unterzugehen drohen: "Ich weiß, ihr seid hart im Nehmen!"

Der Song war mit Verstärkung von Perkussionist Ollie E. Brown im März 1975 in den Musicland Studios in München aufgenommen worden.

> **" Ohne die Rolling Stones wären viele amerikanische Frauen heute nicht halb so emanzipiert "**
>
> Keith Richards

"In dieser Nacht war ich saugut drauf", sagt Brown heute. "Da hat wirklich alles zusammengepasst."

Auch wenn nicht alle Fans über die Ausflüge der Rolling Stones in die "Discomusik" begeistert waren - Stücke wie 'Hot Stuff' waren eine ganz logische Konsequenz aus ihrer Affinität zur Musik des schwarzen Amerika. Der Song war bloß die Siebziger-Stones-Adaption dessen, was die Band schon bei ihren ersten Besuchen im Apollo-Theater in Harlem mit eigenen Augen gesehen hatte. 'Hot Stuff' war kein Irrweg, eher so etwas wie das plötzliche Interesse an elektronischer Musik und Junglebeats bei Leuten wie David Bowie und U2 Mitte der Neunziger.

Noch viel stärker umstritten waren die Werbeplakate für das Album, auf denen man eine gefesselte blonde Frau sah, deren Körper mit blauen Flecken übersät war.

Nicht nur Feministinnen waren entsetzt über das Bild, das schon sehr bald sämtliche Reklametafeln und Zeitschriften zierte. "Ich fand es ziemlich lustig", erzählte Richards der Zeitschrift *Creem* 1979. "Leider haben eben die meisten keinen Sinn für Humor, Institutionen schon gar nicht ... Verdammt noch mal, ohne die Rolling Stones wären viele amerikanische Frauen heute nicht halb so emanzipiert. Sie würden immer noch an Verabredungen und Ringe und so was glauben und sich darüber den Kopf zerbrechen, ob sie sich beim ersten Date küssen lassen sollen oder nicht."

hand of fate

er geschliffene Sound der E-Gitarren und der harte, mitreißende Rhythmus machen ein Stück wie 'Hand Of Fate' einzigartig. Die einleitende Riff-Passage trägt eindeutig Keiths Handschrift, ist aber viel entschlossener und energievoller als sonst. Auf Alben wie *Goats Head Soup* oder *It's Only Rock 'N' Roll* waren die Riffs nur allzu leicht von Richards beringten Fingern gerieselt und kaum über das hinausgegangen, was er Jahre zuvor mit 'Jumpin' Jack Flash' geschaffen hatte. Auf *Black And Blue* übertrifft sich Keith für kurze Zeit selbst.

Wie der Rest des Albums auch, klang 'Hand Of Fate' dank der ausgezeichneten Arbeit der Tontechniker Glyn Johns, Keith Harwood und Phil McDonald sehr klar und sauber ohne steril zu wirken. Jedes Element, jede Drum- oder Gesangspassage, blieb trotz der Mischung verschiedener Rockstile – mit Funk- und Rock-Riffs, von der leichten Brise Reggae in 'Cherry Oh Baby' bis zu der wehmütigen Ballade 'Memory Motel' - klar und unverwechselbar.

Nach dem superfunkigen 'Hot Stuff' war 'Hand Of Fate' wieder voller Super-Riffs. Und trotz des irgendwie spirituellen Untertons singt Jagger 'Hand Of Fate' wirklich wie jemand, der aus Liebe zu einer Frau zum Mörder wird und sich nun auf der Flucht befindet.

Nach Mick Taylors Einleitung feuert Gitarrist Wayne Perkins eine jazzige Rockmelodie über den fulminanten Rhythmus der Band. Und doch bleibt 'Hand Of Fate' letzten Endes Keiths Stück.

"Die B.B. Kings, Eric Claptons und Mick Taylors sind mir egal, sie machen, was sie machen. Aber ich weiß, dass sie nicht das können, was ich kann", sagte Richards später. "Sie können noch so viele Noten spielen - aber nicht in diesem Rhythmus, Mann ... Alles was ich tue, beruht auf Rhythmus, weil ich darin am besten bin. Ich hab versucht ein großer Gitarrist zu sein und habe – genau wie Chuck Berry – versagt."

memory motel

In 'Memory Motel', einer Geschichte von schönen Frauen und endlosen, einsamen Nächten unterwegs, überlässt Richards den Gitarrenpart Wayne Perkins und Harvey Mandel. Nicht ohne Wehmut singen Jagger und Richards hier gemeinsam von Sehnsucht und Erinnerung an vergangene Zeiten.

"Ich hab gesehen, wie ein Mädchen Mick gegen eine Mauer drückte und sich dabei ihre Klamotten vom Leib riss", erinnert sich Perkussionist Ollie E. Brown. "Sie zog sich einfach aus. Die Fans schrien und tobten wie im Fernsehen. Mick hat nur gelacht."

Jaggers und Richards' Stimme vermischen sich mit fulminanten Keyboard-Sounds: Mick spielt akustisches Klavier, Keith E-Piano und Preston Gitarren-Synthesizer – mit Perkins an der akustischen und Mandel an der E-Gitarre, während Keith "Sie hat ihren eigenen Kopf und benutzt ihn auch" ins Mikro haucht.

Die Studiosessions in München begannen wie immer abends und dauerten bis Sonnenaufgang. Richards' Rockgenius erwachte irgendwie immer erst nach Mitternacht. Seine nächtlichen Stunden verbringt er, statt im Bett, mit seiner Gitarre. Als Ollie E. Brown Mitte der 70er Jahre mit den Stones auf Tournee ging, wurde ihm erst klar, dass die Songs der Rolling Stones oft während dieser nächtlichen Jam-Sessions entstehen. "Keith ließ sich nach einem Konzert einen Verstärker aufs Zimmer kommen", sagt Brown. "Er und Woody saßen dann abends im Hotelzimmer und machten ein bisschen Musik, Mick stieß oft dazu und fing an zu singen. Sie ließen ein Tape mitlaufen und schon war der nächste Song da."

hey negrita

Auf der Rückseite des *Black And Blue*-Covers ist das Gesicht von Ron Wood zu sehen, als er gerade von der Bühne kommt, nachdem er der Öffentlichkeit als neues Bandmitglied der Rolling Stones vorgestellt worden war. Er sieht ungewöhnlich stolz und seriös aus, glattrasiert und aufrecht, auch wenn er nur in zwei Songs des Albums spielt. Zuerst hört man ihn in Eric Johnsons ruhigem Reggae-Song 'Cherry Oh Baby' – Woods ganze Präsenz kommt aber erst in 'Hey Negrita' richtig zum Vorschein, das seinen Voodoo-Groove zwischen den kratzigen Staccato-Gitarren von Ron und Keith findet. Mick singt eine weitere reißerische Ballade und schreit leidenschaftlich heraus, wie jemand die Prostituierten und Stricher beobachtet, bevor er seinen letzten Dollar für einen von ihnen hergibt.

Der Bayou-Rhythmus, der an der Bridge des Songs mit geklimperten Country-Rock-Elementen hervorbricht, war weitgehend Woods Erfindung. Das war nichts, was er nicht auch mit den Faces hätte spielen können. Das Umfeld war aber nun ein anderes und die Anforderungen höher. Die Arbeit mit den Stones spielte sich auf viel höherem Niveau ab, als alles, was er jemals mit den Faces oder noch früher mit der Jeff Beck Group, gespielt hatte. Manchmal fragte Wood seinen Freund Bobby Womack um Rat.

Ron Wood war schnell bei den Rolling Stones integriert.

"Ich erinnere mich gut, wie er mich fragte, ‚Wie viel, glaubst du, sollte ich verlangen?' Ich sagte, 'Ich hab keine Ahnung, Mann. Verlang ne Million Dollar'", sagt Womack. "Letztendlich bekam er sein Gehalt. Er erwies sich nicht nur als unheimlich loyal gegenüber den Stones – er war ein Stone, auf den man sich verlassen konnte."

Ein echter Stone zu sein, hatte allerdings seinen Preis. Erst viel später schaffte es Wood, von den Glimmer Twins Anerkennung für die Songs zu bekommen, die er selbst geschrieben hatte. Die Bedürfnisse und Wünsche von Jagger und Richards waren stets vor-

black and blue

rangig. Die modernen Stones waren IHRE Kreation, IHRE persönliche Leistung, waren das, was die Faces für Wood bedeuteten. In puncto musikalische Kreativität hatte Wood bei den Faces die Zügel in der Hand, indem er leidenschaftlich gespielte akustische Slide-Guitar-Passagen mit Rockelementen der Stones verband. Doch jetzt war er Teil der Stones-Maschinerie, in der es galt, seine eigene musikalische Stimme in den Hintergrund zu stellen. Anfand der 1980er Jahre war sogar seine Solo-Karriere weitgehend zu Ende.

Wood war zu einem wichtigen Zeitpunkt zu den Stones gekommen. *Black And Blue* stand für eine Band, die dabei war, neuen kreativen Schwung zu bekommen und Wood trug entscheidend dazu bei. Als 1978 dann *Some Girls* veröffentlicht wurde, war der junge Ronnie bereits einer der wichtigsten Musiker der Band – eine Persönlichkeit, die die Stones zusammenhielt. Außerdem passten seine rohen, mahlenden Gitarrenstücke so ideal zu denen von Keith, als ob er schon immer mit ihm gespielt hätte.

"Ich will zum Erfolg der Rolling Stones beitragen", erzählte Wood 1977 der Zeitschrift *Rolling Stone*. "Ich habe nur ein paar Songs mit Mick geschrieben, aber viele mit Keith. Wo wir auch waren – New York, Paris, München – wir haben einfach alle Ideen gesammelt, genau wie im Studio. Ich muss einfach darauf achten, meinen eigenen Beitrag zu leisten. Schließlich hab ich keine Lust, als fünftes Rad am Wagen zu enden."

Billy Preston startete seine erfolgreiche Solokarriere in den 70er Jahren.

melody

'Melody' ist die einzige Rotterdam-Aufnahme auf *Black And Blue* – und anders als alle anderen Songs der Platte. Die von Arif Mardin arrangierte Trompeten-Passage mit Charlie Watts' Besen ist ein ungewöhnlicher Ausflug in den Jazz. (Endlich!) Mick stampft mit den Füßen und singt ein schlüpfriges Duett mit Billy Preston. Der Song hat etwas Warmes und gleichzeitig Hässliches. Jagger erzählt die traurige Geschichte einer Frau, die sich sofort in die Arme des nächsten Mannes fallen lässt, nachdem sie sein Geld ausgegeben hat. "Ich hab sie überall gesucht / Wie eine Nadel im Heuhaufen ..."

Prestons Piano erzeugt eine Art Bar-Atmosphäre, seine Orgel gibt dem Ganzen einen Touch R&B. Jaggers Gesang mündet am Ende des Songs in einen ausgeflippten, stöhnenden, ächzenden und seufzenden Skat. In den 70er Jahren hatte Preston mehrere eigene Hits gelandet – unter anderem 'Nothing From Nothing' und 'Will It Go Round In Circles' – und von der Arbeit mit den Beatles und den Stones profitiert. Doch keiner seiner Hits übertraf die Jazz- und Bluesmischung von 'Melody'.

fool to cry

Einige Fans waren von der traurigen Ballade 'Fool To Cry' viel bestürzter als von dem bizzarren Dance-Floor-Epos zu Beginn des Albums. Sie erinnerte an die Carpenters oder Barry Manilow, aber NICHT an die Rolling Stones.

Jagger legt in diesem Song eine selten sichtbare Verletzlichkeit und Selbstbemitleidung an den Tag, und zwar als Vater, Liebhaber und Freund. 'Fool To Cry' war kein wirklicher Rock-and-Roll-Song, kam aber trotzdem sowohl in England als auch in Amerika in die Top-Ten. "Es ist ein großartiges Stück, und Jagger singt es einfach brillant", sagte Glyn Johns später.

Johns hatte die endgültige Version von 'Fool To Cry' schon am 4. Dezember 1974 fertig und trotzdem feilte die Band auch nach der Weihnachtspause noch an dem Song herum. Schließlich wurde aus ihm ein langsames Stück aus Keyboards und Gitarren - Beweis genug, dass auch die berüchtigtsten Rockstars, wenn unbedingt nötig, mit süßen Gefühlen fertig werden konnten.

> " Es ist ein großartiges Stück, und Jagger singt es einfach brillant "
>
> Toningenieur Glyn Johns

crazy mama

Der letzte Song auf *Black And Blue* ist wieder echter Stones-Rock. Mick Jagger spielt Rhythmus-Gitarre, und Keith Richards feuert seine Country-Funk-Melodien dazwischen. Mandels, Perkins' und Woods Talent tritt hier etwas in den Hintergrund. Richards hätte das Stück auch gut alleine spielen können, wenn er nur gewollt hätte.

'Crazy Mama', das am 29. März 1975 aufgenommen wurde, strotzt nur so vor berauschend dynamischem Gitarren-Sound.

Für Richards, der im selben Jahr auf Alexis Korners Album *Get Off Of My Cloud* spielte, war 'Crazy Mama' wahrscheinlich nur eine kleine Übung - genug jedoch, um die Stones-Fans davon zu überzeugen, dass der langsame Abstieg der Stones gestoppt worden war. Das Stones-Blut kochte nach wie vor.

Kapitel 14

1978 some girls

Satisfaction: *Some Girls* wurde als Neubeginn der Rolling Stones gefeiert.

- Miss You
- When The Whip Comes Down
- Just My Imagination (WHITFIELD/STRONG)
- Some Girls
- Lies
- Far Away Eyes
- Respectable
- Before They Make Me Run
- Beast of Burden
- Shattered

Some Girls entstand 1978 unter Mick Jaggers Motto: IF YOU CAN'T TAKE A JOKE, IT'S TOO FUCKING BAD. Some Girls war das dreisteste, aufwieglerischste, gehässigste, kühnste und witzigste Album der Rolling Stones, mit einem Mick Jagger, der ausgelassen in einer Art Bewusstseinsstrom vor sich hin rappte und dabei eine neue Form des New Yorker Groove erfand. Auch früher hatten die Stones schon witzige Stücke geschrieben – aber Songs wie 'Cool, Calm And Collected' von 1967 waren eher das unschuldig-fröhliche Produkt der Jugend gewesen. Some Girls war anders: Es war die Musik von erwachsenen Männern, die gemeinsam ihre derben Späße treiben, mit all der Großspurigkeit und dem erbarmungslosen Sarkasmus, den man sich dabei so vorstellt.

Das hier war städtische Countrymusic, eine dunkle, aggressive Mischung aus Punk, Funk und schnellen Chuck-Berry-Riffs. Und das kam nicht ganz unerwartet. Black And Blue war 1976 schon ein ermutigendes Zeichen – ein energisches Signal dafür, dass die Stones zumindest noch interessiert daran waren, Musik zu machen, auch wenn sich das Album weitgehend an erprobten Mustern und entliehenem Funk orientierte. Auch Some Girls war unverkennbar mit der Vergangenheit der Stones verbunden, aber hier war ein ganz neuer und lebendiger Sound zu hören. Jagger und Richards sangen von Gangstern und Liebesaffären und machten sich gnadenlos über jegliche Art von Redneck-, Country- und Westernmusic ('Far Away Eyes') und Frauen der unterschiedlichsten Sorten und Temperamente lustig. "Schwarze Mädels wollen die ganze Nacht gevögelt werden", singt Jagger im Titelsong. "Ich hab einfach nicht so viel Saft in den Knochen." Nicht jeder konnte über diese Zeilen lachen.

Für die breite Masse der Hörer war Some Girls vielleicht nur ein weiteres Nummer-1-Album der internationalen Charts – Pop-Futter für ihre Stereoanlage wie jedes andere Album auch. Aber für Musikkritiker und andere Rock-and-Roll-Fans war Some Girls eine Offenbarung: Die Könige des Rocks waren wieder in Höchstform. Die Stones erweckten hier ihre einstige Energie wieder zum Leben und gaben ihr einen frischen Sound. Und Jagger zeigte sich in der ungewohnt zärtlichen Stones-Version von 'Just My Imagination' von den Temptations sogar von seiner verletzlichen Seite.

"Some Girls war seit langem unser fetzigstes Album. Und ich glaube, sieben Millionen Alben sprechen für sich", sagte Richards 1979. "Für die weitere Entwicklung der Band kam es einfach genau zum richtigen Zeitpunkt."

Mit etwas weniger Glück hätte die Stones-Karriere nach Some Girls auch zu Ende sein können. 1977 flog die Band nach Toronto, um im El Mocambo ein paar Gigs für das Love You Live-Album aufzunehmen. Leider entdeckte die kanadische Polizei am Flughafen in einem von Anita Pallenbergs 28 Gepäckstücken zehn Gramm Haschisch und einen verrußten Löffel (zum Heroinkochen). Sie wurde sofort festgenommen. Drei Tage danach wurde die Suite von Keith Richards durchsucht und genügend Heroin gefunden, um den Gitarristen wegen Drogenhandels vor Gericht zu bringen. Bei einer Verurteilung drohte Richards eine lebenslange Haftstrafe.

Er kam jedoch gegen Kaution frei und die Konzerte im El Mocambo fanden wie geplant statt. Der nächste Skandal stand jedoch schon vor der Tür: Margaret Trudeau, Kanadas First Lady, war, so wurde berichtet, im Hotel der Band gesehen worden - im Bademantel. Die Titel der Lokalzeitungen ("Stones-Skandal mit der First Lady" und "Die First Lady steht auf die Stones") verursachten einen derartigen Wirbel, dass sogar der kanadische Dollar an Wert verlor. "Wenn sie zu Rockkonzerten geht, muss sie damit rechnen, dass man sie bemerkt und über sie schreibt", erklärte Mr Trudeau tapfer der Toronto Sun. "Ich habe nichts dagegen, aber das Privatleben meiner Frau geht nur sie und mich etwas an."

Anita bekam eine Geldstrafe über 400 Dollar, Keiths Verhandlung wurde auf einen späteren Zeitpunkt festgesetzt. Beide erhielten die Erlaubnis, Kanada zu verlassen, um eine Drogenentziehungskur in New York zu machen. Im Oktober kamen die Stones in die EMI-Pathé-Marconi-Studios in Paris, um Some Girls aufzunehmen.

"Wir waren alle ziemlich angespannt", sagte Chris Kimsey, der die Aufnahmen überwachte und das Album mischte. "Niemand wusste so richtig, wie es wegen der Drogenprozesse in Kanada mit Keith weitergehen sollte, ob er durchkommen würde oder nicht. Es war eine beunruhigende Zeit. Wir verbrachten unzählige Stunden im Studio. Es war wie bei einer

> **"** *Some Girls* war seit langem unser fetzigstes Album. Sieben Millionen Alben sprechen für sich **"**
> Keith Richards

some girls

Live-Show, die Leute kamen zum Zuhören einfach rein. Es war keine geschlossene Session. Im Studio drängelten sich immer zwischen 10 und 30 Leute."

Dies schien die Stones nicht weiter zu stören. *Some Girls* wurde auf einem ziemlich einfachen 16-Spur-Gerät aufgenommen, und zwar im Demoraum von Pathé Marconi, einem riesigen Saal, der einer Bühne ähnelte. Eine Bar wurde aufgebaut, was die informelle Atmosphäre noch verstärkte.

Über 40 Songs wurden dort aufgenommen, und zwar mit Special Guests wie Ian McLagan (dem früheren Pianisten der Faces), dem Saxophonisten Mel Collins und Sugar Blue an der Bluesmundharmonika. Die meisten Stücke wurden praktisch an Ort und Stelle geschrieben. "Mick oder Keith kamen plötzlich mit einem neuen Riff oder hatten irgendeine Idee, die keiner in der Band bis dahin gehört hatte", erzählte Kimsey dem Journalisten Craig Rosen 1994. "Paris war die optimale Umgebung für sie. Hier ließ es sich einfach sehr gut arbeiten."

Von den Aufnahmen in Paris bis zum endgültigen Abmixen in New York – in nur sieben Monaten war das Album fertig. Und trotz seiner andauernden Schwierigkeiten mit dem Gesetz war Keith die ganze Zeit voll dabei. "Keith nimmt seine Parts nie separat auf", sagte Kimsey. "Er spielt immer live mit der Band. Das ist schließlich, was die Magie der Stones ausmacht. Sie spielen entweder alle zusammen oder gar nicht."

Auch Ronnie Wood kam bei diesen Aufnahmen eine Schlüsselposition zu. Für die neuen Impulse, die er auf *Black And Blue* setzte, hatte der Gitarrist keine große Anerkennung gewinnen können – anders bei *Some Girls*, dessen beißender, ironischer Unterton zum Teil Wood zu verdanken ist. Trotz des sogenannten Disco-Songs 'Miss You' blieben die Stones ausdrücklich eine Rock-and-Roll-Band. Und Woody leistete einen entscheidenden kreativen Beitrag, auch wenn er nie wieder die Möglichkeit haben sollte, sich kreativ so frei zu entfalten wie bei den Faces.

Die Arbeit an *Some Girls* stand unter dem Zeichen von Keiths möglicher Verhaftung. Mick versprach zwar weiterzumachen, wenn sein Glimmer Twin im Gefängnis landen sollte, aber ihm war voll bewusst, dass dies das Ende der Stones wäre. Gerade als die Band ihr bestes Album seit Jahren produziert hatte, war die Zukunft der Rolling Stones ungewisser denn je.

"Gerüchte sind immer interessanter als die Musik", erzählte Mick der Zeitschrift *Creem* 1978. "Einmal in den Klatschspalten, ist es schwer, wieder raus zu kommen. Ich versuche immer über unsere Musik zu sprechen, aber die meisten Reporter wollen nur wissen, wen wir gerade vögeln und was mit Keith abgeht. Ich glaube, die Musik interessiert sie gar nicht, vor allem nicht die englischen Tageszeitungen. Sie wollen auf KEINEN Fall irgendwas über Musik wissen, also kannst du's auch grad vergessen."

> " Einmal in den Klatschspalten, ist es schwer, wieder raus zu kommen "
> Mick Jagger

miss you

In 'Miss You' erzählt Mick Jagger eine unvergessliche romantische Liebesgeschichte. Hier geht es nicht um Sex oder um den erbitterten Kampf zwischen den Geschlechtern. Hier geht es um eine Frau, die ihn verlassen hat, und Mick bittet sie nun zurückzukommen. Der Song ist eines der wenigen Zeugnisse von der Verletzlichkeit und Traurigkeit des Sängers, der vielleicht von seiner schnell zerrütteten Ehe mit Lady Bianca zu diesem Song inspiriert wurde.

'Miss You' ist voller Metaphern der Einsamkeit und der Trauer: das leere Bett, die quälenden Träume, die einsamen Spaziergänge durch den Central Park, der Vorschlag eines Freundes "ein paar Puerto-Ricanerinnen" mitzubringen, "die alles tun würden, um dich zu treffen." Im ersten Stück von *Some Girls* gibt es keinen Sarkasmus – nur Liebe und Kummer.

Charlie Watts' gleichmäßiger Tanz-Beat, Richards' und Woods klimpernde, fast flüchtige Funk-Riffs und Sugar Blues' einnehmende Mundharmonika-Melodien ließen langjährige Stones-Anhänger aufhorchen. 'Miss You' war unverkennbar ein Stones-Song und doch kam er dem damaligen Discostil merkwürdig nahe. Den grundlegenden Groove für den Song hatte Jagger zusammen mit Billy Preston (der auf dem Album allerdings nicht zu hören ist) bei der Europa-Tournee

some girls

von 1976 erarbeitet, Bill Wyman entwickelte seine eindringliche Basslinie während der Proben im El Mocambo. Das Ergebnis war eine gewisse Öffnung hin zur immer populärer werdenden Disco-Bewegung, aber keinesfalls eine komplette Anpassung an sie. 'Miss You' nahm ebenso selbstverständlich den Dancefloor-Zeitgeist der 70er Jahre auf, wie etwa '(Can't Get No) Satisfaction' einst den Motown-Sound. Für DJs wurde sogar eine extra-lange, auf 12-Inch-Vinylplatten gepresste 8:36-Minuten-Version des Songs produziert.

"Ich glaube, wenn du vor Keith das Wort DISCO in den Mund genommen hättest - wenn du zum Beispiel gesagt hättest 'Lass uns einen Disco-Song machen' - hättest du Probleme mit ihm gekriegt", sagt der langjährige Stones-Saxophonist Bobby Keys. "Ich kann mir nicht vorstellen, dass er so etwas bewusst akzeptiert hätte."

Die Rolling Stones hatten den Rock And Roll also keineswegs aufgegeben. Am gleichen Tag, an dem 'Miss You' aufgenommen wurde, hatten die Stones übrigens die Idee für 'Start Me Up' - einen Song, der 1981 auf *Tattoo You* erschien und zu einer ihrer populärsten Rockhymnen werden sollte. Bleiben wir jedoch in den Siebzigern: "'Miss You' fing wirklich die damalige Zeit ein, das, worum es damals ging", erzählte Jagger der Zeitschrift *Rolling Stone* 1995. "Und genau das machte den Song so erfolgreich. Er war einfach großartig."

Bianca Jagger: Mit dem Jetset-Paar war es bald vorüber.

> ❝ 'Miss You' fing wirklich die damalige Zeit ein, das, worum es damals ging ... das machte den Song so erfolgreich. Er war einfach großartig ❞
>
> Mick Jagger

some girls

when the whip comes down

it 'Miss You' waren die Stones locker in die damalige Disco-Szene eingedrungen. Mit 'When The Whip Comes Down' wollte die Band auch die neue Generation lauthals grölender Punks für den Rock And Roll gewinnen. Für Leute wie Johnny Rotten von den Sex Pistols waren die Rolling Stones eine beliebte Zielscheibe ihres Spotts. Und The Clash verkündeten dreist: "1977 ist für die Stones und die Who das Ende!"

Wenn sich Mick Jagger nicht gerade mal wieder gegen sie verteidigen musste, amüsierte er sich eher über die Punk-Bewegung. Er meinte, für neue Rock-Bands sei es einfach dumm, sich gegen das Vermächtnis der Stones aufzulehnen. Das wäre genau so, wie wenn Jagger und Richards gegen Eddie Cochran und Elvis rebellieren wollten – ein Ding der Unmöglichkeit. Die Verbindungen zwischen den verschiedenen Rock-and-Roll-Generationen waren einfach zu eng. Außerdem, fügte Jagger hinzu, "Keith ist der Prototyp eines Punk-Rockers. Es macht keinen Sinn, ihm den Punk abzusprechen."

Aber konnten die Stones diese fiebrige Rebellion, die sie aus den 60er Jahren noch so gut kannten, überhaupt noch einmal zum Leben erwecken? Jaggers Ziel war das nicht. Für ihn endete jede Art von Nostalgie in einer Sackgasse. 'When The Whip Comes Down' war also ganz klar beeinflusst vom Tempo und von der Energie des Punk – sich duellierende Riffs und Melodielinien, Charlies und Bills treibender, ratternder Rhythmus und Micks unruhiger, grollender Gesang ergeben einen temperamentvollen und lebhaften Groove.

Aber was den Text betrifft, hatte der Song recht wenig mit dem damaligen Punk zu tun. Keine Politik, kein Klassenkrieg, sondern ganz klassische Stones-Dekadenz. Jagger singt über die Erfahrungen eines jungen homosexuellen Strichers, der nach New York kommt, dort sein elendes Gewerbe betreibt und an freudlosen Sado-Maso-Szenen teilnimmt – ein Text, der vielleicht selbst bei besonders männlich wirkenden Punks für Schauer sorgen konnte.

Die fesselnde Musik dazu verstand jedoch jeder, sie war Stones-Sound in Reinform. "Je mehr Musiker du hast, umso länger brauchst du", erklärte Richards der Zeitschrift *New Musical Express* (*NME*) 1978. "Je größer die Band, desto länger dauert das Ganze. Ohne es wirklich darauf anzulegen, haben wir damals die Dinge auf das bloße Gerüst konzentriert."

> **"Keith ist der Prototyp eines Punk-Rockers"**
> Mick Jagger

Folgt man John Lydon, dann sollte Punk die Stones und ihre Generation erledigen.

some girls

ick Jagger liebt Frauen. Er ist VERRÜCKT nach ihnen. Und er hat sämtliche Theorien, Beobachtungen und Tipps für Liebhaber auf Abruf bereit. Nein wirklich, er versucht nur zu helfen. 'Some Girls' ist Jaggers Manifest über sämtliche Frauen, die er jemals kannte: weiße Frauen, schwarze Frauen, Engländerinnen, Französinnen, Chinesinnen, Amerikanerinnen, verheiratete oder dummerweise gerade schwangere Frauen – über alle Frauen, die er während seines Lebens als Herr über das Rock-and-Roll-Universum näher kennen gelernt hat. Hoffentlich hilfts.

Jagger will sich in diesem Song nicht entschuldigen – und schon gar nicht bei den Feministinnen, die sich ständig über irgendeinen sexistischen Song beschweren. 'Some Girls' war etwas ganz Spezielles – die pervertierte Version von 'California Girls' der Beach Boys. Warum auch nicht? Erfahrung hatte Jagger schließlich genug. Er konnte es sich einfach erlauben, von der Sanftheit der Chinesinnen zu singen, von der Gier der amerikanischen Chicks und von den "schwarzen Mädels", die eben "die ganze Nacht gevögelt werden" wollen. Vielleicht war dieser maßlos

some girls

sexistische und rassistische Text ja doch nur ein Spaß, den Jagger zu einem emporstrebenden, exzentrischen, städtischen Blues sang. Sugar Blues' klagende Mundharmonika verstärkt nur noch den höhnischen Unterton des Songs. Vieles davon war sowieso improvisiert. Die Originalaufnahme dauerte 24 Minuten, bevor sie auf viereinhalb Minuten der unverschämtesten und komischsten Passagen zusammengeschnitten wurde. Jesse Jackson war nicht gerade begeistert.

Jesse Jackson: Wie viele schwarze Amerikaner fand er 'Some Girls' gar nicht lustig.

"Schwarze und Frauen" würden "erniedrigt", und der Song sei eine einzige "rassistische Beleidigung". Am 6. Oktober 1978 traf er Ahmet Ertegun, den kampferprobten Chef von Atlantic Records, dem die 'Starfucker/Star Star'-Kontroverse der Stones vor ein paar Jahren wahrscheinlich immer noch im Nacken saß. Diesmal war Ertegun gezwungen, Jackson gegenüberzutreten, dem einstigen Berater Martin Luther Kings und künftigen Präsidentschaftskandidaten der Vereinigten Staaten, dem Mann, der 1978 zu einem Boykott des Some Girls-Albums aufrief.

Am Vorabend des Stones-Konzerts in Chicago am 8. Juli schrieb Cynthia Dagnal in der Chicagoer Sun-Times, dass Jaggers "Kommentare zum sexuellen Verlangen schwarzer Frauen eine Beleidigung" und "Ausdruck einer ganz bestimmten Denkweise" seien. Es geht aber gar nicht um eine Denkweise, sondern um eine Tradition, wie sie schon der Song 'Brown Sugar' widerspiegelt, der von Szenen auf Sklavenschiffen handelt, von Peitschen und schikanierenden Sklavenbesitzern. Nichts von all dem sollte ernst genommen werden, beteuerte Ertegun: "Mick hat großen Respekt gegenüber Schwarzen. Er verdankt ihnen seine ganze Existenz, seine ganze musikalische Karriere."

Allerdings. Der Chef des Labels schlug vor, die anstößigen Passagen auf zufünftigen Versionen von Some Girls zu streichen. Das geschah jedoch niemals und es gab auch keinen Rückruf der Platten aus den Geschäften. Der Chef von Rolling Stones Records, Earl McGrath, gab folgendes Statement ab: "Wir hätten nie gedacht, dass jemand, der den ganzen Song-Text kennt, unsere Parodie bestimmter stereotyper Einstellungen so ernst nehmen könnte. Es war nicht unsere Absicht, irgendjemanden zu beleidigen. Sollte dies trotzdem der Fall sein, entschuldigen wir uns dafür aufrichtig."

Jaggers Reaktion war um einiges schonungsloser. Der Zeitschrift Rolling Stone sagte er: "If you can't take a joke, it's too fucking bad." Auch Keith versuchte, die Sache zu erklären: "Unsere Songs beruhen alle auf persönlichen Erfahrungen", versicherte er Creem. "Tja, in den letzten 15 Jahren haben wir nun mal besonders geile schwarze Mädels getroffen – tut mir leid, aber ich glaube nicht, dass Mick und ich uns da irren."

lies

cheiß auf die Mode. Die Rolling Stones ließen sich von der Punkbewegung keineswegs ganz einnehmen. Songs wie 'Lies' zeigen lediglich, dass die Stones mit den jüngeren, wilden Rockern sehr wohl Schritt halten konnten. Zu einem schwindelerregenden Rhythmus und mit verärgerter Stimme singt Jagger hier über alltägliche Lügen, von Geschichtsbüchern bis zu den süßen Nichtigkeiten, die einem fortwährend eingeträufelt werden. Und schließlich holt er mit "Du dreckige Schlampe!" zum Angriff auf die Frau aus, die ihm gerade über den Weg läuft – ein gängiges Motiv der Stones-Texte.

Keine Frage – 'Lies' ist ein überaus minimalistischer Songtext, aus dem blinde Wut und Abscheu sprechen. Der Song ist wahrscheinlich während einer der Jam-Sessions für Some Girls entstanden. Die Stones probten traditionell nie vor den Aufnahmesessions in den Pariser Pathé Marconi Studios. Mick brachte vielleicht eines seiner langsameren Lieder auf Kassette mit, Keith ein paar Ideen für neue Riffs. "Songs entstehen eher beiläufig, in einer Jam-Session", erklärte Wyman 1978. "Wir arbeiten keinen Song wirklich aus, bevor wir ihn aufnehmen. So ist es einfach, es kann aber auch sehr langweilig sein. Wenn man immer nur stückchenweise aufnimmt, ohne den ganzen Song im Kopf zu haben, kann das schon mal an die acht Stunden dauern. Und wenn du dann abends ins Bett gehst, hörst du immer und immer wieder diesen einen Riff. Das ist zum Verrücktwerden."

far away eyes

So hatte es sich der eigenwillige Flying Burrito Brother Gram Parsons nicht vorgestellt, als er in nicht enden wollenden Jam-Sessions in Südfrankreich Mick und Keith seine Lieblings-Honky-Tonk-Stücke zeigte, wo er doch zu Hause längst wieder an seinen eigenen Alben arbeiten sollte. Er liebte einfach Countrymusic und wollte den Stones nur helfen, diese Musik zu VERSTEHEN. Keith war das natürlich klar. Mick ließ sich dagegen nie richtig auf dieses Genre ein – begegnete ihm nie mit derselben Ehrfurcht und dem gleichen Respekt wie dem Blues. Schon ein paar Takte aus 'Far Away Eyes' machen das klar.

Und trotzdem ist 'Far Away Eyes' nichts anderes als eine liebevolle Würdigung der klassischen Countrymusic – sowohl des Bakersfield- als auch des Old-Time-Nashville-Stils. Es ist ein relaxter, beschwingter Song mit Mick und Keith am Klavier und Woody an der Pedal-Steel-Gitarre. Mit diesem Song qualifizieren sich die Stones praktisch für den amerikanischen Honky Tonk – zumindest bis zur ersten Textzeile.

Jagger singt, als ob er alles, was er über Country weiß, von der Fernsehserie *Beverly Hillbillies* gelernt hätte. Und der Song ist wieder einmal eine erbarmungslose Farce, diesmal auf die anal fixierten, bibelfesten, einfältigen, naiven amerikanischen Landeier, die nach Micks Meinung die typischen Country-Hörer sind. Weiter geht's mit der Karikatur von Predigern, LKW-Fahrern und leichten Mädels.

"Mick liebt einfach die Parodie", sagte Keith später. "Seine Art der Parodie ist ein bisschen wie Theater – in 'Far Away Eyes' zum Beispiel. Außer der letzten klappten alle anderen Aufnahmen super. Der Song ist schon witzig, wenn Mick ihn ohne Faxen singt. Wenn er dann aber richtig loslegt, ist der Song reif für die Bühne. Dann siehst du Mick in voller Cowboy-Montur aus einem dieser Mega-Trucks aussteigen oder als Leader einer Country-Band regelrecht vor dir."

Auch wenn der Song, hört man ihn zum ersten Mal, wie ein einziger Witz klingt – beim näheren Hinhören spricht aus ihm auch so etwas wie Zuneigung, wenn auch kein Respekt. Sogar Jagger wird durch die Wärme und Romantik des Refrains besänftigt. Und es ist die Musik, die 'Far Away Eyes' interessant macht.

Andy Johns, der die Alben der Band in den frühen 70er Jahren aufnahm, kommt aus dem Staunen über Bill Wymans Basslinien gar nicht mehr heraus: "Wenn man sich einmal 'Girl With The Far Away Eyes' mit 45er Geschwindigkeit anhört, versteht man erst, was Bill da eigentlich macht. Es ist einfach genial", sagte Johns. "Ich hab immer versucht, ihn nachzuspielen, aber das ist einfach unmöglich. Und ich bin gar kein schlechter Bassist. Aber die Art und Weise wie er Übergänge gestaltet, ist einfach einzigartig. Das nachzuspielen ist ziemlich schwierig."

Aufnahmeleiter Chris Kimsey sagte, 'Far Away Eyes' demonstriere die Vielseitigkeit Ron Woods, der die Countrymusic während seiner Zeit mit Rod Stewart und den Faces entdeckte. "Ronnie zog bei seinem Spiel alle Register", sagte Kimsey später. "Er beherrscht die Pedal-Steel-Gitarre wie kein anderer. Das passte sehr gut zu 'Far Away Eyes'. Und er konnte die unterschiedlichsten Gitarren spielen, was sehr hilfreich war. Vor allem die Slide-Gitarre. Alles passte wunderbar zusammen."

Durch seinen Beitrag zu *Some Girls* wurde Wood endgültig als vollwertiges Mitglied der Stones anerkannt. "Jetzt wird er akzeptiert und hat endlich auch etwas zu sagen", erklärt Bobby Womack, ein langjähriger Freund von Wood und den Stones. "Und er hat sich nie verändert, was immer die Leute auch über ihn erzählen. Er hat wirklich einiges mitgemacht. Mir hat er oft leid getan. Dieser Typ hat einfach Klasse. Wie lange werden sie ihn denn noch testen, fragte ich mich. Als Keith ihn dann umarmte, war er drin. Es ist, als ob er gerade erst ins Musikgeschäft eingestiegen wäre. Und so verhält er sich auch. Er ist einfach ein Typ, mit dem alles glatt läuft."

Wood war es auch, der Jagger Gitarrenstunden gab, welcher so die punkigen Melodien, die in ihm brodelten, zu 'Respectable', 'Lies' und 'When The Whip Comes Down' spielen konnte.

> **"Außer der letzten klappten alle anderen Aufnahmen super. Der Song ist schon witzig, wenn Mick ihn ohne Faxen singt"**
>
> Keith Richards über Mick Jaggers 'Far Away Eyes'

some girls

respectable

ie Glimmer Twins waren sich über das immer schnellere Tempo, mit dem Keith spielen wollte, nicht immer einig. Aber der Gitarrist bewahrte die Stones vielleicht nur davor, dass Jagger *Some Girls* in ein Disco-Album verwandelte. Jedenfalls gewinnt Keith in 'Respectable' zum Glück die Oberhand und macht aus dem Song den intensivsten, mitreißendsten Rocksong der Band seit 'Rip This Joint' von *Exile On Main Street*. "Hier kommt dieser bissige Punkethos ins Spiel", erzählte Jagger Jann Wenner 1995. "Es ging darum, das ganze Ding schnell zu spielen, schnell, schnell, schnell. Deswegen hatte ich mit Keith ziemliche Unstimmigkeiten. Aber das war damals eben angesagt."

Jaggers Text machte sich über das neuerworbene Ansehen der Stones als eingefleischte Rockgesellen lustig, indem er sich eine zwanglose Heroin-Session mit dem Präsidenten im Weißen Haus vorstellte – eine listige Anspielung auf Micks Bild der "High Society" und auf die Zeit, als sich Bianca mit dem Sohn von Präsident Ford auf dem Rasen des Weißen Hauses vergnügte.

Die Nummer klingt dicht und doch irgendwie abgefuckt – antreibende Gitarren, überdrehte Chuck Berry-Riffs und dieses Rockabilly-Flair. "Keiner von uns ist ein genialer Musiker – weder technisch noch was die Show angeht", erzählte Wyman der Zeitschrift *Guitar Player* 1978. "Entscheidend ist die Mischung von Persönlichkeiten in der Band, und Ron Wood passt einfach zu uns – Mick Taylor hingegen nicht. Er hat eine Wahnsinnstechnik und ist ein sehr cleverer Musiker – viel cleverer als wir alle. Woody ist natürlich auch ein sehr guter Musiker, aber er ist eben mehr Stones-like. Seine Art, Gitarre zu spielen, kann man nicht wirklich als schön bezeichnen, sie ähnelt eher der von Keith."

before they make me run

ür Keith brach 1978 fast eine Welt zusammen. Sein Horrortrip in Toronto war keine Halluzination gewesen. Die Anklagen gegen ihn wegen Besitzes großer Mengen Heroins bedrohten nicht nur seine persönliche Freiheit, sondern auch seine Band, die Stones. Er war auf das Schlimmste vorbereitet. "Berühmt zu sein ist ja schön und gut", bemerkte Richards, "aber im Gerichtssaal bringt das nur Nachteile." 'Before They Make Me Run' wurde in Paris aufgenommen, während Keith gegen eine Kaution auf freiem Fuß war und auf eine Anhörung wartete.

Anfangs hieß der Song 'Rotten Roll' und schon bald entwickelte er sich zu einer Outlaw-Hymne mit aktuellem Bezug. Er klang irgendwie schludrig und roh – Rock and Roll eben, trotzig und ausschweifend – mit Keith als Sänger, der mit ächzender Stimme das Leben eines Desperados beklagte.

> " **Ich hatte nie ein Problem mit Drogen, nur mit der Polizei** "
>
> Keith Richards

Richards singt über ein Leben auf der Bühne, von Pillen, Koks, Alkohol und all den Freunden, die er verloren hat. "Viele meiner engsten Freunde sind ganz plötzlich gestorben", erzählte Richards *Creem* 1979. "Sie neigten alle zu irgendeiner Sucht, und Gram war da keine Ausnahme. Gegensätze sollen sich doch anziehen oder?"

Richards will damit nichts entschuldigen. "Ich hatte nie ein Problem mit Drogen, nur mit der Polizei", erzählte Richtards *NME* 1978. "Was gegenwärtig passiert, ist eine reine Farce … nach dem Motto, du wachst auf und um dich herum stehen 15 Bullen, die seit einer Stunde versuchen, dich aufzuwecken."

Für Richards standen die Dinge 1978 einfach schlecht. *Some Girls* war zwar ein voller Erfolg – sowohl bei den Fans, als auch bei der Kritik. Bei jedem Halt auf der Amerika-Tournee wurde die Band von Fans nur so überrannt. Aber trotzdem war der Gedanke an Richards' bevorstehenden Drogenprozess in Toronto und dass damit diese Tournee das Letzte sein könnte, was man jemals von den Rolling Stones sehen oder hören würde, immer präsent.

some girls

Die "Mounties" schlagen zu: Keiths Festnahme sorgte für Panik bei den Stones.

Aber auch den kanadischen Beamten war nicht ganz wohl in ihrer Haut. Der Keith-Richards-Prozess war ein gigantischer PR-Albtraum – in dem man nur verlieren konnte. Und viele hatten sicher noch die Pleite in Fordyce, Arkansas, während der 75er-Tour vor Augen, als Keith in ein Gefängnis gesperrt wurde, das Stones-Fans so lange umzingelten, bis man dem Gitarristen erlaubt, schnell mit dem Flugzeug abzuhauen. Richards bekannte sich jetzt des Drogenbesitzes schuldig und der Richter in Toronto beugte möglicher Randale in Kanadas Straßen vor, indem er ihn zu einem Jahr auf Bewährung verurteilte und ihn verpflichtete, seine Entziehungskur weiter zu verfolgen und ein Benefizkonzert für die kanadische Blindenstiftung in Toronto zu geben. "Da Mr Richards seine Drogenentziehungskur fortsetzen und sich langfristig für das Wohl der Gemeinschaft einsetzen wird, halte ich eine Internierung oder eine Geldstrafe für unnötig", erklärte Richter Lloyd Grayburn.

Letztendlich hat diese Erfahrung Richards dazu gebracht, seine Drogenabhängigkeit in den Griff zu kriegen, auch wenn er später darauf bestand, dass das Heroin seine Leistungsfähigkeit nicht allzu sehr beeinträchtigt habe. "Als Junkie spielte ich immer noch mit Mick Tennis. Zwischendurch ging ich für einen schnellen Schuss aufs Klo und schlug Mick am Ende sogar", sagte Richards später. 1989 erzählte er Stanley Booth: "Ich war nie ganz fertig. Das hat einfach damit zu tun, wie gut man sich selbst kennt – und sei es nur in körperlicher Hinsicht. Ich bin ziemlich hart im Nehmen und kann einiges überstehen, was andere umbringen würde. Das einzige, was für mich im Leben zählt, ist, dass man sich selbst und sein Potential richtig einschätzen kann. Der Gedanke, irgendjemand könnte auf die Idee kommen, mir nachzueifern, ist allerdings schrecklich."

some girls

beast of burden

Some Girls war eines der ausgeglicheneren Alben der Rolling Stones. Nach all den Jahren, in denen sie die Tendenz hatten abzudriften, war diese Musik von einer plötzlichen Klarheit geprägt. Aber warum dieser Titel? "Weil wir uns einfach nicht mehr an ihre beschissenen Namen erinnern konnten!", meinte Keith trocken. Trotz all dieser Jokes und Unverschämtheiten gab es auf dem Album auch Momente der Verletzlichkeit – zum Beispiel in 'Beast Of Burden'. In Jaggers Growl-Gesangsstil hört man die Liebe eines Mannes für eine Frau, die ihn nicht haben will.

Aufsehen erregte Some Girls natürlich mit Songs voller Frauenfeindlichkeit und Dekadenz - die authentischen Gefühle in 'Beast Of Burden' waren da eine Art Ausgleich. Jaggers Text ist vielleicht von dem Durcheinander in seinem eigenen Liebesleben inspiriert. Er lebte mittlerweile mit dem Model Jerry Hall, und Bianca – die ihre Hochzeit mit Mick 1971 "den schlimmsten Tag meines Lebens" nannte – reichte die Scheidung ein. Die Ehe, so Jagger, war seit 1973 sowieso kaputt.

Das Anziehende an 'Beast Of Burden' war die Hingabe, mit der Jagger agiert und das üppige Gitarrenarrangement. In Amerika kam 'Beast Of Burden' als Single unter die Top-Ten.

> **" Weil wir uns einfach nicht mehr an ihre beschissenen Namen erinnern konnten! "**
>
> Keith Richards über den Titel des Albums

Mick Jagger und Jerry Hall wurden schnell zu einem der berühmtesten Paare der High-Society.

shattered

Die Glimmer Twins waren jetzt echte New Yorker - echte Großstadt-Rocker, die mit dem Leben der Metropole, dem Lärm und der irren Atmosphäre voll vertraut waren. Genau das kommt in *Some Girls* zum Ausdruck. In diesem Album laufen Punk- und Discomusik zusammen - Musikstile, die normalerweise nichts miteinander zu tun haben - und münden in eine großartige freche Rock-and-Roll-Mischung auf der Höhe ihrer Zeit. Die charmante Ironie älterer Stones-Tracks wie 'Complicated' hatte sich in den späten 70er Jahren zu einem anzüglichen, gefährlichen Sarkasmus zurückentwickelt. Willkommen in Manhattan, singt Jagger nun, "was kümmern mich all diese Widerlinge!"

'Shattered' ist die Spitze der Stones-Gemeinheiten. Hier verschmelzen weißer Funk und wilder Punk-Rock zu einem ganz eigenen neuen Stil. Jagger rappt sich durch trostlose New Yorker Szenen, während die Band eine abgedrehte Mischung zusammenbraut. Der schnelle Rhythmus, das Händeklatschen, Woodys Lead-Gitarre am Ende des Songs, die seltsame Eintönigkeit des Hintergrundgesangs, die an Devos Version von '(Can't Get No) Satisfaction' erinnert – 'Shattered' war einfach der merkwürdigste Song, der es jemals in die amerikanischen Pop-Single-Charts geschafft hatte.

Wie auf dem übrigen Album ist Jaggers Gesang auch hier die treibende Kraft, er forciert das Tempo, während er über den geistigen Zerfall eines New Yorkers sinniert, der vom beängstigenden Niedergang der Stadt überwältigt wird. Das ist einfach nicht zu ertragen.

Der Song entstand früh morgens während einer der üblichen Studiosessions in den Pathé Marconi-Studios. "Wir hatten meistens viel Spaß bei diesen Alben", erinnert sich der Aufnahmeleiter Chris Kimsey. "Es war, als ob man jede Nacht in einem Club wäre. Es herrschte wirklich Nachtclub-Atmosphäre. Egal ob es Keiths oder Micks Song war – sie improvisierten stundenlang, machten sich schließlich an die Feinmischung und nahmen es auf."

Some Girls ist ein bleibendes Dokument dieser Sessions und die Musik der Stones von 1978 ist heute – über zwei Jahrzehnte später – genauso exotisch und aufregend wie damals. Die Kritiker regierten zum großen Teil positiv, auch wenn sie *Some Girls* hinter die monumentalen Alben stellten, die ihm vorausgegangen waren. *Some Girls* war für sie entweder das großartige Comeback der "größten Rock-and-Roll-Band aller Zeiten", oder die letzte wichtige Arbeit einer Gruppe, mit der es in den 80er Jahren wohl zu Ende gehen würde.

> "Wir hatten viel Spaß bei diesem Album. Es war, als ob man jede Nacht in einem Club wäre ... Sie improvisierten stundenlang"
>
> Chris Kimsey, Toningenieur

Kapitel 15

1980 emotional rescue

Dance (Pt. 1)
(JAGGER/RICHARDS/WOOD)
Summer Romance
Send It To Me
Let Me Go
Indian Girl
Where The Boys Go
Down In The Hole
Emotional Rescue
She's So Cold
All About You

Disco ist scheiße, aber Mick ist beim Tanzen nicht zu stoppen.

"Keith! Whatcha... Whatcha doin'?!" Im ersten Song des Albums *Emotional Rescue* klingt Mick geradezu besorgt. Es sind die ersten Worte der Stones im neuen Jahrzehnt, den irren 80er Jahren. Mick quasselt, pfeift und ist ständig in Partylaune wie irgend so ein Spinner in den Straßen von New York. Und was macht Mr. Richards? Er hat ein paar Einsichten gewonnen. Er ist FREI, nicht nur weil in Kanada keine jahrelange Gefängnisstrafe mehr droht, sondern er ist frei von Heroin, endlich frei von der Drogenabhängigkeit, die die ganzen 70er Jahre wie ein Unwetter über ihm hing. Keith Richards geht wieder voll auf in seiner Rolle als einer der beiden ausgeflippten Glimmer Twins, als Großmeister im wichtigsten Rock-and-Roll-Act des Universums – und das gerade zum richtigen Zeitpunkt für ... Disco?

Die Stones hatten sich in Sachen Discomusik ja schon versucht und mit dem Song 'Miss You' großen Erfolg gehabt. 'Miss You' war eine gewagte Mischung aus Viertel-Dancefloor und den für die Stones typischen Rock- und Bluessounds. Nicht alle Stones-Fans waren begeistert. Die Stones in einer Welt aus Stroboskoplicht und Discokugeln, mit Typen in weißen Polyester-Anzügen? Das mochten sich viele lieber nicht vorstellen. Schon schlimm genug, dass sich Jagger regelmäßig in Manhattans In-Disco Studio 54 blicken ließ, wo er sich zusammen mit Bianca, Andy, Liz und Liza tanzend und trinkend die Nächte um die Ohren schlug. Jetzt schien tatsächlich die ganze Band bereit dazu, mit ihm durchs Disco-Inferno zu gehen.

Aber die Stones waren auf diesem Parkett nicht die einzigen. Einen Moment lang schien es, als würde die Rock-Musik verdrängt von den Sounds von Donna Summer, den Bee Gees, den Trammps, von KC and the Sunshine Band, den Village People und tausend anderen übermächtigen Disco-Acts mit ihren albernen Synthesizersounds und ihrem fetten Beat, die immer nur von einem sangen, von Liebe und Sex, Sex, Sex.

Donna Summer hatte mit ihrem 16 Minuten langen, orgastischen Keuchen, Hauchen und Stöhnen in 'Love To Love You Baby' 1975 die Bewegung mit ins Leben gerufen. Die späten 70er Jahre waren eine komische Zeit, in der Punk, Funk, Soft Rock und solche Millionenseller wie Fleetwood Mac oder die Eagles nebeneinander existierten. Disco schien allerdings der direkteste Weg zum schnellen Geld. Selbst eingefleischte Rockbands wie Rod Stewart ('Do Ya Think I'm Sexy?') und die Grateful Dead ('Shakedown Street') wurden vom Discofieber gepackt und tummelten sich vermutlich nur deshalb in diesem Genre, um auch noch in einer Ära ohne Rock and Roll überleben zu können. Wer Schritt halten wollte, musste den Hustle beherrschen.

Für die eingefleischten Rockfans war Disco bereits Feindbild Nummer 1. Ihren Protest gegen die von Discomusik überschwemmten Radiosender brachten sie zum Ausdruck, indem sie "Disco Sucks!" auf Hauswände und Brücken schmierten. In den späten Siebzigern kulminierte dieser Hass in Veranstaltungen wie der Anti-Disco-Demo im Comisky Park in Chicago. Diese Abneigung ähnelte dem Hass der in den Neunzigern hochgepowerten elektronischen Musikrichtungen wie Drum And Bass und Jungle. (1997 versuchten die Stones erneut, die neuesten Trends aufzugreifen, indem sie die Dust Brothers engagierten.)

Sündenfall hin oder her, die Stones hatten ein gewisses Gespür für die Dance-Music der 70er Jahre. Für sie war Disco nichts anderes als eine Ausprägung des amerikanischen R&B. Und die Vorstellung, mit der bedeutendsten Rock-and-Roll-Band auf dem Höhepunkt der DISCO-SUCKS-Kampagne Discomusik zu machen, war so abgedreht, dass sie Jagger einfach gefallen musste.

Nicht alle Fans waren empört. Einige langjährige Stones-Fans verstanden sofort, was die Band tat, weil sie sich im Klaren darüber waren, woher diese Musik kam, die in einer Linie von Robert Johnson über James Brown bis zu Chic und der Sugarhill Gang führte. Selbst für überzeugte Rocker wie Lindsey Buckingham, den Sänger und Gitarristen von Fleetwood Mac, machten die Ausflüge der Stones in die Discomusik und andere Stile Sinn.

> **Die Stones waren immer sehr gut darin, intelligente neue Trends aufzunehmen, aber es nie zu übertreiben**
>
> Lindsey Buckingham, Fleetwood Mac, über Disco und die Stones

"Man konnte immer noch genau erkennen, dass das die Stones waren - auch wenn sich der Kontext ein wenig änderte", sagt Buckingham, dessen Band mitten in der Disco-Ära mit einer eigenartigen Mischung aus Rock und Folk ihren größten Erfolg feierte. "Ihre musikalischen Ausflüge gingen nie soweit, dass sie lächerlich gewirkt hätten. Es blieb immer unverkennbar ihre eigene Musik. Die Stones waren immer sehr gut darin, intelligente neue Trends aufzunehmen, aber es nie zu übertreiben."

Trotzdem, *Emotional Rescue* ist keine Tanzplatte. Nur zwei Stücke – 'Dance (Pt. 1)' und der Titelsong –

emotional rescue

basieren auf dem umstrittenen Big Beat. Und es dauerte auch nicht lange, bis sich die Stones wieder von dieser Stilrichtung abwandten. Schon zu Beginn hatte die Gefahr bestanden, zu spät auf den fahrenden Zug aufzuspringen. Zwar beherrschte Disco 1980 noch immer das amerikanische Pop-Radio, aber die Clubszene zeigte bereits die ersten Ermüdungserscheinungen. Disco blieb also nur ein weiterer Geschmacksstoff auf einem Album, das mit einer Vielzahl von Stilen experimentierte, vom Blues in 'Down In The Hole' bis zum Reggae 'Send It To Me'.

Als sich die Stones im Januar 1979 in den Compass Point Studios auf den Bahamas einfanden, waren sie noch immer voller Euphorie. Mit *Some Girls* war ihnen ein Comeback bei Publikum und Kritik gelungen, und auch Keith hatte das Schlimmste hinter sich. Jetzt war es an der Zeit, ein neues Album zu machen. "Das Material für *Emotional Rescue* war vielseitiger als bei den früheren Alben", sagte Chris Kimsey, einer der Produzenten und Tontechniker für die Aufnahmen zu *Emotional Rescue*. "Wenn man überhaupt etwas über das Album als Ganzes sagen kann, dann vielleicht, dass es mehr Soul-orientiert war und insgesamt lässiger als *Some Girls*. Einfach viel entspannter. Die Kompositionen waren etwas experimenteller. Das Schreiben der Songs dauerte nicht besonders lang. All der aufgestaute Frust war schon in *Some Girls* rausgekommen, aber vielleicht kam *Emotional Rescue* ein bisschen zu spät."

Die eigentlichen Aufnahmen wurden schon bald zu Pathé Marconi nach Paris verlegt, wo grundsätzlich in den frühen Morgenstunden aufgenommen wurde. Keith stellte einen neuen persönlichen Rekord auf, indem er neun Tage hintereinander ohne Schlaf durchmachte. Für harte Drogen war zwar kein Platz mehr in seinem Leben, aber Keith war noch immer ein Rock-and-Roll-Vampir bis in die letzte Faser seines Körpers.

"Das war ziemlich einzigartig", erinnert sich der Saxophonist Bobby Keys. "Früh am Morgen schien bei allen gleichzeitig der Adrenalinspiegel zu steigen. Die meisten Leute glauben, dass Rock and Roll und insbesondere die Stones etwas Düsteres und Verbotenes an sich haben, das am besten im Schutz der Nacht betrieben wird. Und es stimmt, für die meisten war der Tag in jener Zeit zum Schlafen da."

Keys lag den Großteil des Tages komatös auf einer Couch in Richards Pariser Wohnung in der Rue Victor Hugo. In Keiths orange-pink-farbenen Bentley, einem Wagen, der früher Queen Mom gehört hatte, fuhren die beiden raus zu den Nachtsessions für *Emotional Rescue*. "Keith und Mick schienen sich etwas aus dem Weg zu gehen", erinnert sich Keys, ein langjähriger Gast der Stones-Sessions, der schon auf *Let It Bleed* mitgespielt hatte. "Es war einfach nicht dieselbe Stimmung wie noch bei *Exile On Main Street*."

Als die Sessions für *Emotional Rescue* abgeschlossen waren, hatten die Stones genügend Material, um zwei Alben zu machen. Einiges wurde 1981 auf *Tattoo You* veröffentlicht, aber auf keinem der beiden Alben ist das Stück 'Claudine' zu hören, ein schneller Countrysong, dem die Lebensgeschichte von Claudine Longet Pate gestanden hatte, der ehemaligen Frau des Schnulzensängers Andy Williams, die später ihren Liebhaber, den Skifahrer Spider Sabich, ermordete. Als Lehrstück über Jetset und Reichtum war der Song unwiderstehlich, aber mögliche juristische Probleme sorgten dafür, dass 'Claudine' zu einem Leben im Untergrund auf billigen Raubkopien verdammt war. Noch 1980 konnten die Stones also jederzeit für Unruhe sorgen.

> **" Die meisten Leute glauben, dass Rock and Roll und insbesondere die Stones etwas Düsteres und Verbotenes haben, das am besten im Schutz der Nacht betrieben wird "**
>
> Bobby Keys, Saxophonist

dance (pt. 1)

ie Absicht hinter 'Dance (Pt. 1)' ist klar. Mick Jagger übernimmt die Funkbeats und bittet sein Gefolge auf die Tanzfläche. Mit einer Laufzeit von über vier Minuten passte der Song haargenau in die internationale DJ-Norm. Die Stones waren nicht der einzige Rock-Act, der sich Richtung Big Beat bewegte. Bereits 1978 hatte Blondie mit 'Heart Of Glass' eine dynamische Mischung Dance-Pop zustande gebracht, wobei es ihr sogar irgendwie gelungen war, dem New Wave treu zu bleiben.

'Dance' war sicher nicht so ein gewagter kreativer Wurf der Stones wie das funkige ‚Hot Stuff' von 1976. Vier Jahre später wuchs die Anti-Disco-Bewegung zu beiden Seiten des Atlantik immer mehr an. "Die Engländer hassen es, weil sie es für Disco halten. Aber da irren sie sich" meinte Jagger 1980 in einem Interview mit *Rolling Stone*. "Es ist einfach schwarze Musik."

Mit einer Soul-Jam von Otis Redding hatte das trotzdem nicht viel zu tun. Zwar spielten die Stones 'Dance' mit der ihnen eigenen Lockerheit und Wärme, aber dennoch war eine gewisse emotionale Distanz zu spüren, in den Grooves, den hastigen Funkriffs, dem schweren Beat und dem blechernen Krachen der Becken. Die Balance zwischen emotionaler Erregung und Dancefloor-Eleganz von 'Miss You' war verschwunden, da half auch kein noch so häufiger oder noch so verwegener Bläsereinsatz. 'Dance' schwebte in einem emotionalen Vakuum. Es handelte von nichts anderem als der Ekstase unter dem Stroboskoplicht, garniert mit ein paar belanglosen Kommentaren Jaggers über Reiche und Arme. Früher, als Jagger noch über King Bees und Back Street Girls sang, hatten die Stones mehr zu sagen gehabt.

Wie konnte Keith da mitziehen? Auch ihm muss der Funk in den Fingern gejuckt haben. Schließlich ist er es, der (neben Woody) auf 'Dance' und 'Emotional Rescue' spielt. Er besaß ein natürliches Gespür für die schnellen Folgen der Funkakkorde, die dem feurigen Riff-Rock, den Richards seit den Sechzigern gespielt hatte, gar nicht so schrecklich fremd waren. Nur durfte man ihm gegenüber diese Musik auf gar keinen Fall DISCO nennen. Schlimm genug, dass Jagger in 'Dance' nicht auf sein überdrehtes Partymaster-Geschwätz verzichten konnte. "Ich hätte 'Dance' eher instrumental gesehen, im Stil von Junior Walkers 'Shotgun'", erklärte Richards später. "Aber Mick kam sofort mit einem ganzen Stapel voller Texte. Ich war für möglichst wenig Text, Mick wollte *Don Giovanni*."

1981 veröffentlichten die Rolling Stones auf ihrem Sampler *Sucking In The Seventies* 'If I Was A Dancer (Dance Pt. 2)'. Das Stück ist beinahe identisch mit 'Dance (pt. 1)', hat aber einen längeren, abgewandelten Text, in dem Jagger verkündet: "Wenn ich schon ein Politiker wäre, dann würde ich darauf achten, wenigstens ein toller Tänzer zu sein."

Disco-Vierteltakt: In den späten Siebzigern gab es kein Entrinnen.

summer romance

'Dance' hat als Dancefloor-Boogie seinen Platz im Werk der Stones, ohne den eigentlichen Sound des Quintetts zu verdrängen. Rock and Roll blieb ihre Berufung. Und wer den hören wollte, fand auf *Emotional Rescue* den ganz bodenständigen Rocksong 'Summer Romance'. Die Band spielt einen von beiden Gitarren angetriebenen, beschwingten Groove, während Jagger achselzuckend über das Ende einer Beziehung mit einem Schulmädchen singt. Der Sommer ist vorüber, sie muss wieder in die Schule, er geht wieder ins Pub.

Jaggers Text ist nicht ohne Witz, und die Band hat genug Drive, aber letztlich ist 'Summer Romance' nichts Besonderes. Am erstaunlichsten ist, dass der Song überhaupt existiert. Gerade mal ein Jahr vor

> **"Fünf Jahre lang war ich das schwache Glied in der Kette"**
>
> Keith Richards über seine Zeit als Junkie

dem Erscheinen von *Emotional Rescue* war Richards noch ein weltweit bekannter Junkie, der mit einem Bein im Knast stand und wahrscheinlich die Stones mit ins Verderben gerissen hätte. Und plötzlich hatten die Stones wieder eine Zukunft. Ihre Musik hatte kaum etwas von ihrem Schwung eingebüßt – auch wenn den Glimmer Twins in den beiden Jahren seit *Some Girls* keine so starken Songs mehr gelungen waren.

"Mindestens fünf Jahre lang war ich das schwache Glied in der Kette", sagte Richards 1985 gegenüber *Spin*. "Ich sah das damals natürlich anders. Aber ich war, von heute aus gesehen, gar nicht in der Lage, das zu beurteilen. Das ist die schreckliche, die verheerende Faszination von Drogen. Wenn du drauf bist, ist alles cool. Und je mehr du nimmst, um so cooler wird es und um so wichtiger wird es, cool zu sein. Alles in allem weiß ich nicht, ob ich einfach Glück hatte oder ob ich einfach so schlau war, mich damals nicht selbst zu übertreffen."

Im September 1978 gingen Wyman und Watts zur Beerdigung des Who-Drummers Keith Moon, der nach einem Leben, das ausschließlich aus Sex, Drugs and Rock and Roll bestanden hatte, an einer Überdosis gestorben war. Richards hatte zwar die Junkie-Phase überlebt, aber damit wurde sein Leben nicht weniger abenteuerlich. Ein paar Monate vor den Aufnahmen zu *Emotional Rescue* war er in Los Angeles nur knapp dem Tod entronnen, als ein von ihm gemietetes Haus in dem Bergen des Laurel Canyon in Flammen aufging. Die Flammen vernichteten alles bis auf seinen Reisepass, ein paar Klamotten, eine Knarre und 500 Schuss Munition. Gewisse Outlaw-Gewohnheiten sind schwer abzuschütteln.

send it to me

Als Rockstar muss man nicht ständig Rock spielen. Die Stones haben eine starke Vorliebe für den Reggae, auch wenn ihre Experimente mit diesem Sound nicht immer von Erfolg gekrönt waren. Zwar gelingt es den Stones in 'Send It To Me' den richtigen, schleppenden Rhythmus zu finden, aber dennoch bleibt der Song unweigerlich hinter der tiefen spirituellen Kraft der Großmeister des Reggae zurück. Bob Marley war sicher nicht prüde, aber man kann sich nur schwerlich vorstellen, dass er zusammen mit Mick ein (derbes) Duett über die Liebe aus dem Versandhaus gesungen hätte. Jagger will dein Freund sein, also schickt alle Frauen aus Australien, Rumänien, Albanien, Ungarn, der Ukraine, egal wo her ... eine nach der andern. "Ich garantiere ihre Sicherheit", verspricht er. Bob Marley oder Peter Tosh – der in den späten Siebzigern selbst bei Rolling Stones Records unterschrieb – scheinen weit, weit weg zu sein.

let me go

Beziehungen zu beenden ist Mick Jaggers Spezialität. Es macht Spaß, ist unterhaltsam und soo witzig. Jagger perfektionierte diese grausame Wissenschaft schon Mitte der 60er Jahre mit so brutalen Breakup-Songs wie 'Gotta Get Away' und 'Out Of Time'. Als Popmusik waren diese Songs großartig – als Botschaft an seine zahlreichen Freundinnen vernichtend. 'Let Me Go' steht genau in dieser Tradition, auch wenn der Song weniger brutal scheint, eher schon komisch: "Can't you see the party's over?" (Kapierst du nicht, dass es vorbei ist?), schreit Jagger.

Dieser Song ist ein doppelläufiger Rocksong, bei dem beide Gitarren drauflosfeuern und die tiefen Seiten mit dem fiesen "Klickedi-Klack-Klack"-Sound knallen lassen, der erstmals auf *Some Girls* zu hören war.

Betrachtet man den gesamten Songkatalog der Stones, belegt 'Let Me Go' keinen der oberen Ränge, aber die Band spielt voll erfrischender Energie und findet mit einem ihrer Grundthemen zurück zur Inspiration.

emotional rescue

indian girl

Verlorene Unschuld gehört hingegen nicht zu den wiederkehrenden Themen der Rolling Stones, und Politik lässt sie gänzlich kalt. Dennoch schweifen die Glimmer Twins hin und wieder ab von ihren Geschichten rund um Liebe und Sex, um sich den größeren und ernsthafteren Fragen des Lebens zuzuwenden, auch wenn diese ihnen nicht immer gut zu Gesicht stehen. Die Stones machen einen romantischen Abstecher, um die Folgen eines Bürgerkriegs auf das idyllische Leben zu erkunden, wie es sich Jagger für die einheimische Bevölkerung in Mittel- und Südamerika vorstellt.

Jaggers Interesse konzentriert sich natürlich auf die Indian GIRLS. Aber die Bilder des Songs sind Bilder des Schreckens – Soldaten stehlen Nahrungsmittel und vergewaltigen Frauen, die Eltern eines Mädchens werden von Fidel Castro rekrutiert, um auf den blutigen Straßen Angolas für das Proletariat zu kämpfen.

Die Stones setzen diesem Schock eine sanfte und tropisch anmutende Musik entgegen, in der Pedal-Steel-Gitarre und Mariachi-Bläser die Akzente setzen - arrangiert von Jack Nitzsche, der schon seit Jahren für die Stones, Phil Spector und zahlreiche andere Musiker arbeitete. Jimmy Buffett hätte sich wie zu Hause gefühlt.

Was Jagger auch immer an ernsthafter Botschaft beabsichtigt haben mochte, es geht mit der Musik voller gemütlicher Inselparadiesatmosphäre verloren. Außerdem nuschelt Jagger so bei den Vokalen, dass Zweifel an der Ernsthaftigkeit seiner Absichten aufkommen.

where the boys go

'Where The Boys Go' ist ein weiterer archetypischer Stones-Riff-Rock, in dem die Band in gemäßigter Panik vorbeizischt. Jagger singt in gedehntem Londoner Cockney Akzent über all das Saufen, Sichzurechtmachen, Angeben, Tanzen und Rumhüpfen, mit dem die Jungs so die Zeit totschlagen, während sie unterwegs sind zum nächsten "Stück Arsch". Der Track stammt aus den Aufnahmen zu dem *Some-Girls*-Album.

Ron Wood besteht darauf, dass die Bridge dieses Songs, ein ausgelassenes Gitarrensolo, von ihm gespielt wurde – in bester Keith Richards-Manier. Keith glaubt allerdings, dass er es selbst gespielt hat. Hieran erkennt man, wie stark Wood mittlerweile in die Band integriert war und mit den Gründungsfiguren in einer Weise verschmolz, die Mick Taylor mit all seinem Bluesguitar-Heldentum nie gelang.

Die Verbindung der beiden Rhythmusgitarristen Richards und Wood wurde noch enger in der Zeit des musikalischen Einschnitts zwischen *Some Girls* und *Emotional Rescue*. Wood war damit beschäftigt, sein Soloalbum *Gimme Some Neck* herauszubringen und die Band für eine Tour zusammenzustellen. Richards brauchte einfach Abwechslung. Und so entstanden die New Barbarians, ein neuer umherziehender Boys Club mit den beiden Gitarristen als Frontmännern, dem Saxophonisten Bobby Keys, dem Bassvirtuosen Stanley Clarke, Drummer Joseph Modeliste und Ian McLagan, dem ehemaligen Keyboarder der Faces.

Die New Barbarians hatten ihre ersten Auftritte als Opener bei zwei Wohltätigkeitskonzerten der Stones für blinde Kinder in der Oskawa Hall in Toronto. Zu den Auftritten war Keith wegen Heroinbesitzes verurteilt worden – eine milde Strafe, die von Kanadas rechter Presse scharf attackiert wurde. Die New Barbarians brachten es auf über 20 Konzerte, bretterten lustvoll durch Woods Solomaterial und Stücke wie 'Happy', die unverkennbar Richards' Handschrift trugen.

1978 hatte Richards aus Spaß eine Weihnachtssingle mit Chuck Berrys 'Run Rudolph Run' herausgebracht, aber erst mit den New Barbarians erkannten die Fans wirklich sein Potential für eine Solokarriere.

Ron Wood, Bobby Keys und Keith Richards bei einer Probe der New Barbarians.

down in the hole

Der Blues hat seine Bedeutung für die Rolling Stones nicht verloren. Das Leiden, der Wahnsinn und die Weisheit solcher Bluesgrößen wie Muddy Waters, John Lee Hooker und Elmore James lodern noch immer im Innern dieses Londoner Quintetts. Im Lauf der Jahre ist diese Verbindung sogar noch enger geworden, auch wenn sie nur selten in geradlinigen Bluesaufnahmen erkennbar wird. 'Down In The Hole' von 1980 kam absolut unvermittelt, als erfreuliche Überraschung, wieder mal die Bluesmuskeln in Bewegung zu sehen.

Jagger verurteilt Korruption und Ausbeutung. Sein Ausdruck ist direkt und leidenschaftlich, und die Musik der Band dazu düster und brodelnd.

'Down In The Hole' ist ein später Beweis, dass die Rolling Stones eine hervorragende Bluesband hätten bleiben können, wenn ihnen nicht die Mode und der Rock and Roll dazwischen gekommen wären. Diesen Song mit auf das *Emotional-Rescue*-Album zu bringen, war eine aufrichtige Reminiszenz an ihre Herkunft. Blieb nur ein Problem: nach der Wärme dieses Stücks war der Hörer überhaupt nicht auf das gefasst, was darauf folgen sollte.

emotional rescue

Disco war 1980 schon auf dem absteigenden Ast, eine weitere 70er-Jahre-Macke auf dem Weg in die Vergangenheit, zusammen mit Pet Rocks, den 8-Spur-Bandgeräten und Farrah Fawcett-Majors. Diese spezielle Art des Dancefloor-Futters würde bald ins Reich der Nostalgie versinken – zuvor jedoch musste Jagger ihm noch seine eigene Note verpassen.

Für viele Zuhörer kam Jaggers stimmliche Performance auf 'Emotional Rescue' völlig überraschend. Er singt mit eigenartiger Kopfstimme, nervös und angespannt, und tausend Lichtjahre entfernt von den sanften gefälligen Bee Gees. Die wenigen Male, wenn seine Stimme in ihre normale Lage zurückfällt, ist das wie eine Erlösung oder eine Belohnung für eine ansonsten durchschnittliche romantische Ballade.

Auch Barry Gibb von den Bee Gees entdeckte die Kopfstimme im fortgeschrittenen Alter, aber gerade noch rechtzeitig, um eine der typischsten Vokalschrullen der späten 70er Jahre zu kreieren. Sein überdrehtes, aufdringliches Gewinsel machte Songs wie 'You Should Be Dancing' zu den nervenden Meilensteinen einer ganzen Ära. Jaggers Darbietung hingegen war nur nervend, eingebettet in blecherne Kunstsounds, Watts' erbarmungslosen Discobeat, seltsam dünne Bläser und blasse Gitarrenklänge.

Musik und Gesang wurden von einigen Kritikern verspottet und sorgten sogar bei den eigenen Mitarbeitern für Verwirrung. Saxophonist Bobby Keys spielte zwar mit, stieg aber aus, bevor der Gesang drüber gelegt wurde. "Es klang nach Disco, aber es war ziemlich gut", sagte Keys später über den Instrumentalteil. "Aber als Jagger diesen Minnie-Mouse-Gesang anstimmte, konnte ich es einfach nicht fassen. Ich hielt es für einen Witz. Ich konnte es nicht glauben."

Jagger schrieb den Song auf einem E-Piano. Watts und Ron Wood gingen mit ihm ins Studio, und so kam schnell Leben in das Stück. Der endgültige Gesang, in dem Jagger davon singt, wie er einer armen Frau hoch zu Ross auf einem Araberhengst zu Hilfe kommt, war improvisiert. "Im echten Leben würde man NIEMALS einen solchen Song schreiben", versicherte Jagger dem *Rolling Stone* 1980.

Im Nachhinein war es natürlich weniger der Text als vielmehr der Charakter von Jaggers Gesang, der 'Emotional Rescue' zu einem ausgefallenen, außergewöhnlichen Schlenker im Stones-Repertoire macht. Die peinlich hohe Stimme katapultierte den Song in die Top-10 auf beiden Seiten des Atlantik. "Mir war das eigentlich immer etwas zu kitschig", sagte Chris Kimsey über Jaggers Kopfstimme. "Es war neu. Und vieles auf dem Album ging in die Richtung. Das Album war sehr experimentell."

she's so cold

Das bedarf keiner Erklärung. Der Titel sagt alles. Der Mann schäumt, keucht, lechzt, liegt praktisch am Boden und fleht ein unvorstellbar schönes Mädchen an: "I'm a bleedin' VOLCANO!" Ja, Jagger ist wieder heiß, steht vor blinder Lust in Flammen und ist völlig überrascht, zutiefst erschüttert, dass diese kleine Frau seinem aggressiven Charme widerstehen kann.

All das macht 'She's So Cold' zu einer Art 'Satisfaction' für gelangweilte Erwachsene. Die Botschaft ist einfach, so, wie sie in solchen Situationen sein sollte. Entsprechend spielt die Band mit voll aufgedrehter Drosselung, begeistert und kontrolliert zugleich. Watts und Wyman bauen einen nervösen Rhythmus auf, zu dem Richards und Wood tiefe Töne produzieren. Dabei entsteht ein Sound, der dem von *Some Girls* nicht unähnlich ist. Diese Art Groove spielen die Stones mit Leichtigkeit, der dreiste, ironische Witz dieses sexistischen Manifests hingegen war schwerer zu verstehen.

all about you

'All About You' ist Keith Richards' schlampigste Performance, zugleich aber auch seine direkteste. Dieser Song ist eine lethargische Ballade über eine Hassliebe, die man lange als sein bittersüßes Goodbye an Anita Pallenberg verstand. Richards' Entschlossenheit (abgesehen von der juristischen Notwendigkeit), seine Heroinabhängigkeit zu besiegen, war einer der Gründe, weshalb er sich von der Mutter seiner beiden Kinder trennte. Zum endgültigen Bruch kam es 1979, als sich ein 17-jähriger Junge im Haus der beiden in South Salem, Westchester County, bei einer einsamen Runde Russischen Roulettes erschoss. Anita Pallenberg wurde zwölf Stunden lang von der Polizei verhört, da man den Jungen tot in ihrem Bett gefunden hatte. Schließlich ließ man sie ohne Anklage laufen, aber Keith hatte genug. "Wenn du das Leben nennst", singt er, "warum soll ich es dann mit dir verbringen?"

'All About You' klingt unfertig, als würden die Bandmitglieder noch an ihren Parts feilen. Gitarren dröhnen ohne erkennbare Richtung oder Zweck, und Keiths Gesang ist holprig und rau. Aber das Ergebnis ist echter, unverfälschter Barhockerblues. In diesem Mix findet man langsame, niedergeschlagene Saxophonmelodien von Bobby Keys, der sich, so Richards, "für dieses Album den Arsch aufgerissen hat." Von einigen der hämmernden Dancenummern war dieser Song so weit entfernt wie nur irgend möglich.

Keys behauptet, dass die bitteren Worte weniger mit Keiths Trennung von Anita zu tun hätten, sondern eher die angespannte Situation zwischen den Glimmer Twins beschrieben. "Es gibt da ein paar sehr eindringliche Passagen, in denen geht es um seine Gefühle für Mick zu jener Zeit", sagt Keys und lacht. "Man muss sich nur die Texte anhören."

Also noch mehr Liebe und Hass zwischen den Zeilen, auch wenn das damals wenig beachtet wurde. Vielleicht war 'All About You' der Startschuss für das kommende streitlustige Jahrzehnt der Rolling Stones.

Anita Pallenberg: eine Affäre mit einem 17-Jährigen brachte das Fass zum Überlaufen.

1981 tattoo you

Kapitel 16

Mit dem Rücken an der Wand? Nach der Enttäuschung von *Emotional Rescue* gab *Tattoo You* den Stones ihr Selbstvertrauen zurück.

Start Me Up

Hang Fire

Slave

Little T&A

Black Limousine
(JAGGER/RICHARDS/WOOD)

Neighbors

Worried About You

Tops

Heaven

No Use In Crying
(JAGGER/RICHARDS/WOOD)

Waiting On A Friend

tattoo you

ie Rolling Stones geben sich alle Mühe, aber die glücklosen 70er Jahre waren einfach eine seltsame Zeit. Selbst Götter von einst wie John Lennon und Paul McCartney machten als Solisten extreme Höhen und Tiefen mit. Mit *Sticky Fingers* und *Exile On Main Street* hatte das Jahrzehnt für die Stones ziemlich gut begonnen, und die echten Fans sahen nach der Veröffentlichung des energiegeladenen Rock-Albums *Some Girls* 1978 wieder Licht am Ende des Tunnels. Auch Jagger und Richards waren im Nachhinein wenig begeistert von dem Jahrzehnt der "Selbstfindung", das den Stones Probleme mit Drogen und dekadentem Lebensstil sowie eine längere Schaffenskrise beschert hatte. Ihre eigene Antwort darauf packten sie in den Titel ihres neuen Greatest-Hits-Albums: *Sucking In The Seventies*.

Als bei Fans und Kritikern der Glaube an die Band allmählich verloren ging, erschien im Sommer 1981 *Tattoo You*. Das Album rettete ihren Ruf, und das, obwohl dafür nichts Neues aufgenommen wurde! Das Material stammte fast komplett von denselben Sessions wie die Veröffentlichungen, die dem Ansehen der Stones in den zehn Jahre zuvor geschadet hatten, nur dass sie diesmal eine gute Liste von Songs zusammengestellt hatten. *Tattoo You* war ein Zusammenschnitt aus einzelnen Teilen oder Verworfenem, Vergessenem aus den Sessions für *Goats Head Soup*, *Black And Blue*, *Some Girls* und *Emotional Rescue*. Das Ergebnis belegte nicht nur, dass es mit den Stones nicht bergab ging, sondern dass sie die ganze Zeit über großartige Songs geschrieben hatten. Abhanden gekommen war ihnen zeitweise nur das Gefühl, dieses Material für die Veröffentlichung richtig aufzubereiten. Aber auch das hatten sie jetzt wieder.

"Der Hintergrund von *Tattoo You* war, dass Mick and Keith eine Phase durchmachten, in der sie nicht gut miteinander auskamen", erklärte der Produzent Chris Kimsey Jahre später. "Das nächste Album musste raus, und ich hab einfach gesagt, ich kann was aus dem Material machen, das da ist. Die haben ja früher so viel aufgenommen, und ein paar Jahre später hatten sie alles vergessen."

Aus diesem Material entstand *Tattoo You*. War es möglich, dass wir uns so geirrt hatten? Waren *Goats Head Soup* und *Emotional Rescue* am Ende doch großartige Rock-and-Roll-Scheiben? Nicht wirklich, höchstens im Vergleich mit dem, was danach kam. Die Punk-Revolution hatte das Rock-Establishment nicht so schnell vom Thron gestürzt wie geplant - vor allem nicht in Amerika. Wie immer, so siegte auch hier der Konservativismus. In 'Start Me Up' tuckerten die Stones gemächlich durch eines von Keiths simpelsten Riffs – der Art von Gitarrensound, die er zu Zeiten von 'Gimme Shelter' und 'Brown Sugar' abgelehnt hätte. Der Song war ein willkommener Gruß aus der Vergangenheit, der an die Grundüberzeugungen des Rock and Roll erinnerte, während man überall so grauenhafte Bands wie Journey oder REO Speedwagon hörte.

1981 waren die Rolling Stones nicht gerade dabei, neues Terrain zu erobern, zumal sie nichts anderes taten, als den Keller zu plündern. Sie hatten ihre Rolle in den Sechzigern und frühen Siebzigern gespielt, sollten doch The Clash oder die Talking Heads sich irgendeinen neuen verrückten Sound für die Kids ausdenken. Die Stones hatten ihren festen Platz in der Rockhistorie – genauso wie Bill Monroe mit seinem 'Blue Moon Of Kentucky' oder Louis Armstrong mit seinem Solo in seiner Zeit mit den Hot Fives. Die Stones waren Geschichte, nicht Nostalgie. Kimsey lieferte den enthusiastischen Anstoß zu *Tattoo You*. Als Co-Produzent von *Some Girls* und *Emotional Rescue* wusste er ganz genau, was noch in den Kellergewölben schlummerte. Er hatte immer Wert darauf gelegt, dass alles, was die Stones in einer Session spielten, aufgenommen wurde, selbst wenn es nur die Improvisation eines alten Jimmy-Reed-Blues war. Er war es auch, der Buch darüber führte, wie viele Songs aufgenommen und wo sie gelagert wurden. Alleine von den Sessions für *Some Girls* existierten 150 Tonbänder.

"Ich bemühte mich, so ziemlich alles auf Band zu kriegen", sagte Kimsey. "Ich war also gar nicht so erstaunt, beim Durchsehen von *Goats Head Soup* und *Black And Blue* teilweise wirklich gutes Material zu finden, das im Grunde genommen vergessen war. Der Umgang mit den Aufnahmen war eine Katastrophe. Ich habe lange nach den Masters suchen müssen. Die lagen alle irgendwo einzeln rum, und niemand hatte sich die Mühe gemacht, was aufzuschreiben. Kein Mensch hatte den Überblick."

Kimsey entdeckte schließlich zwei Tracks in den verstaubten *Goats-Head-Soup*-Bändern und eins in den Rotterdam-Sessions für *Black And Blue* und rundete das Album mit Aufnahmen für *Some Girls* und *Emotional Rescue* ab. Anschließend fingen Jagger und Richards an, den Text zu schreiben und den Gesang aufzunehmen.

> **"Ich bemühte mich, so ziemlich alles auf Band zu kriegen"**
> Chris Kimsey, Toningenieur

tattoo you

"Die stammen aus ganz verschiedenen Phasen", sagte Jagger 1995 gegenüber dem *Rolling Stone*. "Und ich musste Text und Melodie dazu schreiben. Die meisten Aufnahmen waren nicht mehr als eine vage Idee, was wohl der Grund war, weshalb wir sie ursprünglich nicht verwendeten – sie waren eben nicht fertig. Zum Teil waren es Fragmente oder Erstversionen von späteren Stücken. Ich hab sie dann auf unglaublich simple Art und Weise zusammengesetzt. Aufgenommen wurde das Ganze in Paris mitten im Winter. Und dann hab ich noch einen Teil in einer Besenkammer gemacht, ja die Vocals haben wir in einer richtigen Besenkammer aufgenommen. Der Rest der Band hatte kaum was damit zu tun."

Die Glimmer Twins hatten ihren kleinen Zwist mittlerweile hinter sich gelassen. Aber die restlichen Arbeiten an *Tattoo You* zogen sich dennoch neun Monate hin, vor allem weil sich Mick ab Dezember 1980 wegen einer Rolle in Werner Herzogs Film *Fitzcarraldo* in Peru aufhielt. Ein paar Monate später wurden die Dreharbeiten unterbrochen - der Filmstar Jason Robards war erkrankt, außerdem wurde das Set von Amazonasindianern angegriffen. Als die Arbeit am Film später fortgesetzt wurde, war Mick auf Tour mit den Stones und stand für die noch fehlenden Nahaufnahmen nicht mehr zur Verfügung. Auch die anderen Bandmitglieder waren in den Monaten vor der Präsentation des Albums im Sommer nicht untätig gewesen. Bill Wyman komponierte die Filmmusik für den Thriller *Green Ice* mit Ryan O'Neal und landete in Großbritannien einen Hit mit der Single '(Si, Si) Je Suis Un Rock Star'. Rocket 88, die Band von Charlie Watts und Ian Stewart brachte ein Live-Album von einem Konzert im Rotation Club in Hannover 1979 heraus, Ron Woods Album *1234* stand kurz vor der Präsentation. Und Keith? Der war im Juni im Ritz in New York und machte einen Abstecher hinter die Bühne, um seinem großen Vorbild Chuck Berry Hallo zu sagen. Der schlug Keith eins aufs Auge, weil er ihn nicht sofort erkannte, wofür er sich später entschuldigte, allerdings bei Ron Wood.

Schon bald kündigten die Stones eine Welttournee für 1981 an, mit der sie in Stadien und Arenen eine neue Generation von Hörern für sich erobern wollten. Diese Tour war die erste in der Geschichte der Rockmusik, die gesponsert wurde. Der Parfümhersteller Jovan zahlte 4 Millionen Dollar für das Privileg, seinen Markennamen an die Roadshow der Stones anzuhängen. Nicht wenige rümpften die Nase angesichts solcher Praktiken, aber schon bald war es Normalität, dass die Touren der Superbands von großen Bier- oder Sportschuhherstellern mitfinanziert wurden.

Tattoo You brachte der Band die besten Besprechungen seit Jahren und stürmte die Albumcharts in England und Amerika, wo es neun Wochen hintereinander auf Platz 1 blieb. Kleine, aber feine Akzente wie das Solo des Saxophonisten Sonny Rollins in 'Slave' und anderen Nummern waren nicht unbemerkt geblieben. Und die Präsenz von Mick Taylors Gitarre auf zwei Stücken aus dem *Goats-Head-Soup*-Nachlass gab den Stones wieder mehr Glanz und Subtilität. Selbst wenn die Songs aus unterschiedlichen Perioden stammten, hatte das Album am Ende einen zusammenhängenden Sound und eine dichte Atmosphäre, was vor allem der Arbeit des Toningenieurs Bob Clearmountain am Mischpult zu verdanken war.

Als das Album rauskam, deutete Richards an, dass in den Kellern noch mehr Schätze schlummerten, die man in der Zukunft ebenfalls bergen könnte. "Das ist ein häufig vergessener Vorteil einer Band, die schon so lange Musik macht", sagte Keith dem *Rolling Stone* 1981. "Irgendwie hat man plötzlich eine Menge halbfertiger Sachen, die richtig gut sind, für die man aber aus welchen Gründen auch immer keine Zeit hatte, um sie fertig zu machen oder zu veröffentlichen. Vielleicht weil sie das falsche Tempo hatten oder zu lang waren, rein technische Gründe, verstehst du? Manchmal schreiben wir die Songs abschnittsweise – um schon mal eine Melodie und einen Sound zu haben, den Text schreiben wir später. Auf diese Weise sind die Stücke schließlich ausgereift wie alter Wein – man muss sie eben nur im Keller liegen lassen. Sie werden besser, wenn man sie nach ein paar Jahren wieder hervorholt."

> **"Manchmal schreiben wir die Songs abschnittsweise – um schon mal eine Melodie und einen Sound zu haben, den Text schreiben wir später"**
> Keith Richards

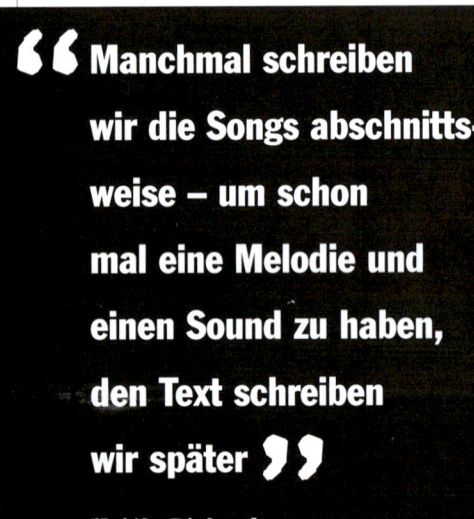

tattoo you

start me up

Give the people what they want. Was die Stones anging, hieß das nicht, Disco-Nummern zu entwerfen, um mit Donna Summer und den Bee Gees zu konkurrieren. Wenn Rock-and-Roll-Fans tanzen wollen, dann zu dem fetten, langsamen Riff, mit dem 'Start Me Up' anfängt, einem grundsoliden Rock ohne jeden Schnickschnack, dem Ursound der Stones.

'Start Me Up' wurde sofort ein Standard im Repertoire der Band. Der Sound war aufregend und doch absolut vertraut: Richards bedrohliche Akkorde, Watts und Wymans packender Rhythmus und Jaggers lüsternes Gegröle – in 'Start Me Up' wird der Motor eines Autos zur Metapher seiner Geilheit.

Natürlich war das nichts Neues, nichts, was sie nicht Jahre zuvor mit noch größerem Erfolg schon einmal gemacht hatten, wie etwa 'Jumpin' Jack Flash' oder 'Brown Sugar'. Aber wie viele Poprevolutionen sollten die Stones eigentlich noch anführen? Mit den ersten Tönen von *Tattoo You* machten die Stones deutlich, dass es auch ganz reizvoll sein kann, den eigenen Sound zu verfeinern.

Der Song hat seine Wurzeln in den Sessions zu *Some Girls* und wurde in den Pathé-Marconi-Studios in Paris am selben Tag eingespielt wie der Klassiker 'Miss You'. 'Start Me Up' war zuerst eine Rocknummer, wurde aber nach zwei Aufnahmen zu einem Reggae umgemodelt und anschließend noch mehr als zwanzigmal aufgenommen. Die Band war mit keiner der Versionen zufrieden. Aufnahme Nummer zwei war die einzige vollständige Rockversion von 'Start Me Up',

In den Achtzigern machten sich die Stones einen Namen für ihre spektakulären Live-Auftritte.

tattoo you

die aufgenommen wurde. Auf *Some Girls* erschien sie nicht, weil der Song Mick und Keith an etwas erinnerte, was sie im Radio gehört hatten. Und so war er in Vergessenheit geraten.

"Ich wusste, dass es den Song gab und dass er gut war", erzählte Kimsey dem Journalisten Craig Rosen 1994. "Dieser Song gab mir die Sicherheit zu sagen: 'Ich kann ein Album aus dem bereits vorhandenen Material zusammenstellen.' Dieser Song war meine Ausgangsbasis."

hang fire

Fast ein Jahrzehnt, nachdem die Stones ihre englische Heimat als Steuerflüchtlinge verlassen hatten, konnten sie die Jungs und Mädels zu Hause immer noch zum Schmunzeln bringen. In 'Hang Fire' grölt Mick: "Bei mir zu Hause arbeitet niemand was, nie wird was fertig."

'Hang Fire' war ebenfalls ein *Some-Girls*-Ableger, ein schneller Rock, dessen Text erst 1981 bei den *Tattoo-You*-Sessions geschrieben wurde. In Großbritannien regierte gerade die Eiserne Lady Margaret Thatcher, die durch ihre erbarmungslose Kritik am Wohlfahrtsstaat, wie er sich nach dem Krieg herausgebildet hatte, zu einem beliebten Angriffsziel der Linken wurde. Hohe Arbeitslosenzahlen, Inflation, Perspektivlosigkeit - England hatte schon bessere Tage gesehen. Aber die Auseinandersetzungen schienen „tausend Lichtjahre" entfernt vom Alltag der Stones.

"Die machen da drüben ihre kleinen traumatischen Erfahrungen. Das ist die gerechte Strafe dafür, dass sie uns rausgeschmissen haben", sagte Keith dem *Rolling Stone* 1981. "Die müssen sich jetzt mit ner ganzen Reihe von Problemen rumschlagen, die seit Jahren vor sich hin gären und erst jetzt, wo das Geld knapp wird, an die Oberfläche kommen. Politik ist ein scheußliches Wort heutzutage, und diejenigen, die Politik zu einem scheußlichen Wort machen, sind die Politiker, weil sie selbst scheußlich sind."

Der Arbeitstitel für diesen Song war 'Lazy Bitch'. Als Single kam 'Hang Fire' verständlicherweise nur in den Vereinigten Staaten heraus.

> " ... diejenigen, die Politik zu einem scheußlichen Wort machen, sind die Politker, weil sie selbst scheußlich sind "
>
> Keith Richards

Premierministerin Margaret Thatcher regierte England in einer Zeit, in der die Unterschiede zwischen arm und reich immer größer wurden.

Für die endgültige Version des Songs verließen die Glimmer Twins ihre ausgetretenen Rock-and-Roll-Pfade und holten den Saxophonisten Sonny Rollins, den Miles Davis einmal den größten Tenorsaxophonisten aller Zeiten nannte. Rollins machte die ersten Aufnahmen in den 40er Jahren und spielte zusammen mit Jazzgrößen wie Art Blakey, Bud Powell und Miles Davis. Im Lauf der Jahrzehnte experimentierte Rollins mit verschiedenen Sounds von Bebop über Freejazz zu Funk-orientierter Fusion und blieb bis in die 90er Jahre ein Trendsetter. In 'Slave' bläst Rollins ein flüssiges, leidenschaftliches, improvisiertes Solo. Dem Meister des Sax gelingt es, diesem Track Feuer zu geben, ohne zu experimentell zu klingen und dadurch den Erfolg eines der kommerziellsten Alben der Stones zu gefährden.

slave

'Slave' erblickte das Licht der Welt als ausgedehnte Improvisation bei den Rotterdam-Sessions für *Black And Blue*. Der Song verbindet einen starken Rocksound mit einem weichen Funkrhythmus. Gitarren rumoren zu einem ausgelassenen Beat und Jagger wiederholt sein quälendes Mantra: "Don't want to be your slave!" Beim Refrain stimmt als Gast Pete Townshend mit ein. Jagger setzt nur ab, um seiner Freundin aufzutragen, was sie aus dem Schnapsladen mitbringen soll. Die Liebe ist eine Qual.

tattoo you

little t & a

Sexismus mit Liebe gepaart. Keith Richards klingt ernsthaft bewegt, wenn er sich zugleich nach sexueller und spiritueller Erlösung sehnt: "tits and ass with soul baby". Warum auch nicht? Er hatte sich gewandelt. Gerade war er in Kanada knapp einer Haftstrafe entkommen – wegen des Besitzes von Drogen, die sein Leben schon viel zu lange beherrschten. In 'Little T&A' singt Keith davon, diesen Lebenswandel für eine tolle Frau aufzugeben – für seine damalige Freundin. "In diesem Song geht es um all die glücklichen Stunden, die ich mit Frauen verbracht habe, manchmal nur ein oder zwei Nächte, und die ich dann nie wieder sah", erklärte Richards.

Patti Hansen (rechts) ist es wesentlich zu verdanken, dass Richards wieder clean wurde.

Boys will be boys - Jungs ändern sich nie, wie Ronnie Wood schon sagte. Der schuldbewusste Grundton dieses Songs hat möglicherweise mit dem Model Patti Hansen zu tun, die der Gitarrist ein Jahr zuvor in der Roxy Roller Disco in New York City kennen gelernt hatte – was Keith in einer Rollschuhdisco verloren hatte, wird wohl sein Geheimnis bleiben. Jedenfalls heirateten die beiden 1983. Während Richards seine Liebe besingt, lärmt im Hintergrund eine mitreißende Mischung aus stürmischen Gitarren, Charlie Watts' prügelnden Drumsticks und Bill Wymans grollendem Bass. Micks gereizter Gesang im Background ist nur aus der Ferne zu hören. Der Song wurde erstmals aufgenommen bei den Sessions zu *Emotional Rescue* auf den Bahamas und trug den Arbeitstitel 'Bulldog'. Die endgültige Version von 'Little T&A' wurde als B-Seite eines weiteren, wenn auch ruhigeren Songs über Freundschaft veröffentlicht: 'Waiting On A Friend'.

black limousine

Gleich in mehrfacher Hinsicht wirft dieser Song einen freundlicheren Blick auf Frauen als die meisten anderen Stones-Songs. 'Black Limousine' ist ein rauer, aber liebevoller Rückblick auf eine Zeit, als die Musiker Limousinen, Alkohol, Tanz und Träume mit den Frauen ihres Lebens teilten. Aufgenommen wurde der Song während der *Some-Girls*-Sessions, ein halbschneller Boogie, eine Mischung aus Gitarren, Micks keuchender Mundharmonika und Stewarts fröhlichem Klavier.

Die Musik ist hell und mitreißend und verdeckt die etwas düstere Aussage, die der Song enthält. Der Text blickt in einer Mischung aus Traurigkeit und Entsetzen auf die ausgelaugten Körper, an denen all die Jahre des schnellen Lebens und der Sorglosigkeit nicht spurlos vorüber gegangen sind – Andy Warhol hatte einmal mit Verwunderung festgestellt, wie fertig die Stones im Tageslicht aussahen.

Aber vielleicht meinte Jagger ja auch Anita Pallenberg, Marianne Faithfull oder irgendeine andere, die im Kielwasser der Stones zurückgeblieben war: "Nun betrachte dein Gesicht, Baby, nach all der Zeit ... und dann, betrachte mich."

neighbors

Willkommen in Mr. Richards' Nachbarschaft, die zufällig auch die Ihre ist. Ein Hochhausapartment in Manhattan, von dem aus man die ganze große Stadt überblicken kann. Sie haben Stil, einen livrierten Pförtner im Erdgeschoss und den Central Park als Vorgarten. Aber das beste daran: Keith Richards wohnt nebenan! Das reinste Szeneparadies! Nur dass der Mann seine scheiß Stereoanlage zu jeder Tages- und Nachtzeit voll aufgedreht hat und Gott-weiß-was für "Freunde" von der Straße zu sich einlädt! Aber man darf von Keith nicht erwarten, dass er ins dekadente Chelsea Hotel eincheckt oder in der East-Village-Boheme Zuflucht sucht. Nicht in den Achtzigern. Keith braucht was Standesgemäßes für seine Freundin, ein Supermodel. Schließlich hat Keith Kohle, genau wie seine Nachbarn. Der doppelte

tattoo you

tattoo you

Sonny Rollins – einer der wichtigsten Vertreter des modernen Jazz.

Dezibelschock ist einfach der Preis, den man zahlen muss, wenn man Tür an Tür mit Rockgrößen lebt. Sie haben sicher Verständnis dafür.

'Neighbors' ist eine Geschichte, die Keith Richards vor dem Hintergrund schneidender Gitarren, einem bluesigen Saxophonsolo und Charlies gleichmäßig hämmerndem Beat erzählt. Richards behauptet, es sei der erste Song, den Mick Jagger je für ihn geschrieben habe. Mick hatte sich zweifellos davon inspirieren lassen, dass Keith 1981 aus seinem Apartment raus-

geflogen war. Nachbarn hatten sich beklagt, dass seine Musik einfach viel zu laut gewesen sei. Es war nicht das erste Mal.

"Ich habe ein besonderes Talent, ein Gebäude zu finden, in dem nur coole Leute wohnen, verstehst du, aber da ist immer dieses eine uncoole Pärchen – es ist immer ein Pärchen. Und mein Apartment ist entweder direkt über, unter oder neben denen", erzählte Keith Richards 1981 dem Journalisten Kurt Loder. "Und das sind dann solche Leute, die einen um sechs Uhr morgens aus dem Bett klopfen, während man gerade ein bisschen Musik hört ... Ich weiß ja mittlerweile, dass ich nicht voll aufdrehen darf. Darüber reg ich mich schon gar nicht mehr auf. Aber diese Leute stehen plötzlich vor der Tür und sagen: 'Wir können nicht mal mehr Bugs Bunny im TV verstehen, so laut ist Ihre Musik! Drehen Sie das Gedudel runter!' Was ich damit sagen will: Diese Typen sind eine echte Plage." Sein jugendliches Leben in Redlands, seinem abgelegenen Landsitz in West Sussex, schien weit, weit weg.

In 'Neighbors' singt Jagger von einem Albtraum mit schreienden Babys, plärrenden Fernsehgeräten und Möchte-gern-Saxophonisten, die nächtelang Tonleitern üben. Hinter ihm fuchteln die Stones herum und produzieren dabei die Art von Lärm, bei dem Nachbarn die Wände hochgehen. Wieder einmal hat der Jazzer Sonny Rollins einen Auftritt, diesmal mit heulendem Saxophon, ganz im Sinne des Texts.

Im Video von Regisseur Michael Lindsay-Hogg sieht man Jagger im Fenster eines Mietshauses. Er singt, während er seine Nachbarn beobachtet, wie sie mit Sex und Gewalt versuchen, sich die Langeweile zu vertreiben. Obwohl die Realität von Richards' Apartment wenig mit dieser Kulisse zu tun hat, identifizierte sich der Gitarrist mit der Aussage des Songs: "Das ist einer, den ich gerne selber geschrieben hätte."

worried about you

ick macht sich keine Sorgen wegen dir. Er will wissen, warum du IHN so behandelst. Er gibt ja zu, dass du nicht "die Einzige bist" und dass er nachts seinen Spaß haben will, aber jetzt macht er sich doch Sorgen, ob du ihn überhaupt liebst. Sei nicht zu hart mit ihm, immerhin versucht er den Dingen auf den Grund zu gehen.

'Wooried About You' wurde während der Black-And-Blue-Sessions aufgenommen. Das Stück beginnt mit einem gedämpften Mix aus E-Piano, leichten, funkigen Gitarrenriffs und zarten Beckenklängen von Charlie. Jagger greift wieder mal auf die Kopfstimme zurück, mit der er sich auf 'Emotional Rescue' einige Kritik eingehandelt hatte. Aber das hier ist ein gefühlvoller Vortrag und die Kopfstimme ist zurückgenommen, bis sie in ein lautes Heulen übergeht.

Auf Tattoo You fehlen die Informationen über Songwriter und Musiker. So konnten die Glimmer Twins nicht nur das wahre Alter mancher Songs verschleiern, sondern auch verschweigen, welche Musiker tatsächlich mitspielten. Mick Taylor beklagte sich, dass er bei den Tracks, die von Goats Head Soup stammten, nicht genannt wurde. Wahrscheinlich stammt die weiche Funk-Gitarre bis zur Bridge von 'Worried About You' von Wayne Perkins, einem von zahlreichen Gitarristen, die während der Black-And-Blue-Sessions vorspielten. 'Worried About You' ist eine langsame, beinahe lethargische Ballade, aber im Kontext des weit auseinanderliegenden Spektrums dieses Albums macht sich der Song überraschend gut.

tops

ach seiner Trennung von den Rolling Stones im Dezember 1974 verschwand Mick Taylor völlig von der Bildfläche. Die Supergruppe mit Jack Bruce löste sich auf und Taylors Karriere rutschte unter den Wahrnehmungsbereich des Popradars ab. Vorbei war es mit dem Interesse, das ihm als Stone entgegengebracht worden war. Bis zum Erscheinen seines lange erwarteten Solo-Albums 1979 schlug sich der Gitarrist als Gast bei verschiedenen Musikern durch – darunter auch so alte Freunde wie sein Mentor John Mayall –, während sich der Rolling-Stones-Moloch in immer schwindelerregendere Höhen schraubte. Da kann man sich Taylors Überraschung im Jahr 1981 gut vorstellen, als einige seiner Aufnahmen zu Goats Head Soup plötzlich auf dem neuen Stones-Album auftauchten. Aber er war nicht der einzige, der überrascht war. Die Rolling Stones hatten sich zwar mittlerweile weiter

tattoo you

verändert – Ron Wood war hinzugekommen –, aber nun waren auf Tracks wie 'Tops' und 'Waiting On A Friend' wieder Taylors flüssige Bluesläufe zu hören.

In 'Tops' präsentiert Mick Jagger einen langsamen R&B-Groove. Er drängt eine junge Frau, ihren Heimatort zu verlassen und ihm in die Großstadt zu folgen, wo er aus ihr einen Star machen will. Sie ist dafür geschaffen, singt er, ein außergewöhnliches Talent, das einfach nur die Leiter des Erfolgs nach oben klettern muss. Während im Hintergrund kräftige Pianorhythmen hämmern, warnt Jagger: "Lass dir vom Erfolg nie deinen hübschen Kopf verdrehen!"

Für Taylor war der Erfolg im Pop-Business nicht mehr als eine Episode. Nach fünf Jahren mit den Rolling Stones hatte er genug. Die Jahre danach verbrachte er meist auf Tourneen. Dass er auf Tattoo You nicht einmal namentlich erwähnt war, ist bezeichnend für seinen Abgang von der Rock-and-Roll-Bühne.

Mick Taylor war überrascht, Aufnahmen mit ihm auf einem Album der Stones 1981 wiederzufinden.

heaven

ieder mal schäumender Sex von Mick Jagger, diesmal mit dem Sound ätherischer Gitarren, mit einer spielerischen Leichtigkeit und Schwingungen, die man bei den späten Stones selten findet, weil sie sich immer weiter auf die härteren Rockgrooves zu bewegten. 'Heaven' ist eine Rarität, die extra für Tattoo You aufgenommen wurde, nur die schillernde Instrumentierung könnte ebenso gut aus der Endphase der Bandzugehörigkeit mit Mick Taylor stammen.

Es war musikalisch eine Zeit, in der viel Neues ausprobiert wurde, aber die Stones verspürten 1981 keine Notwendigkeit, dem Trend hin zu Computern und Maschinensounds zu folgen. "Die Gitarre hat, mal abgesehen von ihrer Bedeutung für die Musik und ihrer Vielseitigkeit, auch was Geheimnisvolles – schon das Aussehen beim Spielen –, das zum Wesen des Rock and Roll gehört", sagte Keith der Zeitschrift Goldmine 1983. "Sie wird wahrscheinlich immer das Herzstück des Rock and Roll sein. Wir haben Synthesizer erstmals in den Siebzigern eingesetzt, um unseren Sound voller zu machen, aber ich kann mir nicht vorstellen, Synthesizer auf Dauer in der Band zu haben."

> " Die Gitarre hat, mal abgesehen von ihrer Bedeutung für die Musik und ihrer Vielseitigkeit, auch was Geheimnisvolles ... das zum Wesen des Rock and Roll gehört "
>
> Keith Richards

no use in crying

on Wood erwies sich von Anfang an als kreative Kraft bei den Stones. Man denke nur an 'Hey Negrita' auf Black And Blue. Dennoch erlebte er seinen Durchbruch erst mit 'Black Limousine' und 'No Use In Crying', Stücke, mit denen der Gitarrist seine ersten Lorbeeren als Co-Autor auf einem Rolling-Stones-Album verdiente. Das war nicht unerheblich, schließlich hatte die Missachtung von Mick Taylors Songwriter-Fähigkeiten zu seinem abrupten Bruch mit der Band beigetragen.

"Für Ronnie war es ganz wichtig, auf dieses Album zu kommen", sagte der Produzent Chris Kimsey. "Er musste es vorsichtig angehen und konnte nicht einfach sagen: 'He, den Song schreib jetzt ich'. Er ließ sich Zeit, denn es gibt eine Abmachung zwischen Mick und Keith, und die lautet: Alles stammt von Jagger/Richards. Das hat sich langsam verändert, aber das meiste stammt immer noch von Jagger/Richards."

So blieb es bis in die Neunziger, aber im Laufe der Jahre konnte man immer häufiger Jagger/Richards/Wood auf den Stones-Alben lesen. 'No Use In Crying' ist eine traurige Liebesballade der Stones, ein typischer Torch-Song, mit unverkennbaren Elementen des Countryblues. Aber es ist Jagger, der die Schmerzen bereitet. Während Richards und Wood vorsichtig in die Saiten ihrer E-Gitarren greifen, singt Jagger voller Leidenschaft vom Ende einer Liebe – "If you see your ship come a sailing, it's not me, it's not me".

tattoo you

waiting on a friend

'Waiting On A Friend' ist ein weiteres Überbleibsel von den *Goats-Head-Soup*-Sessions mit Taylor. Dieses Stück bildet den ruhigen, gelungenen Abschluss des Albums. Hier findet man Wärme, behutsame Arrangements für Gitarre, Percussion, Klavier und einen wehmütig klagenden Jagger. Er wünscht sich genügend Reife und Selbstbeherrschung, um die Mädchen wenigstens heute mal in Ruhe zu lassen. Er ist nicht auf Sex aus, sondern einfach auf einen freundschaftliche Beziehung. "Ich brauche jemand, um mich auszuweinen", singt er.

Im Video zu 'Waiting On A Friend' gelingt es dem Regisseur Michael Lindsay-Hogg – der schon mehr als ein Jahrzehnt zuvor mit den Stones an *Rock and Roll Circus* gearbeitet hatte – diese entspannte, freundschaftliche Atmosphäre ausgezeichnet einzufangen. Man sieht Jagger irgendwo in New York vor einem Haus sitzen. Er wartet auf Richards, der ihm durch die Straßen entgegen schlendert. Zusammen gehen sie in eine Eckkneipe, wo sich bereits der Rest der Stones aufhält.

Der Song hat ein authentisches Flair - möglicherweise lieferte die lange Beziehung von Mick und Keith die Inspiration dazu. Inzwischen gingen die beiden meist getrennte Wege: Keith tief im Schützengraben des Rock and Roll, Jagger inmitten von Schickeria und Upperclass. Keine Trips nach Marokko mehr, kein endloses Jammen zu jeder Tages- und Nachtzeit. Frauen, Freundinnen, Kinder und nicht zuletzt das Alter standen diesem Lebenswandel im Weg. Dennoch war die Verbindung zwischen ihnen sehr eng. Die gemeinsame Erinnerung reichte zurück bis in die Kindertage in London und das Wiedersehen als Teenager auf einer Zugfahrt, auf der sie über ihre Lieblingsplatten von Chuck Berry und Muddy Waters fachsimpelten. Diese Freundschaft sollte im kommenden Jahrzehnt auf eine harte Probe gestellt werden. Jagger war kurz davor, die Todsünde zu begehen: eine Solokarriere zu starten und sich den neuen Dancefloorsounds der Achtziger und damit einer neuen Generation von Fans zuzuwenden. Und das zu einem Zeitpunkt, als sich Richards endlich von den Drogen befreit hatte und

> **" So lange ich gut spiele und ich mein Leben im Griff habe, so lange werde ich, verdammt noch mal, auch spielen "**
>
> Keith Richards

heiß darauf war, die Stones mit Erfolg in ihre "besten Jahre" zu führen. "So lange ich gut spiele und ich mein Leben im Griff habe", sagte Keith 1983, "so lange werde ich, verdammt noch mal, auch spielen."

Der Erfolg von *Tattoo You* gab den Glimmer Twins zumindest die Zuversicht zurück, dass sie immer noch die nötige Power hatten, wenn sie sich nur auf ihre gemeinsame Arbeit konzentrierten.

Die Glimmer Twins – Höhen und Tiefen wie in jeder Beziehung.

Kapitel 17

1983 undercover

Die Gründungsmitglieder mögen zwar über vierzig sein, aber deshalb treten die Stones nicht auf die Bremse.

Undercover Of The Night

She Was Hot

Tie You Up (The Pain Of Love)

Wanna Hold You

Feel On Baby

Too Much Blood

Pretty Beat Up
(JAGGER/RICHARDS/WOOD)

Too Tough

All The Way Down

It Must Be Hell

an muss den Rolling Stones zugute halten, dass sie auch im "besten Alter" noch nicht allen Ehrgeiz verloren haben. Dabei wurde *Undercover* zunächst von den Kritikern nicht besonders positiv aufgenommen. Man warf der Band vor, schwaches Material benutzt, den Produktionsaufwand übertrieben und seltsame Gitarrenriffs eingesetzt zu haben. Außerdem war vielen das plötzliche Interesse der Stones für lateinamerikanische Politik suspekt. Sogar Jagger meinte später, dass *Undercover* keine "so besondere Platte" war.

Das mag damals alles richtig gewesen sein, aber die Jahre, die seither vergangen sind, haben dem Album gut getan. Aus diesen Grooves hört man heraus, dass die Rockveteranen von den Rolling Stones sich ernsthaft Mühe gaben, solide Arbeit zu leisten und auch in einer neuen ungewissen Ära mit neuen Themen und neuen Materialien zu bestehen. Aber das allerwichtigste war, dass die Stones 1983 noch immer eine echte Band waren, die schnell und locker mit tollkühner Lässigkeit spielte. Zeitgenossen wie die Who konnten sich keiner vergleichbaren Leistungen mehr rühmen. Und selbst die unbedeutenderen Stücke des Albums sind heißer als alles, was auf den hochgejubelten Alben *Steel Wheels* oder *Voodoo Lounge* zu hören war.

Die Stones hatten etwas Düsteres schaffen wollen wie *Exile On Main Street*, aber herausgekommen war etwas Scharfes, eher im Stil von *Some Girls*. Nur dass die Stones hier Politik unter ihre Sexgier mischten. Für *Undercover* kehrte die Band mit Co-Produzent Chris Kimsey in die Pathé-Marconi-Studios von EMI nach Paris zurück und arbeitete in dem überdimensionalen Aufnahmestudio, das schon bei den *Some-Girls*-Sessions zu ihrer zweiten Heimat geworden war. Heute steht das Studio nicht mehr, es musste einer Parkgarage Platz machen. Sie fingen an, Material aus früheren Alben durchzuspielen, aber es dauerte nicht lange, bis sie zu improvisieren anfingen – eine Methode, bei der in der Vergangenheit viele wertvolle Songs entstanden waren.

"Im Studio sind sie wie ein Haufen Kinder", sagt Jim Barber, der sich während der Sessions um Keiths Gitarren kümmerte und auf 'Too Much Blood' selbst Gitarre spielt. "Die Stones bauen alles in einem Raum auf, dicht nebeneinander, damit sie den Drummer riechen können. Sie sind nicht in verschiedenen Räumen über Funk miteinander verbunden, und alles ohne Computer. Es war sehr direkt. Und es wurde viel diskutiert, in welcher Tonart man es aufnehmen sollte."

Mittlerweile waren die Glimmer Twins vollständig in den Achtzigern angekommen. Der Glanz der "weltgrößten Rock-and-Roll-Band" war noch nicht verblichen, und nichts wies auf ihren Untergang hin. Die Stones hatten gerade die Welttournee für *Tattoo You* abgeschlossen, die bis dahin größte ihrer legendären Stadientouren. Natürlich war es zu den üblichen Zwischenfällen gekommen: eine Schießerei zwischen Teenagern vor einem Konzert in Texas, ein wütender Ansturm auf die Absperrgitter in Connecticut – wie in der guten alten Zeit, als Polizei und Politiker die Superrocker für den Untergang der Zivilisation verantwortlich machen wollten. Französische Fans zündeten aus Protest gegen die unerhört teuren Ticketpreise in der Pferderennbahn von Auteuil zwei riesige Feuer an. Dennoch kamen die Fans in Scharen, um sich die berühmten Musiker anzuhören und um den Affenmenschen in seinem neonfarbenen Overall singen und tanzen zu sehen.

Nach zwölf turbulenten Jahren mit Atlantic Records hatten die Stones einen neuen Vertrag mit CBS über angeblich 25 Millionen Dollar unterzeichnet, damals der teuerste Plattendeal in der Geschichte - ein ganzes Jahrzehnt vor vergleichbaren Abschlüssen von Michael Jackson, Madonna und Aerosmith. Im Gegenzug erhielt CBS sofort das neue Album *Undercover*, das sowohl in England als auch in den USA unter die Top 10 kam. Es schaffte nicht wie gewohnt die absolute Spitze der Charts, aber die Geschäfte liefen gut. Die Band bewies auch Gespür für das beliebteste Marketingmedium jener Zeit – das Musikvideo. Seit ihrem schaurigen Werbefilm für 'Jumpin' Jack Flash' und *The Rock And Roll Circus* 1968 galten die Stones als Pioniere auf diesem Gebiet. Dem jungen Regisseur Julian Temple, dem Mann hinter *The Great Rock And Roll Swindle*, verdanken sie es, dass sie auch zu MTV-Ruhm gelangten, mit komödiantischen Clips voller Sex – die platzenden Reißverschlüsse von 'She Was Hot' – und Gewalt – Keith, der in 'Undercover Of The Night' Mick mit einer Knarre verfolgt und in 'Too Much Blood' mit Kettensäge zu sehen ist. Die BBC hätte das nicht abgesegnet, aber

> "Im Studio sind sie wie ein Haufen Kinder. Die Stones bauen alles in einem Raum auf, ganz dicht nebeneinander ... Sie sind nicht in verschiedenen Räumen über Funk miteinander verbunden"
>
> Jim Barber, Gitarrist

undercover

MTV hatte einen Ruf zu verlieren und strahlte die Videos aus, mit nur minimaler Nachbearbeitung der extremsten Szenen. Die Stones alterten also nicht ohne Würde und überlebten in einer Zeit, die nicht mehr von ihnen geprägt war, auch wenn Jaggers eigene Tochter Jade mehr auf die modischen Popsounds von den Eurythmics und Boy George stand. Noch konnten die Stones ihre Zuschauer überraschen. Jagger berichtete, dass ein Fan ihnen als Reaktion auf den Song 'Too Much Blood' mit der Post eine abgeschnittene Hand zuschickte. Er schrieb dazu: "Hoffe, das passt zu eurem Song, und das Album ist erfolgreich".

Letzteres hing weitgehend davon ab, was zuvor im Studio abgelaufen war. Für die Stones hatte sich beim Einspielen von Platten nicht viel geändert. Die Glimmer Twins waren auf der Suche nach einer zeitlosen Mischung aus Beat, Riff und Rotzigkeit. Jim Barber erinnert sich, wie Keith die Tracks ganz methodisch zusammensetzte: erst die Tonart, dann das Tempo, vielleicht ein kleiner Rhythmuswechsel. "Er ist sehr genau", so Barber. "Und es ist Keiths Band, nicht Micks. Wenn Keith nicht im Studio ist, ist alles eine einzige Katastrophe. Sobald Keith da ist, läuft alles wie geschmiert."

> **" Und es ist Keiths Band, nicht Micks. Wenn Keith nicht im Studio ist, ist alles eine einzige Katastrophe. Sobald Keith da ist, läuft alles wie geschmiert "**
> Jim Barber, Gitarrist

In *Undercover* zeigte Mick Jagger überraschenderweise Interesse für lateinamerikanische Politik.

undercover

undercover of the night

Wie schon bei *Emotional Rescue* antworteten die Rolling Stones 1983 auf ein Hitalbum, indem sie gleich noch eins hinterher schoben, das inhaltlich wie formal experimenteller war. Das spürte man sofort bei den ersten Klängen des Songs 'Undercover Of The Night', der unvermittelt mit Percussion und einem schweren Beat einsetzt, was zusammen ein wenig an Gewehrfeuer erinnert. Über diesem Staccato aus Funkrhythmen ertönt sporadisch ein karges Gitarrenriff, das die Brutalität in dem von Jagger gesungenen Text unterstreicht. Die aggressiven Echoeffekte zwischen den Beats verstärken noch einmal die klaustrophobische Atmosphäre dieses Songs.

Das waren nicht die Stones, wie wir sie kannten, nicht die Band der sublimen Ausschweifung und des zweifelhaften Glamours. Dies war der Sound von Gewalt und Tempo, ein Soundtrack für die mordenden Hinterhofdiktatoren. Mick interessierte sich plötzlich für Politik. Die Stones hatten sich selten darum gekümmert, und wenn sie es doch taten, dann mit Verachtung und Ambivalenz. Aber die jüngsten Entwicklungen in Lateinamerika, Bürgerkriege in El Salvador und Nicaragua, hatten Jaggers Aufmerksamkeit erregt. Der Kalte Krieg hatte ein neues heißes Schlachtfeld südlich der USA gefunden, wo Klassenkampf und politische Unterdrückung, finanziert von der US-Regierung, immer weitergingen.

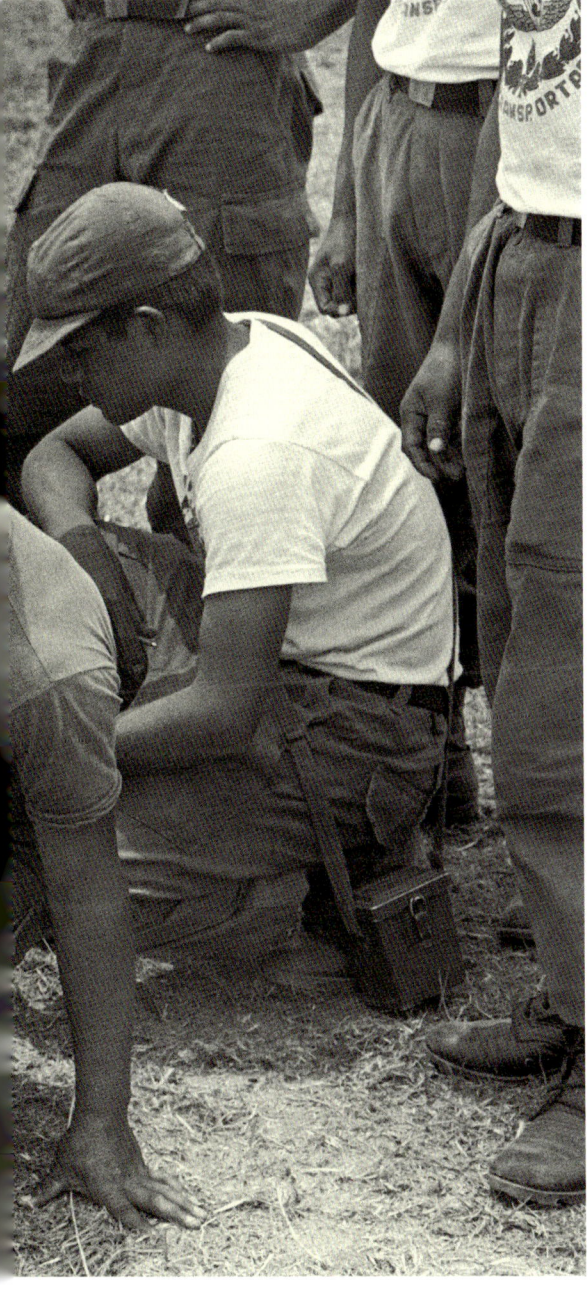

Jaggers Wut in 'Undercover Of The Night' kommt daher, dass die amerikanische Regierung die rechtsgerichteten Diktatoren in Mittelamerika unterstützte, Todesschwadronen in El Salvador, politische Morde in Nicaragua – alles im Namen anti-sowjetischer Solidarität. "Menschen flüstern, Menschen sagen nicht, was sie denken", singt Jagger.

Millionen amerikanischer Steuergelder wurden für die Unterstützung der "Contras" ausgegeben, bei denen es sich, so Ronald Reagan, um "Freiheitskämpfer" handelte, die gegen die marxistische Regierung Nicaraguas kämpften. Sogar noch mehr Geld floss in das rechtsgerichtete Regime El Salvadors, ein Land, in dem weniger als zwei Prozent der

> " Schnell hat man sich selbst eine Falle gestellt, und leider bekommt man das, was man irgendwann einmal gesagt hat, immer wieder aufgetischt "
>
> Mick Jagger

undercover

Bevölkerung mehr als 60 Prozent des Landes besaßen. Der Bürgerkrieg forderte über 75.000 Opfer, darunter befand sich auch der populäre Erzbischof Oscar Arnulfo Romero, der 1980 ermordet wurde. Zehn Jahre nach der Veröffentlichung von *Undercover* konnte eine Kommission der Vereinten Nationen nachweisen, dass die rechtsgerichtete paramilitärische Nationalgarde für den Tod und das spurlose Verschwinden von Tausenden von Salvadorianern verantwortlich war.

In 'Undercover Of The Night' singt Jagger über Todesschwadronen und Diktaturen, vom Verschwinden junger Männer in den Gefängnissen Südamerikas und von jungen Frauen mit geschminkten Gesichtern und Spitzenwäsche, die für das Vergnügen der "dirty little GI Joes" bereitstehen mussten. Zu sehen sind die dunklen Mächte in einem Video von Julian Temple: Jagger spielt einen Mann, der in San Salvador gekidnappt wird, Richards einen maskierten und bewaffneten Mörder.

Jagger empfand es als besonders ironisch, dass die amerikanische Regierung bei all der offenen und verdeckten Unterstützung lächerlich wenig Kontrolle über die unterstützten Diktatoren in Afrika, Lateinamerika, Asien und im Nahen Osten hatte. Demokratie kam trotz Millionen von Dollars fast nie dabei raus. "Dieser Diktator [Anastasio Somoza], den wir in Nicaragua unterstützten, war total ... Ich meine, es war klar, dass der weg musste", sagte Jagger dem *Rolling Stone* 1983. "Die Amerikaner, die ja eigentlich die Situation kontrollieren wollten – schließlich bezahlten sie diese Leute –, hätten sagen sollen: 'OK, eure Zeit ist um, jetzt setzen wir jemand andern ein.' Eine Regierung der Mitte, eine Koalition mit der Linken, egal was. Im Iran war es dasselbe mit dem Schah. Wir hätten die Situation in diesen Ländern kontrollieren müssen – aber das haben wir nie geschafft."

"Power to the people", alle Macht dem Volk, solche Botschaften war man von Jagger nicht gewohnt. Durch überpolitische Bands wie The Clash waren die Stones unter Druck geraten und immer wieder dafür kritisiert worden, dass sie sich nicht für die Unterdrückten einsetzten. Aber jetzt hatte endlich auch Jagger die Legitimation, wie ein Pop-Revolutionär zu reden. "Im JFK Stadion in Philadelphia in Clash-T-Shirts aufzutreten, so was muss man sich gut überlegen", erzählte er Kurt Loder. "Schnell hat man sich selbst eine Falle gestellt, und leider bekommt man das, was man irgendwann einmal gesagt hat, immer wieder aufgetischt."

she was hot

ick Jagger in Hochform als lüsterner, geiler Vamp. Hier geht es nicht um irgendein gesellschaftliches Anliegen, sondern nur um Sex um des Sex willen, um die Geschichte einer geilen Fantasie. Ja, vielleicht ist es dumm und platt, aber es steckt Leben in diesen Grooves – und eine Unbefangenheit, die den Stones in den Jahren danach immer seltener gelingen sollte. Die Band spielt aufgewühlten Rock, während Jagger von den wiederholten Begegnungen mit einer Frau singt, die so unersättlich ist wie er selbst – Jagger hatte tatsächlich selbst einmal gesagt: "Wenn ich eine Frau wäre, hätte ich jede Nacht einen andern!"

Das Potential des Songs als Sexklamauk wurde in einem Video umgesetzt, in dem die rothaarige Tänzerin Anita Norris das Objekt von Jaggers heißer Begierde verkörpert. Ihre schiere Anwesenheit reicht aus, um Gitarrenhälse zum Schmelzen zu bringen, den Hosenladen eines Filmmanagers zu sprengen und um den im Bett liegenden Jagger in wilde Zuckungen zu versetzen.

Sex, Sex, Sex. Fällt dem Mann sonst nichts mehr ein? Ist 'She Was Hot' so verschieden von dem ähnlich geilen 'She's So Cold' auf *Emotional Rescue*? Die Titel sprechen für sich und deuten auf eine bestimmte Begrenzung von Jaggers Repertoire hin. Aber das macht nichts, solange die Band dazu diese verführerischen Boogie-Woogie-Schwingungen erzeugt. Witz und Kraft dieses Songs verdanken sich vor allem der Musik von Richards, Wyman, Watts, Wood und Ian Stewart. Viele andere Bands aus den Sechzigern hatten nur noch als Name überlebt, als Geschäftspartner, nicht als kreatives Projekt. Auch

> **" Sie sind immer noch enttäuscht, wenn es eine Single nicht in die Charts schafft "**
>
> Jim Barber, Gitarrist

undercover

wenn der Umgang der Rolling Stones untereinander manchmal recht schwierig war, so war zumindest damals noch nicht genügend Hass vorhanden, um die Musik zu zerstören, die sie gemeinsam geschaffen hatten. Die Stones betraten das neue Jahrzehnt als ernstzunehmender Act in der aktuellen Szene, nicht als fliegende Händler in Sachen Nostalgie.

"Sie sind immer noch enttäuscht, wenn es eine Single nicht in die Charts schafft", sagt Barber. "Anscheinend bedeutet es ihnen viel. Das Geld allein ist nicht der Grund, weshalb sie weiter machen. Es ist die Liebe zur Musik. Sie haben so was Ursprüngliches, und das funktioniert immer noch. In dem Moment, wo das weg ist, werden sie aufhören."

Trotz seines Alters sind Mick Jaggers Live-Auftritte noch immer so athletisch wie eh und je.

undercover

undercover

tie you up (the pain of love)

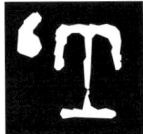

'Tie You Up (The Pain Of Love)' ist ein weiterer Song voll wilder sexueller Anspielungen. Jaggers genuschelter Text ist diesmal tief in den Musikmix eingebettet, wodurch die Einzelheiten seiner Botschaft unklar bleiben, wenngleich die generelle Natur des Songs offensichtlich ist.

Sex! Masochismus! Harter, heftiger Sex! Sein tiefes Gegröle wird mit fiebriger Kopfstimme aus den heulenden Backgroundvocals konterkariert. Richards und Wood liefern dazu passend vulgäre Gitarrensounds, die die gefühlvolle Orgel von Chuck Leavell und die satten Beats von Charlie Watts übertönen.

wanna hold you

Einige Kritiker waren skeptisch angesichts des plötzlichen Interesses der Rolling Stones an Politik, wie es etwa in 'Undercover Of The Night' zum Ausdruck kommt. Natürlich muss man immer den Kontext sehen, und hier bestand der Kontext wirklich ausschließlich (!) aus Liebe und Sex. Das war weder ungewöhnlich für die Stones, noch für die alten Bluessongs, an denen sie sich zu Beginn ihrer Karriere orientiert hatten. Die Frage war nur: Was war das eigentliche Interesse der Band? Die Antwort auf diese Frage lieferte ganz unmissverständlich 'Wanna Hold You'. Keith Richards' Gesang richtet sich voller Inbrunst an eine Frau. Er schwört ihr ewige Treue und gesteht ihr gleichzeitig das Recht auf freie Liebe zu. Die Musik im Hintergrund hat ein irres Tempo, fetzige Gitarren und einen kochenden Rhythmus. Das Treueversprechen ist romantisch, aber das darf nicht verwundern, da es von Richards kommt. Er hatte lange in einer festen Beziehung mit Anita Pallenberg gelebt, bevor er 1983 an seinem 40. Geburtstag Patti Hansen heiratete. 'Wanna Hold You' ist eine weitere krächzende Gesangsdarbietung von Richards, aber das einfache und ehrliche Versprechen kauft man ihm ab. "Ja, ich bin verliebt", sagte Keith 1981 über seine Beziehung zu Patti Hansen. "Es ist das stärkste Gefühl der Welt, oder?"

feel on baby

Keine Rock-and-Roll-Band der 60er Jahre hatte ein stärkeres Faible für den Reggae als die Rolling Stones. Reggae wurde im Lauf der Zeit zu einem Bestandteil ihres typischen Sounds. Begonnen hatte es mit den Aufnahmen von 'Luxury' und 'Cherry Oh Baby' Mitte der Siebziger. Später nahmen sie sogar den Ur-Wailer Peter Tosh beim Rolling-Stones-Label unter Vertrag.

Dank Robbie Shakespeare am Bass und Sly Dunbar an den Drums wurde 'Feel On Baby' der Stones-Song mit dem authentischsten Reggae-Feeling. Die jamaikanische Rhythmusgruppe war 1983 das größte Kreativpotential in der Reggae-Welt. Nach dem Tod von Bob Marley 1980 sorgten vor allem diese beiden für die Verbreitung der Reggae-Botschaft in der ganzen Welt. Als Musiker und Produzenten sorgten Sly und Robbie für pulsierende Tracks solcher Acts wie Black Uhuru, Grace Slick oder Bob Dylan. Für 'Feel On Baby' erarbeiteten sie für die Stones einen Fünf-Minuten-Groove. Keith stimmt ein in Micks wehmütigem Gesang, und eine Gruppe senegalesischer Perkussionisten ist mit ihren exotischen Polyrhythmen am Rande zu hören.

Sly und Robbie sorgen bei den Stones für authentischen Reggae-Sound.

undercover

too much blood

Die Aufnahmen in den Pariser EMI-Studios waren nicht ohne Komik. Man stelle sich nur einmal den täglichen Auftritt von Keith Richards vor, dessen Ankunft zu den *Undercover*-Sessions bei den Tennisstars und Modelagenten, die Bill Wyman immer mit ins Studio schleppte, große Beklommenheit und Ehrfurcht auslöste. Da war er nun, der Herr der Finsternis höchst persönlich – schwarzes, zerzaustes Haar, den Totenschädelring am Finger – ein Opfer des turbulenten Rock-and-Roll-Zirkus, der es erstaunlicherweise geschafft hatte, noch am Leben zu sein. Aber war das wirklich so erstaunlich?

Richards hatte seinen eigenen Humor, was solche Themen anging. Manchmal spielte er die Legende, kam mit Umhang und Stock ins Studio und wankte bedrohlich auf seine Gäste zu, ein böses Funkeln in den feuerroten Augen. "Alle haben ihn angestarrt", lacht Jim Barber, der während der Aufnahmen Richards' Gitarren in Ordnung hielt. "Er sah aus wie Orson Welles und machte sich einen Spaß daraus, dass alle mit etwas Ungeheuerlichem rechneten."

Abgesehen von solchem Theater geschah auch musikalisch einiges, was Richards später dazu bewegte, *Undercover* als "blutrünstiges Album" zu bezeichnen. Als Jagger einmal in den frühen Morgenstunden sturzbetrunken im Studio auftauchte und die Session ohne Richards leitete, entstand 'Too Much Blood'. Das Stück begann mit der Rhythmusgruppe Watts-Wyman, die einen gleichmäßigen, grollenden Beat vorlegte. Dann wendete sich Jagger an Barber – was er bei diesen Aufnahmen häufig tat – und sagte: "Kannst du ein bisschen moderne Gitarre dazu spielen? So eine Art Andy Summers?" Barber schnappte sich eine von Richards' Gitarren – eine wertvolle Les Paul Jr – und ließ ein frenetisches Riff ertönen, ein ins Extrem gesteigertes funkiges Hämmern. Auch Jagger spielte bei dieser Session Gitarre, was aber auf der endgültigen Version nicht mehr zu hören ist. Der Track, der schließlich aus der 18 Minuten langen Einspielung gezogen wurde, erschien später mit zusätzlichen Gitarrenaufnahmen von Ron Wood, einem mehrschichtigen Bläsersatz des Saxophonisten David Sanborn und den Drums von Sly Dunbar. Aber all das kam, wie gesagt, erst im Anschluss an diese ursprünglichen Studiostunden mitten in der Nacht, in denen Jagger echte Mordgedanken hatte.

Nicht nur Mord spukte ihm im Kopf herum, sondern Kannibalismus. Als Jagger die Vocals aufnahm, war er schon ziemlich betrunken, und es quälte ihn die Erinnerung an einen romantischen Abend, der völlig schief gegangen war. "Ein Freund von mir, so ein Japaner, mit einer Frau, die er in Paris aufgegabelt hatte", plaudert Jagger in seinem breitesten Cockney-Slang. "Er schleppte sie in sein Apartment, schnitt ihr

den Kopf ab, steckte den Rest in den Kühlschrank, aß sie Stück für Stück."

Jagger sang von einem gewissen Issei Sagawa, einem japanischen Literaturstudenten, der an der Sorbonne studiert hatte. 1981 hatte er seine Freundin ermordet und sie abwechselnd roh und frittiert verspeist – bevor er sich der Polizei stellte. Tief in der Nacht war Sagawa von einem Taxifahrer dabei beobachtet worden, wie er die Knochen im Bois de Boulogne vergraben wollte. Dieser Park lag in unmittelbarer Nachbarschaft des Studios, und Band und Crew fuhren fast täglich hindurch, um in ihrem Lieblingsrestaurant in einem der anrüchigsten Bezirke von Paris zu Abend zu essen. Jagger erzählte seine Geschichte und glotzte dabei Barber und den Mann am Tonband an, als er sang: "Ihr glaubt mir nicht? Jeden Tag fahrt ihr dran vorbei."

"Ich stand da mit offenem Mund, so entsetzt war ich", erinnert sich Barber, der auf dem Album als Musiker der 'Too Much Blood'-Aufnahme genannt ist. Jaggers Humor wurde im Verlauf der Sessions immer schwärzer, aber das meiste davon wurde später behutsam eliminiert.

Jim Barber (rechts) spielte Gitarre für 'Too Much Blood'.

undercover

David Sanborn bläst wie der Teufel auf 'Pretty Beat Up'.

pretty beat up

Als *Undercover* erschien, war Disco endlich aus dem Popradio verschwunden, aber Mick Jagger verlor dadurch nicht seinen „funky Spirit". 'Pretty Beat Up' ist einer der Songs, der sich stärker durch seinen Drive auszeichnet als durch seine Songstruktur, geprägt von schnellen Funkriffs und Jaggers hitzigem Mantra. Der Saxophonist David Sanborn legt ein elegantes R&B-Solo über einen Grundsound aus fetzigen Gitarren. Nun, da Disco wieder in den Dance-Underground abgetaucht war, konnte man 'Pretty Beat Up' kaum vorwerfen, sich an einen Trend anzuhängen. Dieses Stück ist der Beweis, dass Jagger wirklich auf die Big Beats stand und dass die Rolling Stones eine besondere Gabe dafür hatten, Rock and Roll mit Dancefloor zu verbinden. Der heftige Funk von 'Hot Stuff' 1976 war also keine Eintagsfliege gewesen. Die Stones machten ihre eigenen Regeln. Dance, dance, dance.

too tough

Keith Richards ist kein Gitarrengroßmeister. Kein B.B. King, Eric Clapton oder Stevie Ray Vaughan. Der Blues kommt direkt aus seiner Seele, aber 'Keef' Richards ist kein Virtuose, und er hatte auch nie die Absicht, einer zu werden. Richards ist das Mensch gewordene Riff, der Meister der Rhythmusgitarre, dem Herzstück des unsterblichen Rolling-Stones-Sounds.

Kann man sich Pete Townshend ohne das Windmühlengeschrubbe auf der Gitarre vorstellen? Für Keith hat Rock and Roll nichts mit Gitarrensolos zu tun, sondern ausschließlich mit Songs.

"Er hat das richtige Gefühl für die verloren gegangene Kunst der Rhythmus-Gitarre", sagt Wayne Kramer, Gitarrist von MC5. "Nach Jimi Hendrix und Eric Clapton wollten alle nur noch Leadgitarre spielen. Alle machten Gitarrensolos. Es gab mal eine Zeit, da genoss der Rhythmusgitarrist einer Band großes Ansehen. In unserer Band war Fred Smith so einer, ein absolutes Genie, und Fred hatte sich ausgiebig mit Keith und Brian Jones auseinandergesetzt. Er kannte die Elemente der Rhythmusgitarre ganz genau und wusste, was funktioniert. Es erfordert eine Menge

Disziplin, nicht von einem Rhythmus abzuweichen und dieses Muster konstant durchzuhalten, zusammen mit dem Bassisten und dem Drummer. Es ist eine untergegangene Kunst. Und Keith ist einer der letzten, die sie beherrschen."

Selbst in einem von den wenigen Richards-Solos – in 'Sympathy For The Devil' beispielsweise – gibt es kein wildes Notendurcheinander, keine endlose Fortsetzung von Leads, um die Kids schwindlig zu spielen. Sein Spiel ist fest im Rhythmus verankert, und er käme nie auf die Idee, die Leerstellen mit sinnlosen Noten aufzufüllen. Musik braucht Platz zum Atmen.

"In gewissem Sinn ist er ein unbeholfener Gitarrist", sagt Barber, heute ein erfolgreicher Studiomusiker. "Mit Jeff Beck, Joe Satriani, Steve Vai oder irgendeinem anderen modernen Gitarristen darf man ihn nicht vergleichen. Das ist nicht sein Ding. Aber er hat das beste Gefühl für die Rhythmusgitarre, das mir je begegnet ist. Er hat das beste Timing und weiß ganz genau, wann er wo welche Note setzen muss."

'Too Tough' ist weder das bemerkenswerteste, noch das unbedeutendste Stück der Stones. Es ist einfach ein weiterer Song, der auf einem klassischen Keith-Richards-Riff aufgebaut ist und sich nur wenig von vielen anderen Tracks seit den 60er Jahren unterscheidet. Die Ursprünge von 'Too Tough' reichen zurück bis ins Jahr 1975. Zunächst trug das Stück den Arbeitstitel 'Cellophane Trousers'. Jagger stößt die seltsame Warnung aus, ein Liebhaber solle keinen Streit suchen. Ron Wood schickt einen frenetischen Notenschwarm über Keiths kernigen Gitarrenrhythmus. 'Too Tough' kommt eigentlich nie über das elementare Grundmuster hinaus, aber einen Augenblick lang ist dieser vorwärtstreibende Riff alles, was man braucht.

Die Geradlinigkeit von Keith Richards' Kunst muss jeden überraschen, der sich näher mit dem Gitarrespiel im Gesamtwerk der Stones beschäftigt. Keith ist eher der Countrybluesman, der sich alles selbst beigebracht hat, als der ausgebildete Rockgitarrist, wie wir ihn heute kennen.

Und dennoch hat seine Bedeutung für die Gestaltung des Rolling-Stones-Sounds ihn zu einer der Schlüsselfiguren in der Geschichte des Rock and Roll gemacht. "Unsere Band folgt nicht dem Drummer", sagte Bill Wyman 1978 gegenüber dem *Guitar Player*. "Unsere Band folgt dem Rhythmusgitarristen."

> **" Unsere Band folgt nicht dem Drummer, unsere Band folgt dem Rhythmusgitarristen "**
> Bill Wyman

all the way down

Mick Jagger ist nun wirklich alles andere als ein Dichter, dennoch hat er die Fähigkeit, eine realistische Geschichte mit wenigen Worten zu erzählen. Er ist ein Geschichtenerzähler im Sinne der alten Bluesmusiker, die ihre Höhen und Tiefen durch extreme Emotionen dokumentierten. 1983 nahm die Öffentlichkeit mit Erstaunen Notiz davon, dass Jagger einen Vertrag über eine Millionen Pfund unterzeichnete, um seine Autobiografie zu schreiben. Die Vorfreude war groß. Man erwartete Geschichten voller Sex und Drogen, seine Meinung zu Blues, Mutter England und dem Teufel.

Ein Ghostwriter wurde angeheuert, aber nachdem der erste Entwurf des Manuskripts beim Verlag wenig Begeisterung auslöste, schickte Jagger das Geld zurück. Unentschlossenheit und Langeweile prägten den Text. Entweder konnte sich Jagger an nichts Interessantes erinnern, oder er war einfach noch nicht bereit, offen über sein Leben zu sprechen.

Jaggers Medium ist der Rock and Roll. 'All The Way Down' ist ein ganz ordentlicher Rocksong, der weniger als genialer Song, sondern als energiegeladene Performance von Jagger in Erinnerung bleibt. In seinem Hochgeschwindigkeitsgesang finden sich Anhaltspunkte für seine Fähigkeiten als Geschichtenerzähler und ein Gespür für winzige, aber verräterische Details. 'All The Way Down' ist eine fiktionale Reminiszenz, ein verächtlicher Blick zurück auf Liebe und Jugend. "Wie die Jahre vorbeirasen, Geburtstage und Selbstmorde." Wenn er sich jetzt noch erinnern könnte ...

undercover

undercover

it must be hell

*ndercover* endet, wie es beginnt, mit einem Mick Jagger, der sich über die Verfehlungen von Gesellschaft und Politik beklagt. Er sieht sich auf der Straße um, und was sieht er da? Hunger, Analphabetentum und Arbeitslosigkeit. Aber nicht nur das, er sieht auch Kinder, die zu viel fressen! Prediger Mick stellt sich wieder einmal das Leben der unteren Schichten vor und außer Pessimismus fällt ihm nichts dazu ein. Im Kontrast dazu sprühen Keith Richards' sensationelle Riffs geradezu vor Freude – Riffs, die mit den wilden Akkordmustern aus 'Soul Survivor' von *Exile On Main Street* verwandt sind.

Die letzten Momente des Albums muss man genießen. Die Rolling Stones sollten diesen Weg nie wieder beschreiten. *Undercover* war das letzte Kapitel eines wichtigen Zeitabschnitts für die Band, einer Epoche, die 1978 so fulminant mit dem "Comeback" durch *Some Girls* begonnen hatte. Zwar findet man hier wenig von der lustbetonten Boshaftigkeit jenes Albums, aber *Undercover* hat zumindest einen gewissen heißblütigen Sound bewahrt, eine gewisse raue Textur. Als die Rolling Stones sich erneut in Paris und New York einfanden, um das schwierige Album *Dirty Work* aufzunehmen, war dieser gemeinsame "Pulsschlag" verschwunden, und er sollte auch nie wiederkehren.

Der "größten Rock-and-Roll-Band der Welt" boten sich noch andere Gelegenheiten, sich musikalisch zu beweisen, aber die 80er Jahre waren eine unsichere Zeit. Mick Jagger machte sich bereits Gedanken über ein Leben nach den Stones und fing an, seine Solokarriere zu planen. Bill Wyman – damals 47, circa fünf Jahre älter als seine Kollegen – sprach offen über den Ruhestand. Und Keith nahm das alles nicht zur Kenntnis. Die Rolling Stones mussten eine Nische finden, um zu überleben in einer Epoche mit Pop, Metal, Hip-Hop und auch einer neuen Welle von Rockmusikern – wie Police und U2, die bereits Ansprüche auf den Titel als Superschwergewichtschampion anmeldeten. Ihr Ruf war intakt, aber selbst 20 Jahre im Musikgeschäft waren keine Garantie dafür, dass das kampferprobte Quintett auch noch ein weiteres Jahrzehnt überstehen würde.

Mick Jagger zu Gast beim Musiker und Fernsehmoderator Jools Holland.

Kapitel 18

1986 dirty work

Frisches Blut: Steve Lillywhite (links), hier mit Retro-Rocker Marshall Crenshaw, sollte die Aufnahmen überwachen.

One Hit (To The Body)

Fight

Harlem Shuffle (RELF/NELSON)

Hold Back

Too Rude (ROBERTS)

Winning Ugly

Back To Zero

Dirty Work

Had It With You

Sleep Tonight

dirty work

Vampire sind nicht nur nachts aktiv, und selbst in einer Welt der ewigen Finsternis dauert die Mitternachtsstunde nicht ewig. Man sieht Keith Richards durch die nächtlichen Straßen von Paris und New York ziehen, im Morgengrauen nach einer Nacht im Studio, mit einer Schweißerbrille gegen das Tageslicht geschützt. Er trägt schwarze Klamotten und einen Totenschädelring an der rechten Hand, nur seine krächzende Stimme ist keine Dekoration.

Ein schwerer Fluch lag 1985 über den Sessions zu *Dirty Work*, und Keith war alles andere als glücklich. Aber wie sollte er auch? Mehr als die Hälfte der 70er Jahre hatte er als wandelnde Leiche verbracht, zwischen gelegentlichen Momenten der Inspiration durch den täglichen Schuss Heroin und dem Stammplatz als Nummer 1 der Charts "Rockstars, die's nicht mehr lang machen". Aber er hatte das genauso überstanden wie eine Anklage wegen Drogenbesitzes in Toronto und sich selbst als Großmeister des Rock bestätigt. Mittlerweile waren die Stones voll in den 80er-Jahre-New-Wave eingestiegen, und 'Keef' – immerhin einer – war bereit, der hässlichen Tatsache ins Auge zu blicken, dass seine Jugend endgültig hinter ihm lag. Sein Traum für die Zukunft – und das betonte er immer wieder – war es, seinen heiß geliebten Rock and Roll in die "besten Jahre" und vielleicht sogar ins Alter hinüberzuretten, so wie Muddy, Wolf und John Lee das mit dem Blues getan hatten. In Richards' Augen war niemand besser dazu geeignet als die Rolling Stones, die einzige Band seiner Generation, die noch immer mehr oder weniger vollzählig war. Richtig wütend wurde Richards allerdings, als er sah, dass der süße Mick Ernst machte und begann, sich nach Möglichkeiten für eine Solokarriere umzusehen. Unterschätz den alten Vampir nicht!

Eigentlich hätten die Rolling Stones in den Pathé-Marconi-Studios in Paris in bester Laune ankommen müssen. Schließlich hatten sie gerade einen Vertrag mit CBS Records abgeschlossen, der ihnen 25 Millionen US-Dollar einbrachte. Aber Mick war zu Beginn der *Dirty-Work*-Sessions häufig abwesend: Er hatte voll damit zu tun, sein Debütalbum *She's The Boss* zu promoten. In Interviews behauptete der Jetset-Sänger immer wieder, selbst wenn seine Solokarriere ein sensationeller Erfolg werde, heiße das nicht, dass er die Stones ganz aufgeben würde. Nicht alle glaubten seinen Worten. Richards hatte wenig Verständnis für das neue Hobby seines Partners, das unerklärlicherweise auch noch von CBS-Chef Walter Yetnikoff unterstützt wurde, der damit den typischen Anfängerfehler eines Musikmanagers beging, nämlich zu glauben, dass das Herzstück der Band einzig und allein der Frontman sei. Richards empfand es außerdem als Affront, dass Jagger sich bei vielen Songs auf *She's The Boss* alleine als Songwriter nannte, wodurch das 20jährige Gespann Jagger/Richards aufgelöst wurde.

Mick suchte nach einer Möglichkeit auszusteigen – und nach einem Weg in die Herzen und Gedanken der jungen Mädchen, die die Dancefloors stürmten. Die Stones waren ein alter Hut. Mick suchte nach was Neuem, Frischem, womit der arme alte Keith nichts anfangen konnte.

Jagger leide an einem Peter-Pan-Komplex, warf ihm Richards vor, der gar nicht verstehen konnte, wieso er sein Glück jenseits der Stones suchte. Er selbst hatte Soloeskapaden immer vermieden und auch nie versucht, ein Filmstar zu werden. Nun waren seit *Undercover* drei Jahre vergangen, die Abstände zwischen den Alben wurden immer länger. *She's The Boss* hing wie eine Gewitterwolke über der Band – das Album war ein Angriff auf die gemeinsame Geschichte der Rolling Stones.

"Ich glaube, Mick hatte es nicht nötig, so ein Album zu machen", sagte Richards der Zeitschrift *Musician* 1985. "Ein Soloalbum ist schon okay, aber mal abgesehen vom Zeitpunkt, der alles durcheinander brachte, hätte ich erwartet, dass er etwas macht, was er mit den Stones nicht hätte machen können. Rausgekommen ist aber ein ziemlich kommerzielles Rock-and-Roll-Album. Gegen irische Folksongs mit einer Harfenistin hätte ich nichts einzuwenden gehabt. Oder wenn er das quälende Verlangen verspürt hätte, ein Album *Mick Jagger Sings Frank Sinatra* oder *Mantovani* zu machen, das hätte ich auch noch verstanden."

Drei Jahre zuvor hatten die Who die Gitarren an den Nagel gehängt und sich mit einer äußerst profitablen Abschiedstour aus dem Musikgeschäft verabschiedet, wie immer gesponsert von den üblichen Vertretern der Alkohol-Branche. Aber warum auch nicht? Schließlich waren die Stones die ersten gewesen, die

> **" Ich hätte erwartet, dass er etwas macht, was er mit den Stones nicht hätte machen können. Rausgekommen ist aber ein ziemlich kommerzielles Rock-and-Roll-Album "**
>
> Keith Richard über Mick Jaggers Solokarriere

dirty work

Mick Jagger und Keith Richards: nicht ganz die allerbesten Freunde.

sich auf diese Weise zusätzliche Finanzmittel geholt hatten. Ob Jovan oder Budweiser die Schecks ausstellten, macht wohl kaum einen Unterschied. Aber Keith hatte keine Lust, den Laden zuzumachen, selbst wenn damit ein dickes Geschäft verbunden war. Vielleicht dachte er auch daran, was aus Pete Townshend geworden war. Außer immer neuen Reisen in die Vergangenheit hatte er kaum etwas zustande gekriegt: eine oberflächliche Bühnenversion des Musicals *Tommy* für den Broadway, noch eine Wiedervereinigung der Who, um *Quadrophenia* zu spielen, und die gelegentliche Veröffentlichung eines Soloalbums für ein zunehmend unwilligeres Publikum. Richards war zu clever für ein so trauriges Ende. Auch Muddy hatte sowas nie gemacht.

Es wäre falsch, Jagger zu unterstellen, dass er dem neuesten Stones-Projekt nur mit Desinteresse begegnete. Er hatte gemeinsam mit Richards beschlossen, zum ersten Mal seit 11 Jahren einen neuen Produzenten zu verpflichten. Die Wahl fiel auf Steve Lillywhite, den Produzenten der ersten drei U2-Alben und mehrerer erfolgreicher Veröffentlichungen der Simple Minds, von XTC und Big Country. Toningenieur war Dave Jerden, der bereits an *She's The Boss* gearbeitet hatte und der später Bands wie Jane's Addiction und The Offspring produzierte – aggressiver vielschichtiger Rock für eine neue Generation. Und so kam es, dass sich die Stones auf *Dirty Work* in einem modernen Kontext mit gewaltigem Schlagzeug und knackigem Sound präsentierten. Der dicke Klangteppich, mit dem sie zwischen *Some Girls* und *Undercover* experimentiert hatten, war weg, und er sollte nicht wieder kommen.

Die Produktion von *Dirty Work* war eine typische Nachtarbeit, die sich fast ein Jahr auf wechselnden Schauplätzen in Paris und New York City hinzog. In beiden Städten waren die Studiofenster mit schweren Vorhängen zugehängt, um jeden noch so schwachen Sonnenstrahl fernzuhalten. Zwischendurch trug das Album mal den Titel *19 Stitches* – nicht nur, weil der zweite Toningenieur genäht werden musste, nachdem er in einen Glastisch gekracht war. "Neben der Ungewissheit wegen des neuen Albums ging auch so seltsames Voodoo-Zeugs ab, bei dem Leute verletzt wurden", sagt Jerden. Er erinnert sich an eine Nacht in New York, als zwei Punks dabei erwischt wurden, wie sie einen Ghettoblaster aus Keiths Auto klauten und von zwei Leuten aus der Stones-Crew niedergestochen wurden. "Die Leute, die mit den Stones rumhängen, sind nicht zimperlich, und zwar in keiner Hinsicht", sagt Jerden. "Wenn man mit den Rolling Stones arbeitet, ist das etwa so, als würde man mit einer Motorradgang arbeiten."

Dementsprechend waren auch die Songtitel, die aus diesen Sessions hervorgingen, voller Gewalt und Hass: 'One Hit (To The Body)', 'Fight', 'Had It With You', 'Winning Ugly' und 'Dirty Work'. Und dennoch blieb genügend Platz für einige Augenblicke der Zuneigung und Wärme wie beispielsweise das Duett von Keith und Jimmy Cliff in der Cover-Version des Reggae-Klassikers 'Too Rude' (ein weiterer, später verworfener Titel des Albums). 'Harlem Shuffle' von Bob und Earl war ein Song, den Richards schon lange mit den Stones hatte aufnehmen wollen. Die Originalversion hatte er immer wieder zusammen mit anderen auf Tonband aufgenommen und Mick zu hören gegeben. Als Richards die Band bei den *Dirty-Work*-Sessions gerade durch diesen Song steuerte, kam Jagger rein. "Das machen wir jetzt", sagte er. Nach zwei Versuchen war der Song im Kasten. Später wurde noch ein Backgroundchor dazugemischt, in dem unter anderem Bobby Womack, Don Covay, Tom Waits, Patti Scialfa (die später Bruce Springsteen heiratete) und Kirsty MacColl (Lillywhites Frau) mitsangen.

Mittlerweile war Richards ohne Zweifel die treibende Kraft hinter *Dirty Work*, auch wenn er dem selbst keine Bedeutung beimessen wollte. "Es ist ein Stones-Album", sagte Keith dem *Musician*. "Wenn ich etwas mehr dazu getan habe und häufiger Entscheidungen getroffen habe, ist das nichts anderes als Mitte der 70er Jahre, als Mick mir half, weil ich nichts auf die Reihe kriegte. Wegen seines Soloalbums war Mick gerade am Anfang der Sessions nicht so oft dabei – zu einem Zeitpunkt, als sich die Stimmung des Albums herauskristallisierte. In diesem Sinne habe ich schon die Hauptarbeit geleistet. So, wie er das auch für mich tun würde. Wir halten zusammen. Und wir haben uns in den vergangenen Jahren immer gut ergänzt."

Manchmal waren die Spannungen jedoch nicht zu übersehen. "Wir haben ein Jahr an der Platte gesessen, und leicht war's nicht", erinnert sich Jerden. "Das war keine leichte Geburt. Mick und Keith lagen regelmäßig miteinander im Clinch.

"Ich dachte, jetzt brechen sie auseinander", sagt Bobby Womack, der die Stones persönlich kennt, seit sie die britischen Charts mit seinem Song 'It's All Over Now' eroberten. Als Backgroundsänger bei den New Yorker *Dirty-Work*-Sessions konnte Womack mit eigenen Augen beobachten, wie sich die Stones auseinanderlebten. "Da gab's wirklich große Probleme, einige hatten richtig die Nase voll, und Charlie hat es damals wahrscheinlich am meisten gestunken. Jeder hat für sich gearbeitet."

Das Chaos breitete sich manchmal unvorhersehbar aus. "Bei den Aufnahmen in New York drehte Steve Lillywhite in einem Song die Geschwindigkeit hoch, ein bisschen nur, kaum der Rede wert", sagt Jerden. "Keith kam rüber und rastete sofort aus. 'Niemand, kein verdammtes Arschloch, kann die Rolling Stones verarschen! Das Tempo wurde auf diese Geschwindigkeit festgelegt, und so bleibt es!'"

Während der New-York-Sessions war das Studio oft vollgestopft mit Gästen, darunter Bob Dylan, Jimmy Page und andere, die zufällig in der Stadt waren auf dem Weg zum riesigen *Live-Aid*-Konzert in Philadelphia am 13. Juli 1985. Das Konzert – mit dem Gelder für die Hungeropfer in Äthiopien gesammelt werden sollten – dauerte einen ganzen Tag und wurde gleichzeitig im Wembley Stadium in London und im JFK Stadium in Philadelphia abgehalten. Paul McCartney, U2, Eric Clapton, Neil Young, Led Zeppelin (wieder vereint), The Who, Madonna, Chuck Berry, Queen, David Bowie und George Michael, sie alle spielten auf diesem weltweit im Fernsehen übertragenen Konzert. Aber nicht die Rolling Stones. Trotz fünfjähriger Bühnenpause war die Band nicht bereit aufzutreten.

Dann, unmittelbar vor dem Konzert, verkündete Jagger, dass er alleine auftreten werde, zusammen mit der Hall and Oates Band. Ein Video, wie Jagger und Bowie 'Dancing In The Streets' singen, wurde umjubelt, aber es war Jaggers Power, die das Live-Duett mit Tina Turner zu einem der herausragenden Acts jenes Tages machte. Richards und Wood traten als nicht einmal angekündigte Begleitung von Bob Dylan auf, der das Trio in ein akustisches Durcheinander stürzte, als er die Reihenfolge der Songs noch einmal kurz vor dem Auftritt veränderte. Peinlich vielleicht, aber Keith machte es nichts aus, weil er wusste, dass die Stones nach der Veröffentlichung von *Dirty Work* eine eigene Tour planten. "Also, das ist unser erstes Album für CBS", sagte Jagger dem *Rolling Stone* 1985. "Wir müssen auf Tour gehen."

Als *Dirty Work* im März 1986 rauskam, waren die

> "Ich dachte, jetzt brechen sie auseinander"
>
> Bobby Womack

dirty work

meisten Reaktionen positiv. 'Harlem Shuffle' schaffte es auf beiden Seiten des Atlantik in die Top 10, und viele Kritiker waren schwer beeindruckt von der harten Rockmusik auf einer Platte, die von Anfang an als "Keiths Album" gehandelt wurde. Einen Moment lang schienen die Stones wieder eine gesunde und glückliche Familie zu sein. Aber selbst die grellen Neonfarben auf dem Coverphoto von Annie Leibovitz konnten kaum darüber hinwegtäuschen, dass die Band zerbröckelte – auf der Abbildung wirkt die Band wie nach einer Explosion.

"Eine Tour kann ich mir nicht vorstellen", sagte Watts dem Journalisten Nick Kent. "Ich stelle mir immer vor, wie ich mit den Stones auf der Bühne stehe, und dann sind da all die 16-jährigen kreischenden Mädchen. Meine Tochter ist so alt. Mir ist das peinlich."

Plötzlich geschah das Unvorstellbare: Keith Richards erhielt ein Telegramm von Mick Jagger, in dem er ihm mitteilte, dass er nicht mit den Stones auf Tour gehen werde. Da sich Jaggers Solokarriere ganz gut anließ, kursierten bald Gerüchte, er werde stattdessen mit seiner Soloband auf Tour gehen. Als die Zeitschrift *Musician* Richards danach befragte, reagierte der richtig wütend. "Wenn er sagt, dass er nicht mit den Stones auf Tour geht, sondern mit der Schwachkopf- und Sackgesichtband? Ich steche das Arschloch ab!"

Die Spannung im Studio hatte sich mittlerweile ins Unerträgliche gesteigert. Beschuldigungen und Beleidigungen wurden in aller Öffentlichkeit über die Presse ausgetauscht, rivalisierende Soloprojekte angekündigt.

"Ich denke, diese Phase ist im Grunde eine Reaktion darauf, dass sie 25 Jahre zusammen arbeiten mussten, ob sie wollten oder nicht … Ich arbeite gern mit den Jungs, und ich kann mir nicht vorstellen, dass wir das nicht wieder hin kriegen", sagte Keith Kurt Loder 1987. "Wir brauchen eine Verschnaufpause, dann gibt's ein Comeback mit Teil 2." Aber damals, 1985, war Keith Richards alles andere als zufrieden mit dem Zustand der verdammten Rolling Stones. Plötzlich hielt selbst er es für möglich, dass dieses Album das letzte sein könnte.

> **"Ich stelle mir immer vor, wie ich mit den Stones auf der Bühne stehe, und dann sind da all die 16-jährigen kreischenden Mädchen. Meine Tochter ist so alt. Mir ist das peinlich"**
>
> Charlie Watts über den Gedanken, mit 45 nochmal auf Tour zu gehen.

one hit (to the body)

'One Hit' beginnt mit einer der dramatischsten Gitarrensequenzen der Stones überhaupt: eine spannungsgeladene Mischung aus akustischer Gitarre und E-Gitarren-Riffs. Auch wenn es der Rest des Stücks nicht schafft, dieses hohe Anfangsniveau zu halten, markieren diese Augenblicke doch die Entschlossenheit der Band und zeigen, dass sich die Jungs einiges vorgenommen haben.

Die akustische Gitarre war Woods Idee. 'One Hit (To The Body)' ist deshalb auch eines von vier Stücken, auf denen Wood als Songwriter aufgeführt ist. "Woody fing einfach an, auf der akustischen Gitarre zu spielen und der Rest kam ganz automatisch dazu", sagt Jerden. "Er versuchte, einen Abschnitt für die E-Gitarre zu machen, aber es groovte nicht genug. Deshalb fing er an, die Akustikgitarre zu bearbeiten. Woody hat es echt raus, solche Ideen zu entwickeln."

Aber Woods Rolle bei den Stones war nicht darauf beschränkt, die Begleitung für Keith und Mick zu liefern. In jenen Tagen der Anspannung und des Streits war es oft Ronnies positiver Ausstrahlung und seinen kommunikativen Fähigkeiten zu verdanken, dass die Glimmer Twins die Arbeit nicht abbrachen. "Ronnie schlichtete immer wieder und hielt so die Band zusammen, soweit ich mich erinnere", sagt Womack, der während der abschließenden Sessions zu *Dirty Work* in New York auch bei Wood wohnte. "Er hatte diesen Glauben und die Begeisterung, die man braucht, um in einer Band zu spielen. Außerdem war er jünger, hatte viel Energie und war bereit, die Schuld für alles und jedes, was gerade schief ging, auf sich zu nehmen." Wood nannte sich selbstironisch den "diplomatischen Verbindungsmann" der Band.

Auch Womack wurde manchmal die Rolle des Vermittlers zugemutet. Auf dem Weg zu den New

Mick Jagger im Rampenlicht mit Tina Turner.

dirty work

Yorker Sessions wurde Womack oft von Jagger abgeholt. "Er fragte mich immer, 'Was hat er gesagt? Was hat er gemacht?', denn die beiden redeten nicht mehr miteinander. Und ich glaube, auch Bill hatte keine Lust, auf Tour zu gehen. Er kam einfach ins Studio und zog sein Ding durch. Charlie spielte seine Aufnahmen irgendwo anders ein. So kann man kein Album machen."

Der Titel des Tracks lässt vermuten, dass es sich um einen der Songs über Streitereien handelt, dabei geht es eher um seelische Gewalt durch eine zu intensive Liebesbeziehung. Obwohl Jagger von seiner neuen Solokarriere ziemlich abgelenkt war, gelingt es ihm hier dennoch, ein paar seiner typisch schaurigen Textfetzen abzuliefern.

Auch wenn Mick gerade mal nicht da war, gab es keinen Mangel an Stars. Das packende Solo auf 'One Hit (To The Body)' spielte Jimmy Page, der auf dem Weg zur Wiedervereinigung von Led Zeppelin anlässlich des *Live-Aid*-Konzerts bei den Sessions der Stones in New York reinschaute. Pages Solokarriere nach dem Ende von Led Zeppelin 1980 war recht unauffällig verlaufen, sowohl was seine Leistungen als auch was die Umstände anging. Auf *Dirty Work* findet die Gitarrenlegende zu seinen frühen Anfängen als professioneller Studiomusiker zurück – ein Namenloser, der für die britische Hitfabrik ein unsterbliches Leadguitarsolo kreierte.

"Es war toll, mit ihm zu arbeiten. Er ist ein echter Profi, eben ein Studiomusiker", sagt Jerden. "Bei so einer Session kommen viele Leute rein und bauen irgendwelche Scheiße. Aber er kam rein wie ein Profi: Seine Sounds haben gestimmt, er wollte wissen, was er tun sollte, und dann spielte er."

Pages Umgang mit Keith war sehr freundlich und voller Respekt. "Alle orientierten sich an Keith", sagt Jerden. "Selbst wenn der Technikraum voll mit Leuten war und jemand einen Witz machte, sahen alle zuerst Keith an, um sehen, wie seine Reaktion darauf war. Er hat eine sehr starke Persönlichkeit."

Jimmy Page, der legendäre Gitarrist von Led Zeppelin.

dirty work

fight

'Fight' ist wilder, klassischer Stones-Rock. Er beweist, dass die Band trotz aller Differenzen – vielleicht aber auch gerade deshalb – sich zu einer dichten, wütenden Einheit zusammenschließen konnte. Die überharten Riffs zwischen Richards und Wood bereiten ein tosendes Schlachtfeld für Jaggers Lyrics voll endloser plastischer Gewalt: "Ich zerquetsch dich zu einem Haufen Matsch!"

Am irritierendsten an Jaggers Text ist die absolute Willkür von Wut und Brutalität. Für die Figur, um die es darin geht, ist es einfach wieder so ein Wochenende in der Stadt. Und auf *Dirty Work* war es wieder so ein Titel voller Gewalt, wieder so ein aufgewühltes Stück Lärm, das die wachsende Spannung zwischen den Glimmer Twins reflektierte. In diesem Fall stimmten ihre Empfindungen zumindest soweit überein, dass sie die Energie, wie negativ auch immer, in die Aufnahme hinüberbrachten. "Keith war gar nicht damit einverstanden, dass Mick ein Soloalbum machte", sagt Jerden. "Er war der Meinung, Mick sollte seine ganze Energie in die Arbeit an dem neuen Stones-Album stecken und sich anständig darauf vorbereiten. Das war der Hintergrund des ganzen Ärgers."

Keith schien seine Aggressionen beim Gitarrenspiel abzubauen, er legte das Instrument fast nie weg. Zusammen mit Ron Wood verbrachten sie Marathonsitzungen im Studio und waren dabei ständig mit ihren Instrumenten beschäftigt. "Sie standen dicht nebeneinander und spielten die ganze Zeit Gitarre. Ich habe noch nie jemanden so viel Gitarre spielen sehen wie die beiden. Keith hat einfach immer eine Gitarre umhängen, selbst wenn er am Tisch sitzt und Domino spielt. Bis heute habe ich niemand kennen gelernt, der so musikversessen ist. Ich meine, der so viel über Musik lernen wollte."

Diese totale Hingabe an die Musik wurde auch von anderen Studiobesuchern bemerkt. "Er hat eine äußerst starke Persönlichkeit", sagte Tom Waits 1988 gegenüber der Zeitschrift *Musician*. Waits hatte Richards zum ersten Mal bei den Aufnahmen zu seinem Album *Rain Dogs* beobachtet, auf dem Richards gleich auf mehreren Songs zu hören ist. "Ein absolut intuitiver Musiker. Er bewegt sich wie ein Tier. Mein Gott, es ist das reinste Theater – wenn er mitten im Raum steht, sich die Gitarre umhängt und den Verstärker einschaltet. All das ist völlig bizarr."

Ähnlich äußerte sich auch der U2-Sänger Bono, der eine der ersten, improvisierten Aufnahmen von 'Silver And Gold' mit Richards und Wood eingespielt hatte. Er sagte: "Man sieht sofort, dass Keith Ansehen und Geld nichts bedeuten. Wenn er sich die Gitarre umschnallt, verschwinden die Furchen aus seinem Gesicht."

> " Man sieht sofort, dass Keith Ansehen und Geld nichts bedeuten. Wenn er sich die Gitarre umschnallt, verschwinden die Furchen aus seinem Gesicht "
>
> Bono, U2

hold back

Mick Jagger und die Rolling Stones haben immer zumindest ein vorübergehendes Interesse an den gerade aktuellen Sounds bewiesen. In den späten Sechzigern und frühen Siebzigern hatten sie das, was Mode war, selbst geprägt. In den Jahren danach hatte sich Jagger dafür stark gemacht, dass die Stones Punk- und Dancefloorsounds integrierten. Das war nicht immer gleich erfolgreich gewesen – extrem erfolgreich mit *Some Girls*, weniger gelungen in *Emotional Rescue*.

So war es 1985 vielleicht unumgänglich, dass zumindest eine Handvoll Tracks auf *Dirty Work* von lauten wuchtigen Drumbeats geprägt waren, während die Gitarren tief in den Hintergrundmix eingebettet wurden. Ein typischer Sound der "großen" Achtziger, der heute nur noch veraltet klingt. Ironischerweise – wenn man den vorsätzlichen Verzicht auf Gitarrendominanz bedenkt – ist 'Hold Back' eine klassische Jagger/Richards-Co-Produktion, zu der Mick vor allem den Text und Keith die Musik beisteuerte. "Die Botschaft lautet: Lass die Sau raus", sagte Jagger 1986. "Vertrau deinem Instinkt!"

dirty work

winning ugly

inning Ugly' war nur einer von zwei Songs, die Jagger fertig zu den *Dirty-Work*-Sessions mitbrachte – der andere war 'Back To Zero'. "Der wurde sehr schnell aufgenommen", erinnert sich der Toningenieur Dave Jerden.

Für *Dirty Work* hatten sich Jagger und Richards völlig verschiedene Arbeitsweisen zugelegt. Mick brachte seine Ideen auf Demotapes zu den Bandtreffen mit. Keith hingegen entwickelte die Songs lieber zusammen mit der Band. Trotz der schlechten Stimmung und der geistigen und teilweise auch körperlichen Abwesenheit von Mick wegen der Promotion von *She's The Boss* gab es auch längere Phasen, in denen die Stones als klassische Einheit zusammenarbeiteten. "Es wurde viel gejammt, und meistens war auch Mick dabei. Sie spielten sogar ein paar Songs von den Beatles", erzählt Jerden lachend. "'Please Please Me' zum Beispiel und noch ein paar andere. Sie improvisierten einfach zu allem, alte Bluessongs – 'Spoonful', so Zeug eben."

Bei diesen Jam-Sessions – die von Jerden für die Nachwelt aufgenommen wurden – spielten Jagger und Richards hauteng zusammen und machten auf eine Weise Musik, wie das einige jüngere Gäste der Sessions noch nie gesehen hatten. *NME* verriet Keith 1986: "Da kommen Duran Duran eines Tages reingeschneit in unsere verdammte Session, Mann, und fragen, 'Was macht ihr denn alle da zusammen in einem Raum?' Das nennt man Musik machen. Das ist unsere Art, Musik aufzunehmen, du kleiner, rotznasiger Scheißer."

> **"Da kommen Duran Duran eines Tages reingeschneit ... und fragen, 'Was macht ihr denn alle da zusammen in einem Raum?' Das nennt man Musik machen. Das ist unsere Art, Musik aufzunehmen, du kleiner, rotznasiger Scheißer"**
>
> Keith Richards

back to zero

ick Jagger machte sich Sorgen um die Zukunft. 1985 erreichte der kalte Krieg einen Höhepunkt: Ronald Reagan gab sich kompromisslos gegenüber dem neuen Führer der Sowjets, Michail Gorbatschow. Reagan vertraute immer noch auf dieselben Berater, die in der Vergangenheit wiederholt davon gesprochen hatten, dass ein Nuklearkrieg gewonnen und überlebt werden könne. Aussagen, durch die die nukleare Vernichtung zu einem möglichen Szenario wurde, dem im Ernstfall nicht einmal Rockstars entkommen würden.

Auch wenn der Titel und die dem Song zugrunde liegende Angst als Ausdruck der Unsicherheit Jaggers wegen seiner neuen Solokarriere gedeutet werden können, so erscheinen seine Sorgen gegenüber der atomaren Bedrohung doch real, und die Gedanken um seine Urgroßenkel wirken glaubhaft. Dazu ertönen funkige Gitarren und spacige Improvisationen von Chuck Leavell an den Keyboards und Bill Wyman am Synthesizer.

Fast zwei Jahrzehnte lang war das Schreiben der Songs für die Stones-Alben eine fast exklusive Angelegenheit von Jagger/Richards gewesen. Die Nennung Bill Wymans als einen der Songschreiber für 'In Another Land' auf *Their Satanic Majesties Request* war eine Ausnahme. Mick Taylor war keine vergleichbare Ehre zu Teil geworden, was unter anderem auch ein Grund dafür war, dass er die Band verlassen hatte. Gegen Ende der 70er Jahre jedoch ließ die Tendenz nach, alle Song-Credits den Glimmer Twins zuzuschreiben. Davon profitierten Ronnie Wood und später auch Steve Jordan.

1985, bei den Sessions zu *Dirty Work* waren die Stones bereits großzügig genug, um auch Leavell eine Nennung für seinen Beitrag zu 'Back To Zero' nicht zu verwehren. Verdient hatte er es allemal. "Chuck war klasse", sagt Jerden. "Chuck war der stabilisierende Faktor in all dem Wahnsinn. Er war immer ruhig, cool und konzentriert. Er war stets präsent und spielte alles."

Mitte der 80er Jahre versuchte Jagger die Stones und seine Solokarriere unter einen Hut zu kriegen.

dirty work

Keith Richards und Ron Wood machen Hausaufgaben.

Der Titelsong des Albums kommt in einem wahnsinnigen Tempo daher, das im Vergleich selbst die *Some Girls*-Phase der Stones gemäßigt erscheinen lässt. Besonders erwähnenswert ist die Begegnung der Gitarren von Richards und Wood, ein überwältigendes Duell, das zu den Höhepunkten des Albums gehört.

Jagger singt angewidert über die Ausbeutung der gewöhnlichen Sterblichen, die die Drecksarbeit erledigen und für ihre Bosse die schmutzige Wäsche waschen. Deutlich erkennt man hier die Gangstertypen und Industriekapitäne, die Mick an den teuren Stränden Europas kennen gelernt hat. Der Song röhrt in großem Tempo vorbei, bis er schließlich in einem ekstatischen Geräuschstrudel verklingt.

Die Arbeit der Stones folgte keinem bestimmten Schema, aber wenn sie einmal angefangen hatten, konnte es sich viele Stunden oder Tage hinziehen. In Paris teilten sich Keith und Woody ein Haus, während die anderen in Hotels in der Nähe abstiegen. Die Sessions hingen oft davon ab, wann Keith arbeiten wollte. "Wir waren immer abrufbereit", erinnert sich Jerden. "Ian Stewart rief an und sagte 'Okay, es ist soweit. Keith ist aufgewacht'. Dann hatten wir noch zwei Stunden. Wir standen ebenfalls auf und gingen was essen. Aber meistens war es schon ziemlich spät, wenn wir im Studio mit der Arbeit anfingen. Mitternacht war normal, manchmal später. Dann arbeiteten wir bis wer weiß wie lange. Manchmal blieben wir tagelang im Studio."

had it with you

Personifizierte Boshaftigkeit: 'Had It With You' basiert auf einem hingerotzten, extrem aufgedrehten Chuck-Berry-Riff. Kein bodenständiger Rock wie auf *Exile On Main Street*, sondern ein Song voller Verbitterung, der die Hörer wie ein Kernmantelgeschoss traf.

Jagger singt hier von einer verhängnisvollen inzestuösen Beziehung zwischen Schwester und Bruder, aber genauso gut könnte es sich um eine Metapher für die lebenslange Partnerschaft mit Keith Richards und seinen sich in zwei Jahrzehnten aufgebauten Groll handeln. Spöttisch singt er: "Befehle erteilen, Anweisungen zuschreien!" In Interviews deutete Jagger später an, dass Keith damals versuchte, die Stones unter seine Kontrolle zu bekommen.

"Dieser Song wurde ganz schnell gemacht", erinnert sich Jerden. "Ich denke, das ganze Ding war in einer Stunde fertig." 'Had It With You' war der Beweis, dass weder die Stones den Kontakt zu ihrer Rock-Herkunft, noch Jagger seine Lust an der Provokation verloren hatten: Mit der schlimmsten Wortwahl sang er von den verheerendsten Dingen. Richards sagte, dass sich die Band sogar überlegt hatte, das Cover von *Dirty Work* mit einem Spruchband zu schmücken: "VERGIB IHNEN, DENN SIE WISSEN NICHT, WAS SIE AUFNEHMEN".

sleep tonight

'Sleep Tonight' ist eine Ballade, die eines Tages entstand, als Richards beiläufig auf dem Klavier herumklimperte. Mit Ron Wood am Schlagzeug beschließt Richards das Album, indem er ein gefühlvolles, männliches Schlaflied intoniert – natürlich mit seiner besten kratzigen Whiskeyröhre.

"Hier zeigt Keith mal, wie er wirklich ist. Er saß im Technikraum und spielte den Song auf der akustischen Gitarre", berichtet Jerden. "So ist Keith. Er hat dieses Image des harten Typen, dieses Rock-and-Roll-Image, aber in Wirklichkeit ist er ein ganz feinfühliger Mensch."

Obwohl er nicht in erster Linie Sänger war, ließen sich Keiths zurückhaltende, ruhigere Gefühle oft leichter aufnehmen als die Eruptionen von Jaggers Organ. Während der Gesangsstil des Gitarristen oft unterschwellig, fast gehaucht rüberkommt, hat Jagger die Tendenz, das Mikrofon zu attackieren, als müsse er mit seiner Stimme immer noch gegen das Mädchengekreische der frühen Stones-Auftritte ankämpfen. "Seine Art, mit dem Mikro umzugehen, ist das krasse Gegenteil von dem, was ich gewohnt bin", sagt Jerden. "Die meisten Leute, die laut singen, halten Abstand zum Mikrofon wegen der Verzerrung. Vielleicht hatte er sich angewöhnt, so nah ans Mikro zu gehen, weil er sich bei den schlechten Bühnensoundsystemen in den Sechzigern selbst kaum hören konnte. Jedenfalls bewegt er sich auf das Mikro zu, wenn er will, dass es lauter klingt. Mick hat eine sehr starke Stimme, und für ihn ist es kein Problem, Mikros und Kompressoren zu schrotten. Keiths Stimme hingegen ist sehr kontrolliert."

Richards gesanglicher Auftritt in 'Sleep Tonight' und 'Too Rude' war wie eine Vorankündigung für die Soloplatten, die er im Anschluss an das Album machte, als er darauf wartete, dass die Stones wieder etwas produzieren würden. "Heute fühle ich mich wohler beim Singen", sagte Richards dem *Los Angeles Herald Examiner* 1986. "Früher habe ich nur ab und zu mal einen Song gesungen, und unter solchen Umständen kommt man gar nicht dazu, seine Stimme voll auszuschöpfen. Bei diesem Album stand ich dauernd vor dem Mikrofon, weil Mick nicht

> **" Heute fühle ich mich wohler beim Singen ... Bei diesem Album stand ich dauernd vor dem Mikrofon, weil Mick nicht da war "**
> Keith Richards

dirty work

da war, denn es ist einfach so: Die Stones spielen besser, wenn jemand irgendwelchen Text dazu grölt. Das muss kein toller Text sein, das Timing und die Phrasierung des Gesangs machen es der Band einfach leichter, Rhythmus und Charakter des Songs zu finden.

Als mein Gesang dann aufgenommen wurde, war meine Stimme schon ein ganzes Stück kräftiger. Ich sagte zu Bobby Womack, dass ich schon lange nicht mehr so viel gesungen hätte seit meiner Zeit als Sopran in der Westminster Abbey. Das war übrigens wahrscheinlich der ruhmreichste Gig meiner ganzen Karriere."

Das dunkle Gefühl auf 'Sleep Tonight' bildete einen passenden Abschluss für *Dirty Work*. Es war wie eine Einstimmung auf den frühen Tod von Ian Stewart, der am 12. Dezember, kurz nachdem das Album fertiggestellt war, an einem Herzinfarkt starb. Er wurde 47 Jahre alt. Während der Aufnahmen zu *Dirty Work* war Stewart ununterbrochen im Studio gewesen, so wie immer. Kurz nach Abschluss der Arbeiten am Album sprach Jerden noch ein letztes Mal mit dem Boogie-Woogie-Mann. "Ich war gerade in New York wegen einem anderen Projekt, da klingelt das Telefon in meinem Hotel. Es war Ian Stewart, der aus Schottland anrief", sagt Jerden. "Er ruft mitten in der Nacht an und sagt 'He, herzlichen Glückwunsch, du hast gerade eine Rolling-Stones-Platte gemacht'. Das war das Größte, was mir im Leben passiert ist: von Ian Stewart akzeptiert zu werden, denn er war nicht leicht zufrieden zu stellen."

Der "Sechste Rolling Stone" war in den durchgedrehten 60er und 70er Jahren ein sicherer Rückhalt gewesen, der die Jungs immer wieder von ihrem Rockstargetue auf den Boden der Realität zurückholen konnte: "Komm schon, du kleiner Scheißer, dein Einsatz!"

"Stu hatte nicht solche Allüren wie die anderen", sagt Saxophonist Bobby Keys. "Stu war der Typ, der um acht Uhr morgens aufstand, wenn etwas um acht Uhr morgens gemacht werden musste."

Sein Tod war ein Schock für die Stones, deren interne Streitereien die Zukunft der Band fraglich erscheinen ließen. *Dirty Work* war komplett eingespielt und abgemischt, als Stu starb. Jerden und Lillywhite hatten die Bänder bereits abgegeben. Aber zum Andenken an Stewart ließen die Stones das Album schließlich mit einem 30 Sekunden langen Boogie-Woogie Klavier ausklingen. Noch einmal blitzte die alte

> **" Stu hatte nicht solche Allüren wie die anderen. Stu war der Typ, der um acht Uhr morgens aufstand, wenn etwas um acht Uhr morgens gemacht werden musste "**
>
> Der Saxophonist Bobby Keys über Ian Stewart

dirty work

organische Atmosphäre auf, die in den gut ausgerüsteten, modernen Studios kaum mehr rüberkam.

Die Stones kamen noch einmal zusammen, um im Februar 1986 im Londoner 100 Club vor geladenen Gästen in einer Blues-Gedenkfeier aufzutreten. Ein paar Tage später waren sie weltweit über Satellit zu sehen, als sie einen Grammy für ihr Lebenswerk erhielten, ein Verdienst, das ebenso Stewart gebührt hätte. "Stu hätte sich als Popstar nicht wohl gefühlt, deshalb wurde er Roadie, und wenn man Platten macht, gehört der Roadie zu den wichtigsten Leuten", sagte Keith der Journalistin Lisa Robinson. "Natürlich hätte er länger leben sollen, aber Stu hatte ein tolles Leben, und alles hat immer perfekt zu seiner Persönlichkeit gepasst. Er war auf jeder Platte zu hören, und wenn er Lust dazu hatte, kam er auch auf die Bühne – nur wegen ihm hatten wir immer ein Klavier dabei. Manchmal hatte er ein Golfmagazin auf dem Notenpult stehen, aber er zählte immer richtig, egal welche Scheiße wir gerade bauten."

Ein Stone und doch keiner: Ian Stewart (rechts) war von Anfang an mit dabei.

Kapitel 19

1989 steel wheels

Die *Steel-Wheels*-Tour zeigte, dass die Stones immer noch die größte Attraktion der Livemusik waren.

- Sad Sad Sad
- Mixed Emotions
- Terrifying
- Hold On To Your Hat
- Hearts For Sale
- Blinded By Love
- Rock And A Hard Place
- Can't Be Seen
- Almost Hear You Sigh
  (JAGGER/RICHARDS/JORDAN)
- Continental Drift
- Break The Spell
- Slipping Away

it den Stones war es also endgültig vorbei. Der Film war gelaufen. Sie waren unter dem Gewicht ihrer langen Geschichte zusammengebrochen, vernichtet durch nicht zu vereinbarende Interessen. Mick Jagger langweilte die ganze Sache. Er wollte tanzen, wollte neue Ziele finden, eine neue Musik, ein neues Publikum. Die Zeiten hatten sich tatsächlich wieder einmal geändert und die Stones passten da einfach nicht hinein. Zumindest nicht nach Ansicht ihres Glamourboys, der hoffte, eine neue Generation von Bewunderern zu finden. "Mensch, ich hab 'ne Band, die besser ist", jammerte er Bobby Womack während der Produktion von *Dirty Work* vor. "Die spielt den Sound von HEUTE."

Das war eine gefährliche Aussage, eine, die Keith Richards zutiefst treffen und ihn schlichtweg rasend machen musste. Eine üble Beleidigung! Die Stones hatten Maßstäbe gesetzt, hatten vieles von dem, was jetzt Rock and Roll genannt wurde, möglich gemacht. Sie würden sich nicht durch einen Haufen gesichtsloser Session-Musiker ersetzen lassen, zumindest nicht ohne schmerzliche Konsequenzen für Mick. Zwischen den Glimmer Twins herrschte Krieg. Aber wen kümmerte es eigentlich, wenn die Stones die Achtziger nicht überleben sollten? *Dirty Work* wurde nicht gerade ein Hit. Das Album, vom rasanten Sound der Gitarren von Keith und Ronnie geprägt, hatte sicherlich seine Glanzpunkte, aber mit seiner unschlüssigen Haltung hatte Mick die Atmosphäre vergiftet.

Als er dann von einer Tournee nichts wissen wollte, war Richards stinksauer, und die beiden lieferten sich eine immer hitzigere Schlammschlacht in der Boulevardpresse. Im April 1987 beklagte sich Jagger in Londons *Daily Mirror*, Richards versuche, alles "im Alleingang" zu organisieren. "Ich mag Keith ... aber ich glaube, wir können einfach nicht mehr zusammenarbeiten", fügte er hinzu. Am nächsten Tag befragte die *Sun* Richards nach der Zukunft der Stones und den Gehässigkeiten, die er und Mick sich ständig an den Kopf warfen. Wie sollte die Sache weitergehen? "Das fragen Sie am besten den Mistkerl selbst", antwortete Keith.

Der Mistkerl selbst hatte SEINE Antwort bereits in Form eines zweiten Soloalbums parat: *Primitive Cool*, wiederum entstanden in Zusammenarbeit mit dem Gitarristen Jeff Beck sowie Dave Stewart von den Eurythmics, der bei der Produktion und beim Songschreiben mitgewirkt hatte. Jagger sang mit der für ihn typischen Begeisterung von heruntergekommenen, schmutzigen Bumslokalen ('Peace For The Wicked'), vom internationalen Wettrüsten ('War Baby') und von protestantischer Arbeitsmoral ('Let's Work'). Zugegeben, die Musik war modern, doch fehlten ihr die Vitalität und das Flair des Gefährlichen, die Jaggers Arbeit mit den Stones ausgezeichnet hatten. Das Album war einfach eine weitere mittelmäßige Sammlung ordentlich gespielten zeitgenössischen Rocks.

Während der Aufnahmesessions in Holland und auf Barbados, so erinnert sich der Gitarrist Jim Barber, kursierten Gerüchte über tatsächliche oder eingebildete Drohungen von Keith. "Die hatten irgendwann alle mal 'nen Koller, also nahm ich einfach an, dass die Rocklegenden Dampf abließen", sagt Barber, der auf *Primitive Cool* Gitarre spielte und während der Produktion von *Undercover* als Richards Gitarren-Techniker fungierte. "Es war eher so, als würde sich ein Liebespaar streiten und sich sehr harte Brocken an den Kopf schmeißen."

Von *She's the Boss* wurden allein in den USA zwei Millionen Exemplare verkauft, aber *Primitive Cool* schaffte es dort nicht mal in die Top 40. Das Album landete zwar in Großbritannien auf Platz 18 der Charts, aber alles in allem waren die Verkaufszahlen enttäuschend. Doch Jagger wollte die Solokarriere, die ihm erstmals im Multimillionen-Dollar-Vertrag der Stones mit CBS versprochen worden war, nicht aufgeben. "Ich will kein Dinosaurier sein, der in einer Ära feststeckt", erklärte Jagger der Zeitschrift *Musician* Ende 1987. "Wir leben einfach nicht mehr im Jahr 1969. Ich hab damals ein paar richtig gute Sachen gemacht, es gab einen tollen Film. Ich will diese Erinnerungen nicht recyceln."

Die anderen Stones blieben 1986 nach *Dirty Work* auch nicht untätig. Ron Wood kam wieder mit Rod Stewart und den Faces im Wembley Stadion zusammen, wo Bill Wyman für den kranken Ronnie Lane einsprang. Anschließend ging Wood mit Bo Diddley auf eine ausgedehnte Tournee, "The Gunslingers Tour". Wyman eröffnete in London sein Restaurant *Sticky Fingers*, während Charlie Watts sich mit seiner 33 Mann starken Big Band und ihrem Album *Live At The Fulham Town Hall* seine Jazzer-Träume erfüllte.

Es hatte keinen Sinn, auf Mick zu warten. Ob er zurückkehren würde, stand in den Sternen. Richards

> "Ich mag Keith ... aber ich glaube, wir können einfach nicht mehr zusammenarbeiten"
>
> Mick Jagger

steel wheels

verbrachte die erste Zeit ohne die Stones als Co-Produzent und Gitarrist für die Aufnahme von Aretha Franklins 'Jumpin' Jack Flash', später ein Top-30-Hit in den USA. Und im Oktober 1986 übernahm Keith Richards die musikalische Leitung bei den Konzerten zu Chuck Berrys 60. Geburtstag, die für den Dokumentarfilm *Hail! Hail Rock 'N' Roll* aufgenommen wurden. Doch vor allem konzentrierte Richards sich 1987 auf die Aufnahme seines ersten Solo-Albums, ein Projekt, dem er mehr als ein Jahrzehnt aus dem Weg gegangen war.

"Eine Aufnahme ohne die Stones machen zu müssen, war schon an sich ein Misserfolg", erzählte er 1989 Stanley Booth. "Es bedeutete, dass ich meine Band nicht zusammenhalten konnte. Aber wenn du einmal damit anfängst, wird dir klar, wie sehr du dich entfalten kannst."

Statt die verbliebenen Stones um sich zu sammeln, gründete Richards eine neue Band. Sein wichtigster Mann war der dreadlockige Drummer Steve Jordan, der auch bei den Berry-and-Franklin-Projekten mitgemacht hatte. In New Yorks Studio 900 arbeiteten sie mit dem Gitarristen Waddy Wachtel, dem Bassisten Charley Drayton und dem Keyboarder Ivan Neville an ein paar neuen Songs. Ihre Sessions verlegten sie bald nach Toronto, der Gesang wurde auf den Bermudas aufgenommen. "Keith wollte nicht, dass es schemenhaft, kommerziell wurde", erzählte Wachtel 1997 *Mojo*. "Es sollte Kunst sein."

Das Ergebnis war *Talk Is Cheap*, ein durchgängig besseres Album als alles, was Richards seit *Tattoo You* gemacht hatte – und zweifellos beeindruckender als jede von Jaggers Soloplatten. Die elf Tracks von Richards und den X-Pensive Winos – wie er seine Band genannt hatte – waren eine Reise vom Rock im Stones-Stil über Reggae und Soul à la Al Green bis hin zu Chuck-Berry-Riffs. Richards sang mit einer tiefen, knurrenden Stimme und seine heiseren Stimmbänder fügten dem Ganzen eine wilde Unverwechselbarkeit hinzu. Er erfüllte sich endlich den Traum, dem Rock and Roll eine neue Dimension zu verleihen: Wenn er schon nicht als anständig galt, dann sollte er zumindest für Erwachsene eine ebenso große Bedeutung haben wie für die anspruchsvollen Jugendlichen.

Die größte Mühe gaben sich die Winos mit dem Song 'You Don't Move Me', der ein Angriff auf Jagger und seine Solokarriere zu sein schien ("You've already crapped out twice" – Du bist schon zweimal abgekackt). Doch trotz der boshaften Sticheleien wollte Keith nichts

> **" Selbst wenn die Stones keine einzige gemeinsame Note mehr spielen würden, hätten Mick und ich aufgrund der vergangenen 25 Jahre doch für den Rest unseres Lebens miteinander zu tun "**
>
> Keith Richards

steel wheels

Mit der Gründung der 33 Mann starken Band zeigte Charlie Watts seine wahre Vorliebe.

anderes, als die Stones wieder zusammenzubringen. Und Mitte des Jahres 1988 erging es Jagger nicht anders.

"Selbst wenn die Stones keine einzige gemeinsame Note mehr spielen würden, hätten Mick und ich aufgrund der vergangenen fünfundzwanzig Jahre doch für den Rest unseres Lebens miteinander zu tun", sagte Keith 1988 der Journalistin Lisa Robinson. "Wir können uns nicht mal scheiden lassen. Es wäre leichter, mich von meiner Frau zu trennen als von Mick, aber wir kommen aus der Sache nicht raus, also können wir genauso gut lernen, miteinander auszukommen. Uns bleibt gar nichts anderes übrig. Mick hatte Angst, die Rolling Stones könnten in eine nostalgische Sackgasse geraten. Für mich sind die Stones die einzige Band, die in der Lage ist, den Rock and Roll weiterzuentwickeln. Ich hab ihm gesagt: Hör mal, mein Freund, diese Sache hat uns im Griff."

Im Januar 1989 trafen sich die Glimmer Twins auf Barbados, um ihre Meinungsverschiedenheiten auszu-

steel wheels

räumen und Songs für ein neues Album zu schreiben. Vor der Abreise sagte Richards seiner Frau, er werde entweder erst in zwei Wochen oder schon in zwei Tagen zurückkommen. Doch die Sache lief besser als erwartet. 48 Stunden nach ihrer Ankunft waren bereits fünf oder sechs Songs in Arbeit.

Mit Gitarren, einem Keyboard, Drinks und einem Tonbandgerät saßen sie auf dem Balkon ihres Hotels. Sie gönnten sich nur eine Pause, um bei der Aufnahme der Rolling Stones in die *Rock And Roll Hall Of Fame* dabei zu sein, und schrieben ansonsten bis weit in den Februar hinein. "Alles andere war unwichtig", sagte Richards dem *Rolling Stone* 1989. "Ich musste mit Mick in ein paar Discos – was nicht gerade mein Ding ist, weil Mick abends gerne ausgeht und tanzt. Das war mein Zugeständnis. Ich ließ ihm seinen Willen. Und da wusste ich, dass wir zusammenarbeiten konnten."

Neben dem Schreiben von Songs – wobei ein Dutzend Lieder und um die 40 Riffs und lyrische Ideen herauskamen – machten die Stones Pläne für eine Welttournee – die größte und spektakulärste aller Zeiten. "Wir brauchten neue Regeln", sagte Jagger 1995. "Wir bewegten uns in einer völlig neuen Dimension. Es würde nicht mehr die Drogen-Tour der 70er Jahre sein. Jedem von uns war klar, dass er Verantwortung übernehmen musste, und wir waren alle bereit dazu."

Innerhalb von fünf Wochen wurden Basic Tracks für das spätere Album *Steel Wheels* in den AIR Studios in Montserrat eingespielt und dann in den Londoner Olympic Studios abgemischt. Chris Kimsey, der erstmals 1971 bei der Produktion von *Sticky Fingers* dabei gewesen war, arbeitete nun erneut mit den Glimmer Twins zusammen. "Es ist wirklich eins der aufregendsten Alben, bei denen ich seit *Some Girls* mitgemacht habe", erzählte Kimsey der Zeitschrift *Musician*. *Steel Wheels* wurde 1989 als die lang erwartete Rückkehr der Stones zu ihrer alten Größe begrüßt. Die Band schien wieder mit Begeisterung bei der Sache zu sein. Und die Stones testeten ungehindert neue (und alte) Ideen aus: die aufwühlenden, tranceartigen Rhythmen der Joujouka-Musik in 'Continental Drift', Jaggers durch eine neue Unaufdringlichkeit gekennzeichneter Gesang in 'Terrifying', Keiths herzzerreißende Balladendichtung in 'Slipping Away'. Letztlich war *Steel Wheels* jedoch eher ein Triumph des guten Handwerks als der Inspiration. Der Schwung, den die Band bei *Dirty Work* noch hatte, war dahin, und abgesehen von gelegentlichen wahnwitzigen Rocknummern ('Hold on To Your Hat') legten sie sich nicht allzu sehr ins Zeug. Dass die Stones sich wieder zusammengerauft hatten, war jedoch ermutigend und zeigte die Bereitschaft der Band, wieder ernsthaft gemeinsame Sache zu machen. Es war noch nicht aller Tage Abend.

Zwei Generationen: Mick Jagger und Little Richard auf der Bühne.

sad sad sad

Zwei Akkorde und ein rasanter Beat. Keith Richards brauchte nicht viel, um ein Stimmungsbild zu erzeugen, nicht nachdem er drei Jahre auf die Rückkehr von Mick Jagger gewartet hatte. Das einleitende Riff auf 'Sad Sad Sad' ist vielleicht nicht spektakulär, denkt man an die reiche Geschichte der Band, doch war der Rhythm and Roll in diesen ersten Passagen von *Steel Wheels* unverkennbar. Die Rolling Stones waren wieder da und spielten mit neuem Elan.

Wie die Pläne für die bevorstehende Welttournee zeugte auch *Steel Wheels* von einer neuen Professionalität. Die Stones waren endlich eine Band der Achtziger, jede Phrase und jeder Beat saß. Aber irgendetwas fehlte den fehlerlosen Grooves von 'Sad Sad Sad', das Gewagte, Freie, das die Songs der frühen Siebziger so aufregend gemacht hatte. Auch *Dirty Work* hatte diese Stimmung nicht wieder eingefangen, trotz der spannungsgeladenen Gitarren. *Steel Wheels* zeichnete zumindest ein wärmerer Sound aus, doch ein Großteil des Albums wirkt einfach glatt und konventionell.

Gegen Ende des Songs haut Keith ein wildes Solo hin, während Jagger davon singt, selbst mitten im Chaos des Lebens Trost zu finden. "Es wird alles gut", beteuert er – vielleicht nicht nur den Fans sondern ebenso der Band gegenüber. Ron Wood spielt den Bass, während der Sänger mit einer Euphorie an den tosenden E-Gitarren vorbeirauscht, als ob die Band glücklich sei, einfach wieder Musik zu machen. Wenn die Stones mit *Steel Wheels* auch auf Nummer Sicher gingen, konnten sie dennoch zufrieden sein, die jüngste Vergangenheit überlebt zu haben.

"Ein Teil von dir glaubt, die Stones würden für immer da sein, aber du weißt, dass das nicht möglich ist", sagte Richards 1994. "Die Wahrheit ist, dass wir in den Achtzigern am Rande des Abgrunds balancierten, ohne dass es jemand merkte – auch wir nicht. Erst jetzt wird mir rückblickend klar, wie nah die Band dran war, sich aufzulösen."

Die Gründe für eine Auflösung waren längst nicht so einfach wie in der Presse dargestellt. Micks und Keiths Fehde sorgte für unterhaltsamen Lesestoff, doch tatsächlich hatte Wyman bereits nach der Tournee 1981 davon gesprochen, auszusteigen. Und der stets als unglaublich vernünftig geltende Charlie Watts war Alkohol und Drogen verfallen. "Ich war krank – sehr krank sogar", erklärte er der *Los Angeles Times*. "Ich hätte beinahe alles verloren. Ich hätte dadurch fast meine Frau und auch die Band verloren." Sad, sad, sad.

Während also die Glimmer Twins innerhalb weniger Stunden des gemeinsamen Songschreibens ihren Streit beigelegt hatten, war Richards erst nach Watts Ankunft auf Barbados davon überzeugt, dass die Stones eine Zukunft hatten. "Ich fuhr zum Probenstudio und von draußen hörte ich ihn schon spielen", erzählte der Gitarrist dem *Rolling Stone*. "Ich hab einfach fünf Minuten im Auto gewartet und zugehört, und ich dachte: 'Okay. Für dieses Jahr ist alles klar.'"

> **"Die Wahrheit ist, dass wir in den Achtzigern am Rande des Abgrunds balancierten, ohne dass es jemand merkte – auch wir nicht. Erst jetzt wird mir rückblickend klar, wie nah die Band dran war, sich aufzulösen"**
>
> Keith Richards

mixed emotions

Keith Richards nennt diesen Track scherzhaft 'Mick's Emotions' und teilt damit die Ansicht vieler anderer, dass der Song eine Antwort auf Keiths ewige Nörgelei in den vergangenen Jahren war. "Lass uns das Kriegsbeil begraben, die Vergangenheit vergessen." Jagger betont, dass 'Mixed Emotions' überhaupt nichts mit Richards zu tun hat, sondern eine Frau ihn dazu angeregt habe. Wie auch immer, der Song ist ein weiteres überzeugendes Beispiel modernen Rocks, ein Angriff auf die Sinne mit einer Flut von schmalzigen Gitarren.

steel wheels

Ein ehrbarer Job: Bill Wyman eröffnet in Kensington das Restaurant *Sticky Fingers*.

Die Gitarren swingen mitreißend und der Chor der Stimmen, der "Du bist nicht die Einzige" singt, verleiht dem Song etwas Melodramatisches. Selbst innerhalb der klaren Klangbilder des Albums profitierte der Song eindeutig von der veralteten Aufnahmetechnik, die sich seit den Tagen von *Exile on Main Street* nicht verändert hatte. Wieder einmal gruppierte die Band sich für den Basic Track um die Mikrofone. "Für mich ist das die einzige Möglichkeit", sagte Richards der Zeitschrift *Bam* 1989. "Wenn die Gruppe wie eine Gruppe klingen soll, dann muss man sich auch in die Augen schauen können."

terrifying

Die Gitarren spielen hier nur eine Nebenrolle, während die Stones sich in einen frenetischen Funk-Groove stürzen und zwar schneller, aber mit weniger Wärme spielen als bei dem bedächtigen Funk 'Hot Stuff' von 1976. Das heißt jedoch nicht, dass der Song rundweg schlecht ist. Er ist harmloser moderner Rock, der sich durch Jaggers spöttisches Liebesgeständnis ("Ich habe dieses seltsame, seltsame, seltsame Verlangen!") und Roddy Corimers aufwühlendes Trompetensolo über Wasser hält. Entscheidend ist der harte Rhythmus von Watts und Wyman, der die Band in einen schnellen, wirbelnden Rausch versetzt.

'Terrifying' war einer von Wymans letzten Trips als Mitglied der Stones. "Sein Bassspiel war so dynamisch und doch so gleichmäßig, dass es einen einfach mitriss", sagte Chris Kimsey 1989. "Ich glaube, auf diesem Album ist der Bass sogar noch lauter als auf den meisten anderen."

hold on to your hat

Erfahrung spielt beim Rock and Roll eine wichtige Rolle. Das beweist der explosive Rock von 'Hold On To Your Hat', der zumindest das ungebrochene Talent der Stones für Tempo zeigt. Wenn auf *Steel Wheels* endlich dieser wilde Jam ertönt, verspürt man Erleichterung – einen Augenblick reiner, grenzenloser Begeisterung nach den vorangegangenen konturenarmen Klängen.

Das ausdrucksvolle Gitarrenspiel ist eindeutig von Keiths geliebtem Chuck Berry inspiriert, doch war es Jagger, der den Song bereits in der Mache hatte, als die Glimmer Twins auf Barbados ankamen. Jagger wirkt wie elektrisiert und bellt irgendwas davon, das verrückte Haus abzureißen, was ein Interviewer tatsächlich als Anspielung auf das Britische Parlament deutete. Nicht sehr wahrscheinlich. Nicht angesichts weiterer unsinniger Textstellen wie "Du hattest eine faire Chance, halt dich an deiner Kippe fest!" Es ist einfach ein weiterer Jagger-Kampfsong, der gut zu den aufgeheizten Grooves von *Dirty Work* gepasst hätte.

Jagger scheint stocksauer auf jemanden zu sein. Wichtiger ist jedoch, dass der Song beweist, dass Jagger 1989 noch überzeugenden Rock and Roll machen konnte. Er spielt sogar einige der Gitarrenpassagen selbst, nicht gerade typisch für einen alternden Rockaristokraten. "Es ist sehr nett, wenn die Leute denken, ich sei ein Gutsbesitzer oder so was", sagte Jagger der Zeitschrift *20/20* 1989. Im gleichen Jahr sagte Richards: "Mick spielt ziemlich viel Gitarre auf diesem Album. Er ist ein guter Rhythmusspieler ... er singt rhythmischer, wenn er spielt, ähnlich wie Aretha Franklin."

hearts for sale

Während des goldenen Zeitalters der Stones Ende der Sechziger, als *Beggars Banquet*, *Let It Bleed* und *Sticky Fingers* entstanden, galt die Regel: nicht mehr als 10 Tracks pro Album. Mit Ausnahme des monumentalen *Exile On Main Street* hielt die Band sich bis zu *Dirty Work* (1986) an diese Regel. Als sie nach einer Zeit des öffentlich zur Schau getragenen Selbsthasses wieder zusammenkam, gab sie diese Politik unerklärlicherweise auf. Die Stones waren nicht die einzige Band, die das tat, ermöglichten doch nun CDs viel längere Alben. Doch war diese Entscheidung alles andere als positiv. Mehr Knappheit hätte *Steel Wheels* und dem überlangen Album *Voodoo Lounge* mit seinen 15 unzusammenhängenden Songs besser getan.

steel wheels

'Hearts for Sale' ist keineswegs peinlich, aber einfach nur ein Lückenfüller, der normalerweise den Schneideprozess nicht überlebt hätte. Jagger erklärt sich hier während eines aufreizenden R&B-Grooves zur "Stimme des Gewissens, der Stimme der Vernunft". Der Rhythmus beginnt vielversprechend mit einem knisternden Gitarrenriff, und zarter Funk blitzt an den Rändern auf. Frustrierend kurz ist auch Jaggers feurige Mundharmonika zu hören. Doch letztlich führt der Song nirgendwohin, insbesondere wenn der Sänger wieder einmal unzusammenhängendes Zeugs über die Liebe schwafelt.

blinded by love

icht alles auf *Steel Wheels* ist mit kühler Präzision konstruiert. Und die besten Momente des Albums sind nicht auf die wenigen zwischen mittelmäßigem Pop-Rock eingestreuten Rocknummern beschränkt. 'Blinded By Love' ist eine charmante akustische Ballade, ein Konstrukt aus Country- und Inselrhythmen, wie nur die Glimmer Twins es zustande brachten. Es ist einer der ruhigsten Songs des Albums, eine Mischung aus gefühlvollem Gitarrenpicking, Geige und Jaggers geschmackvoll verhaltenem Gesang. Der Sänger wirkt hier am zugänglichsten, wenn er eine Predigt hält über historische und mythische, durch die Liebe zerstörte Persönlichkeiten, von Samson und Marcus Antonius bis hin zu King Edward, der aus Liebe zu einer geschiedenen Amerikanerin auf den Thron verzichtete.

'Blinded By Love' – bei dem Jaggers jüngerer Bruder Chris als "literarischer Bearbeiter" fungierte – kommt erstaunlicherweise ohne den modernen Produktionsglanz aus, der so vieles von *Steel Wheels* leblos macht, und lässt eine Wärme spüren, die die Stones immer noch ausstrahlen konnten.

King Edward verzichtete aus Liebe zu der geschiedenen Amerikanerin Wallis Simpson auf den Thron.

rock and a hard place

ieser Song, der zu den als Single herausgebrachten Tracks des Albums gehört, lässt sich am besten als Standortbestimmung der Stones 1989 verstehen. 'Rock And A Hard Place' hatte ursprünglich den Titel 'Steel Wheels', der dann für das Album und die bevorstehende Amerika-Tournee ausgewählt wurde, weil er Bewegung und Power suggerierte. (In Europa wurde der Name in *Urban Jungle Tour* umgeändert.)

Wie immer bündeln Richards und Woods ihre Energie zu einem furiosen Gitarreneinstieg, doch für die großen, bösen Stones ist der Sound seltsam heiter. Während Jagger vom geknechteten Leben unter der Herrschaft zwielichtiger ausländischer Regierungen singt, vermittelt die Musik nicht das Gefühl von Gefahr oder die Vorstellung, dass irgendetwas Unvorhergesehenes geschehen könnte.

Natürlich mag ein Song wie 'Rock And A Hard Place' in einem Jahr, das den Aufstieg solch federgewichtiger Popgruppen wie Milli Vanilli und New Kids On The Block sah, wirklich bedeutend erscheinen. Denkt man jedoch an das Vermächtnis der Stones, so hatte der Song wenig zu bieten. Er war gut gespielt, sauber aufgenommen, und dennoch fehlte ihm irgendwie Keith Richards' Rastlosigkeit und das, was er mit der Band, die so langsam in die Jahre kam, zu erreichen hoffte. Trotz aller spürbaren Emotion wirken die Stones hier eher wie Session-Musiker.

can't be seen

auschen Sie dem panikartigen Beat, der Nervosität in Keiths Stimme! 'Can't Be Seen' ist die Geschichte einer verbotenen Liebe, die durch das aufgeregte Kratzen auf der Gitarre hautnah gebracht wird. Auch wenn einige der raueren musikalischen Kanten geglättet wurden, schneidet Keiths Stimme durch dichte Schichten von Orgel, Schlagzeug und Gitarren. Obwohl von den Stones gespielt, klingt der Song wie ein Track von Richards' Soloalbum. Es ist eine für ihn typische Hymne der Geächteten, auch wenn der Gitarrist jetzt das Familienglück genoss und mit Hilfe seiner Frau und unzähligen Stofftieren Kinder großzog.

Keith singt hier von einer ehebrecherischen Beziehung, doch eigentlich war der Songtitel auf Bill Wyman gemünzt. 1986 enthüllte die britische Boulevardpresse, dass der Bassist gerade eine dreijährige Beziehung mit der damals sechzehnjährigen Mandy Smith beendet hatte. Nun war "Wild Bill Wyman" der Geächtete und stand ganz in der Tradition von Chuck Berry und Jerry Lee Lewis, der 1957 für einen Skandal gesorgt hatte, als er seine dreizehnjährige Cousine heiratete. "SPERRT DIESEN WURM WYMAN EIN, DER MANDY, DIE 13JÄHRIGE, LIEBT", lautete eine typische Schlagzeile.

Bis dahin war es Wyman gelungen, seine Beziehung geheim zu halten und sich bei nächtlichen Ausflügen lästige Fotografen vom Hals zu halten. "Wir durften die RECHTLICHE Seite nicht vergessen", erzählte Mandy 1987 *Vanity Fair*. Und ihre Mutter, die ihr immer zur Seite stand, sagte ihr: "Er kann jede Frau der Welt haben. Er ist ein Rolling Stone und er hat dich gewählt." Als die Sache in die Öffentlichkeit drang, flüchtete Wyman nach Frankreich, bis er sicher war, dass die Polizei die Familie Smith verhört und entschieden hatte, ihn nicht festzunehmen.

Während der Produktion von *Steel Wheels* verkündete "Wild Bill", dass er und die nun neunzehnjährige Mandy Smith heiraten würden – seine Beziehung zu Astrid Lundstrom hatte 1983 geendet. Die Feier, bei der alle Stones anwesend waren, fand in England statt, während gerade die Sessions für das neue Album abgemischt wurden. Doch als die Presse von der bevorstehenden Hochzeit Wind bekommen hatte, war Wyman schnell zu einer Pressekonferenz nach Antigua gereist, sodass Wood bei vier Songs den Bass übernehmen musste. Wymans letztes Erscheinen auf einem Stones Album war somit verkürzt.

steel wheels

almost hear you sigh

Chris Jagger, "literarischer Bearbeiter" des älteren Bruders Mick.

Mick Jagger beschreibt hier eine schmerzliche Trennung und stellt seine Erinnerungen an Wärme und Liebe der kalten Stimme gegenüber, die ihm Goodbye sagt. Produktion und Performance finden in diesem Klagelied eine echte Ausgewogenheit. Sie entspricht der Emotion des Songs. Richards zupft eine akustische Gitarre, während Jagger bewegend, ja geradezu liebeskrank singt. Und dennoch war 'Almost Hear You Sigh' zunächst ein Richards-Song mit Drummer Steve Jordan als Co-Autor – Keiths wichtigstem Partner während seiner Soloarbeit. Richards brachte den Song mit nach Barbados, wo Jagger viele der Lyrics mit Hilfe seines Bruders Chris umschrieb, und diesen auch als "Text-Bearbeiter" benannte.

Der potentielle Konflikt zwischen Keiths Solokarriere und seiner Rolle bei den Stones beschäftigte den Gitarristen schon länger: "1985 begannen wir mit diesem Soloscheiß und damit ergaben sich ganz neue Probleme. Ich hab ihm gesagt, dass ich nach all den Jahren nicht in so eine Situation kommen wolle, weil ich wusste, dass es einen Interessenkonflikt geben würde", erzählte er 1992 dem *Guitar Player*. "Ich wusste, dass ich Songs schreiben würde und dass es dann heißt: 'Das ist meiner. Den können die Stones nicht haben. Dafür können sie diesen hier kriegen.' Was sollte ich tun? Ihnen den besten geben, den ich hatte? Den zweitbesten?"

continental drift

Brian Jones ist wieder da – zumindest spürt man hier noch seinen Einfluss auf die Band, die er Anfang der Sechziger gründete. *Steel Wheels* sollte für die Rolling Stones eine epische Rückkehr zur Form werden, ein Album, das die Band auf ein neues, weites Terrain führte. Deswegen beschlossen Jagger und Richards nach Tanger in Marokko zurückzukehren, dem nordafrikanischen Spielfeld ihrer Jugend, um die tranceartigen Rhythmen der Joujouka-Musik aufzunehmen, die Jones erstmals 1968 so fasziniert hatten. "Viel davon war in den vergangenen Jahren unter den Tisch gefallen. Nicht unbedingt dieser bestimmte Sound, aber die Idee an sich, das Spektrum ein bisschen zu erweitern", sagte Jagger dem *Rolling Stone*. "Wir wurden eine Hard Rock Band und waren damit sehr zufrieden. Die Balladen gerieten dabei ein wenig in den Hintergrund. Der Hard Rock gewann einfach die Oberhand und wir verloren ein wenig das Feingefühl und die Neugier auf Neues."

Bei 'Continental Drift' experimentierten die Stones mit jener multikulturellen Mischung, die Led Zeppelin und andere schon längst perfektioniert hatten. Soeben hatten Peter Gabriel und die Talking Heads die exotischen Beats und Rhythmen der World Music in ihre Popsongs eingebracht. Die Idee, mit den Master Musicians of Joujouka zusammenzuspielen, kam Jagger, als er 'Continental Drift' schrieb, ein seltsam spirituelles Traktat über die Macht der Liebe. Zufällig erhielt er einen Brief von Bachir Attar, der als

Siebenjähriger Brian Jones in den Bergen von Joujouka getroffen hatte, als der blonde Stone dort die Truppe aufnahm. Nun viele Jahre später war Attar selbst der Chef des musikalischen Stammes. Er lud Jagger zu einem Besuch ein.

"Ich schrieb diesen Song, erinnerte mich an ihre Harmonien und dachte, dass es doch phantastisch wäre, sie auf dem Track zu haben. Und dann kam dieser Brief", erzählte Jagger der Zeitschrift *20/20*. "Verrückt, oder?"

Der Sänger besuchte Joujouka, ein Dorf, das von Tanger aus per Esel in zwei Stunden zu erreichen war. Schließlich mussten die Glimmer Twins die Musikgruppe nach Tanger bringen, wo es Elektrizität für die Aufnahmegeräte gab. Die Musiker trugen gelbe Turbane und braune Gewänder mit Kapuzen und spielten ihre gefühlvollen, wilden Rhythmen zu einem Stück, das bereits in den AIR Studios in Montserrat aufgenommen worden war. Nicht alles war ebenso exotisch – die schrillen metallischen Geräusche zu Beginn des Songs produzierte Keith, indem an der Felge eines Fahrrads mit dem Messer herumkratzte.

> **"Wir verloren ein wenig das Feingefühl und die Neugier auf Neues"**
> Mick Jagger

break the spell

War die Rückkehr zur Joujouka-Musik eine musikalische Verbeugung vor der Jugendzeit der Stones, so konnte nichts die Seele der Band tiefer berühren als der Blues des Mississippi-Deltas. Jagger singt hier nebulös von Zauberei und unerfüllter Liebe, während Keith die Gitarre und Ronnie die Dobro zupft.

Das bestimmende Element des Songs ist die Blues-Mundharmonika Jaggers, die wie ein Hagelsturm losbricht. Sie jagt einem Kälteschauer über den Rücken, doch ohne das Pathos von 'No Expectations'. Als Sänger bringt Jagger hier wenig Gefühl rüber, doch inmitten des Gekratzes und Geheuls scheint das kaum eine Rolle zu spielen. Manchmal reicht es einfach, so zu tun als ob.

slipping away

Inzwischen hatten die Zuhörer eine andere Seite an Keith Richards schätzen gelernt. Er war nicht mehr nur der menschliche Riff oder der stöhnende, kratzige Sänger von 'Happy'. Als Interpret von Balladen war Richards nun ebenso kompetent und interessant wie der unsterbliche Mick. Im Verlauf der Jahre bildete Keith seine Stimme aus, Töne besser zu halten, auch wenn es immer noch nicht so klang, wie es vielleicht klingen sollte, was den verlotterten Charme nur verstärkte. Auf 'Slipping Away' flüstert Keith wieder vor sich hin mit einer vom jahrzehntelangen Genuss von Marlboro Reds verwitterten Stimme, dieses Mal, um sich, von leisen Bläsern untermalt, mit der Sterblichkeit auseinanderzusetzen. "Okay, es ist nur ein weiterer Song", singt er, "aber er muss aus mir raus."

Als *Steel Wheels* abgeschlossen war, schien für die Stones eine weitere Ära anzubrechen, in der die Solokarrieren ihrer sagenhaften Glimmer Twins mit einem Augenzwinkern toleriert wurden. Die bevorstehende Welttournee würde die Stadien füllen und zeigen, dass die Stones noch immer die "größte Rock-and-Roll-Band der Welt" waren, zumindest was die Konzertbesucherzahlen anging. Unter den Stones herrschte endlich Frieden und es schien wieder eine geschäftige Phase auf sie zuzukommen. Aber irgendwie ging dieser Schwung verloren. Am traumatischsten war, dass Bill Wyman schließlich seine Drohung wahr machte und die Band für immer verließ. Mick ging mit Rick Rubin ins Studio, der ihm seine nächste Soloplatte produzierte. Erst fünf Jahre später nahmen die Stones wieder neue Songs auf.

Kapitel 20

1994 voodoo lounge

Keine Kosten gescheut: Die *Voodoo Lounge* Tour ist eine der spektakulärsten, die eine Rockband je auf die Bühne brachte.

Love Is Strong
You Got Me Rocking
Sparks Will Fly
The Worst
News Faces
Moon Is Up
Out Of Tears
I Go Wild

Brand New Car
Sweethearts Together
Suck On The Jugular
Blinded By Rainbows
Baby Break It Down
Thru And Thru
Mean Disposition

voodoo lounge

Vielleicht sollte man die Achtziger einfach vergessen. Die Dinge begannen nicht schlecht mit *Tattoo You*, das zu den bestverkauften Scheiben der Stones gehört – eine wundersame Sammlung voller Aufnahmen, die zuvor nicht berücksichtigt oder ganz verworfen worden waren. Das Jahrzehnt endete sogar mit dem bedeutenden *Steel-Wheels*-Album und der anschließenden Welttournee. Doch dazwischen lagen verlorene Jahre und eine Band, die in Hass, Chaos und Bedeutungslosigkeit versank. Die Neunziger sollten anders werden. Die Stones schienen bereit für einen neuen Versuch, die Charts zu stürmen und ihren Elan aus der *Steel-Wheels*-Wiedervereinigung in eine Ära voller Engagement und Action hinüberzuretten. Doch weit gefehlt. Erst fünf Jahre später erschien ein weiteres Studioalbum – die längste Pause in drei Jahrzehnten.

Die Zeiten hatten sich geändert. Niemand erwartete wirklich, dass die Rolling Stones wieder ein so rasantes Tempo wie in ihrer Jugend vorlegen würden, als das kribbelige Quintett ständig auf Tournee war und nur Pausen einlegte, um in nächtlichen Studio-Sessions neue Hits aufzunehmen. Das ist ein Lebensstil für junge Männer, nicht jedoch für millionenschwere Rock-Opas. Die Stones hatten nun die schlechte Gewohnheit späterer Popgenerationen übernommen, sich zwischen den einzelnen Alben treiben zu lassen. Nicht, dass sie nichts anderes zu tun hatten. Da waren die langen Urlaube auf Jamaica und im Fernen Osten, die Haussuche in Irland, die Solokarrieren, Kinder, die es aufzuziehen galt, ein Krankenhausaufenthalt für Woody, der sich bei einem Autounfall beide Beine gebrochen hatte; Wyman ließ sich scheiden und Jagger heiratete seine langjährige Lebensgefährtin Jerry Hall. Zudem hatte Mick eine Tochter, die gerade ihren Abschluss in Yale machte, und eine andere, die hochschwanger war – der persönliche Botschafter des Teufels sollte bald GROSSVATER werden.

1991 gingen die Stones getrennte Wege, zunächst jedoch machten sie die größte Musiktournee der Geschichte, die über 200 Millionen Dollar einbrachte. In Prag dinierten sie vor ihrem ausverkauften Konzert, das Fans aus ganz Osteuropa anlockte, im Präsidentenpalast mit Václav Havel.

Die Band nahm auch in Londons Hit Factory zwei neue Songs als Zusatznummern für das kommende Livealbum *Flashpoint* auf. Einer davon war 'Highwire', eine Kritik am internationalen Waffenhandel. Es war kein sonderlich Aufsehen erregender Song, aber angesichts des Golfkrieges, der gerade endete, als die Platte rauskam, ungewöhnlich gut getimed. Die Stones verstanden es also noch immer, zu polarisieren, was unter anderem dazu führte, dass die BBC-Fernsehshow *Top of the Pops* die anstößige erste Zeile des Songs zensierte: "Wir verkaufen ihnen Raketen, wir verkaufen ihnen Panzer, wir geben ihnen Kredit, du kannst die Bank anrufen." "Es geht nicht um den Krieg per se", erklärte Keith damals. "Es geht darum, wie solche Sachen beginnen. Verschiedene Regierungen bauen die Armee eines Westentaschen-Diktators wie Sadam Hussein auf und sehen seinem Morden jahrelang tatenlos zu. Viele der Unternehmen trieben nach wie vor aktiv Handel mit ihm, als die UN ihr Ultimatum stellte. Er fragt sich wahrscheinlich immer noch, was er falsch gemacht hat."

Die großen alten Männer des Rocks unterzeichneten schon bald einen neuen Vertrag mit Virgin Records in Höhe von 25 Millionen Pfund – nur Wyman nicht. Der Band war sofort klar, dass der Bassist seine Drohung wahr machte und sich endgültig aus der Band zurückzog. Von nun an war er nur noch gelegentlich mit Willy and the Poor Boys sowie bei verschiedenen Wohltätigkeitsveranstaltungen auf der Bühne zu sehen. "Er war immer der Erste, der kam, und der Erste, der ging", erinnert sich Techniker Andy Johns, der Anfang der Siebziger regelmäßig mit den Stones arbeitete und Wyman als Freund und Helden betrachtete. "Bill ist sehr geradlinig. Und sehr häuslich. Für ihn war es Arbeit. Er kam dorthin und spielte seinen Bass, und wenn es Zeit war zu gehen, ging er nach Hause." Nun war es für Wyman Zeit, auszusteigen und den Reichtum zu genießen, den er angehäuft hatte.

Dann war da noch die Sache mit *Stone Alone*, Wymans Autobiografie, die er zusammen mit dem Journalisten Ray Coleman geschrieben hatte. Das rund 600-seitige Epos ist ein äußerst detaillierter Bericht über die Karriere der Stones, vom Tod Brian Jones' angefangen bis hin zu jedem einzelnen Penny, den die

> **" Für ihn war es Arbeit. Er kam dorthin und spielte seinen Bass, und wenn es Zeit war zu gehen, ging er nach Hause "**
>
> Andy Johns, Techniker, über Bill Wyman

voodoo lounge

Jaggers Song über den internationalen Waffenhandel beweist, dass die Stones noch immer provozieren können.

Band verdient hatte. Es ermöglichte Wyman auch, seinen lange zurückgehaltenen Groll auf die Glimmer Twins zu äußern. Seine Kritik an Mick und Keith war manchmal hart, aber nie unbarmherzig. Vielleicht war dieses Buch seine Art, Abschied zu nehmen.

Für den Augenblick spielte es kaum eine Rolle, denn die Band machte so etwas wie Dauerurlaub. Keith produzierte weiter und erschien auf Tracks für Alben von John Lee Hooker und Johnnie Johnson. 1992 reisten er und seine X-Pensive Winos nach San Rafael, Kalifornien, um am zweiten Album *Main Offender* zu arbeiten – längst nicht so gut wie sein Debüt. Richards' Zukunft war damals immer noch ungewiss. Nun, da die Band offiziell wieder eine funktionierende Einheit war, schien die Begeisterung für seine Solokarriere dahin zu sein.

Wood veröffentlichte *Slide On This*, sein erstes Soloalbum seit zehn Jahren. Und das Charlie Watts Quintett trat non-stop in Clubs auf der ganzen Welt auf, von London bis Tokyo. Charlie war endlich ein richtiger Jazzer.

Im gleichen Zeitraum brachte Jagger unerwartet das Beste seiner drei Soloalben heraus. Mit Hilfe des Produzenten Rick Rubin (von Run DMC und Beasty Boys Ruhm) war Jaggers *Wandering Spirit* zu einem dynamischen unvergesslichen Album geworden, das sich durchsetzte, weil es ironischerweise wie die Stones klang. Jagger nahm mit einer Band aus Los Angeles, den Red Devils, auch ein temperamentvolles Album voller Blues Standards auf, das jedoch nur als Bootleg herausgebracht wurde. Und er war einer der Hauptdarsteller in *Freejack*, seinem

schlechtesten Film, der Emilio Estevez auf den Leib geschrieben war, und von dem Jagger gedacht hatte, er sei wie der Science-Fiction-Kultstreifen *Blade Runner*. War er aber nicht. Mehr ein Cartoon denn ein Drama, verschwand *Freejack* schnell von der Leinwand. Aus Micks Traum vom Ruhm als Filmstar wurde wieder nichts.

Mitte 1993 waren Jagger, Richards und Watts auf Barbados, um Material für ein neues Stones-Projekt zu erarbeiten. Der Produzent sollte Don Was sein, der einst in der Band Was (Not Was) mitgespielt hatte und für seine aggressive eklektische Mischung aus Funk, Rock und gelegentlichem avantgardistischen Unsinn bekannt war. Nachdem er diese Band verlassen hatte, begann Was eine sehr erfolgreiche Karriere als Produzent von Künstlern wie Bonnie Raitt oder Brian Wilson. Nun waren die Stones an der Reihe.

"Diese Jungs sind Meister-Könner", sagte Was 1995 der Zeitschrift *Goldmine*. "Was Muddy Waters für den Blues darstellt, sind die Stones für den Rock and Roll. Sie sind so gut. Jeder Einzelne von ihnen. Jagger – unvergleichlich, wie seine Stimme selbst vom Band rüberkommt. Das ist einfach übernatürlich... und sein Mundharmonikaspiel ist unschlagbar."

Die Stones nahmen in Irland 30 Songs mit Was auf und das Album wurde in den A&M Studios in Hollywood gedubbt. Den Bass bediente Darryl Jones, der früher bei Miles Davis und Sting war. Das Ergebnis war *Voodoo Lounge*, ein Album, auf dem sie es ganz nach ihrer typischen Art rocken ließen. Doch obwohl das Album fetzig war, mangelte es ihm an Ideen. *Voodoo Lounge* war besser als *Steel Wheels*. Eine Hand voll Tracks sind wirklich aufregend, doch mehr Beschränkung hätte in der Ära von Kurt Cobain und Snoop Doggy Dogg einen größeren Eindruck auf die Zuhörer gemacht.

Jagger behauptete, auf *Voodoo Lounge* trotz des Fehlens von Bill Wyman ein stärkeres Zusammengehörigkeitsgefühl gespürt zu haben. Der Sound der Balladen und Rocknummern gefalle ihm, doch mit dem Album als Ganzem sei er unzufrieden. "Das Album ist in vieler Hinsicht eine Momentaufnahme", sagte Jagger. "Insofern war ich äußerst zufrieden mit dem Ergebnis. Aber wir hatten eine Menge für *Voodoo Lounge* geschrieben – Groove-Songs, afrikanische Einflüsse und Ähnliches –, von denen Don uns abbrachte. Und ich glaube, das war ein Fehler."

> "Diese Jungs sind Könner ... Was Muddy Waters für den Blues ist, sind die Stones für den Rock and Roll. Sie sind so gut"
>
> Don Was, Produzent

love is strong

Voodoo Lounge beginnt ausgesprochen anregend: schweres Atmen und abgehackte Gitarrenklänge, die Blitze der Wollust und Gefahr abfeuern. 'Love Is Strong' sind die modernen Stones in Höchstform. Sie beschreiben hier keine neuen Wege, sondern geben spontane Jams zum Besten, wie nur sie es können. Mick Jagger gibt die üblichen Zweideutigkeiten von sich, während Keith Richards und Ronnie Wood vor dem Hintergrund von Watts durchgängigem Beat archetypische Stones-Riffs heraushämmern.

"Einige Strukturen erinnern an Songs, die sie in der Vergangenheit gemacht haben", sagte Produzent Was über die Musik von *Voodoo Lounge*. Auch wenn das so war, zeigte 'Love Is Strong' doch, dass der klassische Stones-Groove noch Entwicklungsmöglichkeiten barg.

Das war keine Band, die die Sechziger überlebt hatte und nun mechanisch ihr Zeug abspulte, um schnelles Geld zu machen. Selbst wenn Jaggers Texte wenig mehr boten als billige Lust, so deutete sein feuriges Mundharmonikaspiel doch an, dass er als Musiker noch etwas zu sagen hatte. Und dieses Mal war der Motor des Ganzen nicht Keith, sondern Charlie Watts, ein Schlagzeuger, den Was mit dem Jazzgott Art Blakey verglich.

"Er sitzt da wie dieser – er spielt von der Taille an abwärts", sagte Was später. "Und dennoch spielt er mit so viel Power, dass er in seiner Schießbude wie ein verrückter Gewichtheber wirkt. ... Er ist ein so integraler Bestandteil des Ganzen, dass alles, was in der Band

voodoo lounge

Mick Jagger: entschlossen, weiterzumachen, solange er noch die Energie und den Elan hat.

steckt, irgendwie von seinem Schlagzeugspiel ausgeht."

'Love is Strong' wurde die erste von *Voodoo Lounge* ausgekoppelte Single. Der Meister am Mischpult, Teddy Riley, fand in den Grooves (oder in seinem Bar-Scheck) so viel Inspiration, dass er daraus sechs unterschiedliche Dance-Remixe für eine CD-Single machte. Bob Clearmountain mixte noch einen weiteren. Doch die beste Version bleibt nach wie vor das Original, das geradlinigste Stück Popmusik, das die Stones seit einem Jahrzehnt aufgenommen hatten. In dem großartigen Schwarz-Weiß-Video, bei dem David Fincher Regie führte, stapfen die vier verbliebenen Stones als Riesen durch Manhattan, was vielleicht für ein Quartett alternder Rocker die einzige Rechtfertigung ist, gegen so leidenschaftliche neue Stimmen wie Nirvana oder Pearl Jam anzutreten. Was hatten die Stones so viele Jahre später der *Woodstock-II*-Generation noch zu sagen?

Ihre Antwort liegt vielleicht in den sanften männlichen Background Vocals hinter Jagger. Die miteinander verschmelzenden Stimmen von Wood, Richards, Ian Neville und Bernard Fowler deuten darauf hin, dass die Stones immer noch Soul haben, vereinigt im Sound einer 30-jährigen Bruderschaft und entschlossen, sich immer aufs Neue gegenseitig voranzutreiben.

"Die Leute fragen: 'Wie lange wollen die das noch machen?' Ich entgegne: 'Warum sollten sie nicht?'", sagt Bobby Womack, ein langjähriger Freund der Stones, der auf *Voodoo Lounge* an anderer Stelle im Hintergrund mitsingt. "Sie haben die Einstellung, sie haben den Elan. Man wächst zusammen, lebt zusammen, durchlebt Höhen und Tiefen miteinander. Das ist es, was die Stones zu den Stones macht."

you got me rocking

enn auch die Schwerelosigkeit von *Exile On Main Street* weit hinter ihnen lag, so konnten die Stones sie immer noch heraufbeschwören, wenn sie in Stimmung waren. Aber Keith Richards hatte keine Lust, sich zu zügeln, so als ob der Ruf der Band allein davon abhinge, dass sie so gut rocken konnte wie die Jüngeren. Und so wurde der subtile Charakter des Blues zu oft einfach aufgegeben. Das erklärt den zunehmend harten Rocksound der Band seit *Dirty Work*. Und das Ergebnis war manchmal eine Art Unbeholfenheit, so als ob der brutale Druck ihres Vortrags die Band daran hinderte, eine Balance zwischen all den kollidierenden Gitarren zu finden.

'You Got Me Rocking' ist durchsetzt mit vielen spannenden Elementen, die ein unbefriedigendes Ganzes ergeben. Jagger singt davon, neue Zuversicht und Inspiration zu finden, aber mit Bildern von Blut und Fleisch, Sex und Angst. Richards' und Woods Gitarrenspiel zeugt von unleugbarem Enthusiasmus, und doch basiert alles auf unklaren Melodien und einem unbeholfenen Arrangement. 'You Got Me Rocking' geht ab wie eine Rakete, hinterlässt aber dennoch keinen bleibenden Eindruck.

Vielleicht versuchten die Band und die Crew von *Voodoo Lounge* zu krampfhaft, den vergangenen Glanz heraufzubeschwören. Jagger sagte später, das Album sei "zu retro". 1995 erzählte er Jann Wenner, dass er und Watts die Nostalgie, die in dem Mix spürbar gewesen sei, abgelehnt hätten. Nicht, dass er den Rock and Roll aufgeben wollte. "Ich spiele ihn immer noch gerne, aber er hat keine neue, streng festgelegte Form mehr", sagte Jagger. "Er hat immer noch Ausdruckskraft, verändert sich immer wieder und bringt Neues hervor. Aber er ist nicht mehr so spannend für mich. Denkt man an seinen aufrührerischen Charakter, die Angst, die Jugend, dann ist er für jemanden in meinem Alter kein ideales Medium. In gewisser Hinsicht ist es dumm, das wiederbeleben zu wollen."

sparks will fly

In den Achtzigern und Neunzigern wurden die Stones-Alben nach Absprache gemacht. Alles lief entweder nach Plan oder überhaupt nicht. Und mit *Voodoo Lounge* war es nicht anders. Zunächst trafen sich die Glimmer Twins in irgendeinem Inselparadies für mehrere Wochen intensiver Songwriting-Sessions. Anschließend kam die Band zusammen, um einige Wochen lang Aufnahmen zu machen. Danach gab es vielleicht eine Tournee. Und dann nichts mehr, bis es Jahre später wieder Zeit für ein neues Album war.

Mick und Keith hatten die Besessenheit, mit der sie an die Sache herangegangen waren – früher standen sie fast ständig in Kontakt miteinander, wälzten Ideen und arbeiteten über lange Phasen hin erfolgreich miteinander – weit hinter sich gelassen. What a drag it is growing old!

Die 15 neuen Jagger/Richards-Originale für *Voodoo Lounge* entstanden auf Barbados. Die Glimmer Twins verließen die Insel mit 75 Songs und Fragmenten, was von Keiths erstaunlicher Fähigkeit zeugt, ein Rockriff nach dem anderen zu liefern. "Keiths Spiel ist sehr intuitiv und zudem wirklich facettenreich", sagte Watts. "Er verarbeitet Neues sehr schnell."

Und dennoch, Richards eifrigen Fingern sind Grenzen gesetzt. Revolutionäre Klänge wie auf 'Gimme Shelter' sollten bei einer kurzen Session mit seinem Songwriting-Partner im sonnigen Surfmilieu auf Barbados wohl kaum herausspringen. Und so klingen viele der Rocknummern auf *Voodoo Lounge* gleich. Nicht, dass Keiths Spiel weniger mitreißend und überzeugend ist. Aber unterscheiden sich die rauen Riffs und die zotigen Texte von 'Sparks Will Fly', 'You Got Me Rocking' und 'I Go Wild' denn voneinander? Praktisch überhaupt nicht.

In 'Sparks Will Fly' verspricht Jagger seiner Geliebten, sie mit seiner Lust in Wallung zu bringen. Zwar schockt er immer wieder mal mit deutlichen Worten, doch diese wollen nichts Besonderes ausdrücken und haben nichts von dem zweideutigen Unterton früherer Lieder wie 'Brown Sugar', das auf dunklere Themen hinzudeuten schien – ob Jagger das nun gemeint hatte oder nicht. Literatur, Blues und Lebenserfahrung waren einst Jaggers Quelle der Inspiration. Die Rocknummern auf *Voodoo Lounge* schienen aus nicht jugendfreien Comicheften zu stammen.

Der neue Keith Richards: "clean"

voodoo lounge

the worst

Jimmy Rodgers: Keith Richards bewahrte sich seine Liebe zu Country and Western.

Die frühesten Erinnerungen des jungen Mick an Keith sind die an einen Jungen mit einem Faible für singende Cowboys – Roy Rogers, Gene Autry und tausend andere vergessene Jodler. Nicht der Gesang faszinierte den kleinen Keith, sondern die Gitarre. Er ging allmählich zu richtigem Country and Western über und spielte den weißen Blues von Jimmie Rodgers, Hank Williams und der Carter Family. Und sein Spiel blieb davon geprägt. Keiths Liebe zur Countrymusic ist auf *Beggars Banquet* und *Exile On Main Street* spürbar und inspirierte ihn zu 'Honky Tonk Women'. Der gleiche Sound sorgte für eine der einfühlsamsten Passagen auf *Voodoo Lounge*.

'The Worst' wird von Ron Woods Pedal-Steel-Gitarre und Frankie Gavins schwermütiger Geigenpassage geprägt. Keith spielt leise auf einer Akustikgitarre, während er von Liebesleid singt. Seine Stimme klingt zwar rau und dünn, zeigt aber dennoch Emotionen und ein Gefühl der Verletzlichkeit. 'The Worst' ist der natürlichste Song des Albums.

new faces

Schon seltsam, dass Mick Jagger sich je darauf einließ, so etwas wie 'New Faces' zu singen, ganz davon zu schweigen, es zu schreiben. Man denke nur an das Cembalo, die süßlichen Gitarren und Jaggers Bemühen, Unschuld in seine Stimme zu legen. 'New Faces' lässt die Musik der jungen Stones um 1965 wieder aufleben, der Ära des Pop und des kindlichen Staunens. Wenngleich sich Jagger darüber beklagt, von der Vergangenheit verfolgt zu werden, liefert er hier doch einen völlig neuen Sound, wenn er von seinem gebrochenen Herzen und dem Mädchen singt, das sich in die Arme eines bösen, bösen Jungen verirrte. Alles wirkt zuckersüß, auch wenn der Text Probleme andeutet. Jagger klingt, als lese er ein Märchen vor. Für einen Mann, der die letzten drei Jahrzehnte damit verbrachte, vor der Nostalgie zu flüchten, macht 'New Faces' keinen Sinn.

moon is up

Jagger hat nichts als Liebe im Kopf. Das ist überall spürbar auf *Voodoo Lounge*. Und das sind nicht gerade gute Nachrichten für die Stones. Mit wenigen Ausnahmen war Jaggers Songwriting-Repertoire 1994 unerklärlicherweise auf Liebe und Sex beschränkt. Abgesehen von der einen oder anderen deutlichen Zeile fehlte sogar sein legendärer Frauenhass. Stattdessen dokumentieren die Songs die Machenschaften von Männern und Frauen ohne irgendwelche Weisheiten oder Erkenntnisse. 'Moon Is Up', das die sattsam bekannte Geschichte erzählt, bildet da keine Ausnahme.

Wie vieles auf diesem Album wird der Song teilweise durch Jaggers Gesang gerettet. Im Unterschied zu den dunklen Tagen von *Dirty Work*, als seine Solokarriere ihm wichtiger zu sein schien, war der Sänger nun ganz mit den Stones im Reinen.

out of tears

So wie Keith Richards raue Stimme bei 'The Worst', bietet Mick Jaggers Vortrag bei 'Out of Tears' einen willkommenen Augenblick der Klarheit und emotionalen Entspannung. Mit einem Zittern in der Stimme, begleitet von Chuck Leavells gefühlvollem Klavierspiel, singt Jagger hier vom unausweichlichen Ende einer Beziehung. David Campbells Streicher-Arrangement steigert sich zu einer großen Melodramatik, Jagger hatte seit 'Angie' oder 'Fool To Cry' nicht mehr so emotional nackt geklungen. Selbst bei dieser Rockballade von einer unglücklichen Liebe fiel er wieder einmal in die Tiefen des Blues.

i go wild

'I Go Wild' beginnt mit einer Explosion von E-Gitarren, bevor es in langsame Groove-Riffs und Mick Jaggers Worte über eine verzweifelte Liebe übergeht – "Ohne dich bin ich nichts als totes Fleisch", singt er und rappt sich durch eine Ansammlung albtraumhafter Szenen über Sex und Gewalt, Krankheit und Masochismus. Er klingt hier außerordentlich ekelhaft, wenn er den Songtitel mit roher, lüsterner Freude rezitiert. Die auf einen Dreiklang aufbauende Melodie dieses Rockstücks wirkt einfach und direkt, aber die Bridge aus getragenen Beats und eingestreutem Gitarreneinsatz ist ein absoluter Fehlgriff. Mehr Wildheit wäre besser gewesen.

brand new car

Warum hat *Voodoo Lounge* 15 Titel? Der nichtssagende Funk von 'Brand New Car' provoziert diese Frage. Der Song, ein Mix aus neuem Funk und Chuck Berry, kommt einfach nicht aus seinem eintönigen, hämmernden Rhythmus heraus. Die Bläser, der Saxophonist David McMurray und der Trompeter Mark Isham, lassen für einen kurzen Moment etwas wie Wärme spüren, aber nichts kann Jaggers dubiose Geschichte retten, in der ihm ein Auto als eine weitere Metapher für seine Geliebte dient. *Voodoo Lounge* hätte auch ohne diesen Song überlebt.

voodoo lounge

sweethearts together

Bei 'Sweetheats Together' schimmerten noch einmal die frühen Stones durch. Solcher Art waren die Songs, mit denen Manager Andrew Loog Oldham bei unerfahrenen Popsängern hausieren ging. Die Rolling Stones nahmen solche Lieder selten in ihr Repertoire auf, sondern überließen sie Sängern wie Gene Pitney und Cliff Richard, die mit diesem Ausschuss der Glimmer Twins Hits landeten. 'Sweethearts Together', eine Ballade in mittlerem Tempo und mit einem tropischen Flair, ist nicht sonderlich unterhaltsam. Mick fühlt sich in romantischer Stimmung und schwört seiner Liebsten ewige Treue, während er anerkennt: "Es liegt immer etwas Verführerisches in den Wirren der Jugend." Der Tex-Mex-Meister des Akkordeons Flaco Jimenez fügt eine weitere sanfte Klangebene hinzu. Das lethargische Schlurfen der Aufnahme erinnert an 'Kokomo', diesen honigsüßen Song der Beach Boys, der die Band auf wundersame Weise Ende der Achtziger wieder an die Spitze der amerikanischen Single-Charts brachte. Die Hörer könnten von den Machern von 'Paint It Black' und einer Band, die seit den frühen Sechzigern Höhen und Tiefen durchlebt hat, mehr Existenzangst erwarten. Wenn nur Merv Griffin und Anthony Newly es singen könnten ...

suck on the jugular

Die Rolling Stones hatten den Funk schon vor Jahrzehnten gemeistert. Sie experimentierten 1976 bei 'Hot Stuff' mit diesem harten Rhythmus, machten erfolgreich damit weiter und schufen zwei Jahre später mit 'Miss You' ihre eigene Mischung. Und Mick Jagger verbrachte die Hälfte dieses Jahrzehnts auf der Tanzfläche. Umso unverständlicher ist, was bei 'Suck On The Jugular' rauskam.

Darryl Jones' Basslinien rollen perfekt und die Gitarren finden einen passenden Funkriff. Aber irgendwie ist das Endergebnis blutleerer Bar-Band-Funk, eher ein flacher Groove als irgendetwas, das einem Song ähnelt. Der Call and Response des Refrains macht die Sache auch nicht besser und der Text ist alles andere als berühmt. Nur Jaggers Mundharmonikaspiel rettet den Song für Momente vor der völligen Belanglosigkeit.

blinded by rainbows

Nordirland, für Mick Jagger eine untypische Quelle der Inspiration.

Ein weiterer bewegender Auftritt von Mick Jagger. 'Blinded By Rainbows' ist eine schwermütige Ballade in leichter Instrumentation: die Stones, unterstützt von Schlagzeuger Lenny Castro und Benmont Tench an der Orgel. Eine unruhige Gitarrenpassage sticht in der Bridge hervor, doch Jagger ist es, der dem Track mit dem zweifellos sinnvollsten Text auf *Voodoo Lounge* Leben einhaucht. Der Song beschreibt Szenen des Grauens: vaterlose Kinder, Bomben, die wahllos in Wohnvierteln explodieren, und einen nicht enden wollenden Religionskrieg auf den Straßen. Ohne Zweifel inspirierte der hoffnungslose Kampf in Nordirland Jagger zu dem in Dublin aufgenommenen Song. Es war das offenste politische Statement der Stones seit 'Highwire' 1991, ihrer Kritik am internationalen Waffenhandel. 'Blinded By Rainbows' war emotional authentischer, und hier kam auch die persönliche Betroffenheit zum Tragen.

voodoo lounge

baby break it down

Die Voraussetzungen für ein feines Album waren in den Grooves von *Voodoo Lounge* durchaus enthalten. Jagger sang gut und die Stones spielten während ihrer Sessions in den Windmill Lane Studios in Dublin mit echtem Elan. Das Album enthielt wertvolle musikalische Ideen, doch zu vielen der 15 Songs mangelte es an Dichte, um einen wirklich bleibenden Eindruck zu hinterlassen. Da hilft es auch nicht, dass 'Baby Break It Down' die Geschichte eines Paares erzählt, das sich in den Haaren liegt, ein Thema, das andere viel wirkungsvoller behandelt haben – zum Beispiel die Beatles in 'We Can Work It Out'. 'Baby Break It Down' hat einige gute Elemente: ein langsames, launisches Riffing, einen Chorus, der dem Song mit Hilfe der Sänger Ivan Neville und Bernard Fowler Leben einhaucht. Aber letztlich ist er ein mittelmäßiger Funk und kein Track, der in die ewige Hitparade der Stones aufgenommen werden wird.

voodoo lounge

thru and thru

Keith Richards ist einfach nicht an fremder Hilfe interessiert. Schon gar nicht früh am Morgen mitten in einer Session für einen Track wie 'Thru And Thru', den der Gitarrist zu seinem persönlichen Projekt gemacht hatte – ein düster nachdenklicher Song – einer, den man nicht leicht nehmen durfte. Das sollten doch sogar seine Rockkollegen verstehen können. Oder?

Richards hatte inzwischen – nach zwei Soloalben und der Produktion von *Dirty Work* – eine überzeugende Präsenz als Sänger, während Jagger aufreizend zerstreut und abwesend wirkte. Die Tage, in denen Keith schüchtern und unbeholfen Songs wie 'Salt Of The Earth' herausquälte, lagen 1994 weit hinter ihm. Eine gute Voraussetzung, um den beinahe epischen Song 'Thru And Thru' anzugehen, eine verzerrte Liebeserklärung, bei der Richards raue Stimme vor dem Hintergrund eines fast seichten Gitarrenspiels erklingt, bevor er in einen harten Rock-Groove übergeht. "Keith hat im Moment ein absolut schöpferisches Hoch", sagte der Produzent Don Was 1995 der Zeitschrift *Goldmine*. "Einige seiner Songs sind wirklich anders als früher."

Richards hatte für 'Thru And Thru' ganz eigene Pläne und lud nicht einmal Ronnie Wood ein, bei dem Song mitzuspielen – obwohl seltsamerweise Crewmitglied Pierre de Beauport hier Akustikgitarre beisteuerte. All dies bekam Slash, der Gitarrist von Guns N' Roses, der hinten im Studio mit dem liebenswürdigen Wood auf der Couch saß, irgendwie nicht mit.

Slashs Fehler war vielleicht der, dass ihm alles, was er von 'Thru And Thru' hörte, zu gut gefiel und er sich seine eigenen heißen Blueslicks in dem Mix vorstellte – eine nicht gerade abwegige Überlegung, wenn man der berühmte Leadgitarrist einer der tausend größten (und der am schlechtesten funktionierenden) Rock-and-Roll-Bands der Welt und ein willkommener Gastmusiker auf Alben von Michael Jackson bis Iggy Pop ist.

"Yeah", sagte Slash begeistert zu Richards, "wenn du mich mal eben den Verstärker anschließen lässt, ich hab diese Blueslicks im Kopf, die ich am Ende des Dings spielen könnte."

Don Was erinnert sich an die Situation. Das bedeutungsschwere Schweigen. Keiths Augen schienen sich zu verfinstern. "Hör mal, ich mag dich, Kleiner, aber halt dich zurück", sagte Richards. "An meinen verdammten Track kommst du mir nicht ran."

Richards machte noch ein oder zwei weitere beißende Bemerkungen über einen "Gitarrenlehrling", bevor er mit seiner Arbeit fortfuhr. "Keith nimmt kein Blatt vor den Mund", sagte Was. "Er ließ keinen Zweifel daran, dass er von diesem Vorschlag nichts hielt. Er wusste ganz genau, was er mit dieser Platte vorhatte."

Noch nicht trocken hinter den Ohren: Slashs Angebot zu helfen wurde nicht gewürdigt.

mean disposition

Ist der Rock and Roll nur was für junge Männer? Muddy Waters war kein Kind mehr, als die Rolling Stones ihn zum ersten Mal hörten. Und Chuck Berry, der in seinen besten Jahren Nacht für Nacht auf Tour war und sein Oldies-Programm spielte, ist heute gewiss kein Youngster mehr. Doch bei vielen Zeitgenossen der Stones gingen in den Achtzigern und Neunzigern (wenn nicht schon früher) der Elan und die Zielstrebigkeit verloren, die einst ihre Arbeit ausgezeichnet hatten. Zurück blieb eine kleine Gruppe alternder Rocker, die immer noch mitreißende, bedeutende Musik machte (unter anderem Neil Young und Lou Reed). Mick Jagger wird vielleicht für immer bedauern, die einfacheren Elemente und Ideen, die er und Richards zu den ersten *Voodoo-Lounge*-Sessions mitbrachten, verworfen zu haben, aber Stücke wie 'Mean Disposition' zeigten zumindest, dass die Stones voller Überzeugung und Entschlossenheit geradlinigen Rock and Roll spielen konnten.

"Wenn ich gehe, werde ich in einem Lichtermeer gehen", singt Jagger auf 'Mean Disposition' und beendet *Voodoo Lounge* mit einem Feuerwerk von Chuck-Berry-Riffs, Chuck Leavells euphorischem Boogie-Woggie-Klavier und den verschlungenen Basslinien von Darryl Jones.

"Die Funken, die zwischen Charlie und Keith sprühen, ich glaube nicht, dass das in einer Band passiert, die erst zwei Jahre zusammenspielt", sagte Don Was der *Goldmine*. "Ich denke, es dauert Jahrzehnte, bis sich eine solche Beziehung entwickelt, vielleicht so wie bei der Band von Duke Ellington oder einer anderen Band, die schon ihr Leben lang zusammenspielt. Wir fangen also gerade erst an zu sehen, wie sich das auf den Rock and Roll auswirkt.

Man sollte dies nicht mit *Beggars Banquet* vergleichen. Das ist nicht Sinn der Sache. Es geht einfach darum zu zeigen, was mit einer Band nach dreißig Jahren geschieht."

Selbst wenn die "größte Rock-and-Roll-Band der Welt" die Entwicklung der Pop-Musik nicht ganz ihren eigenen Vorstellungen entsprechend beeinflussen konnte, so waren diese Überlebenden der ursprünglich britischen Blues-Bewegung und der wilden Tage, in denen die Briten die USA eroberten, immerhin noch in der Lage, ihr Publikum zu entfesseln, wenn die Stimmung danach war. Keine schlechte Art, sich 1994 zu verabschieden – nur drei Jahrzehnte, nachdem Brian Jones dachte, es sei vielleicht ganz nett, mit Jagger, Richards, Watts und Wyman Musik zu machen.

> " Die Funken, die zwischen Charlie und Keith sprühen, ich glaube nicht, dass das in einer Band passiert, die erst zwei Jahre zusammenspielt ... es dauert Jahrzehnte, bis sich eine solche Beziehung entwickelt "
>
> Don Was, Produzent

Kapitel 21

1997 bridges to babylon

Das 21. Studio-Album: Neuerfahrungen im wiedererstarkten Bandgefüge, erdverbunden und experimentierfreudig.

- Flip The Switch
- Anybody Seen My Baby?
- Low Down
- Already Over Me
- Gunface
- You Don't Have To Mean It
- Out Of Control
- Saint Of Me
- Might As Well Get Juiced
- Always Suffering
- Too Tight
- Thief In The Night
- How Can I Stop?

bridges to babylon

Das Alter hat für die Rolling Stones keinen Schrecken. Nicht mehr. Vielleicht fühlte sich Bill Wyman zu träge und zu reich und es war ihm peinlich, weiterzumachen, aber die übrigen Stones hatten in den Neunzigern wieder neue Ziele. Sich jetzt zu trennen, so spät in ihrem Leben, so kurz vor dem Millennium, würde letzlich von ihrer mangelnden Phantasie zeugen. Das konnte Jagger nicht zulassen. Niemals. Nein, er würde sich seinen Ruf für richtiges Timing und guten Geschmack nicht kaputtmachen lassen. Keith hatte also Recht gehabt. So wie Muddy hatten die Rolling Stones weiterzumachen.

Die dunklen Tage des Hasses und des Grolls lagen nun hinter den Glimmer Twins. Sie hatten die zur Zeit von *Dirty Work* geführten Schlachten überlebt und verstanden, dass sich eine aktive Solokarriere mit ihrer Band-Arbeit vereinbaren ließ. Doch zwischen *Steel Wheels* und *Voodoo Lounge* lagen nahezu fünf Jahre, ein längeres Schweigen als je zuvor. Die Stones schienen 1997 bereit, die verlorene Zeit aufzuholen und kündigten an, vor ihrer großen Herbsttournee ein neues Album aufzunehmen.

"Ich möchte etwas machen, was wegweisend sein wird", erzählte Jagger dem Journalisten David Sinclair von seinen Vorstellungen über das nächste Album. "Produzenten und Techniker wollen immer, dass du noch ein *Exile On Main Street* machst, aber ich will etwas Neues und Spannenderes."

Obwohl Jagger mit dem Retro-Sound von *Voodoo Lounge* unzufrieden war, stimmte er zu, nochmals mit Don Was als Produzenten des neuen Albums zusammenzuarbeiten. *Voodoo Lounge* hatte sich schließlich weltweit 5,5 Millionen mal verkauft und von dem von Was produzierten Live-Album *Stripped* gingen 1995 über 3,5 Millionen Exemplare über den Ladentisch. Das sind für ein Quartett alternder Hippies beeindruckende Zahlen. Und Jagger ist keiner, der den Erfolg verachtet. Diamond Don war wieder am Ruder.

Die Glimmer Twins heuerten noch einige Gitarristen an, die der Band zu einem zeitgemäßen Sound verhelfen sollten. Und ihre Wahl war wie immer extrem. Babyface, der Eric Claptons Grammy-prämiertes Album *Change the World* produziert hatte, wurde hinzugezogen, um die Stones auf seinen sanften, warmen Groove einsteigen zu lassen. Doch seine Version von 'Already Over Me' erschien schließlich nicht auf dem Album. Alarmierend war auch, dass die Stones mit den berüchtigten Dust Brothers zusammenarbeiteten, dem Produktionsteam, das eine euphorische Mischung verrückter Beats und intensives Sampling auf grenzüberschreitende Alben von Beck (das Grammy-prämierte *Odelay*) und den Beastie Boys (*Paul's Boutique*) gebracht hatte. Außerdem war Danny Saber, der vor allem für seine hyperkinetische Arbeit mit Black Grape bekannt war, Co-Produzent und mischte ein paar Tracks. Nicht gerade die übliche Truppe der Stones. Willkommen in den Neunzigern.

Ende des vorangegangenen Jahres hatten die Stones mit einer Reihe von Songwriting-Sessions in

> **" Produzenten und Techniker wollen immer, dass du noch ein *Exile On Main Street* machst, aber ich will etwas Neues und Spannenderes "**
>
> Mick Jagger

Don Was, einst ein avantgardistischer Funk-Musiker, ist heute Top-Produzent.

bridges to babylon

Verbeugung vor B.B. King: Als seine Backing Band gaben die Rolling Stones ihr Bestes.

den Demo-Studioräumen von Dangerous Music in New York City begonnen. Eine Besucherin war Marianne Faithfull. "Wunderbar", beschreibt sie die Session, bei der sie dabei war und feststellte, dass sich die Arbeitsgewohnheiten der Band, die sie schon so lange kannte, nicht wesentlich geändert hatten. "Vielleicht ein bisschen. Es kommt von Herzen, wissen Sie?" Im Frühjahr traf sich die Band in Los Angeles und bereitete sich auf die Arbeit in den einst als United Western bekannten Ocean Way Studios vor. Wie üblich kamen und gingen Freunde, Musiker und andere Besucher. An einem Abend nahm der Bluessänger B.B. King für sein Album *Deuces Wild* mit den Stones den Track 'Paying The Cost To Be The Boss' auf.

Zu den unzähligen Session-Musikern gehörte die Geigerin Lili Haydn. Obwohl sie erst sechsundzwanzig Jahre alt war, hatte sie zu dieser Zeit bereits wesentliche Erfahrungen bei Sessions und Auftritten mit Leuten wie Nusrat Fateh Ali Khan, Tom Petty, Porno for Pyros, Robert Plant und Jimmy Page sowie Hootie and the Blowfish gesammelt. Und doch hatte es etwas Einzigartiges und beinahe Einschüchterndes, mit den legendären Stones zu spielen. "Es war irgendwie, als würde man ein Denkmal berühren", sagt Haydn, die im gleichen Jahr ihr erstes Soloalbum veröffentlichte. "Es ist so, als würde man hingehen und sagen: 'Ah, so sieht das also aus', etwas, was man in Büchern gelesen hat. Es war ein echtes Erlebnis. Keith Richards und Ronnie Wood waren wie Kinder. Bei ihnen spürte man immer noch die Liebe zur Musik und die Aufregung: 'Wow, das klingt unglaublich!' Sie sprudelten vor Vitalität. Das zu sehen, war wunderbar. Es sagte mehr als alles andere. Es herrschte so eine Aufgeschlossenheit. Sie mussten sich nicht produzieren."

Ein anderer Besucher war der Produzent und Techniker Andy Johns, der jetzt in Los Angeles lebt. "Alles war wie früher, wie vor 30 Jahren", sagt Johns, der einen Plausch mit Watts und Richards hielt. "Mick arbeitet mit jemandem in einem Raum, Keith und Charlie mit einem anderen im nächsten Raum, und Don ist der Chef des Ganzen. Es wirkt absolut chaotisch. Aber wer weiß? Sie werden's schon hinkriegen."

flip the switch

ichts Überraschendes hier. Nur die knotigen Finger von Richards und Wood, die ganz typisch ihre Akkorde schrappen, im Takt gehalten vom harten Rasseln der Snare Drum von Charlie Watts. Nach mehr als dreißig Jahren war vom 21. Studioalbum der Stones kein spektakulärer Tempowechsel zu erwarten. 'Flip The Switch' (1997) ist eine typische Stones-Rocknummer. Und keiner macht das besser. Der Text (die üblichen Szenen von Gewalt und Lust) war nicht gerade inspirierend, aber während der USA-Tournee der Stones in jenem Jahr war 'Flip The Switch' derjenige von den neuen Songs, der sich mit ihren Klassikern messen konnte.

Wie die meisten der direkt von Don Was produzierten Tracks wurde 'Flip The Switch' live im Studio aufgenommen, wobei die Bandmitglieder sowie Bassist Jeff Sarli und Schlagzeuger Jim Keltner so um die Mikrofone gruppiert waren, dass sie Blickkontakt hatten. "Don Was ist nicht im Regieraum, sondern im Studio hinter einem Keyboard ... wie ein Arrangeur, der die Takes einzeln abhakt. Er legt sich ganz schön ins Zeug", erzählt Harvey Kubernik, ein Produzent aus Los Angeles und früherer Korrespondent für den *Melody Maker*, der bei mehreren Sessions dabei war. "Es herrscht eine sehr lockere Atmosphäre. Don Was scheint alles wunderbar zu organisieren, vom genauen Sounddesign über das Essen, das zu bestimmten Zeiten da ist, bis hin zu einer wirklich guten Stimmung."

bridges to babylon

anybody seen my baby?

Die modernen Rolling Stones kennen keine Scham. Oder ließen sich unter den gegebenen Umständen Kompromisse einfach nicht vermeiden? Das wurde deutlich, als die Stones dem neuen Album den letzten Schliff gaben. Denn da bemerkte einer der Crew, dass der wunderschöne, unvergessliche Chorus von 'Anybody Seen My Baby?' identisch war mit der Melodie von k.d. langs Hit 'Constant Craving'.

Das war natürlich etwas peinlich, aber gewiss kein so großes Problem, dass man den Song aus dem Album nehmen musste – vor allem, weil man ja schon die Entscheidung getroffen hatte, den Song als erste Single von *Bridges To Babylon* herauszugeben. Es musste auch an die bevorstehende Tour gedacht werden und es blieb einfach keine Zeit für Änderungen. Stattdessen beschlossen die Glimmer Twins, lang als Co-Autorin zu nennen – eine Ehre, die selbst den anderen Mitgliedern der Stones kaum einmal erwiesen worden war. Glücklicherweise reagierte lang sehr gnädig – sie bekundete, sich äußerst geehrt zu fühlen.

'Anybody Seen My Baby?', eine Gemeinschaftsproduktion von Was und den Dust Brothers, bestand aus einem Mix von Beats und Micks Gefühlen. Neben der geklauten Melodie ist das überraschendste Element der Rapper Biz Markee, der die Namen von Stadtvierteln in New York und Umgebung herunterrasselt. Und bevor der Song zu Ende ist, wirft Jagger sicherheitshalber noch eine Zeile aus der Vergangenheit ein: "Sometimes I just think she's just in my imagination …"

low down

Noch mehr Klangmagie von 'Keef' Richards – als Begleitung der immer voller klingenden Stimme von Meister Mick. In der Tat war Jaggers Stimme nie besser – aber wovon singt er? Es sind im Wesentlichen vage Botschaften für die Liebeskranken. Falls Jagger mehr auf dem Herzen hat, dann sagt er es jedenfalls nicht. Doch zusammen erzeugen die Glimmer Twins einen starken Sound, wenn auch ihre Texte im Laufe der Zeit blasser werden. Der einleitende Akkord von 'Low Down', der irgendwie bekannt vorkommt, entstand, wie Richards sagte, beinahe zufällig. "Inzwischen bin ich an derartige Zufälle gewöhnt", erzählte Richards 1997 der Zeitschrift *Musician*. "Er ist fast so wie in 'Start Me Up'. Viele dieser Riffs sind ... sehr ähnlich. Man denke nur an Jimmy Reed: Er machte 25 Jahre lang den gleichen Song und jeder von ihnen war anders."

k.d. lang: die ahnungslose Co-Autorin von 'Anybody Seen My Baby?'

bridges to babylon

already over me

ür diese zarte Liebesballade greift Mick Jagger zur Akustikgitarre. Ron Wood bereichert das Ganze mit seiner Dobro und hilft, einen so warmen Sound zu erzeugen, wie er das letzte Mal während der *Some-Girls*-Ära zu hören war. Hier kann Jagger kaum glauben, dass seine Geliebte ihn bereits abgeschrieben hat. Der inzwischen schon über Fünfzigjährige war nun eher bereit, sich in der Rolle des Opfers einer Romanze zu sehen. Er singt: "Hast mich verletzt / Bin so verwirrt / Hast mich fallen lassen ..." Das ist meilenweit entfernt von der spöttischen Hass-Liebe des Tracks 'Under My Thumb'.

gunface

er von Danny Saber produzierte Song ist eine Schalllandschaft verblüffender Effekte und angedrohter Gewalt. Und durch all das hindurch erklingt Jaggers Stimme, die vom Wahnsinn der Liebe singt und warnt: "Ich hab ihr alles beigebracht / Ich werde ihr beibringen zu weinen!" Das ist eine Stones-typische grimmige Botschaft, doch der Sound ist neu. Sabers Erfahrung mit der harten Tanzmusik von Black Grape (der Band von Shaun Ryder, der vorher bei den Happy Mondays war) sprach Jagger und Keith auf seltsame Art an, als die Stones Pläne für ein neues Album machten.

"Alles ist besser, als langweilig zu wirken", erzählte Richards 1997 dem *Rolling Stone*. "Vieles ist ein Experiment, zumindest für die Stones. Und ich betrachte es als eine gute Sache."

**Fit mit dreiundfünfzig:
Das Alter ist kein Feind für
Jumping Jack Flash.**

bridges to babylon

you don't have to mean it

Der Reggae von 'You Don't Have To Mean It' stellt für Keith Richards, der hier die Lead Vocals singt, nur eine flüchtige Begegnung mit der jamaikanischen Kultur dar – so mag es scheinen. Lauschen Sie dem bedächtigen Rhythmus, Richards ruhiger Vortragsweise, wenn er eine Geliebte bittet, ihm süße Lügen ins Ohr zu flüstern.

Doch dieser Track stellt nur einen Bruchteil der damals jamaikanisch beeinflussten Arbeit des Gitarristen dar. 1997 gab Richards sein Album *Wingless Angels* heraus, für das er mit langjährigen Rasta-Freunden in Jamaica spielte. 'You Don't Have To Mean It' ist ein ziemlich durchschnittlicher Reggae-Track, während die Musik auf Richards' Soloalbum – mit Flöten, Trommeln und Geigen – einen komplexeren Mix bot. "Ich bin gerne mit Schwarzen zusammen", erklärte Richards 1997 Barney Hoskins. "Es ist viel, viel einfacher. Sie denken ohnehin, ich sei einer von ihnen, ich hätte mich nur verkleidet."

> **"** Ich bin gerne mit Schwarzen zusammen. Es ist viel, viel einfacher. Sie denken ohnehin, ich sei einer von ihnen, ich hätte mich nur verkleidet **"**
>
> Keith Richards

out of control

Jagger spielt auf seiner Mundharmonika und erreicht mit einem extrem aufgeladenen Bluesriff, der gut zu dieser Rocknummer passt, eine dramatische Wirkung. Zu dem harten Riff gesellt sich ein weicher Funkgroove, wenn Jagger verzweifelt seinen angespannten Gemütszustand beschreibt und die Unbekümmertheit der Jugend der Verzweiflung des Älterwerdens gegenüberzustellen scheint. Danny Saber spielt am Bass einen Riff, der passenderweise 'Papa Was A Rolling Stone' von den Temptations entliehen ist.

saint of me

Von allen Stones besuchte Jagger die PCP Labs, das Studio der Dust Brothers in den Bergen von Silver Lake (in der Nähe von Los Angeles), am häufigsten. Zweifellos war es Mick, der das Interesse der Stones an der Postmoderne und an flüchtigen Popmoden weckte. Er bastelte an ein paar Demobändern herum, die so klangen, als hätten die Dust Brothers hier bereits mitgewirkt. "Auf dem allerersten Demoband, das Mick uns vorspielte, war verblüffenderweise dieses Dusty-Schlagzeug zu hören, ein knallendes Schlagzeug, das verzerrt klang", sagte Dust Brother Mike Simpson. "Das Ganze hatte einfach diesen elektrofunkartigen Sound. Es lag ganz auf unserer Linie. Ich war ein wenig nervös sie zu treffen, um zu hören, welche Musik sie wohl im Sinn hatten. Sie hatten offensichtlich ihre Hausaufgaben gemacht."

Die Sessions mit den Dust Brothers fanden in einem eher privaten Rahmen statt. Oft trafen sich nur Mick, die Dust Brothers Mike Simpson und John King sowie der Techniker Charlie Goodan in einem mit Stuck verzierten Dreizimmerhaus. In den PCP Labs gibt es keine Klimaanlage, so dass dem Sänger

bridges to babylon

zunächst die südkalifornische Hitze zu schaffen machte. Er gewöhnte sich daran.

"Vor ein paar Wochen waren während unserer Aufnahmen alle Fenster geöffnet, weil es so heiß war", sagt Goodan. "Man konnte Mick schon vom Ende der Straße her hören." Bei diesem Song spielten unter anderem Me'Shell NdegeOcello Bass und Billy Preston Klavier und Orgel. (Für Preston war es eine der letzten Performances in jenem Jahrzehnt – Monate später wurde der Keyboarder zu drei Jahren Gefängnis verurteilt, weil er gegen seine Bewährung wegen Kokainbesitzes verstoßen hatte.)

Die Rolle der Dust Brothers war weitgehend auf den Rhythmus beschränkt – das Mischen von elektronischen Schlagzeugen, während Charlie Watts live spielte. "Wir konzentrieren uns immer auf den Beat und die Rhythmustracks", sagt Simpson. "Charlie ist ein phantastischer Drummer; es ist nicht so, dass er unsere Hilfe bräuchte. Wir versuchen einfach, dem Ganzen noch einen besonderen Effekt zu geben."

Keyboarder und Session-Star Billy Preston machte in den Siebzigern auch eine beachtliche Solokarriere.

might as well get juiced

icht alle waren von der Anwesenheit der Dust Brothers begeistert. Vor allem Keith Richards schienen diese jungen Produzenten nicht zu interessieren und in einem Interview mit der Zeitschrift *Musician* äußerte er sich nach der Veröffentlichung des Albums abfällig über 'Might As Well Get Juiced'. "Der Track ist immer noch nicht fertig. ... Da prallten die Kulturen aufeinander – ganz und gar keine glückliche Ehe", sagte Richards, der behauptet, er habe die Tracks der Dust Brothers im Wesentlichen Jagger überlassen. "Ich will die Dust Brothers nicht kritisieren, aber es war wirklich die falsche Wahl."

Wie dem auch sei, der Song stellt einen riesigen Schritt in Richtung Neues dar, mit Effekten überall: Micks verzögertem, mit geschürzten Lippen vorgetragenen Gesang, den Bluesanteilen der Gitarrenpassagen von Richards, Wood und Waddy Wachtel. Der Song selbst ist längst nicht so denkwürdig wie die auf diesem Track erzeugte Atmosphäre (abgemischt von Danny Saber und Rich Lowe). Wäre das gesamte Album auf diese Weise aufgenommen worden, hätten die Stones endlich ein neu zu erforschendes Terrain entdeckt – oder einen spektakulären Flop gelandet.

Keith Richards: der beste Rhythmusspieler des Rocks. Ausnahmslos.

too tight

oo Tight' beinhaltet Jaggers letzten Auftritt auf *Bridges To Babylon* und ist ein angemessener Abschiedssong für ihn. Sein immer schneller werdender Gesang legt sich über die wilden Gitarren von Richards und Wood und einen fröhlichen Pianoeinsatz von Blondie Chapman. Wovon Jagger hier singt, ist nicht ganz klar, aber die Erwähnung von Alkohol, Sex und Leichtsinn lassen ahnen, dass er einer Frau sehr nahe kommen möchte – aber nicht zu nahe, Baby.

always suffering

lways Suffering' ist eine weitere Verbeugung vor der Vergangenheit der Band, eine mittelmäßige Ballade, die das Gefühl der Verletzbarkeit wieder einfangen möchte, das Jagger in Liedern wie 'Just My Imagination' und 'Time Waits For No One' vermittelte. Es ist ein warmer, sanfter Groove, den Jaggers ruhige Performance, Waddy Wachtels gefühlvolle Akustikgitarre und Woods Pedal-Steel-Gitarre zu einem lohnenswerten Hörerlebnis machen. Manchmal können eben auch unnahbare Rockstars eine Träne vergießen.

bridges to babylon

thief in the night

"Es gibt einen Dämon in mir und er ist immer noch da", warnte Richards 1997 den Journalisten Barney Hoskins. In der Tat, selbst mit über fünfzig war Richards immer noch fähig, Unruhe zu stiften. Kurz nachdem die Stones *Bridges To Babylon* unter Dach und Fach hatten, machte er eine für ihn typisch beiläufige, bissige Bemerkung über die weltweiten Verkäufe der Neufassung von 'Candle in the Wind', die Elton John bei der Beerdigung von Prinzessin Diana gespielt hatte. Und nachdem Richards in einem Interview unterstellte, Elton John verdanke seine Karriere "Songs für tote Blondinen", brach eine öffentliche Fehde zwischen den beiden Rockstars aus.

Der Sänger reagierte schnell und entsprechend gehässig. "Er ist so erbärmlich, der Arme. Er ist wie ein Affe mit Arthritis, der versucht, auf die Bühne zu gehen und jung auszusehen." Autsch!

Richards alterte wirklich nicht gerade würdevoll – angegrautes Haar und tiefe Falten in seinem Gesicht als Resultat seines legendären heftigen Lebens –, doch schien ihn das ziemlich unberührt zu lassen.

Das tragende Element in 'Thief In the Night' ist Richards raue, träge Stimme (ein Stil, der das Image des mit Stolz alternden Rockstars nur verstärkt). Sie klingt hart, wenn Richards verspricht, das Herz der Frau eines Anderen zu stehlen. Ein modernes Element bringt der Backing Track in den Song, der seltsam heiser und schimmernd klingt, wenn Richards singt: "Ich weiß, wo dein Platz ist, und der ist nicht bei ihm ... Das wird ihm ganz und gar nicht gefallen."

> **" Ich bin keine zwanzig mehr, Mensch, ich bin über fünfzig ... An meinen freien Tagen spiele ich jetzt lieber Golf, als solchen Aktivitäten nachzugehen, wie ich sie früher bevorzugt habe "**
>
> Bobby Keys, Saxophonist

how can i stop?

Produzent Don Was schlug vor, *Bridges To Babylon* mit der Mischung zweier Songs abzuschließen, die ein raues Desperadogefühl vermitteln, mit Richards als Leadsänger. 'How Can I Stop' war zugleich der letzte Song, der in den Ocean Way Studios aufgenommen wurde. In der für seine neueren Balladen von Liebe und Verzweiflung typischen Art singt Richards hier mit verhärteter, verwundeter Stimme davon, vor seinen Gefühlen für eine Frau nicht fliehen zu können. "Wenn ich was mit dir anfange, laufe ich Gefahr, dir zu Füßen zu liegen."

"Ich habe viel mit Bernard Fowler und Blondie Chapman daran gearbeitet, die Backing Vocals so zu gestalten, dass sie ein integraler Bestandteil des Songs werden", erklärte Richards. Er bestand auch auf einem geradlinigen Bass, der hier von Jeff Sarli gespielt wird. Und für das gefühlvolle Finale sorgt der bekannte Jazzer Wayne Shorter mit seinem Sopransaxophon.

Der Songtitel könnte auch das Motto der Stones für die 90er Jahre sein. Nur wenige Wochen nach Fertigstellung von *Bridges To Babylon* war die Band mit der endgültigen Planung ihrer USA-Tournee beschäftigt. Die Stones reisen stets mit schwerem Gepäck. Alte Songs. Neue Songs. Uralte Songs. Die 13-monatige *Voodoo-Lounge*-Tour wurde zur ertragreichsten Tournee des Jahrhunderts erklärt: Sie endete 1995 mit höheren Ticketverkäufen, als sie Superstars wie Michael Jackson und Pink Floyd verbuchen konnten. Und die Konzerte haben sich inzwischen verändert, sowohl für die Band als auch

bridges to babylon

für das Publikum. Früher kam es vor, dass Keith und Woody spontan beschlossen, zu ihrem nächsten Konzert die ganze Nacht durchzufahren, und dass sie dann halb bewusstlos auf die Bühne stolperten. Wie sie mit der *Steel-Wheels*- und der *Voodoo-Lounge*-Tour bewiesen, sind die Stones nun eine zuverlässige, harmonische Einheit.

"Im Moment ist es sehr leicht", sagt Saxophonist Bobby Keys, der seit Anfang der Siebziger bei den meisten Tourneen der Stones, einschließlich der *Bridges*-Tour, dabei war. "Sie haben für alles gesorgt. Sie haben Ärzte, Anwälte, Köche, Zimmermädchen, Friseure, Physiotherapeuten, alles, was man braucht … Ich bin keine 20 mehr, Mensch, ich bin über fünfzig. Deswegen weiß ich das jetzt zu schätzen. An meinen freien Tagen spiele ich jetzt lieber Golf, als solchen Aktivitäten nachzugehen, wie ich sie früher bevorzugt habe."

Die Rolling Stones haben ihre Musik inzwischen allen Beurteilungskriterien wie Alter und Anstand entzogen. Als Jagger auf die dreißig zuging, hatten die Journalisten erstmals gefragt, wie lange er dieses Spiel noch spielen könne. Aber alle anderen betrachteten die Stones keineswegs als alt und am Ende, sondern als Gesellen mittleren Alters, die noch immer gute Arbeit leisteten. "Es ist schon merkwürdig, was sie über die Stones sagen: Warum hören sie nicht auf, diese alten Knacker?", sagt Marty Balin, der Sänger von Jefferson Airplane. "Was, wenn Muddy in Rente gegangen wäre, als ich noch ein Kind war? Oder Willie Dixon? Little Walter? Wenn ich diese Typen als Kind nie gesehen hätte, wüsste ich viele Sachen nicht. Es ist eine so lächerliche Frage – als ob man für die Musik zu alt werden könnte. Wenn man klug ist, wird man einfach immer besser. Es gibt heute einige wirklich interessante Gruppen."

The bitch is back! Elton John fand Keith Richards' Zynismus gar nicht witzig.

Kapitel 22

Heiße Scheiben

Singles, EPs, B-Seiten und andere Raritäten

Man stelle sich vor: kein *Beggars Banquet*. Kein *Aftermath*. Kein *Let It Bleed*. Man nehme ALL ihre Alben weg und die Rolling Stones würden dennoch zu den Allerbesten in der Geschichte des Rock and Roll zählen. Albumkünstler waren 1963, dem Jahr, in dem die Stones erstmals das Innere eines Aufnahmestudios sahen, etwas Ungewöhnliches. Das Pop-Medium der Wahl war damals die Single, 18 Zentimeter Lo-Fi-Plastik, die Millionen junger Plattenkäufer eine ganz neue Welt eröffnete. Und nur wenige Singles hatten in jenen dunklen Tagen eine größere gesellschaftliche Wirkung als die neuesten, gefährlichen Scheiben der Stones. Wenn im Digitalzeitalter überhaupt noch Singles herausgebracht werden, dann – zumindest in den USA – meistens als Teil eines größeren Marketingplans, um mehr Alben zu verkaufen.

Singles waren das Medium, das den meisten Fans ihre erste Stones-Dosis lieferte. Kostbare Münzen wurden in den Plattenläden des Viertels ausgegeben oder in Musikboxen gesteckt, um die neueste Musik hören zu können, ob von den Beatles ('Hey Jude'), den Supremes ('Where Did Our Love Go?'), den Who ('I Can See for Miles'), Bob Dylan ('Like A Rolling Stone') ... die Liste war endlos. All diese Stücke – wie 'Good Vibrations', die Single der Beach Boys, die Brian Wilson einst als seine kleine "Taschensinfonie" bezeichnete – wurden zusammengestellt in Radio-Playlists mit dem einzigen Ziel, Modetrends und flüchtige Popularität zu erzeugen. Und zusammen fingen sie die Stimmung einer Ära ein. Singles waren ein künstlich kurz gehaltenes Format, von denen der gesamte Ruf unter der breiten Zuhörerschaft (wenn nicht der Hardcore-Hörer) abhängen konnte. Jede Platte musste also eine einzigartige musikalische Produktion sein, eine, die dem gerecht wurde, was die Stones prahlerisch verkündet hatten: "Es kommt auf den Sänger an, nicht auf den Song." So karrierebestimmende Songs wie '(I Can't Get No) Satisfaction', 'Jumpin' Jack Flash' und 'Honky Tonk Women', die zunächst als Single zum Hit geworden waren, repräsentierten für viele Hörer die Musik der Stones. Das umfangreiche Rock-und-Blues-Katastrophenwerk *Exile On Main Street* spielt auf dieser Skala kaum eine Rolle.

Die Single ist ausgestorben, außer als Novität. Verschwunden sind auch die EPs, auf die vier bis fünf Lieder passten, und mit ihnen jene kostbaren, grüblerischen Coverfotos der jungen Stones von David Bailey, Gered Mankowitz oder Michael Cooper. Eine Zeit lang bedeuteten die Singles und EPs alles, ob es sich um Coverversionen von Muddy-Waters- oder Bobby-Womack-Werken handelte oder um Originalkompositionen von Jagger und Richards oder dem mysteriösen Nanker Phelge. Auch in diesem Kapitel befassen wir uns mit Songs, die direkt von den Stones stammen. Alle hier vorgestellten Titel erschienen (zumindest in Großbritannien) zunächst nicht auf Alben, bis sie zusammengestellt wurden zu *Hot Rocks*, *Through The Past Darkly*, *Sucking In The Seventies* und anderen merkwürdigen Sammlungen.

Andere hier besprochene Kuriositäten wie die dreiste EP *Jamming With Edward* und die schreckliche LP *Metamorphosis* sind nur kleine Teilchen im Stones-Puzzle. Sie sind weit davon entfernt, ein wichtiges Hörerlebnis zu sein, zeigen aber die Neigung der Stones, auf unsere Kosten ihren Spaß zu haben.

> " Es kommt auf den Sänger an, nicht auf den Song "
> Jagger/Richards

1963
stoned

Es mag merkwürdig erscheinen, eine Chronologie der Stones als Autoren trendbrechender Singles mit 'Stoned' zu beginnen, aber damit fing eben alles an. Der erste Originalsong der jungen Stones basierte auf einem Standard-Bluesrhythmus, den sie von 'Green Onions' von Booker T & the MGs geklaut hatten. Der Nanker Phelge zugeschriebene Song 'Stoned' (wobei Nanker Phelge ein Pseudonym für gemeinsam von den Stones und Manager Andrew Loog Oldham geschriebene Songs war) wurde im Oktober 1963 in den Kingsway Sound Studios in London in nur 30 Minuten aufgenommen und ursprünglich als die B-Seite ihrer Version des Lennon/McCartneys-Songs 'I Wanna Be Your Man' herausgegeben. 'Stoned' wird mit einer charmanten Schlampigkeit vorgetragen – hören Sie genau hin, dann finden Sie vielleicht einen weiteren Grund, den Pianisten Ian Stewart aus der Band zu schmeißen. Der Text des etwa zwei Minuten dauernden Tracks, weitgehend ein Instrumentalstück, ist von keinerlei Bedeutung – höchstens Jaggers atemlos hervorgestoßene Behauptung "völlig stoned" zu sein. Der Song wurde ursprünglich in den USA verboten, weil er für amerikanische Kids als zu zweideutig erachtet wurde. Seltsam, wo der Mann doch eigentlich überhaupt nicht high "klingt". Diese Art von Authentizität sollte sich erst mit zunehmender Übung einstellen.

1964
good times, bad times

Nur wenige Monate nach 'Stoned' zeugte dieser Countryblues-Titel vom deutlichen Fortschritt der Band als Komponisten. Tragende Gitarrenpassagen ziehen sich durch diese schwerfällige Liebesklage. Jaggers Stimme überzeugt nicht – er hat noch nicht gelernt, den nötigen Schmerz auszudrücken. Doch die im Hintergrund erklingende Mischung aus Gitarre und Mundharmonika macht die Mängel des Gesangs wett. Der Song, der ursprünglich die B-Seite von 'It's All Over Now' war, wurde während Sessions in den Chess Studios in Chicago aufgenommen.

surprise, surprise

Ein frühes Beispiel des klassischen, bitteren Jagger/Richards-Liebesliedes: Mick geht sehr eindringlich mit einem Mädel ins Gericht, das "Lügengeschichten erzählt hat", und teilt ihr mit, dass er nicht mehr mit ihr zusammen sein möchte. Der bei Regent in London aufgenommene Song baut auf einem im Vordergrund stehenden, rasenden Trommelrhythmus im Zusammenspiel mit einer dynamischen Rockgitarre auf. Die Bitterkeit und der Zorn, die Jagger in späteren Liedern vermittelt, sind noch nicht spürbar. Im Gegenteil: Der Sänger klingt hier fast distanziert. 'Surprise, Surprise' erschien zunächst auf dem nur in den USA veröffentlichten Album *The Rolling Stones, Now!* und in Großbritannien auf *Fourteen*, ein Album mit Aufnahmen verschiedener Künstler. Seltsamerweise wurde der Track 1979 für die B-Seite von 'Street Fighting Man' wieder ausgegraben, als ob die frühen Stones irgendetwas mit den Verkündern der Apokalypse zu tun gehabt hätten, zu denen sie am Ende des Jahrzehnts geworden waren.

that girl belongs to yesterday

Die Rolling Stones haben dieses dubiose Stück niemals selbst aufgenommen, zumindest nicht so, daß man es jemals finden könnte. Doch der Song ist nur erwähnenswert, weil der amerikanische Popsänger Gene Pitney in Großbritannien damit einen Hit landete. 'That Girl Belongs To Yesterday' geht auf Jagger/Richards erste Songwriting-Sessions zurück, bei denen auch die Ballade 'As Tears Go By' entstand. Pitney kam mit diesem Song beim Publikum gut an, doch Richards war nie von seinem Wert überzeugt. 1989 nannte er ihn ein "schreckliches Lied".

congratulations

Der Weg, der zu 'Some Girls' führte, begann hier. Mick Jagger wendet sich verbittert an ein Mädel, das ihn zum zweiten Mal verlässt, und gratuliert ihr dazu, wiedermal ein Herz gebrochen zu haben. "Es wird kein nächstes Mal geben", spottet er. 'Congratulations' ist eine abgehackt klingende Liebesballade, der eine tiefe, stampfende Gitarrenmelodie zugrunde liegt. Der Song wurde 1964 bei Regent in London aufgenommen und erschien im gleichen Jahr auf dem nur in den USA herausgegebenen Album *12 x 5*. In England war er erst 1973 als Teil der Sammlung *No Stone Unturned* erhältlich.

FIVE BY FIVE EP

If You Need Me
(Pickett/Bateman/Sanders)

Empty Heart
(Nanker Phelge)

2120 South Michigan Avenue
(Nanker Phelge)

Confessin' The Blues
(Brown/McShann)

Around And Around
(Berry)

empty heart

Dieses Nanker-Phelge-Stück ist ein optimistischer Song, aber letztlich ein schlampiger Mix aus Vocals, Gitarre, Orgel und Harmonika mit einem einzigen Riff während der gesamten zweieinhalb Minuten. Das unverwechselbarste Element ist Keith Richards mit seiner Rockgitarre, der eine Mischung aus Chuck Berry und Surf-Sounds spielt. 'Empty Heart' erschien zunächst in den USA auf dem Album *12 x 5*.

2120 michigan avenue

In der Aufnahme zu Ehren von Chess Records wechseln sich Ian Stewarts Orgelriffs mit Brian Jones' fröhlichem Pfeifen auf der Harmonika ab. Das zweiminütige Nanker-Phelge-Instrumentalstück ist nach der Adresse der berühmten Chicagoer Studios benannt, in dem Muddy Waters, Chuck Berry und andere Blues- und Rockgrößen die Musik einspielten, die die Rolling Stones hervorbrachten.

1965
the last time

Keith sagt heute, 'The Last Time' sei der erste Jagger/Richards-Song, den man wirklich als archetypische Stones-Nummer beschreiben könne. Es war der erste eigene Song, den die Autoren mit einem guten Gefühl ihrer Band präsentierten. Anfang 1965 nahmen sie ihn in den RCA Studios in Hollywood auf, mit Jack Nitzsche am Keyboard, und zeigten, dass die Band nun wirklich gewagte, aufregende Musik machen konnte, die nach niemand anderem als nach den Stones klang. Jagger hört sich gefährlich und unnahbar an; aus allen Poren quellen ihm die zügellose Sexualität und die Gleichgültigkeit gegenüber dem armen Mädchen, das er zu verlassen droht. Ein Sturm von Akustikgitarren begleitet ihn, eng verwoben mit der hüpfenden Leitmelodie der E-Gitarre, die zu den erkennbarsten Sounds im Repertoire der Stones gehört. Produzent und Manager Andrew Loog Oldham wußte, dass er hier auf etwas Außergewöhnliches gestoßen war, hatte aber immer noch Zweifel. Er lud Phil Spector am gleichen Abend ins Studio ein, um dessen Meinung zu hören, wie hoch der Song in den Charts klettern könne. Spector sagte: "Ich glaube auf Platz 10."

play with fire
(B-Seite von 'The Last Time')

Spectors Reaktion auf 'The Last Time' war beruhigend, aber die Stones brauchten noch eine B-Seite für die Single. Die Band musste am nächsten Tag zu einer Tournee durch Australien aufbrechen, und Charlie und Bill waren bereits unterwegs. Oldham, Jagger und Richards beschlossen, 'Play With Fire' aufzunehmen mit Nitzsche am Cembalo und Spector am Bass. Dies war das erste Mal, dass jemand für Wyman bei einer Session einsprang. Die Background Vocals unterstützte ein beliebter Hausmeister, der gerade zur Arbeit gekommen war. "In Chicago wäre er ein berühmter Bluessänger gewesen", sagte Oldham. "Aber er war nur ein Hausmeister, der um acht Uhr morgens das Studio sauber machte."

Der Song beginnt in einem ruhigen Tempo auf dem Cembalo und mit vorsichtig gezupften, düsteren Melodien auf der Gitarre. Jagger schüttelt das Tamburin, während er in leicht drohendem Ton an eine junge Frau gerichtet singt. Die Single mit den Titeln 'The Last Time' und 'Play With Fire' – eine kraftvolle Kombination – deutete bereits die Pop-Brillanz an, die diese Blues-Fanatiker langsam entwickelten. Und Spector hatte mit seiner Chart-Voraussage nicht so falsch gelegen. In England landete die Single auf Platz 1, in den USA wenige Wochen später auf Platz 9.

(I can't get no) satisfaction

Keith mochte den Song nicht, fand ihn einfach zu simpel. Eines Nachts war er in seinem Hotelzimmer aufgewacht, und da waren sie in seinem Kopf – der brutale Riff und die Hauptzeile. Damals gefiel ihm der Song, aber als sie ihn im Studio ausprobierten, fand er ihn langweilig. "Als wir anfingen, daran zu arbeiten, klang er wie ein Folksong. Keith wollte nicht, dass er als Single erschien. Er glaubte nicht, dass er ankommen würde", sagte Jagger 1968. "Das war das einzige Mal, dass wir eine Meinungsverschiedenheit hatten."

Die erste Version wurde am 10. Mai 1965 in den Studios von Chess Records in Chicago aufgenommen. Am nächsten Tag unternahm man in den RCA Studios in Hollywood einen zweiten Versuch. Das neue Tempo, das Watts und die E-Gitarren vorlegten, vermittelte zusammen mit Jaggers atemloser Großtuerei eine Ebene sexueller Entfremdung, die man nie zuvor im Pop-Radio gehört hatte. Zu Titel und Hauptzeile des Songs inspirierte vielleicht Chuck Berrys '30 Days': "I can't get no satisfaction from the judge!". Doch die Stones hatten ihm eine völlig neue und gefährliche Bedeutung verliehen.

Die Stones waren bereits mitten in einer USA-Tournee, als der Song zum ersten Mal im Radio zu hören war und sie mit einem Schlag aus der gesichtslosen Masse der in die USA eindringenden britischen Popgruppen heraushob. Zusammen mit dem gleichzeitigen Erfolg ihres Albums *Out Of Our Heads* verhalf '(I Can't Get No) Satisfaction' ihnen zum Durchbruch und wurde zu dem Song, der die Rolle der Stones bis zum Ende ihrer Karriere definieren sollte. Richards lernte natürlich schon bald, den Song wieder zu mögen, ohne dass Andrew Loog Oldham, der Manager der Band, allzu sehr nachhelfen musste. "Die Steine kamen ins Rollen", sagt Oldham heute, "und nichts konnte uns aufhalten."

the spider and the fly

Eine Botschaft für die zu Hause wartenden Mädels: Ein Blues im Jimmy-Reed-Stil, in dem der junge Mick sein einsames Leben während der Tourneen und die endlosen Versuchungen beschreibt, denen er dort ausgesetzt ist. Nicht dass er nach den Shows in den Bars, umgeben von Frauen, die ihm ins Netz laufen, allzu hart darum kämpfen würde, tatsächlich treu zu bleiben.

Jagger hat hier die Rolle des Raubtiers, doch ohne die übliche Bitterkeit, die so oft in den Liebe-Hass-Songs von Jagger/Richards spürbar ist. 'The Spider And The Fly' wurde während der ersten USA-Tour bei Chess aufgenommen. Der Song erschien auf der US-Version von *Out Of Our Heads* und in England auf dem Album *Stone Age*. 1995 arbeiteten die Stones das Lied dann für *Stripped* um. Diesmal klingt der Gesang rauer, spielt Jagger ein heißes Mundharmonikasolo und die Frau, die der Sänger anspricht, ist nicht 30, sondern 50!

get off of my cloud

Selbst Charlies unbarmherzige Trommelschläge können nicht mithalten. Mick Jagger singt hier so gehetzt, dass die Wörter sich überschlagen und nur noch ein wirres Verlangen nach Zufriedenheit sind. Er will einfach in Ruhe gelassen werden ("Auf meiner Wolke ist kein Platz für zwei, Baby") – von dem Mann an seiner Tür, der ihm ein bestimmtes Waschpulver andrehen will, und von den Nachbarn, die sich über die laute Musik beschweren.

1968 sagte Jagger, der Text sei "Mist". Fast drei Jahrzehnte später bewertete er 'Get Off Of My Cloud' als Ausdruck der Entfremdung eines jungen Erwachsenen. Inspiriert dazu habe ihn die wohlgeordnete englische Gesellschaft, aber noch mehr seine ersten Eindrücke in den USA, wo ihm, was Verhalten und Outfit anging, alles noch restriktiver erschienen sei. "New York war wunderbar und so weiter, und LA war irgendwie auch interessant", erzählte Jagger dem *Rolling Stone*. "Aber abgesehen davon war es eine völlig repressive Gesellschaft, in jeder Hinsicht. Es gab immer noch die Rassentrennung. Und die Einstellung der Leute war absolut altmodisch. Die Amerikaner schockierten mich mit ihrem Verhalten und ihrer Engstirnigkeit."

Richards meckerte unterdessen endlos über Oldhams Produktion von 'Get Off Of My Cloud'. Der Klang war zu dicht, zu verschwommen, ein schreckliches Durcheinander und nur so gerade zusammengehalten von Charlies martialischen Trommelschlägen und Händeklatschen. Dennoch war der Song ein großer Hit, der auf beiden Seiten des Atlantiks an die Spitzen der Charts kletterte. "Ich hatte nie was für den Song übrig", sagte Keith 1971. "Der Refrain war eine nette Idee, aber wir schoben ihn als Anhängsel hinterher. Wir waren in LA und es war Zeit für eine weitere Single. Aber was kann man nach 'Satisfaction' schon machen? Ich hatte eigentlich einen langsamen Song in der Art von Lee Dorsey im Kopf. Wir haben ihn ein bisschen rockiger gemacht. Ich hielt es für eine von Andrews schlechtesten Produktionen."

the singer, not the song
(B-Seite von 'Get Off Of My Cloud')

Der Titel war vielleicht eine gewagte Aussage, doch traf er voll und ganz auf die Generation von Pop-Musikern zu, zu der die Stones gehörten. Mit den Sechzigern begann eine Ära, in der eine einzige Interpretation eines Songs, besonders wenn er als Platte zu haben war, als DIE ultimative Interpretation betrachtet wurde. Wozu sang Frank Sinatra dann noch 'Something?', trivialisierte Johnny Cash 'No Expectations' von den Stones? Musste man William Shatners krampfige Version von 'Lucy In The Sky With Diamonds' ertragen? Natürlich brachte diese Ära verschiedene Maßstäbe hervor, aber 'The Singer, Not The Song' trug dazu sicherlich nichts bei. Ist der Song atonal oder einfach nur unrein gespielt? Selbst die nachsichtigsten Hörer müssen sich das gefragt haben. Jagger gelingt zwar eine ansatzweise unterhaltsame Melodie für den Chorus, aber ansonsten ist der Track ein Flop.

one more try

Kommen Sie mit Ihren Beziehungsproblemen zu Mick! Auf 'One More Try' gibt der Sänger einem Freund Ratschläge, den es frustriert, dass irgendeine Biene nie glücklich ist, selbst wenn sie alles kriegt, was sie will. "Setz dich, halt den Mund ... es wird schon gehen, wenn du es wirklich versuchst", schreit Jagger immer eindringlicher. Sein wilder Gesang jagt über die Klänge dieses auf Blues basierenden Rock-Songs, nur unterbrochen von einigen Mundharmonika-Passagen, die wahrscheinlich Brian Jones gespielt hat. Wie 'The Spider And The Fly' erschien ‚One More Try' zuerst auf der US-Version von *Out Of Our Heads* und wurde in England erst 1971 auf dem Stone-Age-Album veröffentlicht.

blue turns to grey

Die melancholische Ballade über eine Trennung wurde 1965 in den RCA Studios in Hollywood aufgenommen. Jaggers Stimme ist ungewöhnlich warm und besänftigend, wenn er die Gefühle beschreibt, mit denen er zurückbleibt, nachdem ein Mädel ihn verlassen hat. Mit diesem Song landete Cliff Richards 1966 in England in den Top 20. In Amerika erschien er erstmals auf dem Album *December's Children (And Everybody's)*, in England jedoch erst 1971 auf *Stone Age*.

1966
19th nervous breakdown

Die arme Chrissie Shrimpton wird oft vergessen, wenn es um die Stones geht. Ihre Zeit neben dem jungen Mick wird von dem grimmigen Märchen von Jagger und Faithfull in den Hintergrund gedrängt. Und doch spielte sie eine wichtige Rolle, obwohl vielleicht nicht auf eine Weise, an die sie gern zurückdenkt. Während der Jahre, in denen Micks chronischer Frauenhass langsam zum Vorschein kam, war sie das Hauptopfer des jungen Blues-Rockers. Und '19th Nervous Breakdown' war nur die bisher grausamste Sektion einer jungen Frau, die Shrimpton ein bisschen zu sehr ähnelte.

In dem Song wird das Leben eines jungen Mädchens aus besseren Kreisen auseinander genommen, das sich auf einem LSD-Trip befindet und bald durch das Erlebte völlig mit den Nerven am Ende ist.

Der Song soll aufgrund einer Witzelei entstanden sein, als Jagger die Tour durch die Staaten (1965) seinen '19. Nervenzusammenbruch' nannte. Aufgenommen wurde er im Dezember 1965 während der Sessions zu *Aftermath*. Die Fans diskutierten die vermutete Anspielung auf Drogen, aber Jagger behauptete in Interviews, es sei nur ein weiterer Song über ein Mädchen. Was auch immer zu diesem Song angerecht hatte, es ist eine der verworrenen Oldham-Produktionen, ein weiteres Möchtegern-Phil-Spector-Epos. Aber das spielt letztlich keine Rolle

as tears go by
(B-Seite von '19th Nervous Breakdown')

Marianne Faithfull sang niemals Blues, jammte nie mit Cream oder Mayall oder Jimi. Sie war der "Engel mit den großen Titten", den Stones-Manager Oldham 1964 bei einer Party entdeckte und in eine schöne Ikone der Brit-Pop Fantasy verwandelte. Sie landete dank der Jagger/Richards-Ballade 'As Tears Go By' in den Charts, war Co-Autorin von 'Sister Morphine' und gab sich dann ganz den Drogen und dem Selbsthass hin. Wer hätte von ihr auch etwas anderes erwarten können? Sie war nur eine kleine Sängerin, die Konkubine von Rockstars.

Später zeigte Faithfull jedoch mit *Broken English*, ihrem 1979 veröffentlichten Album mit wildem Punk, dass sie viel mehr konnte. Und die Stimme, die einst so süß ins Ohr des schönen Mick geflüstert hatte, klang nun wie ein raues Heulen. Seitdem ist sie eine verwegene Interpretin des Pop-Rock-Jazz-Kanons geblieben und ist heute besser als damals, als sie so berühmt war. Sie war nicht einfach nur eine Randerscheinung während der 60er Jahre. Und noch 1997 sang sie im Rahmen eines Repertoires mit Weill/Brecht-Liedern 'As Tears Go By' und zeigte, dass diese kleine Ballade immer noch Gewicht hatte.

Die Stones hatten nie vorgehabt, das Lied selbst zu singen. Für die Glimmer Twins war es nur ein früher Versuch als Songschreiber, etwas, das sie dem ersten Balladensänger, der vorbeikam, andrehen konnten (so wie Lennon und MacCartney 'I Wanna Be Your Man' auf die Stones abgeladen hatten). Und dieser Sänger war Miss Faithfull, die Oldham in Londons Olympic Studios zu ihrer ersten Aufnahmesession bat, ohne sie vorher vorsingen zu lassen. Talent war für den jungen Stones-Manager nicht der Punkt. Faithfull wirkte verführerisch, war eine blonde Mischung aus Unschuld und Sexualität, die er den Kids, vor allem den jungen (und nicht so jungen) Männern, verkaufen konnte. Sollte das kleine Mädchen tatsächlich eine gute Stimme haben, umso besser.

"Ich fand ihn verrückt, aber ich mochte ihn", sagt Faithfull nun von ihrer ersten Begegnung mit Oldham in den Olympic Studios. Nick und Keith waren natürlich anwesend und beobachteten das Ganze grimmig vom Aufnahmeraum aus, sagten aber nichts. Die 27-jährige "Sängerin" nahm die beiden kaum wahr. Sie lacht. "Ich war ganz und gar nicht von den Stones beeindruckt."

Und der erste Song, den Oldham ihr reichte – "I Don't Know How (To Tell You)" von Lionel Bart, Komponist des Musicals *Oliver!* – gefiel ihr auch nicht. Nach mehreren fehlgeschlagenen Versuchen ließ der Produzent und Manager Faithfull 'As Tears Go By' versuchen und endlich nahm etwas Gestalt an: Ihre weiche, beschwingte Stimme legte sich vollständig um die seltsam melancholischen Wörter und beschwor den Eindruck von unendlicher Erfahrung herauf. Sie sang davon, Kindern beim Spielen zuzusehen und Trauer über ihre Distanz zu dieser Art von Unschuld und Glück zu spüren, die irgendwie auf der Reise zu Reichtum und Weisheit auf der Strecke geblieben waren.

"Ich weiß nicht, ob ich damals schon erkennen konnte, ob ein Song wirklich gut war", sagt Faithfull, "aber ich hatte Glück – es war nicht nötig. Es war ganz klar, weil wir auch einen anderen Song ausprobierten, der längst nicht so gut war. 'As Tears Go By' war der einzige Song, der mich überzeugte. Ich kann kein zweitklassiges Zeugs singen. Es geht nicht. Ich kann es nicht richtig rüberbringen."

Ihre Aufnahme von 'As Tears Go By' wurde in England ein Top-10-Hit und begründete Faithfulls Karriere. Der Song war nicht gerade ein Meisterwerk der jungen Glimmer Twins, aber seine einfache Melodie berührte tief und verfehlt auch noch Jahrzehnte später seine Wirkung nicht.

Über ein Jahr später beanspruchten die Stones den Song, der Faithfulls Karriere eingeläutet hatte, zumindest für den Moment wieder für sich. Sie ersetzten 1966 Oldhams einfaches Pop-Arrangement durch eine dumpf schlagende Gitarrenmelodie mit akzentuierenden Streichern. Nach 'Get Off Of My Cloud' war Jaggers fast kindlicher, weicher Gesang für einige Fans vielleicht eine Überraschung. Selbst John Lennon meinte, die sanften Streichinstrumente würden ein wenig an das jüngst erschienene 'Yesterday' der Beatles erinnern. In England wurde der Song auf die B-Seite von '19th Nervous Breakdown' verbannt, doch in den USA – wo Faithfulls Version praktisch unbekannt war – erreichte er die Top 10.

sad day

Der mittelmäßige Pop-Song erschien zunächst als B-Seite der amerikanischen Single von '19th Nervous Breakdown' und blieb in England zu Recht in der Versenkung, bis er Anfang der Siebziger von Decca als Single wieder ausgegraben wurde und 1989 auf *The Singles Collection* erschien. Der in den RCA Studios in Hollywood aufgenommene Song dröhnt langweilig vor sich hin und wird nur durch psychedelische Schnörkel aufgelockert. Jagger singt hier davon, dass ihn sein Mädel verlassen habe, doch in seiner Stimme liegt wenig Bedauern. Es scheint so, als ob sein Studium des Blues ihn nichts gelehrt habe.

paint it, black

Siehe da: Eine neue Vision für ein neues Zeitalter und für die Rock-and-Roll-Band bestens geeignet, ihre düsteren Momente zu dokumentieren. Mick Jagger singt davon, die Welt in Schwarz zu verwandeln, um seine durch einen unsäglichen Verlust erschütterte Seele zu besänftigen. Der Text stammt von Jagger, die Musik von Richards, doch 'Paint It, Black' verdankt seinen Erfolg weitgehend der Anwesenheit von Brian Jones, der dem Ganzen mit spannenden Sitar-Passagen ein türkisches Flair verleiht. Natürlich hatte Jones nicht über Nacht gelernt, das unhandliche Instrument zu meistern, aber es gelang ihm, Töne zu produzieren, die zu den dunklen Rhythmen passten, die die Stones jetzt ausprobierten. Wenn sie diesen Song im Fernsehen vortrugen, zog Jones, der mit übereinander geschlagenen Beinen dasaß und die Sitar auf seinem Schoß balancierte, die Aufmerksamkeit auf sich, obwohl die Glimmer Twins die Kontrolle über die Band übernommen hatten. Die Bandbreite an Instrumenten, die er beherrschte – von der Marimba bis zum Mellotron – hätten ihm eine wichtige Rolle bei der Band gesichert, hätten Drogen und Paranoia ihn nicht umgebracht.

Das Ganze begann eigentlich nur als Spaß, so Jagger, als Parodie von Liedern, die bei jüdischen Hochzeiten gespielt wurden. "Das Erstaunliche an diesem Song ist für mich die Sitar", sagte Richards 1971 dem Rolling Stone. "Auch die Tatsache, dass wir ihn als Comedy Track schnitten. Bill spielte die Orgel und parodierte unseren ersten Manager, der seine Karriere als Organist in einem Kino begann. Wir hatten es mit funkigen Rhythmen probiert und es hatte nicht funktioniert. Und dann spielte er es auf einmal so und alle machten mit. Es ist ein Zweiertakt, sehr seltsam. Brians Sitarspiel verändert das Ganze völlig."

Der Songtitel, der auf der Single mit einem Komma vor "black" erschien, gab Anlass zu der Frage, ob sich dahinter vielleicht ein rassistischer Unterton verberge. Wahrscheinlicher ist, dass das Komma willkürlich gesetzt wurde, denn seit eh und je sind beide Versionen – mit und ohne Komma – üblich. Selbst auf den Alben und den Notenblättern der Stones ist die Schreibweise nicht einheitlich.

long long while

(B-Seite von 'paint it black')

Jagger bat Bobby Womack einmal aus Spaß, ihn das Soulsingen zu lehren. "Ich könnte dir nicht beibringen, keinen Soul zu singen", antwortete Womack. "Wenn ich es dir in einem Tag beibringen könnte, was würde das nützen? Du singst aus dem Herzen." Das war eine Lektion, die Jagger 1966 auf 'Long Long While', der die nervöse Leidenschaft einer klassischen Stax-Volt-Single rüberbringt, bereits verstanden zu haben schien. Es ist auch die Art von Song, die Elvis am Ende jenes Jahrzehnts gesungen haben könnte – mit großartigem Gitarrenspiel von Richards und Jones und einem selten spürbaren Bedauern in Jaggers Stimme, der ein Mädel, das er einst verließ, um Verzeihung bittet.

have you seen your mother, baby, standing in the shadow?

Vorsicht, es folgt eine Attacke. Der Song beginnt mit ohrenbetäubendem Lärm, bevor Mike Leanders schriller Bläsersatz in einen Wettstreit mit wildem Klaviergehämmer stürzt. Gitarre und Bass vereinigen sich zu einem seltsamen und andauernden Summen. Der Song endet mit einem langsamen Riff einer metallisch klingenden Gitarre, die Jaggers spöttischen Text einrahmt, den er einst als den "ultimativen Trip" bezeichnete.

Ton und Titel ließen zwar an ein weiteres frauenfeindliches Thema denken, doch der Song steht mehr in der Tradition von 'Mother's Little Helper' und stellt mit unbarmherziger Schadenfreude alte gesellschaftliche Werte in Frage. "All diese Lieder entstanden in Amerika", sagte Jagger 1968. "Es ist großartig, dort zu schreiben, denn die ganze Zeit wird man mit Dingen bombardiert und muss einfach versuchen, ihnen eine Form zu geben... Was mich betrifft, spiegeln diese Songs einfach die Realität wider."

Keith gefiel der Sound dieses Tracks nie. Er fand, man habe ihn noch nicht ihm Griff, habe ihn zu schnell aufgenommen und der Rhythmus sei im endgültigen Mix kaum erkennbar. "Der Track versetzte uns in Euphorie, und das war der einzige Grund, warum wir so scharf auf ihn waren", erzählte Richards 1971 dem *Rolling Stone*.

Der Song ist auch erwähnenswert, weil er die Stones zu einer ihrer berüchtigtsten Fotosessions inspirierte. Eines Tages traf sich das Quintett in New York mit dem Fotografen Jerry Shatzberg, der sie in Frauenkleidung aufnehmen wollte. In dieser Aufmachung posierten sie dann auf den Straßen Manhattans (mit Wyman in einem Rollstuhl). Anschließend gingen sie kostümiert, wie sie waren, auf ein Bier in eine Bar.

GOT LIVE IF YOU WANT IT EP

We Want The Stones
(Nanker Phelge)

Everybody Needs Somebody To Love
(Russell, Burke, Wexler)

Pain In My Heart
(Neville)

Route 66
(Troup)

I'm Moving On
(Snow)

I'm Alright
(Nanker Phelge)

we want the stones

'We Want The Stones', das in die CD-Neuauflage des Stones-Katalogs nicht aufgenommen wurde, ist eigentlich kein Song. Hier wurden nur Fans aufgenommen, die in Londons Royal Albert Hall im Sprechchor den Namen der Stones rufen. Die Band verdiente dennoch Tantiemen an dem Track, indem sie ihn Nanker Phelge zuschrieb.

i'm alright

'I'm Alright' ist eine melodische Jagger/Richards-Rocknummer mit Western-Beat, die auf einem einzigen, erbarmungslosen Gitarrenriff basiert. Ihre Einfachheit hindert die Band nicht daran, sie voller Elan vorzutragen und das tosende Geschrei der Fans zu übertönen, mit dem die Band Mitte der Sechziger bei ihren Shows stets begrüßt wurde. Die gleiche Aufnahme erschien auch auf der US-Version von *Out Of Our Heads*. Falls es eine Studioaufnahme des Songs gibt, haben die Schwarzhändler sie noch nicht entdeckt.

who's driving your plane

(B-Seite von 'Have You Seen Your Mother, Baby, Standing In The Shadow?')

Die Stones bieten drei Minuten lang den wildesten Blues seit Jahren. Sie demonstrieren damit eindrucksvoll, dass sie den Blues nicht hinter sich gelassen haben, als sie sich mehr dem Pop zuwandten.

Die ersten Anzeichen sind bei Jack Nitzsche zu finden, der hier in die Keyboardtasten haut, während Jagger einem Mädchen zuschreit, sich endlich von der Dominanz ihrer Eltern zu befreien. Eine spannungsgeladene Bluesharp schnauft in der Ferne.

Heiße Scheiben

1967
let's spend the night together

Der dumme Mick leugnete es jahrelang, aber wir wussten es besser, selbst wenn es als Beweis kein Video gab. Im Januar 1967 ergab er sich in der Ed Sullivan Show und zensierte sich selbst: Er sang tatsächlich "Let's spend SOME TIME together".

So ganz und gar nicht Rock and Roll! Wie schwach! Ja, aber der Mann hatte keine andere Wahl, als es einfach zu singen, oder die Show zu verlassenn wie einst Dylan. Jagger schien Sullivans Bitte sowieso ziemlich kalt zu lassen. Es war nur eine TV-Show und sein Gesang würde im Äther verschwinden, wo niemand ihn finden konnte. Doch ein Gig in einem amerikanischen Sender war zu gut, um ihn sich entgehen zu lassen. Warum also nicht ein oder zwei Wörter ändern? Man musste natürlich trotzdem den Schein wahren. "Ich habe nie 'time' gesagt. Ich hab gesagt 'Let's spend some mmmmm together, some mmmmm together'", behauptete Jagger 1968. "Sie hätten es abgebrochen, wenn ich 'night' gesagt hätte."

Was bei einem Song mit solch offensichtlich sexuellem Inhalt wohl tatsächlich geschehen wäre. Seine Botschaft ist die simple Lust, wenn Jagger eine Frau anfleht, mit ihm ins Bett zu steigen. Seine Stimme erklingt über einer Mischung aus aufpeitschenden Klavierakkorden und Charlie Watts kräftigen Trommelschlägen. Das Ergebnis ist ein Song, der hoffnungsvoller klingt als 'Satisfaction' mit dem völlig ausgebrannten Jüngling Jagger.

Marianne Faithfull behauptete, Jagger habe den Song nach ihrer ersten gemeinsamen Nacht geschrieben, was angesichts des Timings nicht unwahrscheinlich ist. Das Lied wurde im November 1966 während Sessions für *Between the Buttons* bei Olympic aufgenommen, mit Jack Nitzsche am Keyboard. In England erreichte die Single mit 'Ruby Tuesday' als B-Seite Platz zwei. In Amerika kam 'Let's Spend The Night Together' auf die B-Seite.

ruby tuesday
(B-Seite von 'Let's Spend The Night Together')

"Es ist ein wunderschöner Song", erzählte Jagger 1995 Wenner. "Er hat einfach eine hübsche Melodie und einen großartigen Text. Beides stammt nicht von mir, aber es macht mir immer Spaß, das Lied zu singen." Brian Jones bläst eine bezaubernde Flötenmelodie, die sich mit einem reichen, reinen Pop-Sound aus Akustikgitarre, Klavier und Akustikbass vermischt. Jagger singt gefühlvoll von einem mysteriösen Mädchen, das ihn warnt: "Halt deine Träume fest, bevor sie dir entgleiten!" 'Ruby Tuesday' begann als gemeinsames Instrumentalstück von Richards und Jones und gehörte damit zu den Stones-Songs, bei denen Jones es verdient hätte, als Co-Autor genannt zu werden. "Er war ganz große Klasse", sagte Richards. "Der Kerl konnte jedes Instrument spielen." Doch als die Single im Januar 1967 erschien, war sie Jagger/Richards zugeschrieben.

ride on, baby

Das Cembalo und die Marimbas klingen so angenehm, die singende Pop-Melodie so warm und beschwingt. Die Musik verschleiert fast das grausame Abblitzenlassen eines Party-Girls, dem Jagger vorwirft, völlig fertig und innerlich zerrissen zu sein, weil sie zu viel Zeit auf der Überholspur verbracht hat.

Der im Dezember 1965 in den RCA Studios aufgenommene Song erschien fast zwei Jahre später auf dem in den USA veröffentlichten Album *Flowers* und sonst nirgendwo. Dieses Album war eine Sammlung von Singles aus Großbritannien und von ausrangierten Tracks, die Manager Andrew Oldham für amerikanische Fans zusammenstellte, die nach neuen Produkten der Stones hungerten, während diese zu Hause in Drogen- und juristische Probleme verstrickt waren. Es erzielte Platz 3 auf den amerikanischen Album-Charts. "Wir hatten das ganze Zeugs vor einem Jahr oder so als unbrauchbar verworfen", sagte Richards 1971. "Ich war wirklich überrascht, dass die Leute darauf abfuhren."

'Ride On, Baby' wurde auch von Chris Farlowe als Single für Oldhams Immediate Label aufgenommen. Es war der dritte Jagger/Richards Song, den der Sänger coverte, dieses Mal mit Jagger höchstpersönlich als Produzenten.

sittin' on a fence

Ein weiterer Track, der nur auf *Flowers* erschien, und zudem ein außergewöhnlicher Song, der darüber nachsinnt, wie Mick Jaggers Leben vielleicht verlaufen wäre, wenn er sein Wirtschaftsstudium nicht aufgegeben hätte. In seiner Stimme, die hier von zwei Akustikgitarren und vereinzelten Cembaloeinsätzen begleitet wird, liegt kein Bedauern. Er ist froh, dem normalen Mittelschichtleben entkommen zu sein, und denkt verwundert an ehemalige Schulfreunde zurück. Sie sind inzwischen erwachsen geworden und haben "sich ihr Leben verbaut ... sie heiraten nur, weil sie nicht wissen, was sie sonst tun sollen".

we love you

Die Festnahme in Keiths Landhaus Redlands war kein Spaß. Seine Probleme mit dem Gesetz, mit Drogen und anderen üblen Gewohnheiten begannen natürlich gerade erst. Aber Mick verstand, welche Folgen die Stunden hinter Gittern haben könnten: den Verlust von Freiheit, das mögliche Aus des Rock-and-Roll-Traums der Stones. Und so buchten Jagger und Richards nach ihrer Freilassung auf Kaution sofort Studiozeit. Das Ergebnis war 'We Love You', ein spannungsgeladener, psychedelischer Liebesbrief an ihre Fans als Dank für deren unendliche Unterstützung während dieser dunklen Tage des Jahres 1967.

Auf dem Track hört man zunächst Schritte, die durch einen langen Korridor hallen, und danach das Zuwerfen von Gefängnistüren. Es sollte nicht subtil klingen, ebenso wenig wie die drängenden Klavierakkorde, mit denen der Song beginnt, der begleitet wird von Brian Jones brillanten Mellotron-Passagen und einer rollenden Bassline, die auf der Stereoaufnahme von einem Lautsprecher zum anderen schwebt.

Die Rolling Stones zeigten mit diesem Track, der weniger ein Song als ein gelungenes psychedelisches Experiment war, eine plötzliche Neigung für den Stil von Songs wie 'Sgt. Pepper's Lonely Hearts Club Band' von den Beatles. Deswegen verwundert es auch nicht, dass John Lennon und Paul McCartney die 'We Love You'-Session besuchten und die Background Vocals unterstützten. Der fertige Track war großartige Musik. "Ein toller Track mit diesem Mellotron", erinnert sich Techniker George Chkiantz. "Er war einfach unglaublich. Er war ganz und gar Brians Stück."

Ein anderer Besucher war der Dichter der Beat-Generation Allen Ginsberg, der gerade London besuchte, um an einer Pro-Marihuana-Demonstration im Hyde Park teilzunehmen. Nachdem er der Polizei Blumen geschenkt hatte, ging Ginsberg zu McCartneys Haus, wo er Jagger traf und zu der Session eingeladen wurde. Als Ginsberg im Studio ankam, waren dort Lennon und McCartney, die die Background Vocals der Stones unterstützten. "Es war wunderbar. Sie sahen alle aus wie kleine Engel", erzählte er am nächsten Tag Freunden, wie in Barry Miles' Biografie *Ginsberg* (1989) nachzulesen ist. Auf einer Postkarte an seinen Lover Peter Orlovsky schrieb Ginsberg: "Gestern abend war ich im Aufnahmestudio mit Mick Jagger, Paul McCartney und John Lennon, die wie Botticelli-Grazien aussahen und zum ersten Mal miteinander sangen. Ich dirigierte durch das Fenster mit Shiva-Perlen und dem tibetischen Orakelring."

Die ersten Sessions waren nicht ganz so romantisch. Das Management der Stones hatte Olympic informiert, dass die Session um 14.30 Uhr beginnen würde, erinnert sich Chkiantz. Und tatsächlich: Mick, Keith, Brian und Bill erschienen, um sich an die Arbeit zu machen. Aber kein Charlie. Also warteten sie. Doch in der Zwischenzeit wollte keiner das unangenehme Thema der jüngsten Verhaftungen, Prozesse und Gefängnisaufenthalte ansprechen. "Als Charlie dann gegen fünf aufkreuzte, machte sich Erleichterung breit", sagt Chkiantz. "Charlie schaute sich um und verstand sofort die Situation. Er kam mit einem Grinsen die Treppe herauf, das ich bis heute nicht vergessen habe. Er sah wirklich aus wie eine Katze, die die ganze Sahne geklaut hat. Er schaute sich einfach um, schätzte die Lage ab und sagte: 'Na, wie geht's denn unseren Knastbrüdern?'"

Chkiantz lacht bei dieser Erinnerung. Bis zu diesem Tag schien man die legendäre Rhythmussektion, bestehend aus Wyman und Watts, für selbstverständlich hingenommen zu haben. Ihre Ideen wurden nicht so ernst genommen, also äußerten sie selten welche. Watts ehrfurchtsloser Kommentar schien das zu ändern. "Von diesem Tag an nahmen sie Charlie ernst. Das änderte die Sache für ihn vollkommen", sagt Chkiantz. "Ich glaube, das hat sie irgendwie fest zusammengeschweißt."

dandelion
(B-Seite von 'We Love You')

Weiterer schwülstiger Flower-Power-Pop von den Stones mit Melodien, die für diese beinharten Rocker erstaunlich süßlich klingen. Einige der Vokalharmonien scheinen sogar von den Beach Boys entliehen zu sein. Dandelion war auch der Name, den Keith und Anita später ihrer Tochter gaben, obwohl sie jetzt lieber Angela genannt wird. Die fröhliche Stimmung, die der Song vermittelt, zeigt, dass die Stones, deren Welt gerade einzubrechen drohte, mit aller Macht versuchten, Spaß zu haben. "Wegen der Festnahme hatten wir keine Chance, uns allzu lange mit Flower-Power zu beschäftigen", sagte Keith 1971. "Wir waren Geächtete."

1968
jumpin' jack flash

Es war dieser Song, der die Rolling Stones aus der psychedelischen Sackgasse heraus- und zurück zu einem schweren Rock- und Bluessound führte. Riffs, die wie Funken sprühen, schaukeln sich mit einer Eindringlichkeit hoch, dass selbst Velvet Underground Beifall geklatscht hätten.

1968 nannte Mick Jagger den Track "das Elementarste, was wir diesmal gemacht haben". Ursprünglich wäre das treffendere Wort. Waren diese fünf Londoner Jungs mit 'Satisfaction' nicht länger billige Blueskopisten, dann zeigte 'Jumpin' Jack Flash', mit dem sie einen Rock and Roll von unaufhaltsamer Kraft und absoluter Perfektion schufen, sie von ihrer gefährlichsten und raffiniertesten Seite.

Die Ära des Pop war für Jagger und Richards vorbei und 'Jumpin' Jack Flash' die perfekte Grundsatzerklärung des neuen Sounds der Band.

"Wenn ich diesen ersten Riff in 'Jumpin' Jack Flash' spiele, passiert irgendwas in meinem Magen – ein unglaubliches Hochgefühl, ein irres übermenschliches Gefühl", sagte Richards einmal. "Es lässt sich am besten als Explosion beschreiben. Du springst einfach auf diesen Riff auf und ER spielt DICH. Es ist das einzige Gefühl, das meiner Meinung nach dem Nirwana nahe kommt."

Bill Wyman behauptete stets, der Hauptriff stamme von ihm und sei entstanden, als er mit Charlie Watts und Brian Jones auf einem elektrischen Keyboard gespielt habe. Richards hat dies in späteren Interviews zugegeben, obwohl der Song Jagger/Richards zugeschrieben ist. "Es passierte oft, dass Grundideen und andere Einfälle von Brian, Charlie und mir während langer Studiosessions im Schmelztiegel landeten", schrieb Wyman in seiner Autobiografie Stone Alone, "aber nach ein paar Stunden oder Tagen waren die Ursprünge unserer Vorschläge verschwunden... Ich hab damals nicht darüber diskutiert, sondern es mit einem Lachen abgetan – wer möchte schon Streit im Studio, wenn alle versuchen, kreativ zu sein?"

'Jumpin' Jack Flash' wurde während der Sessions für Beggars Banquet in den Olympic Studios in London aufgenommen. Zum ersten Mal arbeiteten die Stones mit Produzent Jimmy Miller zusammen. Das Ergebnis war ein Track voll roher, treibender Kraft, beschleunigt von diesem unsterblichen Riffmuster. Von der Melodik her ähnelt die Struktur Bo Diddleys 'Who Do You Love?', doch Jagger perfektioniert hier eine seltsame und einzigartige Gestalt, eine kraftvolle hitzige schamlose Stimme. Für viele wird 'Mr Jumpin' Jack Flash' Jaggers Alter Ego bleiben.

In einem Promotion-Streifen präsentierten die Stones den BBC-Zuschauern ihren Song in Kriegsbemalung und weckten neue Ängste hinsichtlich des satanischen Einflusses ihrer Musik. Die Kids dagegen sahen darin die wiedergeborenen Stones, die vor neuem Elan strotzten und sich endlich von der flüchtigen Plastikmode der Carnaby Street frei gemacht hatten.

Der Text ist knapp gehalten, scheint jedoch von einer brutalen Kindheit zu erzählen, mit düsteren Szenen der Armut und des Missbrauchs. "Aber nun ist alles in Ordnung / ja, es ist total geil, geil, geil", singt Jagger mit lüsterner, gehetzter Stimme. Für ihn stellte der Song nach einer langen Periode des LSD-Wahns die Rückkehr zu Klarheit dar. "Er handelt davon, eine schwere Zeit zu haben und da herauszukommen", sagte Jagger 1995 dem Rolling Stone. "Nur eine Metapher dafür, aus all dem Drogenzeugs rauszukommen."

Der Song wird auf dem Live-Album Get Yer Ya-Ya's Out! der Tour von 1969 mit noch mehr Großspurigkeit gespielt, doch nichts kommt an die Wirkung der Originalaufnahme heran. Sie hatte einen Sound und eine Wucht, die spätere klassische Stones-Tracks wie 'Brown Sugar' nur annähernd erreichten. Der 3:39-minütige Sturm, der 1968 aufgenommen wurde, ist ein Prototyp für vieles, was die "größte Rock-and-Roll-Band der Welt" später produzierte, und bleibt ein wichtiges, unangreifbares Dokument.

Es sei denn, man heißt Mick Jagger. Die Gleichgültigkeit des Sängers gegenüber der Wichtigkeit des Rock im Allgemeinen und der Musik der Stones im Besonderen ist notorisch, ja sogar bizarr, wie Techniker Dave Jerden während der Arbeit an Dirty Work und Jaggers She's The Boss entdeckte. Eines Tages ließ Jagger ihn in Paris in ein Studio kommen. Der Glimmer Twin nahm dort gerade neue Vocals von 'Jumpin' Jack Flash' für einen Whoopie-Goldberg-Film gleichen Namens auf. Jagger hatte das Originalband dabei.

"Ich sollte eine Kopie fertigen", meinte Jerden, der bemerkte, dass es auf dem Band keine freien Tracks für zweite Vocals gab. "Nein, ich spiele es einfach über die ursprünglichen Vocals", antwortete Jagger. Was er auch tat. Womit die Originalaufnahme für immer verloren ist. So viel zur Geschichte. "So ist Mick nun mal", sagt Jerden heute. "Das ganze andere Zeugs über die Geschichte von irgendwas bedeutet ihm eigentlich gar nichts. Er hat diese lässige Art, wenn es um die Stones geht. Keith ist ganz anders. Ihm ist alles, was die Stones betrifft, heilig."

child of the moon
(B-Seite von 'Jumpin' Jack Flash')

Im Zusammenhang mit der A-Seite scheint das sentimentale 'Child Of The Moon' einer ganz anderen Ära zu entstammen. Obwohl er einigen vagen psychedelischen Pop birgt, ist der Song nicht mit Experimentellem überladen. Klimpernde Gitarren und rasselnde Drums bringen ihn mit mittlerem Tempo voran, während Jaggers Gesang in seiner Zurückhaltung dem Dylans ähnelt. Der Text ist eine Abschiedsvision von der Unschuld der Flower-Power-Generation, die sich inzwischen blindlings auf Altamont zubewegte.

1969
honky tonk women

Keith Richards hatte sich 'Honky Tonk Women' ursprünglich nur als weiteren Country-and-Western-Song vorgestellt, den jede unbedeutende Jugband spielen konnte. Und die Stones erforschten diese Vision des Songs via 'Country Honk' auf Let It Bleed. Doch mit dem rockigen 'Honky Tonk Women', bei dem Mick Taylor sein Debut hatte, schuf die Band einen ihrer unvergesslichsten Songs.

Produzent Jimmy Miller eröffnet den Song mit dem gedämpften Läuten einer Kuhglocke, bis der Schlagzeuger Charlie Watts eingreift und den Song in einen schwerfälligen Rock-and-Roll-Sound führt. Es ist genau der richtige Rhythmus für Jagger, der glücklich durch eine schamlose Geschichte von Sex und Drogen stolziert und davon singt, wie er "in Memphis von einer Barschönheit, die sich mit Gin hat voll laufen lassen," und von einer geschiedenen Frau aus Manhattan verführt wurde. Richards schlägt die Akkorde langsam an und spielt in einem Open Tuning, wie er es von Ry Cooder gelernt hatte.

Und zum ersten Mal sitzt Taylor neben ihm, von dem Richards später sagte, er habe wesentlich dazu beigetragen, die ursprüngliche 'Country-Honk'-Idee zu verändern. 1969 war Taylor knapp einundzwanzig und mit seinen weichen Zügen sowie einem Touch von Akne fiel er aus der Gruppe der degenerierten Rocker heraus. Doch unter der ruhigen, engelhaften Oberfläche steckte ein ernst zu nehmender Bluesmusiker.

Taylors ausdrucksvolle Slidegitarre wirkt hier an keiner Stelle dominierend, und doch sorgt sie für die Atmosphäre. Wozu er wirklich imstande war, zeigte Taylor erst 1971 auf Sticky Fingers, dem Album, auf dem die Stones einen ganz neuen Sound produzierten, der nun dank Taylor auch epische Passagen mit einschloss.

Mit 'Honky Tonk Women' hatten die Stones nach 'Jumpin' Jack Flash' und Beggars Banquet bereits eine weitere kreative Schwelle überschritten und läuteten eine Periode ein, in der sie fast nichts falsch machen konnten.

'Honky Tonk Women' wurde am 4. Juli 1969, dem Tag nach Brians Tod und vor dem Konzert im Hyde Park, als Single herausgegeben. Und die Welt-Tournee stand vor der Tür. Dies waren bedeutende Tage für die Stones. Der Song landete in England schnell auf Platz 1. Das Gleiche geschah in den USA, bis die Archies ihn von seiner Spitzenposition vertrieben.

1972
JAMMING WITH EDWARD EP

(Jam-Session mit Jagger, Wyman, Watts, Ry Cooder und Nicky Hopkins)

Boudoir Stomp
(Hopkins/Cooder)

It Hurts Me Too
(James)

Edward's Thump Up
(Hopkins/Cooder/Watts)

Blow With Ry
(Hopkins/Cooder/Watts)

Interlude A La El Hopo
(Hopkins/Cooder/Watts)

Highland Fling
(Hopkins/Cooder/Watts)

Die Rolling Stones arbeiten auf geheimnisvolle Weise. Doch warum dieses? Dafür gibt es keine Erklärung. Jamming With Edward ist die seltsamste Scheibe im Katalog der Stones – eine Sammlung unzusammenhängender Jam-Sessions, schlecht gemixter Vocals und Geplaudere zwischen der Band und der Aufnahmeleitung. Die sechs Stücke – eine Mischung, die Elmore James' 'It Hurts Me Too' und Hopkins/Cooder/Watts zugeschriebene "Songs" mit einschließt – dokumentieren die Impromptu-Session vom Mai 1969 mit Mick Jagger, Bill Wyman, Charlie Watts, dem Gitarristen Ry Cooder und dem Pianisten Nicky Hopkins. Jagger nannte das anschließend veröffentlichte Album "netten Schwachsinn... entstanden eines Abends in London, England, während wir darauf warteten, dass unser Gitarrist aus dem Bett kam."

Der Legende zufolge improvisierte man frei zum Spiel von Hopkins ("Edward"), der auch das skizzenhafte Cover entwarf. Aber die einzelnen Stücke lassen sich kaum voneinander unterscheiden. Stones-Fanatiker wären wohl dennoch glücklich, sie so wie jede andere halbwegs passable Bootleg zu besitzen. Schließlich ist hier die Klangqualität besser als auf der typischen Bootleg. Und es gibt kurze Momente, in denen vor allem Cooder hervorragend spielt. Doch angesichts der Fülle an Material, das die Stones zur Verfügung hatten, war die Veröffentlichung von Jamming With Edward (1972) wirklich unverständlich. Dass dann Virgin/Point Blank/Rolling Stones Records das Album 1997 herausgaben, überraschte gleichermaßen, hatte Virgin doch gerade Keiths drittes Soloalbum wegen seiner unkommerziellen Reggae-Mischung abgelehnt.

1975
METAMORPHOSIS

Out Of Time
Don't Lie To Me (Berry)
Some Things Just Stick
   In Your Mind
Each And Every Day Of
   The Year
Heart Of Stone
I'd Much Rather Be With
The Boys
(Oldham/Richards)
(Walk-in' Thru The)
   Sleepy City
We're Wasting Time
Try A Little Harder
I Don't Know Why
(Wonder/Riser/Hunter)
If You Let Me
Jiving Sister Fanny
Downtown Suzie
(Wyman)
Family
Memo From Turner
I'm Going Down
(Jagger/Richards/Taylor)

Das kafkaeske Cover scheint hier sicherlich passend. Dunkel, heimtückisch. Auf dieser Zeichnung ziehen die Bandmitglieder gerade ihre Masken weg und enthüllen, dass Jagger, Richards, Wyman, Watts und Jones tatsächlich Insekten sind. Wussten wir's doch! In der Tat, *Metamorphosis* ist eine kretinhafte Sammlung von Stücken, ein Album voll zweifelhafter Outtakes, Demobänder und verworfener Songs aus den Decca/London-Jahren der Stones. Und eine für alle ziemlich peinliche Sache.
"Es ist einfach ein Haufen Mist", sagte Charlie Watts über das Album, das von Kleins ABCKO Records herausgegeben wurde, nachdem Klein Bill Wymans eigene Retrospektive – *The Black Box* – abgelehnt hatte.
Klein und die Stones waren gewiss nicht in Freundschaft auseinander gegangen. Ein Großteil des ältesten Materials auf *Metamorphosis* umfasst Demobänder, die aus den Tagen stammen, als Jagger und Richards ihre bekloppsten Songs Möchtegern-Popstars feilboten. Viele der Tracks werden nicht einmal von den Stones gespielt, sondern von angeheuerten Session-Musikern, die Jagger unter- stützen sollten. Da gibt es eine Version von 'Heart of Stone', die so klingt, als werde sie von den Righteous Brothers gespielt, und die Version von 'Out Of Time' klingt ganz so wie das Backing auf Chris Farlowes Single. Von der schlechten Qualität dieser Sammlung zeugt auch die Nachlässigkeit in Bezug auf die Nennung der Songschreiber: Jagger und Richards werden hier Chuck Berrys 'Don't Lie To Me' und Stevie Wonders 'I Don't Know Why' zugeschrieben.
Das Album enthält ein paar lohnende Kuriositäten, aber der Rest ist wertlos und praktisch unzumutbar. *Metamorphosis* ist kaum besser als irgendeine vermurkste Bootleg.

each and every day of the year
Dieses teenietraumartige Melodrama ist die Art von lächerlicher Schnulze, die Anfang der Sechziger die auf dem Blues basierenden Songs der Stones so notwendig machte. Jagger singt verträumt gegen verschiedene Streichinstrumente, ein Waldhorn, eine Akustikgitarre und eine Mundharmonika an. Das sind nicht die richtigen Stones, sondern das ist ein Demosong, anhand dessen andere Sänger diese grässlichen Texte singen lernen können.

i'd much rather be with the boys
Klingt, als wäre Jagger viel lieber bei den Beatles. Das muntere Händeklatschen und ernsthafte Singen hat wenig mit dem Werk der Stones gemein. 'I'd Much Rather Be With The Boys' ist ein weiteres Demoband, ein weiteres Beispiel dafür, dass Jagger, Richards und Manager Andrew Loog Oldham nach der kommerziellsten Liedkunst strebten. Wenn die Stones immer so geklungen hätten, würde heute niemand ein Buch über sie schreiben.

(walkin' thru the) sleepy city
Dies ist der Klang einer Möchtegern-Hitfabrik, nicht einer Rock-and-Roll-Band. '(Walkin' Thru The) Sleepy City' ist ein albernes Liebeslied, Lichtjahre von den aufwieglerischen, gehässigen Songs mit dem berühmten Liebe/Hass- oder Frauen-gegen-Männer-Thema entfernt, das die Stones so inspirierend fanden. Gebt uns die miesen Stimmungen zurück, Bitte!

try a little harder
Diesen Song, der einen schönen Zahnpasta-Spot abgegeben hätte, kann man getrost vergessen. Er bietet nur einen weiteren Grund, das *Metamorphosis*-Album umgehend einzuschmelzen.

if you let me
'If You Let Me' ist ein mittelmäßiger, beschwingter Folk-Song, ganz geheuchelte Unschuld und Ernst- haftigkeit, bereichert um das moderne Element des elektrischen Klaviers, das den Track mit einem seltsamen, tiefen Grollen unterlegt. Zumindest klingt der Sound so, als seien hier die Stones am Werk. Deswegen überrascht es nicht, dass Bill Wyman ihn in seine *Black-Box*-Sammlung aufnahm. Es ist kein besonders denkwürdiger Track, aber weit weniger ärgerlich als das Meiste auf diesem Album.

jiving sister fanny
Neben der Version von Stevie Wonders Liebesklage 'I Don't Know Why' ist das rockige 'Jiving Sister Fanny' eines der wenigen Stücke auf *Metamorphosis*, das sich anzuhören lohnt. Obwohl die Melodie nirgendwo hinführt, erleben wir hier eine Band, die im Sommer 1969 noch immer auf dem Höhepunkt ihres Schaffens war. Bestimmend ist der ungestüme Rhythmus eines knallharten 'Keef'-Richard-Riffs, während Mick Taylor mit einem typisch aufregenden Blueslead brilliert. Jagger wird von einer Orgel begleitet, wenn er sich nuschelnd auf ein verworrenes Nirwana zubewegt. ABKCO gab 'Jiving Sister Fanny' 1975 als B-Seite der Single 'Out of Time' heraus, das auch aus *Metamorphosis* ausgekoppelt war.

downtown suzie
'Downtown Suzie', während der Sessions zu *Beggars Banquet* aufgenommen, war erst der zweite von Bill Wyman geschriebene Song, der auf einem Stones-Album erschien. Er hat wenig mit seinem psychedelischen 'In Another Land' gemein, das auf *Their Satanic Majesties Request* zu hören ist. Es ist ein monotoner Country-Blues mit seltsam jammernden Background-Vocals, bis es mit dem melodischen Hootenanny-Chor richtig losgeht.

family
'Family', ein weiterer Ausschussartikel von den *Beggars-Banquet*-Sessions, ist eine einfache Mischung aus Akustikgitarre, Nicky Hopkins' Klavier und einem spielerischen, varietéartigen Chorus. Jagger, der auf eine seltsam unaufdringliche Weise singt, scheint sich hier über Dylan lustig zu machen.

i'm going down
Metamorphosis schließt zumindest auf hohem Niveau ab, und zwar mit einem Song, der viel darüber aussagt, wo die Stones bei der Veröffentlichung des Albums 1975 standen. Keith eröffnet den Song mit einem seiner dynamischen Riffs. Es ist ein Sound, der auf jedem neuen Stones-Album willkommen wäre, 1969, als er entstand, jedoch kaum als herausragend gegolten hätte. Auf diesem Track spielt Bobby Keys ein verhaltenes Saxophonsolo vor dem Hintergund eines ungestümen Conga-Beats. Jaggers Vocals klingen unfertig, so als handele es sich hier nur um eine Probe. Aber, 'I'm Going Down' stammt unleugbar aus der Zeit, in der die Stones auf dem Höhepunkt ihres Schaffens waren und selbst ausrangierte Songs einen gewissen Reiz und Wert hatten. Der Song hat nichts Peinliches.

1978
everything is turning to gold
(Jagger/Richards/Wood)
(B-Seite von 'Shattered')

Some Girls kam für die Stones gerade rechtzeitig, am Ende einer entmutigenden Zeit der Lethargie und der verpassten Gelegenheiten. Natürlich gab es in jenen Jahren einige großartige Tracks und *Black And Blue* war ein hoffnungsvolles Zeichen. Doch Mitte der Siebziger schwand die hart erkämpfte Aura der Genialität und Unbesiegbarkeit so langsam dahin. Gegen Ende des Jahrzehnts klang der Titel "größte Rock-and-Roll-Band der Welt" mehr und mehr wie Sarkasmus.

Die wahren Getreuen wurden 1978 mit *Some Girls* belohnt, der cleversten, lustigsten, aufregendsten Sammlung seit Beginn des Jahrzehnts. Bei Sessions in Paris bewies der neue Spezi Ronnie Wood, dass er mehr als nur ein stiller Partner sein würde. Der Sound von *Some Girls* verdankt viel seinem Einfluss. Es war eine fruchtbare Zeit und von diesen Sessions übrig gebliebene Tracks erschienen auf Alben bis hin zu *Tattoo You* 1981.

Zu den in Paris aufgenommenen Tracks gehörte 'Everything Is Turning To Gold'. Jagger singt wie jemand, der vor Liebe blind ist und diesen goldenen Moment genießt, auch wenn er weiß, dass er eines Tages dahinschwinden wird. Zu den beiden sehr langen Instrumentalpassagen des Songs gehört ein bluesiges Saxophonsolo von Mel Collins. 'Everything Is Turning To Gold' erschien zunächst als B-Seite der Single 'Shattered'. 1981 wurde es dann in die Sammlung *Sucking In The Seventies* aufgenommen.

1981
if i was a dancer
(Dance Pt. 2)
(Jagger/Richards/Wood)

'If I Was A Dancer (Dance Pt. 2)' erschien zunächst auf *Sucking In The Seventies*, doch wie der Titel zeigt, ist der Song eine Fortsetzung von 'Dance Pt. 1' aus dem Album *Emotional Rescue* von 1980 und wurde während derselben Sessions aufgenommen. Der Hörer wird den gleichen scharfen Funkriff und Discobeat wiedererkennen. Der einzige Unterschied besteht in ein paar neuen Textzeilen, unter anderem Jaggers Behauptung: "Wenn ich eine Frau wäre, würde ich jede Nacht einen anderen Mann wollen!"

1989
fancy man blues
(B-Seite von 'Mixed Emotions')

Keith Richards hat schon immer Micks Bluesharp-Spiel bewundert. Seiner Meinung nach zeigt sich die musikalische Seele des Sängers jedes Mal, wenn er ein Mundharmonikariff spielt. So war es von Anfang an. 'Fancy Man Blues' bringt Jaggers Fähigkeiten voll zur Geltung und klingt organischer als andere Tracks, die während der *Steel-Wheels*-Sessions entstanden. Der Song erschien als B-Seite von 'Mixed Emotions'. Richards zufolge waren selbst Mitglieder der Band von Jaggers Spiel beeindruckt: "Bill dachte, es sei Jimmy Reed, als er den Song das erste Mal hörte."

cook cook blues
(B-side von 'Rock And A Hard Place')

Außer, dass er die B-Seite von 'Rock And A Hard Place' aus der *Steel-Wheels*-Sammlung bildet, ist zu dem Song nicht viel zu sagen. Er lässt sich am besten als mittelmäßiges Chooglin' einer Band beschreiben, die es besser wissen sollte.

1991
highwire

Die Neunziger begannen mit einer Band, die durch ihr *Steel-Wheels*-Album wieder richtig in Fahrt gekommen war und ihre erste Tournee seit fast einem Jahr genoss. Wie üblich war geplant, ein Live-Album von der Tour herauszubringen. Doch dieses Mal beschlossen die Glimmer Twins, für *Flashpoint* auch ein paar neue Studiotracks aufzunehmen. Und so betraten die Rolling Stones im Januar 1991 die Hit Factory in London.

Es war wie in alten Zeiten. Während ihrer ersten Amerikatourneen waren die Stones zwischendurch immer wieder zu improvisierten Aufnahme-Sessions in Studios in Chicago und Los Angeles gegangen. Die Band kam dann immer frisch von ihren Auftritten und war in Höchstform. So entstand beispielsweise 'Satisfaction'. Und auf diese Weise waren die Stones bis zu ihrer Tour von 1969 erfolgreich, als sie in Muscle Shoals, Alabama, lange genug blieben, um 'Brown Sugar', 'Wild Horses' und 'You Gotta Move' aufzunehmen. Nun hofften sie, dass sich ihre Muse wieder zu ihnen gesellen würde.

'Highwire' beginnt mit dem üblichen Riffing von Richards und Wood, das dieses Mal merkbar härter klingt als auf *Steel Wheels*. Jagger singt den ersten unverblümt aktuellen Text seit *Undercover*, zu dem ihn der Golfkrieg inspirierte. Zur Zeit der 'Highwire'/'Sex Drive'-Sessions bereiteten die Westmächte einen Bodenangriff gegen den Irak vor als Vergeltung für dessen Einmarsch in das winzige, an Ölvorräten reiche Kuwait. Ein apokalyptischer Luftkrieg gegen den Irak mit nächtlichen Angriffen auf Bagdad und verschiedene militärische Ziele hatte bereits begonnen. Ironischerweise war der Irak in den 80er Jahren ein Verbündeter der USA gewesen war, dem man ein breites Spektrum an Hightech-Waffen verkauft hatte, die nun gegen die Truppen der USA, Frankreichs, Englands und anderer Mitglieder der Koalition gerichtet wurden.

Jaggers Reaktion war eine Verurteilung des internationalen Waffenhandels, eine Haltung, die den Stones inmitten der ganzen Nachkriegswehen mit Paraden und patriotischen Reden einige Kritik einbrachte. Aber 'Highwire' war ein relevantes politisches Statement der Band, wenn vielleicht auch nicht vom gleichen Format wie 'Street Fighting Man'. Leider folgte dem einleitenden Riff keine ebenso einprägsame Melodie.

sex drive
(B-side von 'High Wire')

Als musikalisches Statement erfolgreicher war 'Sex Drive'. In dem auf einem gereizt klingenden Funkgroove aufbauenden Song wird Jagger von Bobby Keys' kreischendem Saxophon begleitet.

Nach den kurzen Sessions 1991 sahen sich die Stones einer neuen und unsicheren Phase gegenüber. Entgegen allen Erwartungen, dass nun eine Zeit gemeinsamer Aktivitäten beginne, widmeten sie sich ihren Soloprojekten oder lebten einfach in den Tag hinein. Erst nach drei Jahren kehrten die Rolling Stones in ein Studio zurück. Doch da war Bill Wyman nicht mehr da.

1994
the storm
(B-side von 'Love Is Strong')

Auf 'The Storm', einem Track, der sich neben den besten ihrer frühen Blueswerke sehen lassen kann, kehren die Stones wieder zum Delta-Blues zurück. Der als B-Seite von 'Love Is Strong' (*Voodoo Lounge*) veröffentlichte Song basiert auf Jaggers leisem, gehetzten Gesang. Er spielt hier auch ein paar feurige Mundharmonikapassagen, begleitet von Richards und Wood an der Gitarre. Das Ergebnis ist ein fast dreiminütiger authentischer Blues. Die Stones hatten eindeutig etwas von ihrem Gefühl für das Genre zurückgewonnen. Mehr davon wäre auf *Voodoo Lounge* willkommen gewesen.

so young
(Zweite B-Seite von 'Love Is Strong')

In diesem Blues-Track begehrt Jagger ein junges französisches Mädel. "God help me", ruft der Sänger und übertönt das Brausen des Blues-Rock. Der von Chris Kimsey produzierte Song entstand während der *Steel-Wheels*-Sessions. 'So Young' ist eine überzeugende Mischung aus Kneipen-Boogie und den gereizt klingenden Gitarren von Richards und Wood, die spüren lässt, dass die Stones drei Jahrzehnte, nachdem sie in den Londoner Clubs den Blues entdeckt hatten, diesen zeitlosen Groove immer noch finden können. Elmo Lewis wäre stolz auf sie.

Kapitel 23

not fade away

2002
Die Rolling Stones im Jahr

Mit neuer Energie und neuem Enthusiasmus stürzten die Stones sich in das 21. Jahrhundert – ohne das leiseste Anzeichen von Ermüdung. Und nach wie vor hatten sie die Phantasie ihres Publikums im Griff. Vor allem Jagger blieb inmitten einer Flut von Zeitungsgeschichten über seine jüngsten Sünden und ständiger neuer Enthüllungen aus seiner Vergangenheit im Mittelpunkt des öffentlichen Interesses. Selbst in einem von den neuesten Pop- und Mediensensationen beherrschten Zeitalter konnte man sich noch immer darauf verlassen, dass Jagger und die Stones fieberhafte Spekulationen entfachten.

Erstaunlicherweise zeigten die altgedienten 'Bad Boys', die seit nun mehr 38 Jahren mit Volldampf rockten, keinerlei Neigung, sich zu verabschieden. Sie kündigten bereits Pläne für eine weitere große US-Tour und ein neues Album im Jahr 2001 an. Obwohl die Band die letzten drei Jahre wie wild Tracks aufgenommen hatte und ständig auf Tour war, war sie nur zu glücklich, einer musikhungrigen Welt die Befriedigung zu geben, nach der diese immer noch zu verlangen schien.

Bridges To Babylon, das 21. Studioalbum der Stones, erschien am 29. September 1997, eine Woche nach Beginn ihrer Welttournee. Vor allem Keith Richards war von der neuen Scheibe begeistert. Er betrachtete *Steel Wheels* als einen Neuanfang für die Rolling Stones, der durch *Voodoo Lounge* erfolgreich untermauert worden war. Und nun zeigte *Bridges To Babylon*, dass die Band zurück und bereit war, sich selbst – "und hoffentlich alle anderen auch" – angenehm zu überraschen.

Die Proben für die bevorstehende Tour fanden in Toronto, Kanada statt. Keith und Mick führten die Band durch so alte Hits wie 'The Last Time' und 'Lets's Spend The Night Together', aber auch durch ihr jüngstes Albummaterial. Um sich auf die Tour einzustimmen, folgte den Sessions ein "geheimer" Gig in Torontos Horseshoe Tavern. Ein weiteres Überraschungskonzert fand am 18. September im Double Door Club in Chicago statt, wo 250 Fans nur 7 Dollar dafür bezahlten, ihre Stars in einer intimen Clubatmosphäre zu erleben.

Die richtige Tour begann am 23. September im Soldier Field Stadion in Chicago vor 70.000 Fans mit einer kleinen Panne. Eine besondere Attraktion der Show sollte eine Brücke sein, die die Hauptbühne mit einer kleinen Bühne mitten in der Menge verband. Doch die wurde erst eine Woche später fertig. Als sie schließlich aufgebaut werden konnte, war sie bei der Band und ihren Konzertbesuchern gleichermaßen beliebt. So schrieb Ronnie Wood: "Es war eine riesige Bühne, auf der es sich aber sehr gut arbeiten ließ. Am schönsten war es, über die Brücke zu gehen und für die Leute, die dachten, wirklich schlechte Plätze zu haben, auf der kleinen Bühne zu spielen. Plötzlich warst du mitten unter ihnen und hast 'Little Queenie' gespielt."

Zu Mark Fishers Bühnenentwurf gehörten auch einige riesige aufblasbare Gegenstände, die die sieben Todsünden darstellen sollten. Zu der beeindruckenden Truppe, die die Stones während unterschiedlicher Etappen ihrer Tournee unterstützte, zählten Sheryl Crow, Smashing Pumpkins, Pearl Jam und die Foo Fighters.

Highlights der Tour durch Nordamerika waren eine Aufnahmesession für MTV in New York und eine Special Show im MGM Grand in Las Vegas. Während dieser Konzerte bewiesen die Stones, dass sie mit

Keith Richards auf der riesigen Bühne während der *Bridges-To-Babylon*-Tour (vorherige Seite).

> "Sie haben kein Interesse daran, die Vergangenheit wieder aufleben zu lassen"
>
> Mike Simpson von den Dust Brothers

der neuesten Technologie vertraut waren. Auf einem riesigen Bildschirm erschienen die Wertungen, die die Fans per Internet für ihren Lieblingssong abgegeben hatten. Zu den "Gewinnern" zählten Klassiker wie 'Under My Thumb', 'She's A Rainbow' und 'No Expectations'.

Obwohl dieses Jahr mit Terminen voll gepackt war, fanden die Stones noch Zeit für überraschend viele andere Aktivitäten. Keith Richards erschien auf *All The King's Men*, einer CD von Scotty Moore und DJ Fontana – Elvis Presleys Gitarrist und Drummer auf den meisten seiner klassischen Aufnahmen aus den Fünfzigern. Richards spielte auch mit Sly & Robbie's All-Stars auf einer Cover-Version von 'Satisfaction' und erschien auf dem Reggae-Album *Wingless Angles*, das er in seinem Haus in Ochos Rios, Jamaica, aufgenommen hatte.

Mick Jagger tat sich derweil mit seinem Bruder Chris zusammen, um den Track 'Racketeer Blues' für ein Album zu Ehren des verstorbenen Harmonikaspielers Cyril Davies aufzunehmen.

Und Ronnie Wood war auf *Unsung Heroes*, dem neuen Album der Gitarrenlegende Jeff Beck, zu hören.

Bill Wyman, dem Stones-Lager inzwischen ganz entfremdet, beschäftigte sich mit den Rhythm Kings und gab das Album *Struttin' Our Stuff* heraus, sein erstes Solowerk nach Verlassen der Band.

Nach einer Weihnachtspause wurde die *Bridges-To-Babylon*-Tour Anfang 1998 fortgesetzt. Zu den Highlights gehörten Ende Januar drei Abende in New Yorks Madison Square Gardens. Die Karten für diese Konzerte waren innerhalb von 20 Minuten ausverkauft. In den folgenden drei Monaten reisten die Stones weiter nach Honolulu, Mexiko City, Tokyo und Buenos Aires.

Trotz sorgfältiger Planung ging nicht alles glatt über die Bühne. Einige Shows in Kanada mussten abgesagt werden, weil Jagger sich eine Kehlkopfentzündung zuzog. Noch schlimmer: Ronnie Wood kam gerade noch einmal davon, als ein Vergnügungsboot, das er in Brasilien mietete, explodierte – Ronnie musste über Bord springen, um sein Leben zu retten.

In Südamerika unterstützte Bob Dylan die Stones in fünf Konzerten bei einer Version von 'Like A Rolling Stone'. Auf Hawaii fand ein anderes – weniger erwartetes – Treffen Gleichsinnter statt, als Mick Jagger und Charlie Watts mit Margaret Thatcher, der ehemaligen britischen Premierministerin, Tee tranken. Dazu kam es, als die Band in der Stadt bei einer Pepsi-Cola-Tagung auftrat – für eine Gage, die sich auf 1 Million Dollar belaufen haben soll.

Die Europaetappe der Stones begann im Juni 1998 in Deutschland und führte dann weiter nach Mitteleuropa und Skandinavien. Im Juli und August folgten Shows in Finnland, Estland, Russland, Polen und Tschechien. Es war eine absolut außergewöhnliche Tournee. Ein historischer Moment war der Besuch in Moskau am 11. August. Dreißig Jahre lang hatten die Band und ihre russischen Fans auf ein solches Konzert im Herzen der ehemaligen Sowjetunion gewartet. Die Stones hatten erstmals 1967 um die Erlaubnis gebeten, dort spielen zu dürfen. Als kommunistische Funktionäre eine ihrer Shows in Warschau, Polen, besuchten, waren sie entsetzt zu sehen, dass die Polizei Wasserwerfer verwenden musste, um die Menge in Schach zu halten, und beschlossen, dass die Pop-Gruppe aus dem Westen "zu gefährlich" sei. Als die Gruppe dreißig Jahre später endlich nach Moskau kam, stellte sie fest, dass die Sicherheit immer noch ein Hauptproblem war. Tatsächlich taten 3.000 Polizisten in einem Stadion mit 30.000 Plätzen ihren Dienst, doch waren sie Jaggers Bitte entsprechend unbewaffnet. Der Sänger begrüßte die versammelten Moskauer mit einem fröhlichen: "Hi Russland, hier sind wir endlich!"

Denjenigen, die für das ganze Drum und Dran dieser Tourneen verantwortlich waren, bereitete diese Tour noch mehr Kopfzerbrechen als gewöhnlich. Der Beginn verzögerte sich um drei Wochen, weil Keith Richards in der Bibliothek seines Hauses in Connecticut von einer Leiter gefallen war und sich ein paar Rippen gebrochen hatte. Doch es sollte noch schlimmer kommen. Alle vier in England geplanten Shows wurden plötzlich aufgrund sich abzeichnender Steuerprobleme verschoben. Jagger zufolge hätte die Band auf der ganzen Europatour riesige Verluste gemacht, hätte sie auch in England gespielt. Einige schätzten die Kosten auf 12 Millionen Pfund. Mick erklärte, dass es unter diesen Umständen dumm sei, die Tour wie geplant fortzusetzen.

Trotz aller Probleme war *Bridges To Babylon* ein Riesenerfolg. Die Stones gaben rund 108 Konzerte, einschließlich geheimer Gigs, Warm-ups und Shows in Stadien und Arenen. Sie spielten 67 Songs aus ihrer Sammlung, darunter 'Jumpin' Jack Flash' und 'Brown Sugar' – beide mindestens 107 Mal.

Für den Fall, dass irgendwer zu kurz gekommen war, gaben die Stones im Dezember 1998 *No Security* heraus, ein Mitschnitt der Auftritte in Holland, Brasilien, Deutschland und den USA. Sie hält einem Vergleich mit den anderen sechs "offiziellen" Live-Alben stand.

Mick Jagger – nicht aufzuhalten. Wo nimmt er nur die Energie her?

not fade away

Das Spiel ist aus: Jerry Hall (rechts) verließ Mick endgültig, nachdem herauskam, dass er mit dem brasilianischen Model Luciana Giminez Morad (links) ein Kind gezeugt hatte.

Auch 1999 ließ der Appetit der Stones auf Livemusik nicht nach. Zwischen Januar und April machten sie die *No-Security*-Minitour durch Kanada und die USA. Zu Beginn des Sommers wanderte die Show über den Atlantik und wurde wieder als *Bridges-To-Babylon*-Tour angekündigt. Diesmal traten die Stones auf heimischem Boden auf. Ihr erstes Konzert im Vereinigten Königreich fand am 4. Juni im Murrayfield Stadium in Edinburgh statt. Zur Bühnenausstattung gehörte eine aufblasbare nackte Frau mit einem mit Dornen versehenen Halseisen, die auf einem Kissen kniend über den Stones schwebte – manche Dinge ändern sich nie. Danach folgten zwei ausverkaufte Shows in Londons Wembley Stadium.

Die Tour, die schließlich im August zu Ende ging, war eine der längsten und erfolgreichsten in der Geschichte der Band. Wenn Mick jetzt etwas kaputt aussah, war das kein Wunder. Er war nicht nur von den unzähligen Shows erschöpft, sondern hatte jetzt auch noch eine Scheidung vor sich.

Im Juni 1999 ließen Mick und die aus Texas stammende Schauspielerin Jerry Hall, die 22 Jahre lang ein Paar gewesen waren, ihre Beziehung vor einem Londoner Gericht annullieren. Mick hatte ihre Hindu-Trauungszeremonie von 1991 erfolgreich angefochten. Das Paar einigte sich jedoch auf eine gütliche Trennung. Zu dem Bruch war es gekommen, nachdem Hall erfuhr, dass Jagger sein siebtes Kind gezeugt hatte, dieses Mal mit dem 29-jährigen brasilianischen Model Luciana Giminez Morad.

Mick hatte bereits vier Kinder mit Jerry Hall, eins mit seiner Ex-Frau Bianca Jagger und ein weiteres mit der Schauspielerin Marsha Hunt, einem früheren Seitensprung. Dieses Mal hatte Jerry Hall die Nase voll: "Mit ihm kann man einfach nicht leben, denn er betrügt einen ständig." Dennoch unternahm das Paar im März 1999 einen Versöhnungsversuch, steht sich immer noch sehr nahe und besucht gemeinsam Premieren und Konzerte.

Das Jahr endete damit, dass *Top Of The Pops* der BBC eine spezielle Videoversion von 'It's Only Rock'n'Roll (But I Like It)' sendete, mit Mick und Keith sowie James Brown, Jon Bon Jovi und den Spice Girls als Gästen. Anschließend wurde eine

Single herausgegeben, die ein großer Weihnachtshit wurde. Der Erlös ging an die Kinderstiftung *Promise*.

Nach drei hektischen Jahren befanden die Rolling Stones, dass sie im Jahr 2000 eine Pause bräuchten. "Sie genießen ihre Freiheit!", bestätigte das Management. Sie verbrachten viel Zeit damit, Kontakte zu pflegen und sich zu Hause zu erholen.

Nur Charlie Watts war noch an der Musik-Front und gab zusammen mit dem Schlagzeuger Jim Keltner ein neues Jazzalbum heraus. Mick und Keith hielten sich ungewöhnlich stark zurück. Ronnie Wood veröffentlichte seine Autobiografie und stellte weiterhin seine Gemälde aus. Er ging auch ins Priory, Londons exklusives Suchtzentrum, und verkündete, dem Alkohol "für immer" zu entsagen.

Im Jahre 2001 rollten die Stones weiter auf eigenen Wegen: Mick Jagger veröffentlichte am 19. November sein Solo-Album *Goddes In The Doorway* und trat in diversen Shows live auf. Er produzierte den Militär-Spionage-Thriller *Enigma* und spielte selbst eine Rolle im Andy-Garcia-Streifen *The Man from Elysian Fields*. Ronny Woods Solo-Album *Not For Beginners* kam ebenfalls im November 2001 heraus. Nur Keith Richards verbrachte seine Zeit vor allem mit dem Besuch von Tennisturnieren und Filmpremieren. Auf dem Tribute Album *Timeless – Hank Williams Tribute* lässt er sich mit dem Song 'You Win Again' hören.

Und wie sieht die Zukunft aus? Aus Anlass des 40. Jahrestags ihres ersten öffentlichen Konzerts am 12. Juli 1962 im Londoner Marquee Club (Charlie Watts war hier allerdings noch nicht dabei) wollen die Rolling Stones in den USA zu einer neuen Welttournee starten, in Deutschland werden Sie erst 2003 zu hören und zu sehen sein.

Als junger Mann hatte Jagger einmal gesagt, er könne sich nicht vorstellen, mit 50 noch 'Satisfaction' zu singen. Jetzt, da sein sechzigster Geburtstag nicht mehr in allzu weiter Ferne liegt, scheint er lieber als je zuvor zu Richards' Lied zu tanzen und zu singen.

Charlie Watts, im Herzen ein Jazzer, nutzt die Tourneepause, um zu seinen Wurzeln zurückzukehren.

Kapitel 24

you got me rocking:
Die Rolling Stones Diskographie

Singles

Come On/I Want To Be Loved
Juni 1963
UK 20
Decca/London Records

I Wanna Be Your Man/Stoned
November 1963
UK 12
Decca/London Records

Not Fade Away/Little By Little
Februar 1964
UK 3, US 48
Decca/London Records

It's All Over Now/Good Times, Bad Times
Juni 1964
UK 1, US 26
Decca/London Records

Tell Me (You're Coming Back)/I Just Wanna Make Love To You
August 1964
US 24
Decca/London Records

Time Is On My Side/Congratulations
November 1964
US 6
Decca/London Records

Little Red Rooster/Off The Hook
November 1964
UK 1
Decca/London Records

Heart Of Stone/What A Shame
Januar 1965
US 19
Decca/London Records

The Last Time/Play With Fire
Februar 1965
UK 1, US 9
Decca/London Records

(I Can't Get No) Satisfaction/Spider And The Fly
August 1965
UK 1, US 1
Decca/London Records

Get Off Of My Cloud/The Singer Not The Song
Oktober 1965
UK 1, US 1
Decca/London Records

As Tears Go By/Gotta Get Away
Januar 1966
US 6
Decca/London Records

19th Nervous Breakdown/As Tears Go By
Februar 1966
UK 2, US 1
Decca/London Records

Paint It, Black/Long Long While
Mai 1966
UK 1, US 1
Decca/London Records

Have You Seen Your Mother Baby.../Who's Driving Your Plane?
September 1966
UK 5, US 9
Decca/London Records

Let's Spend The Night Together/Ruby Tuesday
Januar 1967
UK 3, US 1
Decca/London Records

We Love You/Dandelion
August 1967
UK 8, US 14
Decca/London Records

Jumping Jack Flash/Child Of The Moon
Mai 1968
UK 1, US 3
Decca/London Records

Honky Tonk Women/You Can't Always Get What You Want
Juli 1969
UK 1, US 1
Decca/London Records

Brown Sugar/Bitch
April 1971
UK 2, US 1
Rolling Stones Records

Tumbling Dice/Sweet Black Angel
April 1972
UK 5, US 7
Rolling Stones Records

Angie/Silver Train
August 1973
UK 5, US 1
Rolling Stones Records

Diskographie

**It's Only Rock 'N' Roll/
Through The Lonely Nights**
Juli 1974
No. 16 in the US, No. 10 in the UK
Rolling Stones Records

Fool To Cry/Crazy Mama
April 1976
UK 4, US 10
Rolling Stones Records

Miss You/Far Away Eyes
Mai 1978
UK 2, US 1
Rolling Stones Records

**Beast Of Burden/When
The Whip Comes Down**
August 1978
US 8
Rolling Stones Records

**Respectable/When The
Whip Comes Down**
September 1978
UK 23, US 7
Rolling Stones Records

**Emotional Rescue/Down
In The Hole**
Juli 1980
UK 9, US 3
Rolling Stones Records

**She's So Cold/Send It To
Me**
September 1980
UK 33, US 26
Rolling Stones Records

**Start Me Up/No Use In
Crying**
August 1981
UK 4, US 2
Rolling Stones Records

**Waiting On A Friend/Little
T & A**
November 1981
UK 50, US 13
Rolling Stones Records

**Going To A Go-Go/Beast of
Burden**
Mai 1982
UK 26, US 25
Rolling Stones Records

**Undercover Of The Night/All
The Way Down**
November 1983
UK 11, US 9
Rolling Stones Records

**She Was Hot/Think I'm
Going Mad**
Februar 1984
UK 42, US 44
Rolling Stones Records

**Harlem Shuffle/Had It With
You**
März 1986
UK 7, US 5
Rolling Stones Records

One Hit To The Body/Fight
Mai 1986
US 28
Rolling Stones Records

**Mixed Emotions/
Fancyman Blues**
August 1989
UK 33, US 5
Rolling Stones Records

Rock And A Hard Place
November 1989
US 23
Rolling Stones Records

**Almost Hear You Sigh/
Wish I'd Never Met You**
Juni 1990
UK 31, US 50
Rolling Stones Records

**Terrifying/Rock And A Hard
Place**
Juli 1990
Rolling Stones Records

**Highwire/2000 Light Years
From Home (live)**
Februar 1991
UK 29

Ruby Tuesday (live)
Juni 1991
Rolling Stones Records

Love Is Strong/The Storm
Juli 1994
UK 14
Rolling Stones Records/Virgin
UK 14

Out Of Tears
Oktober 1994
Rolling Stones Records/Virgin
UK 38

**You Got Me Rocking/
Jump On Top Of Me**
Oktober 1994
Rolling Stones Records/Virgin
UK 23

I Go Wild
Juni 1995
Virgin
UK 29

Like A Rolling Stone
Oktober 1995
Virgin
UK 12

Wild Horses
Januar 1996
Virgin

Anybody Seen My Baby?
September 1997
Virgin
UK 22

**Saint Of Me/Anyway You
Look At It**
(limited edition picture disc)
Januar 1998
Virgin
UK 26

**Out Of Control/In Hand
With Fluke**
(limited edition picture disc)
Juni 1998
Virgin

**Saint Of Me/Gimme
Shelter/Anybody Seen My
Baby/Saint Of Me (Deep
Dish Grunge Garage Dub)**
(CD maxi-single)
Januar 1998
Virgin

**Saint of Me (Deep Dish
Club Mix)/Saint Of Me
(Deep Dish Grunge Dub)/
Saint Of Me (Todd Terry
Extended Remix)/Anyway
You Look At It**
(12-inch single)
Januar 1998
Virgin

EPs

The Rolling Stones
Januar 1964
Bye Bye Johnny, Money, You Better
Move On, Poison Ivy.
Decca/London

Five By Five
August 1964
If You Need Me, Empty Heart, 2120
South Michigan Avenue, Confessin'
the Blues, Around And Around.
Decca/London

Got Live If You Want It
Juni 1966
We Want The Stones, Everybody Needs
Somebody To Love, Pain In My Heart,
(Get Your Kicks On) Route 66, I'm
Moving On, I'm Alright.
ABKCO Records

Diskographie

Alben

Hörer werden auf Alben der Rolling Stones häufig unterschiedliche Zusammenstellungen der Songs finden, je nachdem, ob sie die britische oder die US-Ausgabe in der Hand halten – dies betrifft selbst Alben, deren Titel identisch lauten. Bis zum Album *Between The Buttons* im Jahre 1967 schoben Manager Andrew Loog Oldham sowie das US-Label der Band Tracks frei von einem Album zum anderen oder koppelten zusätzliche Alben, da sie davon ausgingen, dass US-Kids und UK-Kids einen unterschiedlichen Musikgeschmack hätten. Weitere Details entnehmen Sie bitte den Kapiteln über die einzelnen Alben.

The Rolling Stones
(*England's Newest Hitmakers in the US*)
April 1964
Route 66, I Just Want to Make Love To You, Honest I Do, Mona (I Need You Baby), Now I've Got A Witness, Little By Little, I'm A King Bee, Carol, Tell Me (You're Coming Back), Can I Get A Witness, You Can Make It If You Try, Walking the Dog.
UK 1, US 11
ABCKO Records

12x5
(Nur in den USA erschienen)
Oktober 1964
Around And Around, Confessin' The Blues, Empty Heart, Time Is On My Side, Good Times, Bad Times, It's All Over Now, 2120 South Michigan Avenue, Under The Boardwalk, Congratulations, Grown Up Wrong, If You Need Me, Susie Q.
US 3
London/ABKCO

The Rolling Stones No. 2
(Nur in Großbritannien erschienen)
Januar 1965
Everybody Needs Somebody To Love, Down Home Girl, You Can't Catch Me, Time Is On My Side, What A Shame, Grown Up Wrong, Down The Road Apiece, Under The Boardwalk, I Can't Be Satisfied, Pain In My Heart, Off The Hook, Susie Q.
UK 1
ABCKO Records

The Rolling Stones Now
(Nur in den USA erschienen)
Februar 1965
Everybody Needs Somebody To Love, Down Home Girl, You Can't Catch Me, Heart Of Stone, What A Shame, I Need You Baby, Down The Road Apiece, Off The Hook, Pain In My Heart, Oh Baby (We Got A Good Thing Goin'), Little Red Rooster, Surprise, Surpise.
US 5
London/ABKCO

Out Of Our Heads
September 1965
She Said Yeah, Mercy, Mercy, Hitch Hike, That's How Strong My Love Is, Good Times, Gotta Get Away, Talkin' 'Bout You, Cry To Me, Oh Baby (We Got A Good Thing Goin'), Heart of Stone, The Under Assistant West Coast Promotion Man, I'm Free.
UK 2, US 1
ABCKO Records

Aftermath
April 1966
Mother's Little Helper, Stupid Girl, Lady Jane, Under My Thumb, Doncha Bother Me, Goin' Home, Flight 505, High And Dry, Out Of Time, It's Not Easy, I Am Waiting, Take It Or Leave It, Think, What To Do.
UK 1, US 1
ABCKO Records

Between The Buttons
Januar 1967
Yesterday's Papers, My Obsession, Back Street Girl, Connection, She Smiled Sweetly, Cool, Calm And Collected, All Sold Out, Please Go Home, Who's Been Sleeping Here?, Complicated, Miss Amanda Jones, Something Happened to Me Yesterday.
UK 3, US 2
ABCKO Records

Flowers
(Nur in den USA erschienen)
Juni 1967
Ruby Tuesday, Have You Seen Your Mother, Baby, Standing In The Shadow?, Let's Spend The Night Together, Lady Jane, Out Of Time, My Girl, Back Street Girl, Please Go Home, Mother's Little Helper, Take It Or Leave It, Ride On Baby, Sittin' On A Fence.
US 2
London/ABKCO

Their Satanic Majesties Request
Dezember 1967
Sing This All Together, Citadel, In Another Land, 2000 Man, Sing This All Together (See What Happens), She's A Rainbow, The Lantern, Gomper, 2000 Light Years From Home, On With The Show.
UK 3, US 2
ABCKO Records

Beggars Banquet
Dezember 1968
Sympathy For The Devil, No Expectations. Dear Doctor, Parachute Woman, Jig-Saw Puzzle, Street Fighting Man, Prodigal Son, Stray Cat Blues, Factory Girl, Salt Of The Earth.
UK 3, US 2
ABCKO Records

Let It Bleed
Dezember 1969
Gimme Shelter, Love in Vain, Country Honk, Live With Me, Let It Bleed, Midnight Rambler, You Got the Silver, Monkey Man, You Can't Always Get What You Want.
UK 1, US 2
ABCKO Records

Get Yer Ya Ya's Out
(Live Album der Tour 1969)
September 1970
Jumping Jack Flash, Carol, Stray Cat Blues, Love in Vain, Midnight Rambler, Sympathy For The Devil, Live With Me Little Queenie, Honky Tonk Women, Street-Fighting Man.
UK 1, US 5
ABCKO Records

Sticky Fingers
April 1971
Brown Sugar, Sway, Wild Horses, Can't You Hear Me Knocking, You Gotta Move, Bitch, I Got the Blues, Sister Morphine, Dead Flowers, Moonlight Mile.
UK 1, US 1
Rolling Stones Records/Virgin

Exile On Main Street
Mai 1972
Rocks Off, Rip This Joint, Hip Shake, Casino Boogie, Tumbling Dice, Sweet Virginia, Torn And Frayed, Sweet Black Angel, Loving Cup, Happy, Turd On The Run, Ventilator Blues, Just Wanna See His Face, Let It Loose, All Down The Line, Stop Breaking Down, Shine A Light, Soul Survivor.
UK 1, US 1
Rolling Stones Records/Virgin

Goats Head Soup
August 1973
Dancing With Mr D, 100 Years Ago, Coming Down Again, Doo Doo Doo Doo Doo (Heartbreaker), Angie, Silver Train, Hide Your Love, Winter, Can You Hear the Music, Star Star.
UK 1, US 1
Rolling Stones Records/Virgin

It's Only Rock 'N' Roll
Oktober 1974
If You Can't Rock Me, Ain't Too Proud To Beg, It's Only Rock 'N' Roll (But I Like It), Till The Next Goodbye, Time Waits For No One, Luxury, Dance Little Sister, If You Really Want To Be My Friend, Short And Curlies, Fingerprint File.
UK 4, US 1
Rolling Stones Records/Virgin

Black And Blue
April 1976
Hot Stuff, Hand Of Fate, Cherry Oh Baby, Memory Motel, Hey Negrita, Melody, Fool To Cry, Crazy Mama.
UK 2, US 1
Rolling Stones Records/Virgin

Love You Live
(Live Album der Tour 1977)
September 1977
Intro, Honky Tonk Women, If You Can't Rock Me, Get Off Of My Cloud, Happy, Hot Stuff, Star Star, Tumbling Dice, Fingerprint File, You Gotta Move, You Can't Always Get What You Want, Mannish Boy, Crackin' Up, Little Red Rooster, Around And Around, It's Only Rock 'n Roll, Brown Sugar, Jumping Jack Flash, Sympathy For The Devil.
UK 3, US 5
Rolling Stones Records/Virgin

Some Girls
Juni 1978
Miss You, When the Whip Comes Down, Just My Imagination, Some Girls, Lies, Far Away Eyes, Respectable, Before they Make Me Run, Beast Of Burden, Shattered.
UK 2, US 1
Rolling Stones Records/Virgin

Diskographie

Emotional Rescue
Juni 1980
Dance (Pt. 1), Summer Romance, Send It To Me, Let Me Go, Indian Girl, Where The Boys Go, Down In The Hole, Emotional Rescue, She's So Cold, All About You.
UK 1, US 1
Rolling Stones Records/Virgin

Tattoo You
September 1981
Start Me Up, Hang Fire, Slave, Little T&A, Black Limousine, Neighbors, Worried About You, Tops, Heaven, No Use In Crying, Waiting On A Friend.
UK 1, US 1
Rolling Stones Records/Virgin

Still Life
(Live Album von 1981)
Juni 1982
Intro (Take The A-Train), Under My Thumb, Let's Spend The Night Together, Shattered Twenty Flight Rock, Going to a Go-Go, Let Me Go, Time Is On My Side, Just My Imagination, Start Me Up, Satisfaction, Outro (Star Spangled Banner).
UK 2, US 20
Rolling Stones Records/Virgin

Undercover
November 1983
Undercover Of The Night, She Was Hot, Tie You Up (The Pain Of Love), Wanna Hold You, Feel On Baby, Too Much Blood, Pretty Beat Up, Too Tough, All the Way Down, It Must Be Hell.
UK 1, US 4
Rolling Stones Records/Virgin

Dirty Work
April 1986
One Hit (To The Body), Fight, Harlem Shuffle, Hold Back, Too Rude, Winning Ugly, Back to Zero, Dirty Work, Had It With You, Sleep Tonight.
UK 3, US 4
Rolling Stones Records/Virgin

Steel Wheels
September 1989
Sad Sad Sad, Mixed Emotions, Terrifying, Hold On To Your Hat, Hearts For Sale, Blinded By Love, Rock And A Hard Place, Can't Be Seen, Almost Hear You Sigh, Continental Drift, Break The Spell, Slipping Away.
UK 2, US 3
Rolling Stones Records/Virgin

Flashpoint
(Live Album der Tour 1990)
April 1991
Continental Drift, Start Me Up, Sad Sad Sad, Miss You, Rock And A Hard Place, Ruby Tuesday, You Can't Always Get What You Want, Factory Girl, Can't Be Seen Little Red Rooster, Paint It Black, Sympathy for the Devil Brown Sugar, Jumping Jack Flash, Satisfaction, Highwire, Sex Drive
UK 6
Rolling Stones Records/Virgin

Voodoo Lounge
August 1994
Love Is Strong, You Got Me Rocking, Sparks Will Fly, The Worst, News Faces, Moon Is Up, Out of Tears, I Go Wild, Brand New Car, Sweethearts Together, Suck On The Jugular, Blinded By Rainbows, Baby Break It Down, Thru and Thru, Mean Disposition.
UK 2, US 2
Rolling Stones Records/Virgin

Stripped
Oktober 1995
Street Fighting Man, Like A Rolling Stone, Not Fade Away, Shine A Light, The Spider and the Fly, I'm Free, Wild Horses, Let It Bleed, Dead Flowers, Slipping Away, Angie, Love In Vain, Sweet Virginia, Little Baby. Rolling Stones Records/Virgin

The Rolling Stones Rock And Roll Circus
November 1995
(Soundtrack des 1968er-Films mit John Lennon, The Who, Eric Clapton, Marianne Faithfull, Taj Mahal, Jethro Tull and the Rolling Stones) Jumping Jack Flash, Parachute Woman, No Expectations, You Can't Always Get What You Want, Sympathy For The Devil, Salt Of The Earth.
ABKCO Records

Bridges To Babylon
September 1997
Flip The Switch, Anybody Seen My Baby? Low Down, Already Over Me, Gunface, You Don't Have To Mean It, Out Of Control, Saint Of Me, Might As Well Get Juiced, Always Suffering, Too Tight, Thief In The Night, How Can I Stop. Flip The Switch, Anyway You Look At It.
Rolling Stones Records/Virgin

No Security
(Live Album der Tour 1997/1998)
Oktober 1998
Intro, You Got Me Rocking, Gimme Shelter, Flip The Switch, Memory Motel, Corinna, Saint Of Me, Waiting On A Friend, Sister Morphine, Live With Me, Respectable, Thief In The Night, The Last Time, Out Of Control
Virgin.

Compilations

Big Hits: High Tide And Green Grass
November 1966
UK 4, US 2
ABKCO Records

Through The Past Darkly: Big Hits Volume 2
September 1969
UK 1, US 2
ABKCO Records

Stone Age
April 1971
UK 5
ABKCO Records

Made In The Shade
Juni 1975
UK 10, US 6
Rolling Stones Records

Sucking In the Seventies
Mai 1981
Shattered, Everything Is Turning To Gold, Hot Stuff, Time Waits For No One, Fool To Cry, Mannish Boy, When The Whip Comes Down, If I Was A Dancer (Dance Pt. 2), Crazy Mama, Beast Of Burden.
US 17
Rolling Stones Records

Singles Collection: The London Years
September 1989
ABKCO Records

Rewind (1971-1984)
November 1989
Rolling Stones Records/Virgin

Jump Back: The Best Of The Rolling Stones
November 1993
ABKCO Records

Diskographie

Ausgesuchte Solo-Scheiben

Mick Jagger

Memo From Turner/Natural Magic
(Single vom Film *Performance* mit Mick Jagger als Darsteller)
November 1970
Decca/London/ABKCO

She's The Boss
(Single)
März 1984
UK 6, US 8
Columbia Records

Lucky In Love single
(Single)
April 1985
US 38
Columbia Records

Dancing In The Street
(Single – Duett mit David Bowie)
August 1985
UK 1, US 7
EMI Records

Ruthless People/ I'm Raining
(Single aus dem Soundtrack zu *Ruthless People*)
Juli 1986
US 51
Columbia Records

Let's Work/Catch As Catch Can
(Single)
August 1987
UK 39, US 35
Columbia Records

Primitive Cool
(Album)
September 1987
UK 18, US 41
Columbia Records

Throw Away/Peace Of The Wicked
(Single)
November 1987
Columbia Records

Wandering Spirit
(Album)
Februar 1993
Atlantic Records

Ned Kelly
(Soundtrack des Films von 1970 mit Mick Jagger als gefürchteter australischer Outlaw)
Juni 1998
Rykodisc

Goddess In The Doorway
(Album)
November 2001
Virgin

Keith Richards

Run Rudolph Run/The Harder They Fall
(Single)
Dezember 1978
Rolling Stones Records

Take It So Hard/I Could Have Stood You Up
(Single)
September 1988
Virgin Records

Talk is Cheap
(Album)
Oktober 1988
US 24
Virgin Records

Make No Mistake
(Single)
April 1989
Virgin Records

Keith Richards And The Expensive Winos Live At The Hollywood Paladium, December 15, 1988
(Album)
November 1991
Virgin Records

Main Offender
(Album)
Oktober 1992
Virgin Records

Wingless Angels
(Album)
Oktober 1997
Mindless Records

Bill Wyman

Monkey Grip
(Album)
Mai 1974
Rolling Stones Records

White Lightnin'
(Single)
November 1974
Rolling Stones Records

Stone Alone
(Album)
Februar 1976
Rolling Stones Records

Quarter To Three/Soul Satisfying
(Single)
April 1976
Rolling Stones Records

Green Ice
(Soundtrack Album)
Februar 1981
EMI Records

(Si Si) Je Sui Un Rock Star
(Single)
Juli 1981
UK 14
Ripple/A&M

Come Back Suzanne
(Single)
Oktober 1981
Ripple/A&M

A New Fashion
(Single)
März 1982
Ripple/A&M

Willie And The Poorboys
(Album-Projekt unter Mitwirkung von Bill Wyman, Led Zeppelin's Jimmy Page und Free/Bad Company's Paul Rodgers)
April 1985
Ripple Records

Anyway The Wind Blows
(Album von Bill Wyman's Rhythm Kings)
Juni 1999
BMG

Groovin'
(Album von Bill Wyman's Rhythm Kings)
Juni 2000
BMG

Charlie Watts

Live At The Fulham Town Hall
(Album mit Charlie Watts Orchestra)
Dezember 1986
Columbia Records

A Tribute To Charlie Parker, With Strings
(Album mit dem Charlie Watts Quintett)
Mai 1992
Virgin Records

Charlie Watts/Jim Keltner Project
(Album)
Juli 2000
Virgin

Ron Wood

I've Got My Own Album To Do
(Album)
1974
Warner Bros.

Now Look
(Album)
(1975)
Warner Bros.

Mahoney's Last Stand
(Album mit dem früheren Faces-Kollegen Ronnie Lane)
1976
Atco Records

Gimme Some Neck
(Album)
1979
Columbia Records

1234
(Album)
August 1981
Columbia Records

Slide On This
(Album)
1992
Continuum Records

Live And Eclectic
(Album)
Juni 2000
Burning Airlines

Not For Beginners
(Album)
November 2001
SPV

(Ron Wood wirkt neben anderen auch mit auf Alben der Faces, der Jeff Beck Group and von Rod Stewart)

Mick Taylor

Mick Taylor
(Album)
1979
Columbia

Stranger In This Town
(Album)
1980
Maze Music

Too Hot For Snakes
(Album mit Carla Olson)
1991
Razor Edge Records

Once In A Blue Moon
(Album mit Gerry Groom)
1996
Shattered Music

(Mick Taylor ist ist auch auf den Alben von John Mayall's Bluesbreakers zu hören)

Vermischte Ausgaben

Brian Jones Presents The Pipes Of Pan At JouJouka
(aufgenommen 1968 in Marokko von Brian Jones und Toningenieur George Chkiantz)
Oktober 1971
Rolling Stones Records

Jamming With Edward
(Jam-Session mit Jagger, Wyman, Watts, Ry Cooder und Nicky Hopkins)
(1972/1997)
Rolling Stones Records/Pointblank/Virgin

Metamorphosis
1975
Out Of Time, Don't Lie To Me (Berry), Some Things Just Stick In Your Mind, Each And Every Day Of The Year, Heart Of Stone, I'd Muck Rather Be With The Boys (Oldham/Richards), (Walk-in' Thru The) Sleepy City, We're Wasting Time, Try A Little Harder, I Don't Know Why (Wonder/Riser/Hunter), If You Let Me, Jiving Sister Fanny, Downtown Suzie, Family, Memo From Turner, I'm Going Down.

Don't Look Back
(Single von Peter Tosh mit Gast-Sänger Mick Jagger)
Novcmbcr 1978
Rolling Stones Records/Virgin

Holdin' Out My Love To You
(Album von Max Romeo featuring Keith Richards)
Sommer 1981
Shannachie Records

United Against Apartheid
(Wohltätigkeits-Album, featuring Richards, Wood und U2's Bono)
Oktober 1985
EMI Records

The Symphonic Music of the Rolling Stones
(Das Album enthält Aufnahmen von Jagger, Marianne Faithfull, Michael Hutchence, Maire Brennan, Jerry Hadley und dem London Symphony Orchestral)
1994
RCA Victor

Shared Vision II: The Songs Of The Rolling Stones
(Das Album enthält Coverversionen von Rolling-Stones-Titeln von Johnny Cash, Rod Stewart, Marianne Faithfull, Joe Cocker, The Pogues, Tom Jones and the Feelies)
Oktober 1996
Mercury Records

Bildnachweis

All Action Pictures: /Dave Hogan 228; **Jim Barber:** 196/197; **Corbis:** 70 /Morton Beebe 40 -Bettmann/Reuters 220 -Bettmann/UPI 3, 4c, 5cb, 16, 22, 25, 28, 44, 48, 54, 82, 92, 106, 117, 118, 120, 126, 160, 164, 166, 178, 181, 190/191, 224, 232, 234 /Howard Davies 237 /Henry Diltz 171 /Hulton Deutsch Collection 37, 67, 79, 102, 108, 158 /Kurt Krieger 238 /U.S. Department of Defence 230; **London Features International Ltd.:** 4br, 30/31, 33, 62, 105, 112, 122, 130, 135, 157, 194, 210, 252 /Anton Corbijn 186/187 /Frank Griffin 193 /Kevin Mazur 5cl, 216 /Michael Putland 136, 145, 152 /Ken Regan 5tr, 188, 206, 218/219 /Herb Snitzer 182; **Pictorial Press Limited:** 6, 18, 27, 41, 42, 51, 53, 58, 60, 68, 72/73, 76, 78, 80, 89, 94, 96, 98, 100, 119, 125, 131, 133, 138/139, 149, 151, 176/177, 200/201, 226 /Tony Gale 34, 74 /Jordan 222 /Jeffrey Mayer 10 /Martin Norris 85 /Ebet Roberts 90 /Sunstills 173 /Vinyl Experience LT 8; **Redferns:** /Richie Aaron 142 /Dick Barnatt 64 /Fin Costello 50 /Gems 115 /Michael Ochs Archives 20 /David Redfern 56/57, 169, 198/Ebet Roberts 202, 208, 211 /Brian Shuel 9 /G. Wiltshire 214/215; **Retna Pictures Ltd.:** /Gary Gershoff 174 /G. Hanekroot/Sunshine 143, 146 / Michael Putland 1, 87, 154, 204 /Pete Tangen 249; **Rex Features Ltd.:** 163 /Stills/Phillipe Hanon 184; **S.I.N.:** 2 /Tony Mott 233, 251.

Der Verlag hat alle Anstrengungen übernommen, die Rechteinhaber der Fotos ausfindig zu machen und richtig anzugeben. Der Verlag entschuldigt sich für unbeabsichtigte eventuelle Fehler oder Auslassungen, die in späteren Ausgaben des Buches korrigiert werden.

Index / Songs A-Z

100 Years Ago 130
19th Nervous Breakdown 35, 252
2000 Light Years From Home 59, 66
2000 Man 62f
2120 Michigan Avenue 24, 251

a
Ain't Too Proud To Beg 138
All About You 173
All Down The Line 123f
All Sold Out 50
All The Way Down 199
Almost Hear You Sigh 226
Already Over Me 241, 244
Always Suffering 247
Angie 128, 131f
Anybody Seen My Baby? 243
As Tears Go By 252f

b
Baby Break It Down 237
Back Street Girl 45, 48
Back To Zero 211
Beast Of Burden 164
Before They Make Me Run 6, 162f
Bitch 104
Black Limousine 180
Blinded By Love 224
Blinded By Rainbows 236
Blue Turns To Grey 252
Brand New Car 235
Break The Spell 227
Brown Sugar 9, 98, 100f, 175, 261

c
Can You Hear The Music 134
Can't Be Seen 225
Can't You Hear Me Knocking 103f
Casino Boogie 111
Child Of The Moon 255
Citadel 60
Claudine 168
Coming Down Again 128, 130
Complicated 52
Confessin' The Blues 24
Congratulations 251
Connection 49
Continental Drift 75, 220, 226f
Cook Cook Blues 257
Cool, Calm And Collected 50
Country Honk 88
Crazy Mama 153

d
Dance Little Sister 143f
Dance (Pt. 1) 167, 168f
Dancing In The Street 29, 205
Dancing With Mr D 127, 129f
Dandelion 254
Dead Flowers 107
Dear Doctor 76f
Dirty Work 205, 212
Doncha Bother Me 39
Doo Doo Doo Doo Doo (Heartbreaker) 131, 137
Down In The Hole 168, 172
Downtown Suzie 256

e
Each And Every Day Of The Year 256
Emotional Rescue 172
Empty Heart 251
Everything Is Turning To Gold 257

f
Factory Girl 81
Family 256
Fancy Man Blues 257
Far Away Eyes 161
Feel On Baby 195
Fight 205, 209

Fingerprint File 145
Flight 505 40
Flip The Switch 242
Fool To Cry 153

g
Get Off Of My Cloud 35, 252
Gimme Shelter 86f, 147, 175
Goin' Home 39f
Gomper 66
Good Times, Bad Times 251
Gotta Get Away 31
Grown Up Wrong 26
Gunface 244

h
Had It With You 205, 213
Happy 119f
Hand Of Fate 147, 150
Hang Fire 179
Harlem Shuffle 205, 207
Have Mercy 30
Have You Seen Your Mother, Baby, Standing In The Shadow? 45, 253
(Heartbreaker) Doo Doo Doo Doo Doo 131, 137
Heart Of Stone 25, 32
Hearts For Sale 223f
Heaven 185
Hey Negrita 147, 151f
Hide Your Love 132
High And Dry 40
Highwire 257
Hold Back 209
Hold On To Your Hat 220, 223
Honest I Do 18
Honky Tonk Women 11, 84, 95, 97, 250, 255
Hot Stuff 147, 149f, 168
How Can I Stop? 248f

i
I Am Waiting 42
(I Can't Get No) Satisfaction 6, 29, 56, 250, 251f, 260
I'd Much Rather Be With The Boys 256
If You Let Me 256
I Go Wild 235
I Got The Blues 105
I Just Want To Make Love To You 18, 23
I Wanna Be Your Man 11, 19
If I Was A Dancer (Dance Pt. 2) 169, 257
If You Can't Rock Me 139
If You Really Want To Be My Friend 144
I'm A King Bee 17
I'm Alright 253
I'm Free 33
I'm Going Down 256
In Another Land 61
Indian Girl 171
It Must Be Hell 201
It's All Over Now 10, 17, 24, 205
It's Not Easy 41
It's Only Rock And Roll (But I Like It) 139f, 147, 262

j
Jigsaw Puzzle 78
Jiving Sister Fanny 256
Jumpin' Jack Flash 70, 84, 103, 118, 250, 254f, 261
Just Wanna See His Face 121

l
Lady Jane 38
Let It Bleed 11, 91
Let It Loose 122f, 125
Let Me Go 170
Let's Spend The Night Together 45, 254, 258
Lies 160, 161
Little By Little 21
Little Red Rooster 26
Little T & A 180
Live With Me 88, 91
Long Long While 253
Love in Vain 86

Love Is Strong 231f
Loving Cup 119
Low Down 243
Luxury 128, 142

m
Mean Disposition 239
Melody 153
Memory Motel 151
Midnight Rambler 93, 147
Might As Well Get Juiced 247
Miss Amanda Jones 52
Miss You 156f, 167, 169
Mixed Emotions 221f
Monkey Man 94f
Moon Is Up 235
Moonlight Mile 107
Mother's Little Helper 35, 36
My Obsession 47

n
Neighbors 180, 182f
New Faces 234
19th Nervous Breakdown 35, 252
No Expectations 69, 75, 260
No Use In Crying 185
Now I've Got A Witness (Like Uncle Phil And Uncle Gene) 19

o
Off The Hook 26
On With The Show 67
One Hit (To The Body) 205, 207f
One More Try 252
Out Of Control 245
Out Of Tears 235
Out Of Time 41, 43, 45

p
Paint It, Black 35, 45, 253
Parachute Woman 77
Play With Fire 30, 251
Please Go Home 45, 50
Pretty Beat Up 198
Prodigal Son 69

r
Respectable 161, 162
Ride On, Baby 254
Rip This Joint 111
Rock And A Hard Place 225
Rocks Off 110f
Ruby Tuesday 45, 254

s
Sad Day 253
Sad Sad Sad 221
Saint Of Me 245f
Satisfaction (I Can't Get No) 6, 29, 56, 250, 251f, 260
Send It To Me 168, 170
Sex Drive 257
Shattered 165
She Smiled Sweetly 49
She Was Hot 192f
She's A Rainbow 59, 65, 260
She's So Cold 173
Shine A Light 125
Short And Curlies 144
Silver Train 132
Sing This All Together (See What Happens) 59f, 63
Sister Morphine 105f
Sittin' On A Fence 254
Slave 176, 179
Sleep Tonight 213ff
Sleepy City (Walkin' Thru The) 256
Slipping Away 220, 227
So Young 257
Some Girls 117, 159f
Something Happened To Me Yesterday 53
Soul Survivor 125

Sparks Will Fly 233
Star Star 128, 134f
Start Me Up 175, 177, 179
Stoned 251
Stop Breaking Down 124
Stray Cat Blues 69, 80
Street Fighting Man 78f
Stupid Girl 37, 104
Suck On The Jugular 236
Summer Romance 169f
Surprise, Surprise 251
Sway 101
Sweet Black Angel 116f
Sweet Virginia 114
Sweethearts Together 236
Sympathy For The Devil 69, 71f, 129

t
Take It Or Leave It 43
Tell Me You're Coming Back 21
Terrifying 220, 223
That Girl Belongs To Yesterday 251
That's How Strong My Love Is 30
The Lantern 65
The Last Time 251, 258
(The Pain Of Love) Tie You Up 195
The Singer, Not The Song 7, 252
The Spider And The Fly 252
The Storm 257
The Under Assistant West Coast Promotion Man 30, 32
The Worst 234
Thief In The Night 248
Think 43
Thru And Thru 238f
Tie You Up (The Pain Of Love) 195
Till The Next Goodbye 140
Time Is On My Side 24, 26
Time Waits For No One 137, 140f, 143
Too Much Blood 196f
Too Tight 247
Too Tough 198f
Tops 183, 185
Torn And Frayed 114ff
Try A Little Harder 256
Tumbling Dice 109, 113
Turd On The Run 120

u
Under The Boardwalk 24
Under My Thumb 35, 38f, 43, 97, 104, 260
Undercover Of The Night 191f

v
Ventilator Blues 121, 137

w
Waiting On A Friend 128, 186f
(Walkin' Thru The) Sleepy City 256
Wanna Hold You 195
We Love You 254
We Want The Stones 253
What A Shame 25
What To Do 43
When The Whip Comes Down 159, 161
Where The Boys Go 171
Who's Been Sleeping Here? 51f
Who's Driving Your Plane 253
Wild Horses 11, 98, 102f
Winning Ugly 205, 211
Winter 133
Worried About You 183

y
Yesterday's Papers 46f
You Can't Always Get What You Want 95
You Don't Have To Mean It 245
You Don't Move Me 218
You Got Me Rocking 232f
You Got The Silver 94
You Gotta Move 7, 98, 99